AI 이코노미

AI Reshaping Technology, Industry & the Global Order

신우철 지음

자유아카데미

머리말

21세기 초, 인간은 스스로 만들어낸 코드에 사고 능력을 부여하려는 오랜 숙원을 다시 깨웠다. 기계는 더 이상 정해진 규칙만을 수행하는 도구에 머무르지 않고, 스스로 학습하고 판단하며 진화하는 지능을 갖추기 시작했다. 딥러닝의 상용화, GPU를 중심으로 한 연산 장치의 비약적 발전, 그리고 데이터·알고리즘·연산 능력이 결합한 삼중의 힘은 하나의 전환점을 이루며, 기술·경제·사회 전반에 걸쳐 새로운 질서를 구축하는 장대한 변화의 서막을 열었다. 이는 현대판 프로메테우스가 불을 훔쳐 인간에게 지식과 문명을 건넨 순간에 비견될 만한 사건이었다.

인공지능은 인간의 추론 체계를 모사하는 시도에서 출발하여 음성·영상·언어·감정 인식으로 확장되었고, 농업의 로봇 수확, 스마트 제조, 스마트 시티, 글로벌 물류, 무역 규범, 금융 투자, 의료 진단, 자율주행에 이르기까지 산업 전반에 촘촘히 스며들고 있다. 이 과정에서 산업의 DNA는 재편되고, 기존의 가치사슬은 재정의되며, 노동·자본·정보의 흐름은 새롭게 조직되고 있다. 모든 산업이 점차 '소프트웨어 산업'으로 전환되는 이 흐름은, 우리가 AI Economy라 부를 수 있는 불가역적 시대 전환을 상징한다.

AI는 GPU에서 NPU, TPU로 이어지는 컴퓨팅 심장의 진화를 통해 처리 속도와 전력 효율, 병렬 계산 능력을 폭발적으로 확장했다. 글로벌 기업들은 이러한 하드웨어를 전략 자산으로 삼아 반도체–클라우드–모델–애플리케이션으로 이어지는 수직적 공급망을 장악했고, 그 결과 산업 간 경계는 급속히 허물어졌다. 제조, 유통, 금융, 헬스케어, 교육, 농업에 이르기까지 자동화·예측·개인화는 더 이상 선택이 아닌 표준 운영 방식이 되었다.

스마트팜은 정밀 농업을 통해 생산성과 지속가능성을 동시에 추구하고, AI 로봇은 고령화 사회에서 노동 공백을 메우는 동반자로 기능한다. 감정을 인식하는 로봇은 공장과 물류창고를 넘어 가정과 돌봄의 영역으로 이동하고 있으며, 테슬라와 현대차를 비롯한 기업들이 구축하는 로봇·자율주행 플랫폼은 인간의 이동과 노동, 소비 방식을 근본적으로 재편하고 있다. 도로·도시·공장·상점·가정의 네트워크는 5G, IoT, 클라우드와 결합해 하나의 거대한 디지털 신경망을 형성했고, 디지털 트랜스포메이션(DX)은 더 이상 전략이 아니라 존재 조건이 되었다. 주요 국가들은 AI와 데이터 거버넌스, 핀테크 정책, 클라우드 확산, 제조 혁신을 중심으로 새로운 생산성과 성장, 포용의 모델을 모색하고 있다.

특히 무역 4.0의 도래는 국경을 물리적 공간이 아닌 코드 위에 다시 그려 놓고 있다. HS 코드의 자동 분류, 통관 자동화, 무역 사기 탐지, 디지털 송장 처리와 리스크 관리 시스템은 국제 교역의 구조를 근본적으로 재편하고 있다. 데이터와 알고리즘은 국경을 넘어 이동하는 새로운 재화이자 가장 가치 있는 자산으로 부상했고, AI 기반 SaaS와 DaaS의 수출은 전통적 제조업을 앞서는 새로운 글로벌 가치사슬을 형성하고 있다.

한편 ChatGPT를 기점으로 급속히 확산된 대화형 AI와 생성형 AI는 인간의 언어, 코드, 이미지, 지식 생산 방식을 근본적으로 재정의하고 있다. 이들은 RPA와 결합해 디지털 노동을 창출하고, 정보 검색과 해석, 문서 자동화, 의사결정 지원, 창작 활동에 이르기까지 기업의 경영 시스템 깊숙이 개입하고 있다. 이는 MIS와 ERP를 중심으로 한 기존 정보시스템이 AI 기반의 스마트 의사결정 플랫폼으로 진화하는 결정적 변곡점이기도 하다. IoT는 데이터가 실시간으로 흐르는 산업 신경계를 구축하고, 스마트 센서는 생산과 도시 운영, 물류와 헬스케어, 소비자 경험을 하나의 데이터 공간으로 통합한다. 블록체인은 신뢰를 코드화해 디지털 거래의 불확실성을 줄이고, 데이터 기반 경제는 개인의 취향과 행동, 관계와 여가까지 수량화하며 시장을 새롭게 조직한다.

이러한 변화 속에서 지식 노동은 더욱 세분화되고, 모든 산업은 직무가 아닌 역량 중심 구조로 재편되고 있다. AI 혁신은 시장의 수요에 반응하는 '시장 풀'이 아니라, 기술 자체가 새로운 수요를 창출하는 '기술 푸시'에 의해 주도되고 있다. 고정비 중심의 비용 구조, 무한 확장 가능한 알고리즘, 강화되는 네트워크 효과와 플랫폼의 시장 지배력은 이 흐름을 더욱 비가역적인 것으로 만든다.

동시에 AI는 공정성, 규범, 권리라는 정치·윤리적 질문을 남긴다. 미국의 시장 개방 중심 모델, 중국의 정부 주도 기술 자립 전략, 유럽연합의 권리 중심 규제 표준은 서로 다른 AI 거버넌스를 형성하며 기술 패권 경쟁과 결합해 새로운 지정학을 만들어 내고 있다. AI Act와 같은 '신뢰 기반 모델'을 제도화하려는 시도는 가치와 윤리, 규범을 알고리즘과 클라우드 위에 다시 새기려는 움직임으로 읽을 수 있다. 결국 AI는 기술의 문제가 아니라 인간의 문제이며, 우리는 기계와의 협업, 데이터가 만드는 권력, 노동의 재정의, 글로벌 무역과 거버넌스의 재편이라는 질문 앞에서 선택을 요구받고 있다.

이 책은 바로 이러한 선택의 여정을 다룬다. AI의 기원과 원리에서 출발해 산업과 경제, 노동과 통상, 데이터 문명과 디지털 전환, 그리고 다가올 미래 질서까지를 종합적으로 탐구함으로써, 기술이 향해 가는 방향 속에서 인간과 사회가 지켜야 할 가치와 전략을 함께 사유하고자 한다.

좋은 책을 만들기 위해 최선을 다했지만 오류가 나올 수 있다. 이 점은 양해를 바라며, 출간 후 나올 수 있는 수정사항은 자유아카데미 홈페이지 자료실(www.freeaca.com)을 통해 게시할 것이니 참고 부탁드린다. 끝으로, 책이 출간되도록 도움을 준 모든 분들께 감사의 말을 전한다.

2026년 02월

신우철

차례

1장

코드 위의 두뇌 : 인공지능은 어떻게 사고하는가?

인공지능의 시작, 현대판 프로메테우스인가?

21세기 초연결 사회에서 핵심 기술의 발전을 이해하는 것은 더 이상 선택이 아닌 필수이다. 특히, 인공지능(AI)은 우리 삶의 모든 영역에 스며들며, 그 영향력은 나날이 확대되고 있다. 스마트폰의 개인화된 추천 알고리즘, 자율주행차, 음성 인식 비서 등은 모두 AI의 산물로, 이 기술들은 우리의 일상에 혁신을 가져오며, 삶의 방식 자체를 재정의하고 있다.

인공지능은 단순한 도구를 넘어, 복잡한 문제를 해결하고 새로운 가능성을 열어주는 핵심 촉진제로 자리 잡았다. 특히, 방대한 데이터를 실시간으로 분석하고, 예측 모델을 생성하며, 효율적인 의사결정을 지원하는 인공지능(AI)의 능력은 다양한 산업 분야에서 활용되고 있다. 의료에서는 딥러닝을 통해 암과 같은 질병을 조기 진단하고, 맞춤형 치료를 설계하며, 금융에서는 사기 방지와 위험 관리를 강화해 안전성을 높이고 있다.

더 나아가, 인간의 창의성과 AI 기술의 융합은 이례적인 시너지 효과를 창출하고 있다. 인간은 직관적 사고와 감정적 통찰력을 제공하며, AI는 대량의 데이터를 분석하고 반복적인 작업을 자동화하여 생산성을 극대화한다. 이러한 융합은 디자인, 예술, 과학 연구 등 창의적 영역에서 새로운 가능성을 열어주며, 기존의 한계를 뛰어넘는 성과를 만들어내고 있다.

무엇보다도, 직업 현장에서의 인공지능(AI) 활용은 필수적인 변화로 자리 잡고 있다. 제조업에서는 스마트 팩토리를 통해 작업의 효율성과 품질 관리가 혁신적으로 향상되고 있으며, 교육 분야에서는 인공지능(AI) 기반의 개인화된 학습 솔루션과 가상 교사가 학습 경험을 한층 풍부하게 하고 있다. 이러한 변화는 단순한 편의성 향상을 넘어, 인공지능이 현대인 삶의 본질적 동력으로 작용하고 있음을 보여준다.

이처럼, 인공지능은 기술 발전의 최전선에서 현대 사회를 재구성하고 있으며, 이는 개인과 조직, 사회 전반에 걸쳐 일상생활의 질을 높이고, 문제 해결의 새로운 길을 제시하며, 인간의 역량을 확장시키는 도구로써, 미래를 이끄는 중심축이 될 것이다.

1) 기계에게 지능을 심다 : 인공지능의 여정

(1) 인공지능(AI)의 르네상스(2011년~현재)

2012년은 인공지능 역사에서 중요한 전환점으로 기록된다. 구글의 연구팀과 앤드류 응(Andrew Ng) 교수는 심층신경망(Deep Neural Network, DNN)을 활용하여 놀라운 기술적 진보를 이루어냈다. 이 프로젝트는 1만 6천 개의 컴퓨터를 병렬로 연결하여 약 10억 개 이상의 가중치를 가지는 대규모 신경망을 구성하는 방식으로 진행되었다. 이는 당시 계산 자원의 한계를 극복하고, 심층 학습이 실제 문제를 해결할 수 있다는 가능성을 입증한 사례로 평가된다.

특히, 유튜브에 업로드된 동영상 데이터에서 심층신경망을 활용한 고양이 영상 인식 실험은 대중과 학계에 큰 반향을 일으켰다. 고양이라는 특정 객체를 인식할 수 있는 신경망을 독립적으로 학습하도록 설정한 결과, 시스템은 사람이 직접 입력하거나 라벨링하지 않은 데이터로부터 스스로 고양이 이미지를 학습해내는 데 성공했다. 이는 딥러닝 기술이 정형화되지 않은 데이터를 다루고 고차원 패턴을 스스로 파악할 수 있다는 것을 보여준 혁신적인 사례였다.

그림 1-1 인공지능 고양이 영상 인식

(2) 딥러닝의 상용화 : 알고리즘이 산업을 바꾸다(2014~2018)

그로부터 2년 후인 2014년, 페이스북은 딥러닝 기술을 활용한 얼굴인식 알고리즘인 '딥페이스(DeepFace)'를 발표한다. 이 기술은 합성곱신경망(Convolutional Neural Network, CNN)을 기반으로 하며, 사람 얼굴을 인식하는 정확도가 인간 수준에 근접할 정도로 뛰어났다. 딥페이스는 입력된 얼굴 이미지를 분석하여 3차원 모델을 생성하고, 이를 비교하는 방식으로 높은 정밀도의 얼굴 매칭을 구현했다. 이는 페이스북 플랫폼에서 사용자 경험을 크게 향상시키며, 딥러닝 기술이 상업적으로도 강력한 잠재력을 지니고 있음을 입증한 사례로 주목받는 계기가 된다.

이러한 연구들은 딥러닝이 단순한 이론적 가능성을 넘어, 실제 애플리케이션에서 강력한 성능을 발휘할 수 있음을 보여주며, 오늘날 다양한 산업 분야에 걸쳐 널리 활용되고 있는 인공지능 혁신의 초석을 다지는 데 크게 기여했다.

2012년은 인공지능 발전사에서 중대한 전환점으로 기록된다. 이 해, 구글 연구팀과 앤드류 응(Andrew Ng) 교수는 심층신경망(Deep Neural Network, DNN)을 활용해 인공지능 기술의 새로운 지평을 열었다. 이들의 프로젝트는 1만 6천 대의 컴퓨터를 병렬로 연결하고, 약 10억 개 이상의 가중치를 지닌 대규모 신경망을 구축하는 방식으로 진행되었고, 이는 당시 계산 자원의 한계를 넘어서는 도전이었으며, 심층학습이 실제 문제 해결에 적용될 수 있음을 실증한 역사적 사례로 평가된다.

특히, 유튜브 동영상 데이터에서 수행된 '고양이 인식 실험'은 학계와 대중 모두에게 큰 반향을 불러일으켰다. 시스템은 사람이 직접 입력하거나 라벨링하지 않은 방대한 영상 데이터로부터 '고양이'라는 개념을 스스로 학습해 냈으며, 이는 딥러닝이 비정형 데이터에서도 고차원 패턴을 자율적으로 인식할 수 있음을 입증한 획기적인 결과였다.

그로부터 2년 뒤인 2014년, 페이스북(Facebook)은 딥러닝 기술을 활용한 얼굴인식 알고리즘 '딥페이스(DeepFace)'를 발표하였다.

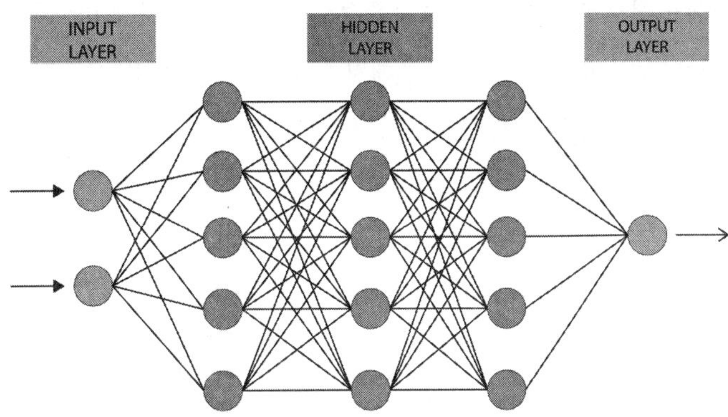

그림 1-2 인공신경망(Neural Network) 구조

이 기술은 합성곱신경망(Convolutional Neural Network, CNN)을 기반으로 하며, 인간에 근접한 정확도의 얼굴 인식 능력을 보여주었다. 딥페이스는 입력된 얼굴 이미지를 3차원 모델로 변환한 후, 이를 비교·분석하는 과정을 통해 정밀한 얼굴 매칭을 구현하였고, 이를 통해 페이스북 플랫폼의 사용자 경험을 비약적으로 향상시켰다. 이 사례는 딥러닝의 상업적 잠재력을 입증하며, 기술이 실제 비즈니스 환경에서도 강력한 영향력을 발휘할 수 있음을 보여준 상징적 사건으로 평가되며, 이러한 일련의 연구들은 딥러닝이 단순한 이론적 가능성에 머물지 않고, 실질적 응용과 산업적 혁신의 중심 기술로 자리 잡는 계기를 마련하였다. 이 시기 이루어진 성과들은 오늘날 다양한 산업 분야에 걸친 인공지능 혁신의 초석이 되었으며, 현대 AI 발전의 역사적 전환점이자 기술적 기점으로 평가된다.

2) 인공지능(AI)의 뇌를 구성하는 세 가지 핵심 퍼즐

(1) 모델 형태 : AI → 머신러닝 → 딥러닝

인공지능(AI)은 인간의 사고와 학습 능력을 모방해 문제를 해결하거나 의사결정을 지원하는 기술로, 그 진화 과정은 기술 발전의 흐름과 맞물려 꾸준히 정교화되어 왔다. AI의 초창기에는 전문가 시스템(expert system)과 같은 규칙 기반(rule-based)

모델이 주류를 이뤘다. 이러한 시스템은 사람이 사전에 정의한 규칙을 바탕으로 특정 상황에 대해 논리적으로 판단하고 결과를 도출하는 데 효과적이었다. 하지만 현실 세계의 데이터가 점차 방대해지고 복잡해지면서, 정적인 규칙만으로는 예측 불가능한 문제에 유연하게 대응하는 데 한계를 드러내기 시작했다.

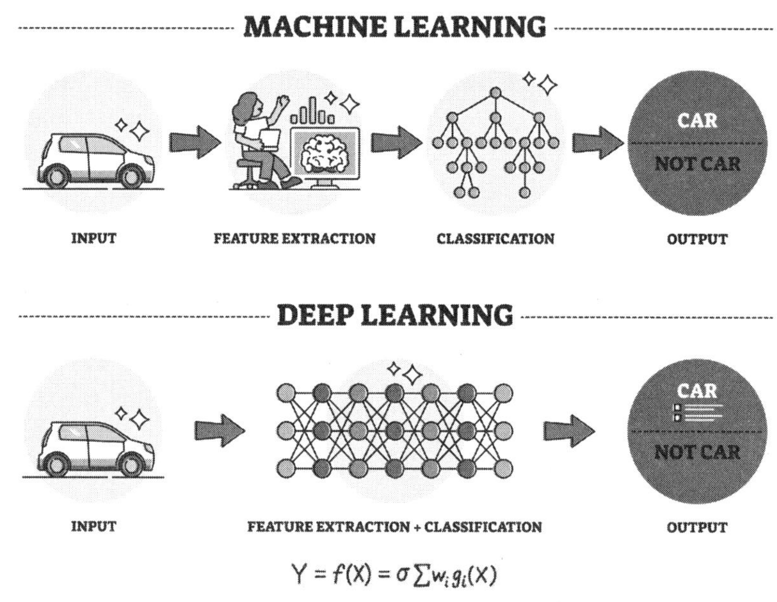

그림 1-3 머신러닝과 딥러닝 개념 알고리즘

이러한 한계를 극복하고 보다 자율적이고 적응적인 시스템을 구현하기 위한 대안으로 머신러닝(Machine Learning, ML)이 등장했다. 머신러닝은 데이터를 기반으로 알고리즘이 스스로 패턴을 학습하고 의사결정을 내릴 수 있도록 하는 기술로, 프로그래머가 일일이 규칙을 지정하지 않아도 된다는 점에서 기존 방식과는 본질적인 차이를 가진다. 대표적으로 지도 학습(Supervised Learning), 비지도 학습(Unsupervised Learning), 강화 학습(Reinforcement Learning)과 같은 학습 방식이 있으며, 이는 다양한 문제 유형에 맞춰 적용될 수 있다.

그중에서도 최근 인공지능 발전을 견인하는 핵심 축은 바로 딥러닝(Deep Learning)이다. 딥러닝은 다층 퍼셉트론(Multi-Layer Perceptron, MLP)을 비롯한 인공신경망을 기반으로 하며, 사람의 뇌신경 구조를 모사한 다층(layer) 구조와 비선형 변환 과정을 통해 기존 머신러닝보다 훨씬 더 복잡하고 추상적인 패턴을 효율적으로 학습할 수 있다. 이러한 구조적 특징 덕분에 딥러닝은 이미지 인식, 자연어 처리, 음성 인식 등 고차원 데이터 분석 분야에서 탁월한 성능을 발휘하며, 인공지능의 한계를 획기적으로 확장시켰다.

특히 이 기술은 자율주행, 개인화 추천 시스템, 챗봇, 생성형 AI 등 다양한 응용 분야로 확산되면서, 우리의 일상 전반에 걸쳐 새로운 혁신과 변화를 이끌어내는 주역으로 자리 잡고 있다.

(2) 기술 생태계 : 하드웨어와 소프트웨어

딥러닝과 머신러닝의 비약적인 발전은 알고리즘의 정교화뿐 아니라, 이를 가능하게 한 컴퓨팅 기술의 혁신적 진전 덕분이기도 하다. 특히 하드웨어와 소프트웨어 성능의 동반 향상은 인공지능 발전의 결정적 동력이 되었다. 그중에서도 GPU(Graphics Processing Unit)의 등장은 인공지능 연산의 판도를 완전히 바꾸어 놓았다. GPU는 원래 이미지 렌더링을 위해 설계된 병렬 처리 구조를 기반으로 하지만, 그 뛰어난 연산 효율성 덕분에 대규모 연산을 요구하는 딥러닝 모델의 학습 속도를 획기적으로 향상시키는 핵심 장치로 자리 잡았다. 이어 구글(Google)이 개발한 TPU(Tensor Processing Unit)는 인공지능 연산에 특화된 전용 프로세서로, 복잡한 신경망 모델을 더 빠르고 효율적으로 처리할 수 있도록 설계된 차세대 연산 기술로 평가된다.

한편, 데이터의 폭발적 증가는 연산 능력만큼이나 데이터 처리 기술의 혁신을 요구했다. 이를 해결하기 위해 분산 컴퓨팅(distributed computing) 기술이 부상했으며, 그 대표적인 예가 Apache Spark와 같은 플랫폼이다.

이러한 시스템은 방대한 데이터를 여러 노드에 분산시켜 병렬로 처리함으로써, 대용량 데이터 분석과 머신러닝 모델 학습을 효과적으로 지원한다. 결과적으로, 이러한 하드웨어와 컴퓨팅 기술의 발전은 AI가 연구 단계를 넘어 실제 산업 현장에서 활용될 수 있는 기반을 마련하게 되었다.

그림 1-4 하드웨어와 소프트웨어

소프트웨어 측면에서도 AI 생태계는 빠르게 진화해왔다. 대표적인 딥러닝 프레임워크인 TensorFlow와 PyTorch는 연구와 산업 양쪽에서 핵심 도구로 자리 잡고 있다. TensorFlow는 구글이 개발한 오픈소스 플랫폼으로, 대규모 분산 학습과 프로덕션 환경에 최적화되어 있으며, 복잡한 모델을 안정적으로 구현하는 데 강점을 보인다. 반면 PyTorch는 직관적인 문법과 동적 계산 그래프(dynamic computation graph)를 지원하여 빠른 실험과 유연한 모델링이 가능해, 연구자와 개발자 사이에서 높은 인기를 끌고 있다.

(3) 학습과 실행에 사용되는 프로그래밍 언어

AI 모델의 학습과 실행에 널리 사용되는 핵심 프로그래밍 언어는 단연 Python이다. 간결한 문법과 높은 가독성, 그리고 방대한 라이브러리 생태계를 갖춘 Python은 데이터 처리, 시각화, 모델 설계부터 실제 구현까지 전 과정에서 탁월한 생산성을 제공한다. 특히, 딥러닝 프레임워크인 TensorFlow와 PyTorch 모두 Python을 주요 인터페이스 언어로 지원하며, 그 덕분에 초보자부터 전문가까지 폭넓은 사용자층을 확보하고 있다. 하지만 AI 시스템이 돌아가기 위해서는 단순한 모델 구현을 넘어, 연산 효율성과 시스템 성능을 최적화하는 저수준 언어의 역할도 중요하다. C와 C++은 이러한 고성능 연산에 강점을 가지며, 대부분의 딥러닝 프레임워크의 백엔드(backend) 엔진을 구성하는 데 사용된다. 실제로 TensorFlow의 핵심 연산 모듈이나

PyTorch의 내부 구조는 C++로 구현되어 있어, 연산 속도와 메모리 최적화 측면에서 중요한 의미를 갖는다.

그림 1-5 다양한 프로그램 언어

AI의 역사를 살펴보면, 초기 연구 단계에서는 Lisp와 Prolog와 같은 언어들이 주로 사용되었다. 이들 언어는 함수형 프로그래밍과 논리 기반 추론에 특화되어 있어, 당시의 전문가 시스템이나 규칙 기반 인공지능 모델을 구현하는 데 적합했다. 지금은 주류 언어에서 다소 멀어졌지만, 여전히 AI의 이론적 기반을 이해하는 데 의미 있는 도구로 평가된다. 이와 함께, 통계 분석과 머신러닝 모델링에 강점을 지닌 R은 데이터 과학 및 생물정보학 분야에서 꾸준히 활용되고 있으며, JavaScript는 웹 기반 AI 응용-예를 들어 브라우저 내 실시간 추론이나 인터랙티브 시각화-에서 점점 그 활용 폭을 넓히고 있다.

결국, 인공지능(AI) 개발에 사용되는 언어는 단일한 정답이 있는 것이 아니라, 적용 분야와 목적에 따라 가장 적합한 언어를 선택하는 것이 핵심이다. 고성능 연산이 필요한 백엔드 개발, 연구 목적의 모델링, 실시간 웹 애플리케이션 등 각기 다른 요구에 맞춰 언어를 조합적으로 사용하는 것이 오늘날 AI 개발의 일반적인 흐름이라 말할 수 있다.

이제 AI의 핵심은 무엇을 어떻게 학습시키느냐에 있다. 딥러닝(Deep Learning)은 머신러닝(Machine Learning)의 하위 분야로, 두 기술 간의 가장 근본적인 차이는 특징 추출(feature extraction)과 학습 방식에서 뚜렷하게 드러난다.

전통적인 머신러닝에서는 모델이 무엇을 학습해야 하는지를 사람이 직접 정의하고 지시해야 했다. 예를 들어, 강아지와 고양이 사진을 구분하는 모델을 만들려면, 개발자가 먼저 두 동물을 구별할 수 있는 핵심 특징-강아지의 처진 귀나 두꺼운 주둥이, 고양이의 날렵한 얼굴 윤곽과 눈매 등-을 세밀하게 설계해야 했다.

이후 그러한 특징이 잘 드러난 이미지를 수집하고 라벨링한 뒤, 해당 데이터를 바탕으로 모델을 학습시켰다. 즉, 기계가 스스로 학습한다기보다 사람이 '무엇을 봐야 하는지'를 일일이 지정해 주어야 했던 시대였다.

반면 딥러닝에서는 이런 특징을 개발자가 미리 지정할 필요가 없다. 인공신경망(Artificial Neural Network), 특히 합성곱 신경망(Convolutional Neural Network, CNN)을 활용해, 모델이 스스로 데이터를 분석하고 의미 있는 특징을 자동으로 추출한다.

CNN은 여러 층(layer)의 합성곱층(Convolutional Layer)과 풀링층(Pooling Layer)으로 구성되어 있으며, 이미지를 단계적으로 분석하며 저수준에서 고수준까지 특징을 점진적으로 학습한다. 초기 층에서는 엣지(edge)나 모서리 같은 단순한 패턴을, 중간층에서는 질감과 형태를, 그리고 마지막 층에서는 고양이나 강아지의 얼굴 구조처럼 복합적인 고차원 특징을 인식한다.

이러한 자동화된 학습 과정 덕분에 개발자는 일일이 특징을 지정하지 않아도 되고, 모델은 데이터로부터 스스로 중요한 정보를 찾아내며 점점 더 정교해진다.

딥러닝의 비약적인 발전은 단순히 알고리즘의 진보 때문만이 아니다. 그 배경에는 컴퓨터 하드웨어의 눈부신 발전, 특히 연산 능력의 획기적인 향상이 있었다. 딥러닝, 특히 인공신경망 기반 학습은 본질적으로 방대한 양의 데이터와 복잡한 계산을 요구한다.

과거에는 이러한 연산량이 기술적 한계를 초래해 발전 속도를 제한했지만, 2015년을 전후로 GPU(Graphics Processing Unit)의 상용화와 대중화가 이루어지면서 상황은 완전히 달라졌다.

GPU는 수천 개의 코어를 바탕으로 한 병렬 처리 구조 덕분에, 막대한 양의 데이터를 동시에 연산할 수 있는 탁월한 성능을 발휘했다. 이로써 딥러닝 모델은 수십억 개

그림 1-6 인공지능 CCTV 영상

의 파라미터를 실시간으로 학습·최적화할 수 있게 되었고, 이는 이미지 인식, 자연어 처리, 음성 인식 등 다양한 분야에서 놀라운 성과를 만들어냈다. 결과적으로, 이러한 기술적 진전은 자율주행, 의료 진단, 개인화 추천, 음성비서 등 실생활 속 응용으로 이어지며, AI 혁신을 가속화시키는 촉매제가 되었다.

딥러닝과 전통적인 머신러닝의 차이를 이해하려면, 단순히 알고리즘 구조만 보는 것보다 데이터를 어떻게 활용하는가에 주목하는 것이 더 직관적이다.

전통적 머신러닝은 마치 '눈치 빠른 견습생'과 같아서, 사람이 정해준 몇 가지 규칙에 따라 판단을 내린다. 예를 들어 화재 감지 시스템을 만든다고 할 때, 머신러닝 모델은 사람이 지정한 기준-연기의 색상, 온도 변화, 불꽃의 흔들림 등-에 맞춰 학습한다. 하지만 현실의 환경은 훨씬 복잡하다. 연기의 색은 장소에 따라 달라지고, 조명·카메라 품질·날씨 변화에 따라 영상의 특성도 크게 달라진다. 이런 변수를 모두 사람이 정의하는 것은 사실상 불가능하다.

반대로, 딥러닝은 수많은 CCTV 영상을 본 베테랑 전문가처럼 작동한다. 실제로 국내 한 스마트시티 프로젝트에서는 딥러닝 기반 AI 화재 감지기를 개발하기 위해 수백만 건의 화재 및 비화재 CCTV 영상을 학습시켰다. 이 모델은 사람이 "연기는 회색이고, 불꽃은 노랗다"고 알려주지 않아도, 스스로 불꽃의 움직임, 연기의 확산 패턴, 열 신호의 변화를 찾아내기 시작했다.

더 놀라운 점은, 사람이 놓칠 수 있는 조기 징후-예를 들어 차량 보닛에서 피어오르는 미세한 연기도 높은 정확도로 감지했다는 것이다.

이처럼 딥러닝은 데이터가 많을수록 더 똑똑해진다. 유튜브가 1,000만 개의 이미지에서 고양이와 사람의 얼굴을 구분할 수 있었던 이유도, 컴퓨터가 수많은 시행착오를 통해 스스로 특징을 학습했기 때문이다. 전통적인 머신러닝이 "무엇을 봐야 하는지"를 사람이 정해줘야 했다면, 딥러닝은 "보여주기만 하면 스스로 판단 기준을 만들어낸다."

결국, AI 화재 감지기의 사례에서 볼 수 있듯이 딥러닝은 복잡하고 불규칙한 현실 속 패턴을 스스로 탐색하고 적응하는 데 최적화된 기술이다. 이것이 오늘날 다양한 산업에서 전통적인 머신러닝보다 딥러닝이 선호되는 가장 큰 이유이다. 다만, 딥러닝은 대규모 데이터가 확보될 때 강력한 성능을 발휘하지만, 학습 데이터가 부족하거나 구조화된 환경에서는 전통적 머신러닝이 오히려 더 효율적일 수 있다. 따라서 두 기술은 경쟁 관계라기보다, 데이터의 양과 특성에 따라 상호 보완적으로 선택·활용되는 관계라 할 수 있다.

2 왜 인공지능은 멈추지 않을까? 기술, 경쟁, 그리고 데이터의 삼중주

1) AI의 삼각형 : 데이터, 컴퓨팅의 힘, 알고리즘

인공지능(AI)의 발전은 데이터를 수집하고 분석하는 능력, 컴퓨팅 파워의 발전, 그리고 알고리즘의 지속적인 개선이라는 세 가지 핵심 요소에 의해 이끌어지고 있다. 이 요소들은 AI 시스템의 성능을 극대화하는 중요한 역할을 하며, 상호작용을 통해 AI 기술의 고도화에 기여하고 있다. 각 요소는 AI의 발전에 필수적이며, 기술의 진보와 함께 지속적으로 발전하고 있다.

(1) 데이터의 증가 : 데이터 수집 기능 측면

최근 몇 년간 인터넷의 확산과 함께 IoT(사물인터넷) 및 센서 기술이 급속도로 발전하면서, 우리는 이전과 비교할 수 없을 정도로 방대한 데이터를 생성하고 수집할 수 있게 되었다. 이러한 기술의 진보는 단순한 정보 축적을 넘어, 데이터가 산업과 기술 혁신의 핵심 자원으로 전환되는 시대를 열었다.

대표적인 예로, 제조업 분야의 예측 유지보수(Predictive Maintenance) 시스템을 들 수 있다. 이 시스템은 기계의 작동 상태를 실시간으로 모니터링하며, 센서를 통해 온도, 진동, 압력, 작동 주기 등의 다양한 데이터를 수집한다. 이렇게 축적된 데이터를 분석하면 기계의 고장 패턴을 사전에 파악할 수 있고, 이를 통해 장비의 수명을 연장하며 유지보수 비용을 크게 줄일 수 있다. 즉, 데이터는 단순한 기록이 아니라 미래를 예측하고 효율을 극대화하는 지능형 자산으로 기능하고 있는 것이다.

이처럼 매일 생성되는 방대한 양의 데이터는 인공지능(AI) 모델을 학습시키는 데 필수적인 자원으로 활용된다. 데이터의 양이 늘어날수록 AI는 더 많은 패턴을 학습하고, 예측의 정확도를 높이며, 다양한 상황에 적응할 수 있는 일반화 능력(generalization)을 강화한다.

(2) 컴퓨팅 파워의 증가 : 메모리 처리 기능 측면

컴퓨팅 파워는 AI의 발전을 이끄는 가장 중요한 요인 중 하나로, 하드웨어 기술의 발전에 따라 점점 더 강력한 컴퓨팅 리소스를 이용할 수 있게 되었다. 특히, GPU(Graphics Processing Unit)의 발전은 AI의 훈련 속도와 성능을 비약적으로 향상시킨 핵심 요소로 꼽는다. GPU는 대규모 병렬 처리가 가능하여, 수많은 수학적 연산을 동시에 처리할 수 있다.

이는 복잡한 딥러닝 모델을 훈련할 때 필수적이며, 기존 CPU에 비해 수십 배 더 빠른 속도로 계산을 처리할 수 있다. GPU의 향상된 성능 덕분에, 딥러닝(Deep Learning), 강화 학습(Reinforcement Learning)과 같은 고급 AI 모델을 효율적으로 훈련할 수 있게 되었으며, 대규모 데이터셋을 다룰 때의 한계를 극복할 수 있다. 이로 인해 AI는 자연어 처리, 영상 인식, 음성 인식 등의 복잡한 작업을 보다 빠르고 정확하게 수행할 수 있게 되었고, 이로써 AI의 학습 속도와 응답성이 크게 향상되는 전환점이 되었다.

(3) 알고리즘의 개선 : 수행 알고리즘 측면

AI 알고리즘의 개선은 AI 시스템의 정확성과 효율성을 높이는 데 중요한 역할을 한다. 최신 알고리즘들은 병렬 처리 기술을 최적화하여, 수많은 연산을 동시에 수행할 수 있도록 하고, 모델을 훈련할 때 더욱 효율적인 연산을 가능하게 만든다. 예를 들어, 컨볼루션 신경망(CNN)과 트랜스포머(Transformer) 모델은 이미지와 텍스트 데이터를 처리하는 데 있어서 혁신적인 방법을 제시하며, AI의 성능을 획기적으로 향상시켰다. 또한, 강화학습은 에이전트가 환경과 상호작용하며 최적의 행동을 학습할 수 있도록 돕는다.

알고리즘의 개선은 AI가 더 정확하게 패턴을 인식하고, 복잡한 문제를 해결하는 능력을 향상시킨다. 예를 들어, 자연어 처리에서 사용되는 BERT, GPT와 같은 알고리즘은 문맥을 이해하고, 더 자연스럽고 의미 있는 텍스트를 생성하는 데 큰 기여를 하고 있다. 이들 알고리즘은 사전 훈련된 모델을 활용하여, 학습된 지식을 새로운 작업에 이전학습(Transfer Learning) 방식으로 적용할 수 있게 해준다.

결국, 데이터의 증가, 컴퓨팅 파워의 향상, 알고리즘의 개선은 AI의 성능을 극대화하는 핵심 요소로 작용한다. 이 세 가지 요소는 서로 상호작용하며, AI 기술의 발전을 지속적으로 이끌어 가고 있다. 특히, AI 모델의 학습 효율성과 성능은 대규모 데이터와 고속 컴퓨팅 리소스, 강력한 알고리즘의 결합에 의해 강화되며, 미래의 AI는 단순한 기술을 넘어, 인간과 함께 사고하고 협력하며 새로운 가치를 창출하는 지능적 동반자(Intelligent Partner)로 진화할 것이다.

2) 인공지능(AI)의 야망과 난관

(1) 하드웨어 혁신이 가져올 딥러닝의 미래

하드웨어 기술의 발전은 AI의 성능과 효율성을 결정짓는 핵심 요소로 작용하고 있다. TPU와 같은 딥러닝 전용 하드웨어는 딥러닝 모델의 학습 속도를 기존의 GPU 대비 10배 이상 향상시키며, 에너지 효율성 또한 크게 개선하고 있다. 이러한 기술은 딥러닝의 상업적 활용도를 높이고, AI 기술이 의료, 금융, 자율주행 등 다양한 산업에 적용될 수 있는 길을 열고 있다.

향후 기대되는 기술로는 양자컴퓨팅과 AI 하드웨어의 결합이 있다. 양자컴퓨터는 현재의 한계를 넘어선 데이터 처리 속도를 제공하여 딥러닝 모델이 더 빠르고 정밀하게 학습할 수 있도록 도울 것이다. 또한, AI 전용 칩셋의 소형화와 효율성 증대는 모바일 및 IoT 기기에 딥러닝 기술을 통합하는 데 기여하여, AI 기술이 모든 기기와 시스템에서 실시간으로 작동할 수 있는 환경을 조성할 것이다.

(2) 경제적 효과와 사회적 영향

인공지능(AI)과 하드웨어의 융합은 오늘날 경제적 가치 창출의 새로운 장을 열고 있다. 딥러닝 기술은 전통적인 산업의 생산성을 혁신적으로 끌어올리고, 데이터 기반의 의사결정을 자동화하며, 새로운 비즈니스 모델의 등장을 이끌고 있다. 이제 AI는 단순히 기술적 혁신의 도구를 넘어, 산업 구조 전반을 변화시키는 핵심 성장 엔진으로 자리 잡고 있다.

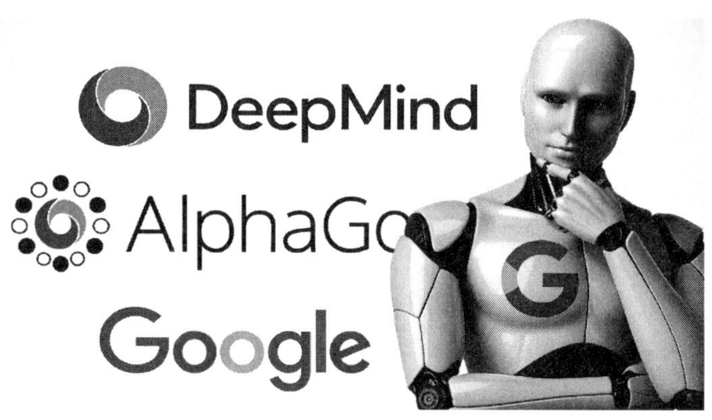

그림 1-7 딥마인드 & 알파고: AI 지능의 발전

대표적인 예로 구글 딥마인드(Google DeepMind)의 사례를 들 수 있다. 딥마인드는 AI 기술을 활용해 단순한 기술적 성취를 넘어서는 경제적 파급력을 입증했다. 의료 분야에서는 진단 정확도를 높이고, 금융 산업에서는 리스크를 정밀하게 평가하며, 자율주행차 개발에서는 교통 효율과 안전성을 획기적으로 개선하고 있다. 이러한 변화는 AI가 앞으로 의료, 금융, 제조, 교통 등 주요 산업 전반에서 수조 달러 규모의 경제적 효과를 창출할 것이라는 전망을 가능하게 한다.

한편, 인공지능(AI)과 하드웨어의 기술적 진보는 과학적 성과를 넘어 경제와 사회의 구조 자체를 재편하는 힘으로 작용하고 있다. 특히 노동 시장에서는 이미 구조적 변화가 진행 중이다. 반복적이고 예측 가능한 작업은 점차 AI에 의해 자동화되고 있으며, 대신 데이터 과학자(Data Scientist), AI 엔지니어, 하드웨어 설계자와 같은 고부가가치 직업군에 대한 수요가 빠르게 증가하고 있다. 이는 노동 시장이 기술 중심의 생태계로 재편되고 있음을 보여주며, 이러한 변화에 대응하기 위해서는 새로운 기술 교육 체계와 정책적 지원이 필수적이다.

결국, AI와 하드웨어의 융합은 단순한 기술 발전을 넘어 경제적 혁신과 사회적 변화를 동시에 견인하는 핵심 축이 되고 있다. 이 융합의 가속화는 앞으로 산업의 생산성과 효율성을 극대화할 뿐 아니라, 인간의 일과 삶의 방식까지 근본적으로 변화시킬 것이다.

3) AI를 향한 기대와 끊임없는 도전

(1) 영상인식 기술의 도약

영상인식 기술은 인공지능(AI) 연구의 핵심 성과 중 하나로, 머신러닝과 딥러닝 기술의 발전에 힘입어 비약적인 성장을 이루었다. 초기에는 단순히 패턴이나 형태를 구분하는 수준에 머물렀지만, 오늘날에는 합성곱 신경망(Convolutional Neural Network, CNN)을 기반으로 인간 수준에 가까운 인식 정밀도를 확보하게 되었다. 이제 영상인식은 단순한 '분류 기술'을 넘어, 의료 영상 분석, 자율주행 차량의 장애물 인식, 공장 내 품질 검사 등 실제 산업 현장에서 그 가치를 입증하고 있다.

현재의 영상인식 기술은 여전히 대규모 데이터 학습과 고성능 하드웨어에 의존하고 있지만, 미래에는 효율적인 알고리즘 개발과 모델의 경량화를 통해 더욱 진화할 것으로 보인다. 특히, 에너지 효율성을 극대화하기 위한 스파이킹 신경망(Spiking Neural Networks)과 같은 차세대 신경망 모델이 주목받고 있다. 이러한 기술은 모바일 디바이스나 IoT 환경에서도 영상인식을 실시간으로 구현할 수 있어, AI의 경량화와 실시간성이라는 새로운 패러다임을 열 것으로 기대된다.

더 나아가, 영상인식 기술은 단순히 물체를 구분하는 단계를 넘어 맥락 이해(Contextual Understanding)와 감정 인식(Emotion Recognition)의 영역으로 확장되고 있다. 예를 들어, AI가 의료 영상에서 단순히 암세포를 식별하는 데 그치지 않고, 주변 조직의 상태와 질병의 진행 단계를 함께 분석하는 수준으로 발전하고 있다. 이러한 진보는 의료, 보안, 농업, 제조업 등 다양한 산업 분야에서 새로운 혁신과 가치 창출의 기회를 제공할 것이다.

무엇보다 주목할 점은, 영상인식 기술이 기술적 성과를 넘어 사회적 혜택을 창출하고 있다는 것이다. 재난 현장에서의 인명 구조 시스템, 스마트 시티의 지능형 교통 관리, 농작물의 자동 생육 진단 시스템 등은 모두 AI 영상인식 기술이 인간의 삶의 질을 직접적으로 향상시키는 사례들이다. 따라서 AI는 이제 단순히 인간의 시각을 모방하는 수준을 넘어, 인간의 인지 능력을 확장하고 복잡한 문제를 함께 해결하는 동반자적 존재로 발전하고 있다.

(2) 음성에서 이미지까지

인공지능(AI)의 음성 인식 기술은 인간의 언어를 기계가 이해할 수 있는 형태로 변환하여, 명령을 실행하거나 감정을 분석하는 데 활용되는 핵심 기술이다. 특히, 딥러닝 기반의 자연어 처리(Natural Language Processing, NLP) 기술은 음성 데이터를 세밀하게 분석해 문맥을 파악하고, 화자의 감정과 의도를 이해할 수 있는 수준까지 발전했다.

그림 1-8 멀티모달(multimodal) 시스템

예를 들어, 2025년 기준으로 음성 인식 AI(Automatic Speech Recognition, ASR)의 정확도는 눈에 띄게 향상되어, 실험실 환경에서 녹음된 음성 기준으로 약 97~98% 수준에 도달했다. 또한 실제 회의나 다자간 대화 상황에서도 음성 분리(speech separation) 정확도가 최신 연구 결과에 따르면 약 88%에 이르는 등, 인간의 언어 이해에 근접한 수준으로 진화하고 있다. 이러한 기술적 진보는 스마트폰의 음성 비서, 스마트 홈 기기, 자율주행차의 음성 인터페이스 등 다양한 응용 분야에서 인간과의 상호작용 방식을 근본적으로 바꾸어 놓았다.

인공지능(AI)의 또 다른 핵심 축인 텍스트 처리 기술은 언어 번역, 문서 요약, 고객 서비스용 챗봇(Chatbot) 등 다양한 영역에서 활용되고 있다. 이 기술은 방대한 언어 데이터를 학습하여 문맥을 이해하고 자연스러운 문장을 생성함으로써, 인간과 유사한 방식으로 대화하고 정보를 제공할 수 있다.

예를 들어, 최신 언어 모델은 단순한 질의응답을 넘어 사용자의 의도를 파악하고, 대화의 흐름을 유지하며, 감정적인 뉘앙스까지 반영하는 수준으로 발전했다. 이러한 기술은 기업의 고객 서비스 자동화, 교육용 튜터링, 글로벌 커뮤니케이션 등에서 혁신적인 변화를 이끌고 있다.

이미지 인식 기술 또한 AI 발전의 또 다른 축을 형성하고 있다. 의료 분야에서는 딥러닝 알고리즘이 의료 영상을 분석해 암 조직이나 질병의 징후를 조기에 탐지하고, 자율주행차에서는 카메라로 촬영한 도로 환경을 실시간으로 인식해 의사결정을 내린다. 보안 시스템에서는 얼굴 인식과 객체 탐지를 통해 위험을 조기에 감지할 수 있으며, 이러한 기술은 이미 일상생활 곳곳에서 활용되고 있다.

결국, 음성·텍스트·이미지 인식 기술은 인공지능을 구성하는 세 가지 핵심 축으로, 이들의 발전은 인간의 삶과 산업 구조를 동시에 변화시키고 있다. 인공지능(AI)은 이제 단순히 기계적인 자동화를 넘어, 인간의 언어를 이해하고 감정을 공감하며, 이미지를 인식해 상황을 해석하는 지능적 파트너(Intelligent Partner)로 진화하고 있다. 이러한 기술들은 인간의 창의력과 결합될 때 더욱 큰 시너지를 발휘하며, 사회 전반의 혁신을 가속화한다.

AI는 더 이상 선택이 아닌 필수적인 기술 역량이며, 이를 얼마나 잘 이해하고 활용하느냐가 미래의 경쟁력을 결정짓는 중요한 요소가 되고 있다.

2장

AI를 뛰게 하는 엔진 : GPU·NPU·TPU의 진화와 전쟁

AI의 심장, 하드웨어 : GPU, NPU, TPU의 현재와 미래

1) AI 시대를 움직이는 컴퓨팅 엔진

그림 2-1 메모리의 미래

인공지능(AI)의 핵심 동력은 데이터를 학습하고 복잡한 연산을 수행할 수 있는 하드웨어에서 비롯된다. GPU(Graphics Processing Unit), NPU(Neural Processing Unit), TPU(Tensor Processing Unit)와 같은 고성능 연산 장치는 AI 기술의 발전을 가능하게 하는 엔진이자 촉매로서 작용한다. 이러한 하드웨어는 단순히 연산 속도를 높이는 수준을 넘어, 딥러닝(Deep Learning)과 생성형 대형 언어 모델(Large Language Model, LLM)의 성능을 결정짓는 핵심 요소로 자리 잡고 있다. 즉, AI의 혁신은 소프트웨어 알고리즘의 정교화뿐 아니라, 그 알고리즘을 구동할 수 있는 물리적 기반, 즉 컴퓨팅 인프라의 진화에서 비롯된다고 볼 수 있다.

이 가운데 GPU의 등장은 인공지능 산업의 흐름을 근본적으로 바꿔놓았다. GPU는 원래 그래픽 렌더링을 위해 개발된 장치이지만, 수천 개의 코어를 이용한 병렬 처리(parallel processing) 구조 덕분에 대규모 연산을 동시에 수행할 수 있다. 이러한 구조적 특성은 대량의 데이터를 반복적으로 학습해야 하는 딥러닝 모델의 훈련

(Training)에 최적화되어 있으며, 결과적으로 AI 모델의 학습 속도와 정확도를 비약적으로 끌어올렸다.

대표적인 GPU 제조 기업인 엔비디아(NVIDIA)는 이러한 흐름의 중심에 있다. 딥러닝 연구와 생성형 AI 수요가 폭발적으로 증가하면서, 엔비디아의 GPU는 전 세계 데이터센터와 연구기관의 표준 장비로 자리 잡았다. 특히, 2023년부터 2024년 사이 엔비디아의 주가는 약 120% 이상 급등하며, "AI 시대의 가장 큰 수혜주"로 불릴 만큼 시장의 상징적인 존재가 되었다. 이는 GPU가 단순한 그래픽 처리 장비를 넘어, AI 산업의 핵심 인프라이자 새로운 경제 성장 동력으로 인식되고 있음을 보여주는 대표적인 사례라 할 수 있다.

이러한, 하드웨어의 발전은 인공지능의 가능성을 확장시키는 기술적 토대이자, 산업 혁신을 촉진하는 경제적 엔진으로 AI의 미래는 더 빠르고 효율적인 연산 능력을 확보하기 위한 컴퓨팅 기술의 진보와 함께 진화할 것이며, 이는 국가 경쟁력과 산업 생태계 전반에도 중대한 영향을 미칠 것으로 전망된다.

2) AI 하드웨어의 경제학 : 산업 구조와 생산성의 재편

(1) 생산의 미래, 비용의 혁신

불과 몇 년 전까지만 해도, 눈에 보이지 않는 '연산'이 현실 세계의 변화를 이끌 수 있을지에 대해 회의적인 시선이 존재했다. 그러나 이제 그 의문에 대한 답은 명확하다. AI 하드웨어, 이 작고 정교한 반도체 칩 하나가 전 세계 산업 구조를 재편하고 있다.

오늘날 인공지능의 핵심은 알고리즘이 아니라 연산 능력(Computational Power)이다. AI 하드웨어는 마치 산업의 '보이지 않는 손'처럼, 북극의 데이터센터에서부터 한국의 첨단 반도체 공장에 이르기까지 산업 현장의 모든 층위에서 변화를 주도하고 있다.

가장 먼저 혁신의 파도를 맞이한 곳은 데이터센터였다. 디지털 경제의 심장이라 불리는 이곳에서, 매초 수조 건의 데이터가 생성되고 분석된다. 과거에는 CPU가 그 막대한 연산 부담을 홀로 감당해야 했지만, 이제는 GPU와 구글의 TPU가 이 역할을 대신하고 있다. 이들 장치는 수십 배 빠른 속도로 데이터를 처리하면서도 전력 효율성을 극대화해, 동일한 시간에 더 많은 연산을 수행할 수 있다. 예전 같았으면 며칠이 걸리던 데이터 분석이 이제는 몇 시간, 혹은 몇 분이면 완료된다. 결과적으로 처리 효율의 향상과 에너지 비용의 절감이 동시에 이루어지며, 클라우드 서비스의 경제성은 새로운 차원으로 진입했다.

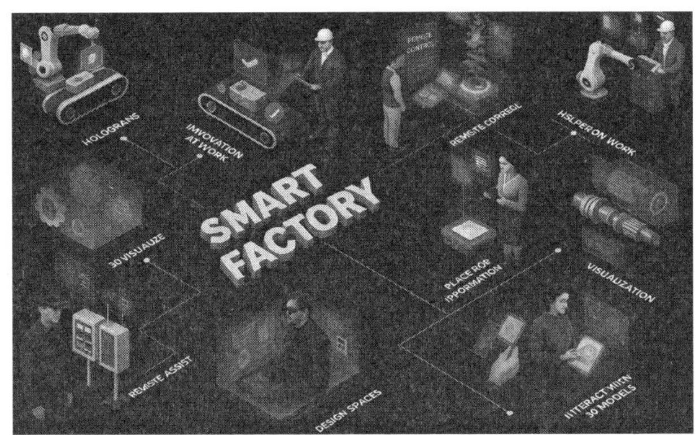

그림 2-2 스마트 팩토리(Smart Factory)

한편, 이 변화는 곧 제조업의 심장부로 확산되었다. 스마트 팩토리(Smart Factory)에서는 인간의 시각을 대신해 AI 기반 비전 시스템(AI Vision System)이 품질 검사를 담당하고 있다.

생산라인을 따라 이동하는 제품 하나하나를 실시간으로 분석하고, 미세한 흠집이나 오차도 즉시 감지한다. 인공지능(AI)는 인간이 놓칠 수 있는 0.1초의 미세한 순간에도 반응하며, 필요한 경우 기계의 이상 징후를 조기에 포착해 예지보전(Predictive Maintenance)을 수행한다. 그 결과, 불량률은 낮아지고 가동률은 높아지며, 낭비되는 시간과 자원은 최소화된다. 즉, AI 하드웨어는 속도와 정밀성, 효율성과 품질이라는 두 축을 동시에 충족시키며 제조 경쟁력을 새롭게 정의하고 있다.

무엇보다 이 모든 변화는 매우 조용하지만, 그 영향력은 깊고 지속적이다. AI 하드웨어는 눈에 보이지 않는 영역에서 산업의 구조를 지탱하는 지능형 인프라

(Intelligent Infrastructure)로 진화하고 있다. 오늘도 세계 곳곳의 공장과 데이터센터, 그리고 연구소의 중심에서 이 작은 칩들은 쉼 없이 연산하며, 인간의 한계를 보완하고 미래의 가능성을 계산하고 있다.

이제 산업혁신의 주체는 더 이상 인간의 손이 아니다. 산업혁신의 조용한 주인공은 바로 '연산하는 두뇌', AI 하드웨어이다. 그것은 단순한 부품이 아니라, 디지털 경제를 움직이는 새로운 엔진이며, 생산성과 비용 혁신의 패러다임을 근본적으로 바꾸고 있다.

(2) 인공지능(AI)가 여는 신시장, 그리고 산업의 재구성

한때 연구실과 산업 현장의 뒷편에서 조용히 움직이던 AI 하드웨어가, 이제는 세계 경제의 무대 중앙에 우뚝 섰다. 연산은 더 이상 눈에 보이지 않는 기술적 과정이 아니다. 그것은 수조 원의 가치를 만들고, 산업의 미래를 설계하며, 국가 간의 패권마저 흔들고 있다.

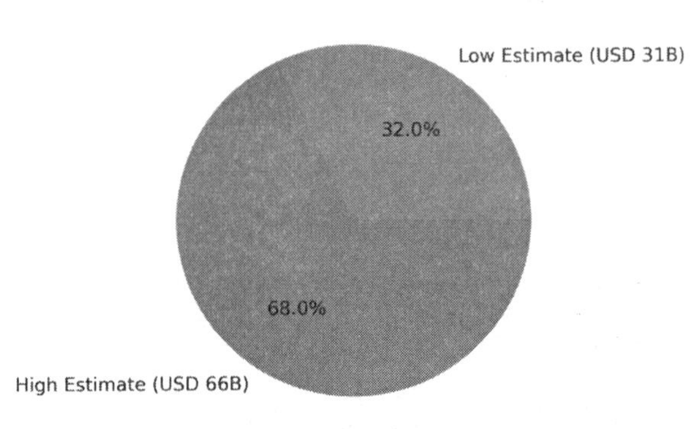

그림 2-3 AI 하드웨어 시장

2024년 기준으로 전 세계 AI 하드웨어 시장 규모는 수십억 달러대에서 이미 수십조 원대에 달할 것으로 전망되었으며, 다양한 시장 조사에서는 2025년 AI 하드웨어 시장이 약 USD31~66십 억(한화로 약 41조 8,500억 원~약 89조 1,000억 원) 수준에 이를 것으로 예측되기도 한다. 이 같은 숫자는 단순히 규모의 확대를 뜻하는 것이 아니다. 그 이면에는 산업 구조의 재편, 가치 사슬의 변화, 그리고 생산과 비용 혁신의 새로운 패러다임이 숨어 있다.

이 변화의 중심에는 다양한 산업군이 있다. 생성형 AI는 콘텐츠를 만들고, 자율주행차는 도로 위를 스스로 판단하며 달리며, 의료 AI는 생명을 진단하고, 스마트팩토리는 불량률 없이 제품을 완성해낸다. 여기에 핀테크 산업은 데이터와 예측의 정밀도로 금융을 재구성한다. 이 모든 혁신의 뒷면에는, 쉼 없이 돌아가는 AI 칩셋의 연산 능력이 숨어 있다. 그 성장세는 멈추지 않는다. 2025년부터 2027년까지, AI 하드웨어는 그야말로 폭발적인 수요의 중심에 서게 될 것이다. 그리고 이 흐름은 단순히 기술의 진보 때문만이 아니다. 변화는 인프라의 이동, 전략의 전환, 그리고 계산 능력의 민주화에서 비롯된다.

클라우드 컴퓨팅은 이미 연산을 중앙화하고 있고, 이제는 엣지 컴퓨팅이 이를 분산시키며 일상 속으로 밀고 들어온다. 사람의 손 대신 인공지능(AI)이 작동하는 수많은 디바이스가, 지금 이 순간에도 사무실, 병원, 공장, 자동차, 심지어 주머니 속에서 돌아가고 있다. 이 흐름을 읽은 글로벌 기업들은 이미 움직였다. Amazon, Google, Microsoft는 자사의 클라우드 시스템 속에 자체 AI 하드웨어를 통합하며 수직적 통합 생태계를 만들어가고 있다. 한편 Tesla는 자율주행 칩을 직접 설계하며 차량의 두뇌를 키우고, 삼성전자는 반도체와 AI를 연결해 하드웨어 중심의 플랫폼 전략을 강화하고 있다.

그림 2-4 AI 반도체

이 흐름을 읽은 글로벌 기업들은 이미 움직였다. Amazon, Google, Microsoft는 자사의 클라우드 시스템 속에 자체 AI 하드웨어를 통합하며 수직적 통합 생태계를 만들어가고 있다.

Tesla는 자율주행 칩을 직접 설계하며 차량의 두뇌를 키우고, 삼성전자는 반도체와 AI를 연결해 하드웨어 중심의 플랫폼 전략을 강화하고 있다.

바이두와 텐센트, 알리바바 역시 국가 전략과 함께 AI 칩 독립 생태계 구축에 사활을 걸고 있다. 이제 AI 하드웨어는 단순한 칩이 아니다. 그것은 기업의 생존 전략이자, 국가의 기술 주권이며, 산업 전체를 재구성하는 디지털 근육이다. 그리고 이 근육이 점점 더 단단해지는 지금, 우리는 기술의 무게가 경제의 흐름을 바꾸는 장면을 목격하고 있는 것이다.

(3) 글로벌 기술 경쟁의 전략 무기

AI 하드웨어는 이제 단순한 기술 자산이 아니라 국가 간 기술 패권을 좌우하는 전략적 무기로 여겨지고 있다. 인공지능 시대의 패권 경쟁은 더 이상 알고리즘의 싸움만이 아니다. 이제는 그 알고리즘을 누가 더 빠르고 효율적으로 실행할 수 있는지, 즉 AI 하드웨어 전쟁이 본격화되고 있다.

가장 앞서 달리는 주자는 단연 미국이다. GPU의 제왕으로 불리는 NVIDIA는 전 세계 AI 연산 시장을 사실상 장악하고 있으며, 연구기관부터 빅테크 기업까지 이들의 칩 없이는 대규모 AI 모델을 훈련 시키기 어려울 정도이다. 여기에 구글은 한발 더 나아가, 자사가 설계한 TPU(Tensor Processing Unit)를 통해 클라우드 AI 연산을 위한 전용 생태계를 구축하고 있다. 고성능 서버 팜을 돌리는 뒷단에서 구글 TPU는 조용히, 그러나 압도적인 처리 속도로 AI 모델을 움직이고 있다. 그러나 이 독주는 중국의 반격으로 점차 균형을 맞춰가고 있다. 반도체 자립을 국가 전략으로 삼은 중국은 NPU(Neural Processing Unit)와 AI 전용 ASIC(Application-Specific Integrated Circuit) 개발에 수십조 원의 투자를 아끼지 않고 있다. 그 중심에는 알리바바의 Hanguang 시리즈와 화웨이의 Ascend 칩셋이 있다. 이들은 자율주행, 클라우드, 스마트시티 인프라에 실제 적용되며, 점차 미국의 GPU 의존도를 낮추는 흐름을 만들어가고 있다.

한편, 기술 패권 경쟁이 가속화되는 가운데 유럽과 일본의 행보도 눈여겨볼 만하다. 유럽은 고효율·저전력 AI 칩셋 개발에 집중하며, 에너지 절감과 지속가능성을 동시에 추구하는 친환경형 디지털 전환 전략을 본격화하고 있다. 이는 단순히 연산 속도를 높이는 기술 경쟁이 아니라, 지속가능한 AI 생태계(Sustainable AI Ecosystem)를 구축하기 위한 유럽식 접근으로 평가된다. 반면, 일본은 오랜 강점을 지닌 정밀공학과 로봇 기술을 기반으로, 초소형 AI 연산 장치(Micro AI Processor) 분야에서 독자적인 영역을 개척하고 있다.

특히 로봇과 센서에 직접 내장할 수 있는 경량 AI 칩을 개발하며, 산업 자동화와 서비스 로봇 분야에서 엣지 연산(Edge Computing) 중심의 새로운 생태계를 만들어가고 있다. 비록 글로벌 시장 점유율에서는 미국과 한국, 대만에 비해 다소 뒤처져 있지만, 이들 국가는 차세대 AI 하드웨어의 전략적 틈새 시장(Strategic Niche Market)을 정조준하며 기술 주도권을 되찾기 위한 긴 호흡의 경쟁에 나서고 있다. 이처럼 AI 하드웨어를 둘러싼 경쟁은 단순한 산업 기술의 경계를 넘어, 국가 간 기술 주도권과 경제 안보, 그리고 산업 전략의 핵심 변수로 확산되고 있다.

오늘날의 AI 반도체는 단지 데이터를 계산하는 도구가 아니라, 국가 경쟁력과 디지털 주권을 좌우하는 21세기형 '지능 반도체 전쟁(Intelligent Semiconductor Race)'의 중심에 서 있다. 그리고 그 중심에는, 인간의 언어를 이해하고 세상을 해석하며 실제로 인공지능을 '움직이게 하는' 보이지 않는 두뇌, 바로 AI 칩(AI Chip)이 존재한다.

미래 전망 : AI 하드웨어가 주도하는 경제 구조의 변화

앞으로의 AI 하드웨어는 단순히 '연산 속도가 빠른 칩'을 넘어서, 지속 가능한 디지털 경제를 실현하는 핵심 인프라로 자리 잡게 될 것이다. 그것은 산업의 효율을 높이는 기술적 도구를 넘어, 지속 가능한 디지털 경제(Sustainable Digital Economy)를 실현하는 핵심 인프라(Core Infrastructure)로 자리매김할 전망이다. 기술의 중심에서 경제의 구조를 바꾸는 흐름은 이미 시작되었으며, 다음 세 가지 축이 특히 주목받고 있다.

1) 더 작고 더 똑똑하게 : 저비용·고성능 AI 칩의 등장

생성형 AI의 활용이 대중화됨에 따라, 연산 능력은 더욱 중요해지고 있다. 하지만 고성능만으로는 충분하지 않다. 저전력, 저비용, 고효율이라는 3박자를 갖춘 AI 칩셋이 미래 경쟁의 핵심이 되고 있다. 퀄컴, AMD, 인텔, ARM 등 글로벌 반도체 기업들은 더 작고 가볍지만, 인공지능(AI) 연산에는 강력한 경량형 AI SoC(System-on-Chip) 개발에 속속 뛰어들고 있다. 그 결과, 고성능 AI를 스마트폰이나 소형 로봇에서도 구현할 수 있는 시대가 열리고 있다.

한편 인공지능(AI) 데이터센터를 떠난 엣지 컴퓨팅의 부상에 대해 생각해 보자. 과거에는 모든 인공지능(AI) 연산이 대형 데이터센터에서 처리됐다. 하지만 이제는 상황이 바뀌고 있다. 자율주행차, 스마트 가전, 웨어러블 디바이스처럼 실시간 반응이 필요한 환경에서는 데이터를 멀리 보내지 않고, 기기 내부에서 직접 연산하는 엣지 AI가 각광받고 있다. 이러한 엣지 컴퓨팅의 확산은 속도와 보안성을 동시에 잡을 수 있는 해법으로 주목받는다. 동시에, 데이터 흐름이 분산되면서 새로운 형태의 디지털 생태계가 만들어지고 있으며, 이는 향후 디지털 경제의 분산형 구조를 이끄는 핵심 트렌드로 자리 잡을 전망이다.

2) 지속 가능성을 품은 칩 : 친환경 AI 하드웨어

기후위기가 전 산업의 과제로 떠오르면서, 인공지능(AI) 분야 역시 예외가 아니다. 특히 거대한 AI 모델의 학습에는 막대한 전력이 소모되기 때문에, 에너지 효율이 높은 하드웨어의 중요성은 점점 더 커지고 있다. NVIDIA와 구글은 이미 자사 AI 칩의 전력 효율 최적화에 집중하고 있으며, 유럽은 이를 '그린 AI(Green AI)' 전략과 연계해 기술 발전과 지속 가능성이라는 두 마리 토끼를 동시에 추구하고 있다.

이제는 "얼마나 빠르냐"보다 "얼마나 친환경적이냐"가 AI 하드웨어 평가 기준이 되는 시대이다. 이처럼 AI 하드웨어는 단지 기술의 경계를 넘는 것이 아니라, 경제 구조, 산업 경쟁력, 환경 지속성까지 좌우하는 미래 사회의 기반으로 진화하고 있다. 더 작고, 더 똑똑하며, 더 친환경적인 AI 칩이 세상을 움직이는 방식은 앞으로 더욱 흥미로워질 것이다.

3) AI 하드웨어가 열어가는 경제적 가능성

GPU, NPU, TPU로 대표되는 AI 하드웨어는 단순한 기술 도구가 아니라, 미래 산업의 구조와 경쟁 구도를 바꾸는 핵심 인프라로 기능하고 있다. 데이터 기반 사회로의 전환과 함께, 이들 장치는 더 높은 생산성과 더 낮은 비용, 그리고 더 넓은 시장을 가능하게 하는 성장 엔진이다. 인공지능(AI) 기술이 진화할수록, 그 중심에는 항상 연산 능력을 책임지는 하드웨어가 존재할 것이다. 앞으로의 경제는 이 하드웨어의 성능과 효율에 따라 산업 간 격차가 벌어지고, 국가 간 경쟁력이 달라지는 시대를 맞이하게 될 것이다.

그림 2-5 인공지능 반도체 NPU와 TPU

결국 AI 하드웨어의 발전은 단순한 성능 향상을 넘어, 경제와 사회의 지속가능성을 재설계하는 핵심 축으로 작용하게 될 것이다. 지금 이 순간에도 수많은 반도체 위에서 이루어지는 연산 하나하나가, 미래 경제의 방향을 결정짓고 있는 셈이다.

3장

AI가 열어가는 미래 : 인간은 선택할 준비가 되었는가?

인공지능은 어디로 가고, 우리는 어디에 서 있는가?

1) AI는 어떻게 세상을 읽고, 판단하고, 진화하는가

지금 이 순간에도 전 세계 곳곳에서 수천억 개의 센서와 기기들이 쏟아내는 데이터가 지구를 뒤덮고 있다. 소셜미디어에 업로드되는 글과 영상, 병원의 환자 기록, 도시의 교통 흐름, 기후 변화 데이터에 이르기까지. 이 거대한 정보의 흐름은 이미 인간의 인지 한계를 넘어선 수준이다. 그러나 바로 그 지점에서 인공지능(AI)은 자신의 역할을 시작한다.

인공지능(AI)은 방대한 숫자의 세계 속에서 의미의 패턴을 찾아낸다. 수많은 유전자 염기서열과 임상 기록 속에서 희귀 질환의 징후를 포착하고, 날씨 변화와 교통량 데이터를 결합해 도시의 신호 체계를 실시간으로 재조정한다. 이처럼 인공지능(AI)은 더 이상 인간의 보조 도구가 아니라, 데이터를 통해 세상을 해석하고 실질적 결정을 이끌어내는 새로운 지적 행위자(intelligent agent)로 진화하고 있다. 하지만 인공지능의 진정한 힘은 단순한 '분석'에 머물지 않는다.

AI는 "무엇이 일어났는가"를 설명하는 것을 넘어, "이제 무엇을 해야 하는가(What should we do next?)"에 대한 해답을 제시한다.

기업의 경영 전략 수립, 의사의 치료 방침 결정, 도시의 에너지 배분 설계 등 수많은 의사결정의 순간마다 인공지능(AI)은 조용히 개입해 가능한 선택지를 계산하고, 최적의 경로를 제안한다. 인공지능(AI)은 더 이상 분석가가 아니라, 의사결정의 조언자이자 전략가로 자리 잡고 있는 것이다. 그리고 그 진화의 결정적 전환점은 '학습과 적응'에서 나타난다. 인공지능(AI)은 한 번 배운 지식을 반복하는 존재가 아니다. 환경이 바뀌면 스스로 적응하고, 경험이 축적되면 더욱 정교해진다. 이 과정에서 AI는 단순한 규칙 기반 프로그램이 아니라, '경험을 통해 성장하는 존재'처럼 행동하는 시스템으로 변모한다. AI는 사용자의 반응을 관찰하고, 선호를 기록하며, 불편을 학습한다. 그 결과, 점점 더 인간다운 판단과 선택을 내릴 수 있게 되며, 사회 시스템의 작동 방식을 근본적으로 재정의하는 지적 진화의 엔진으로 발전 그리고 지금, 우리는 그 엔진이 본격적으로 가동되기 시작한 역사적 전환점(Historical Turning Point)의 한가운데 서 있다.

2) 누가 가장 먼저 인공지능(AI)으로 바뀌는가? 2025 산업별 인공지능(AI) 현황 보고서

(1) 타깃을 읽는 알고리즘 – 마케팅·광고 : 30~40%

오늘날 AI의 활용 영역 중 가장 빠르게 성장하고 있는 분야는 생성형 AI(Generative AI), 고객 대응 챗봇(Customer Service Chatbot), 그리고 개인화 추천(Personalized Recommendation) 시스템이다. 이들 기술은 기업의 마케팅·광고 전략 전반을 근본적으로 변화시키며, 소비자와 브랜드 간의 상호작용 방식을 새롭게 정의하고 있다.

최근 조사에 따르면, 광고업계 종사자의 약 37%가 이미 업무 과정에 인공지능(AI)을 적극적으로 도입하고 있으며, 전 세계 마케터의 69.1%가 인공지능(AI) 기반 도구를 실무에 활용하고 있는 것으로 나타났다. 이러한 수치는 단순한 기술 확산을 넘어, AI가 마케팅 의사결정의 핵심 인프라로 자리 잡고 있음을 보여준다.

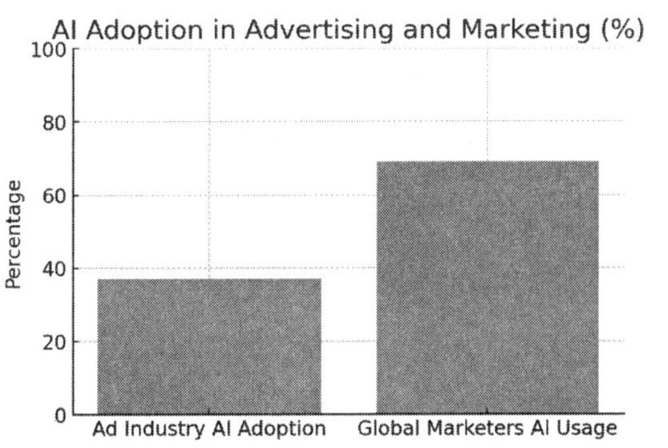

그림 3-1 모바일 초개인화 인공지능 마케팅

특히 생성형 AI는 단순히 콘텐츠를 자동 생성하는 수준을 넘어, 소비자의 반응 데이터를 실시간으로 분석해 개인별 맞춤형 메시지, 이미지, 광고 문안을 자동으로 설계할 수 있다. 그 결과, 기업은 고객과의 커뮤니케이션 효율을 극대화하고, 마케팅 캠페인의 ROI(Return on Investment)를 높이는 정교한 전략을 구사할 수 있게 되었다. 요컨대, AI는 이제 마케팅 산업의 보조 기술이 아니라 중심 기술이다. 브랜드 기획, 광고 문안 작성, 고객 응대, 구매 예측까지 AI가 관여하지 않는 단계는 거의 사라지고 있으며, 그 영향력은 앞으로도 더욱 확대될 것으로 전망된다.

(2) 진단실에 들어온 인공지능(AI) – 헬스 케어 및 의학 : 15~20%

IBM Watson과 같은 인공지능 시스템은 대규모 의료 데이터를 분석해 암 진단과 같은 정밀 의료를 가능하게 만드는 대표적인 사례이다. 이들 시스템은 환자의 유전체 정보, 임상 기록, 영상 데이터 등을 통합 분석함으로써 기존 방식으로는 발견하기 어려웠던 병변이나 패턴을 조기에 탐지할 수 있다. 이런 기술은 의료비 절감과 환자의 치료 결과 개선에 크게 기여할 수 있다.

진단 보조, 임상 문서 자동화, 의료 영상 분석 등 다양한 분야에서 인공지능(AI)의 도입 속도는 날로 빨라지고 있다. 특히 2024년 기준으로 의료기관의 약 43%가 병원 내 환자 모니터링(patients monitoring)에 인공지능(AI)을 도입하고 있으며, 또한 85%의 의료기관이 인공지능(AI) 활용 확대를 계획하고 있다는 조사 결과가 있다.

2025년 이후에는 이러한 추세가 더욱 가속화될 전망이다. 예컨대 미국 내 병원의 절반 정도가 이미 어떤 형태로든 인공지능(AI) 기술을 운영 중이라는 보고도 있으며, 예측 분석(predictive analytics)을 활용하는 병원이 증가하는 가운데, AI 기반 시스템은 질병의 사전 예측, 응급상황 대응, 환자 상태 변화 감지 등의 영역에서 핵심 역할을 하고 있다. 이와 같은 변화는 단순히 의료의 효율성을 높이는 것에 그치지 않는다. 인공지능(AI)은 의료 현장의 의사결정 구조를 재편하고 있다. 의사는 AI가 제시하는 진단 가능성, 치료 옵션, 위험 요인 등을 참고하여 최적의 치료 계획을 수립하고, AI는 실제 환자 데이터를 토대로 지속적으로 학습하며 보조 역할을 수행한다. 이처럼 인공지능(AI)은 단순 보조 도구를 넘어, 의료 전문가의 판단을 강화하는 동반자로 진화하고 있다.

앞으로 인공지능(AI)의 의료 활용은 더 많은 임상 환경으로 확장될 것이다. 원격 모니터링(remote monitoring), 가정형 헬스케어 솔루션, 웨어러블 센서 기반 건강

관리 시스템 등이 AI와 융합되어 의료 서비스를 보다 접근성 높고 개인화된 방식으로 변화시킬 것이다. 이 과정에서 데이터의 품질, 프라이버시 보호, 윤리적 판단 기준, 책임 소재 문제 등 AI 의료 시스템의 지속가능성과 신뢰성 확보를 위한 핵심 과제가 될 것이다.

그림 3-2 인공지능 의료

결국, 인공지능(AI)이 의료 분야에서 본격적으로 작동하는 시점은 더 이상 미래가 아니다. 우리는 이미 정밀 의료의 새로운 패러다임이 시작된 시대 한가운데에 있으며, 인공지능(AI)은 환자의 생명과 건강을 지원하는 지능적 파트너로 자리 잡아 가고 있다.

(3) 운전석을 비운 인공지능(AI) – 자율주행차 : 15~20%

그림 3-3 구글 웨이모 자율주행 택시

2025년, 글로벌 자율주행 및 무인 차량 시장은 더욱 가파르게 성장하고 있다. 예컨대, 자율주행차 시장 전체 규모는 2024년 기준 약 1,176.95억 달러였고, 2025년에는 약 1,304.49억 달러로 성장할 것으로 전망된다. 로보택시 시장의 경우에도, 2045년에는 약 1,740억 달러 규모에 이를 것으로 예측되며, 2025년부터 연평균 37% 수준의 성장률을 보일 것으로 예상된다.

중국은 이 분야에서 가장 적극적으로 시장을 확대하고 있다. 예컨대, 주요 대도시 중심으로 2030년까지 약 30만 대의 무인 택시 운영이 가능할 것이라는 전망이 나오고 있으며, 이는 자율주행 생태계 확대의 강한 신호로 볼 수 있다. 또한 Pony.ai는 2025년 로보택시 차량 대수를 250대에서 1,000대 이상으로 확대할 계획이며, 기술 진보를 통해 생산 비용을 크게 절감할 의지 또한 밝혀지고 있다.

이러한 흐름은 단지 기술의 발전만을 뜻하지 않는다. 자율주행 기술은 교통 체계와 도시 인프라, 차량 제조 산업, 서비스 구조 전반을 바꾸는 산업 구조의 전환을 이끄는 축이 되고 있다. AI 기반 자율주행차는 도시 설계와 교통 정책의 변수로 자리잡고 있으며, 안전 규제, 데이터 인프라, 윤리 기준, 법제 정비 등도 함께 발전해야만 이 기술이 본격적으로 사회에 통합될 수 있다.

결국, 2025년 현재 자율주행 기술은 과도기적 실험 단계를 넘어, 상용화의 문턱을 넘어서려는 전환기에 와 있다. 이제 남은 과제는 기술의 완성도뿐 아니라, 이를 둘러싼 제도와 인프라, 사회적 수용성까지 통합하는 생태계를 구축하는 것이다.

(4) 예측하는 금융, 판단하는 인공지능(AI) – 금융 서비스 : 15–20%

인공지능(AI)은 금융 사기 탐지, 알고리즘 기반 투자, 신용 평가, 고객 서비스 자동화 등 다양한 영역에서 금융 활동의 효율성을 극대화한다. 2024년 기준으로, 글로벌 AI in Finance 시장 규모는 약 383억 6천만 달러였으며, 2030년까지 약 1,903억 3천만 달러에 달할 것으로 예측되어, 연평균 성장률(CAGR)은 약 30.6%로 전망되고 있으며, 전 세계 재무 조직의 약 57%가 주요 회계·리스크 관리·투자 분석 등 핵심 업무에 AI를 적극적으로 도입하고 있다. 이는 단순한 자동화를 넘어 의사결정 지원과 예측 분석 중심의 전환이 가속화되고 있음을 보여준다.

생성형 AI가 금융 분야로 확장되면서, 2024년 기준 생성형 AI 금융 시장도 약 27억 달러 수준으로 추산되며, 2030년까지 189억 달러까지 성장할 것으로 전망되고 있다. 이러한 수치는 과거 "금융 분야 AI 도입 비중이 15-20% 수준"이라는 일반 인식에서 벗어나, 금융 분야가 인공지능(AI) 응용의 핵심 축 중 하나로 본격 부상하고 있음을 보여준다.

디지털 혁신 속에서의 기회와 도전

1) 미래의 일자리 기회 : 일은 사라지지 않는다, 단지 진화할 뿐이다

구글 브레인(Google Brain)의 공동 창립자 앤드류 응(Andrew Ng)은 "인공지능(AI)은 모든 산업을 변화시킬 것이다. 그러나 진정한 핵심은 사람이 얼마나 빠르게 배우고, 변화에 적응하느냐에 달려 있다." 그의 말처럼, 미래의 일자리는 단순히 기존의 업무를 자동화하는 과정이 아니다.

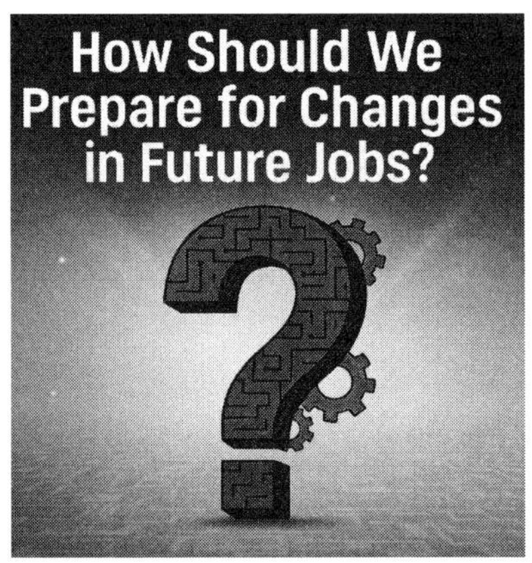

그림 3-4 미래의 일자리 변화 대응

인공지능(AI) 시대의 노동은 새로운 기술 생태계에 적응하며 자신의 역할을 재정의하는 과정으로, 즉 인간이 기술과 공존하기 위해 끊임없이 배우고 성장하는 여정에 가깝다. 이러한 변화의 흐름 속에서, 전 세계의 기업과 정부는 '재교육(reskilling)'과 '전환 교육(upskilling)'을 미래 경쟁력 확보를 위한 핵심 전략으로 인식하고 있다.

세계경제포럼(World Economic Forum)의 「Future of Jobs Report 2025」은 2030년까지 인공지능과 자동화 기술의 확산으로 약 1억 7천만 개의 새로운 일자리가 창출되고, 약 9천2백만 개의 기존 일자리가 사라질 것으로 전망하며, 결과적으로 글로벌 노동시장은 약 7천8백만 개의 순증 일자리를 기록할 것으로 내다보고 있다.

이는 기술직에 국한된 변화가 아니라, 산업 전반에 걸쳐 일의 본질이 변화하고 있음을 보여준다. 인공지능(AI) 시대의 노동시장은 단순한 기술적 능력 이상을 요구한다. 문제 해결력, 창의적 사고, 윤리적 판단력, 협업 능력과 같은 인간 고유의 역량이 기계와의 차별화를 이루는 핵심 경쟁력으로 부상하고 있다. 이러한 역량은 단순히 새로운 기술을 배우는 것을 넘어, 지속적으로 변화하는 환경 속에서 스스로 사고하고 적응할 수 있는 능력, 즉 '학습 탄력성(Learning Agility)'로 이어진다.

결국, 중요한 것은 "일자리가 사라질 것인가"가 아니다. 진정한 질문은 "우리는 얼마나 빠르게 배우고, 변화에 적응할 수 있는가"이다. 인공지능(AI)과 함께 성장하는 사회에서 학습과 전환은 곧 생존이며, 동시에 새로운 기회의 문이 된다. 일은 사라지지 않는다. 다만, 그 형태와 가치가 인간의 적응 속도에 따라 진화할 뿐이다.

2) 혁신을 넘어서 : 인공지능(AI)이 만든 맞춤형 효율 사회

(1) 효율성의 향상

오늘날 기업과 사회 전반에서 업무 및 프로세스의 효율성을 극대화하는 핵심 동력으로 자리 잡고 있다. 인공지능(AI)은 방대한 데이터를 신속하게 분석하고, 반복적이거나 비효율적인 과정을 자동화함으로써 생산성과 품질, 그리고 의사결정의 정밀도를 동시에 향상시킨다.

제조업에서는 인공지능(AI) 기반 스마트 팩토리(Smart Factory)가 대표적인 혁신 사례로 꼽히고 있으며, 특히 이 시스템은 센서와 머신러닝 알고리즘을 통해 설비의 이상을 실시간으로 감지하고, 공정 자동화를 통해 생산성을 극대화할 수 있다. 또한, 물류 산업에서는 인공지능(AI)으로 최적의 배송 경로를 실시간으로 계산하여 운송시간과 연료비를 절감함으로써 운영 효율을 획기적으로 높이고 있다. 이러한 변화는 단순히 '속도의 향상'에 그치지 않는다. AI는 데이터를 기반으로 한 정밀한 판단과 예측을 가능하게 하며, 효율성 그 자체를 새로운 가치 창출의 원천으로 전환시키고 있다.

"인공지능(AI)을 통한 효율성 증대는 단순히 일을 더 빠르게 처리하는 차원을 넘어, 새로운 부가가치와 혁신을 창출하는 방향으로 진화하고 있다." 즉, 인공지능(AI)은 인간의 노동을 대체하는 기술이 아니라, 업무의 본질을 재정의하고, 조직의 역량을 확장 시키는 지능형 파트너로 진화하고 있는 것이다.

(2) 경쟁 우위

인공지능(AI)은 이제 단순한 기술 혁신을 넘어, 기업과 개인 모두에게 지속 가능한 경쟁 우위를 창출하는 핵심 동력으로 자리 잡고 있다. 데이터 기반의 의사결정은 기업이 변화하는 시장 환경 속에서 더 빠르고 정확한 전략적 판단을 내릴 수 있도록 돕고, 인공지능(AI) 기술을 효과적으로 활용하는 조직은 시장 변화에 선제적으로 대응하며 구조적 경쟁력을 확보할 수 있다.

대표적인 사례로, 구글(Google)은 AI를 검색 알고리즘 전반에 적용함으로써 사용자의 의도와 맥락을 정밀하게 분석하고, 개인화된 정보 탐색 경험을 제공하고 있다. 이러한 AI 기반 최적화는 단순히 검색 품질의 향상을 넘어, 광고, 콘텐츠 추천, 클라우드 비즈니스 전반으로 확장되며 데이터 주도형 비즈니스 모델의 중심축으로 작용하고 있다. 한편, 테슬라(Tesla)는 자율주행 알고리즘과 차량 내 AI 시스템을 통해 자동차 산업의 패러다임을 전통적 제조 중심에서 지능형 소프트웨어 기반 산업으로 전환시켰다. 테슬라의 차량은 수백만 대의 실제 주행 데이터를 학습함으로써, 시간이 지날수록 주행 능력이 향상되는 '자기 진화형 제품(Self-Learning Product)'의 대표적 사례로 평가받고 있다. 이처럼 인공지능(AI)은 기업의 운영 효율을 넘어 비즈니스 모델 자체를 혁신하고, 경쟁의 규칙을 새롭게 정의하는 전략적 자산으로 부상하고 있다고 확신할 수 있다.

4장

스마트팜 2.0 : 똑똑한 농장, 움직이는 로봇, 살아있는 데이터

스마트팜 혁명 : AI 로봇이 그린 토마토 밭의 미래

어느 이른 아침, 첨단 농장의 온실 안은 기대감으로 가득 차 있었다. 그 중심에는 CES 2025에서 큰 주목을 받은 GR-100 자율형 토마토 수확 로봇이 있었다. 이 로봇은 네 개의 스테레오 카메라와 고성능 인공지능 알고리즘을 탑재하여, 토마토의 숙성 상태를 정밀하게 분석하고 손상 없이 자동으로 수확할 수 있도록 설계된 시스템이다.

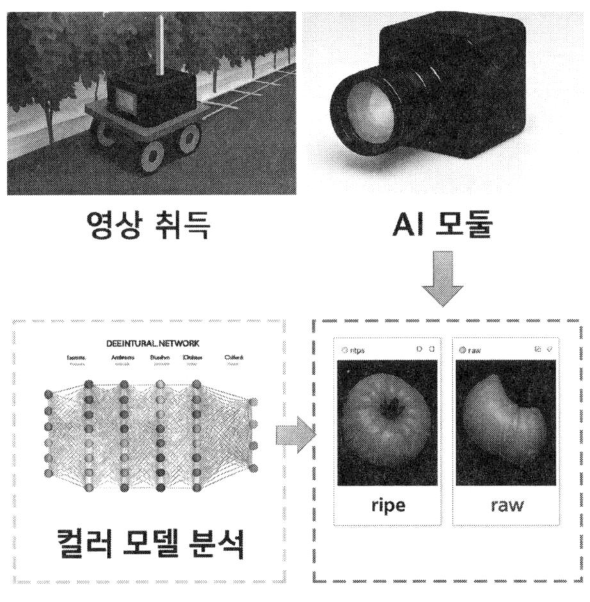

그림 4-1 AI 로봇 토마토 수확시기 예측

오전 9시, 투명한 햇살이 잎 사이를 비추자 GR-100은 즉시 정밀 스캔을 시작했다. 인공지능(AI)은 "익었는지, 아직 덜 익었는지"를 판단하기 위해 잎과 열매의 색상, 형태, 반사광 패턴을 분석하며 약 10억 건 이상의 이미지 학습 데이터를 기반으로 97% 이상의 정확도로 익은 토마토를 식별했다. 이후 로봇 팔은 자동 제어 시스템을 통해 섬세하게 토마토를 수확했고, 불과 몇 시간 만에 약 246kg의 토마토를 손상 없이 수확해냈다. 이 장면은 단순히 기술 시연 이상의 의미를 지닌다.

인공지능(AI)과 로봇 기술의 융합은 농업의 본질적 한계를 넘어서는 지능형 생산 혁명(Smart Farming Revolution)으로 평가받고 있다. 단순한 노동력 절감을 넘어, 작물 생산량의 증대와 품질 향상, 그리고 농업의 지속가능성 확보라는 세 가지 목표를 동시에 실현했다. 이러한 스마트팜 기술은 농업을 더 이상 '노동 집약 산업'이 아닌 데이터 기반의 지식 산업(Knowledge-Based Industry)으로 전환 시키고 있다. AI는 토양 상태, 기후 변화, 수분 및 영양분 농도를 실시간으로 분석하여 생육 환경을 자동 조절하고, 이를 통해 최적의 생산 조건을 지속적으로 유지한다. 이러한 융합기술을 통해 농업의 효율성은 극대화되고, 인간은 단순 작업자가 아닌 지능형 농업 설계자(Agri-Designer)로 거듭나고 있다.

스마트팜은 이제 기술적 실험의 단계를 넘어, 기후 위기와 인구 증가 시대를 대비하는 차세대 식량 안보 전략(AI-Driven Food Security Strategy)으로 진화하고 있다. AI가 농업의 생산성을 새롭게 정의하는 이 변화는, 결국 인간이 기술과 협력하여 더 지속 가능한 미래를 설계할 수 있음을 보여주는 상징적 사례라 할 수 있다.

2025년 현재, 대한민국의 스마트팜 산업, 그중에서도 시설원예 분야는 전체 원예 재배 면적의 약 15%를 차지하고 있다. 이는 세계 주요 농업 선진국에 비해 여전히 낮은 수준으로, 대다수 농장은 여전히 수동 제어나 단순 원격 제어 장치에 의존하는 1세대 스마트팜(automation-based farming) 단계에 머물러 있다. 겉으로는 '스마트'라는 이름을 달고 있지만, 실제로는 데이터의 실시간 분석이나 AI 기반 의사결정 시스템이 충분히 구현되지 못한 상태이다. 즉, 아직은 '기술의 외피만 걸친 자동화 농업'의 수준이라 평가할 수 있다.

그러나 변화의 흐름은 분명히 감지되고 있다. 국내 스마트팜은 최근 연평균 약 3.9%의 성장률을 기록하며 점진적인 확산세를 보이고 있으며, 특히 AI, IoT, 빅데이터 분석 기술의 융합을 기반으로 한 2세대 스마트팜(intelligent smart farm)으로의 전환이 본격화되고 있다. 이 2세대 스마트팜은 단순히 자동화 수준의 향상이 아니라, 데이터 기반의 생육 최적화(Optimal Growth Management)와 예측형 의사결정(Predictive Decision-Making)을 중심으로 농업의 운영 방식을 근본적으로 재설계하려는 시도이다.

정부 역시 이러한 흐름을 뒷받침하기 위해, '스마트농업 혁신 밸리(Smart Agri Valley)' 조성 및 청년 창농 인큐베이팅 지원 사업을 통해 2027년까지 시설원예의 스마트팜 보급률을 30% 수준으로 끌어올리는 것을 목표로 하고 있다. 단순히 기술 보급을 넘어, 고령화로 인한 농업 인력 구조의 약화, 청년 농업인 진입 감소, 기후변화로 인한 생산 불확실성 등 농업이 직면한 구조적 문제를 해결하기 위한 산업·인구·기후 복합형 대응 전략으로서 의미를 지닌다.

더 나아가, 2세대 스마트팜은 AI 예측 모델을 활용한 맞춤형 생육 관리, 디지털 트윈(Digital Twin)을 이용한 농장 시뮬레이션, 탄소중립형 자원 순환 시스템과 같은 지속가능성 중심의 기술로 발전하고 있다. 이는 단순히 생산성을 높이는 차원을 넘어, 농업의 효율성·안정성·환경적 지속가능성을 동시에 강화하는 '지능형 생태계(Intelligent Agro-Ecosystem)'의 구현이라 할 수 있다. 대한민국의 스마트팜은 지금 '자동화의 시대'를 지나, '지능화의 시대로' 진입하고 있으며, 이러한 변화는 단지 농업의 혁신이 아니라, 디지털 전환 시대의 국가 생태계 회복력(resilience)을 결정짓는 중요한 실험이자 전략적 전환점이라 할 수 있다.

AI 로봇이 재편하는 농업의 경제학

한때 비닐하우스 한가운데서 땀을 흘리며 일하던 농부의 손길이, 이제는 AI 알고리즘과 정밀 로봇의 팔로 대체되고 있다. 이 변화는 단순한 기술적 진보가 아니라, 농업의 경제 구조를 근본적으로 재편하는 전환점으로 작용하고 있다.

그림 4-2 AI 로봇이 재편하는 농업의 경제학

1) 생산성의 비약적 향상 : 정밀농업의 경제적 가치

가장 먼저 주목할 변화는 생산성의 급격한 향상이다. 일본 농림수산성(MAFF)의 2024년 보고서에 따르면, AI 수확 로봇을 도입한 딸기 농장은 노동 생산성이 40% 이상 증가하고, 수확 효율은 기존 대비 약 1.5배 향상된 것으로 나타났다. AI는 카메라와 센서를 통해 작물의 색상, 질감, 반사광 데이터를 실시간으로 분석하여, '수확의 최적 시점'을 정밀하게 판단한다. 이는 단순히 작업 속도를 높이는 수준을 넘어, 농작물의 품질 일관성(Consistency)을 유지하고 손실률(Waste Rate)을 최소화하는 경제적 효과로 이어진다.

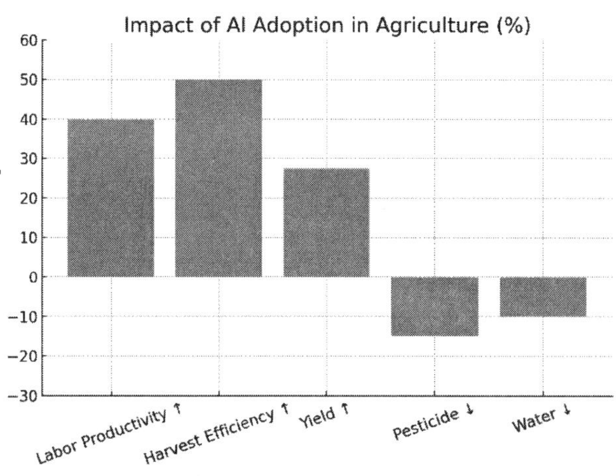

그림 4-3 AI 도입에 따른 농업 성과 변화

미국 캘리포니아의 한 스마트 농장 사례에서도, AI 자율 트랙터와 생육 모니터링 시스템을 도입한 이후 수확량이 25~30% 증가한 것으로 보고되었다. 동시에 농약 사용량은 15%, 물 사용량은 10% 감소했는데, 이는 AI가 기후·토양·작물 데이터를 분석해 '정확히 필요한 만큼만 투입하는 정밀 제어(Precision Control)'를 수행하는 AI 기술 융합을 통해 '더 적은 자원으로 더 많은 생산'을 실현하는 기술적 레버리지(leverage)가 되고 있다.

2) 비용 구조의 최적화 : 지속 가능한 수익 모델의 등장

인공지능(AI) 도입의 두 번째 효과는 비용 구조의 혁신적 개선이다. 글로벌 컨설팅 기업 맥킨지(McKinsey & Company)는 2024년 분석 보고서에서, AI 자동화 로봇의 도입이 농장 운영비용의 25~35% 절감으로 이어질 수 있다고 밝혔다. 이는 단순한 인건비 절감이 아니라, 비효율적 투입 요소(노동·에너지·자재)의 구조적 최적화에 기인한다.

예컨대, 일본의 대표 농기계 제조사 쿠보타(Kubota)는 AI 방제 드론을 상용화하여 1헥타르(ha)당 연간 약 1,000달러(한화 약 135만 원)의 비용 절감 효과를 입증했다. AI는 드론의 비행 경로와 약제 분사량을 자동 계산하여, 과도한 농약 사용을 줄이고 동시에 작업 시간을 단축시켰다. 이러한 비용 효율성은 결과적으로 농가의 수익률(profit margin)을 높이는 동시에, 지속가능한 농업(sustainable agriculture)을 실현하는 기반으로 작용하고 있다.

3) 노동력 구조의 전환 : '인간 중심' 농업으로의 복귀

세 번째 변화는 노동 구조의 재편이다. 유엔식량농업기구(FAO)는 2023년 보고서에서 2030년까지 선진국 농업 현장의 단순·반복 노동의 약 20%가 AI 로봇으로 대체될 것이라고 전망했다. 인공지능(AI)은 고온다습한 환경, 야간 작업, 반복적 수확과 같은 인간의 한계가 드러나는 영역에서 부담을 덜어주며, 결과적으로 작업자의 피로도를 감소시키고, 산업재해 발생률을 30% 이상 낮추는 효과를 보였다. 이로써 농업은 '노동 중심 산업'에서 '지식 기반 산업(Knowledge-Driven Industry)'으로 전환되고 있다. 작업자는 단순 노동자가 아닌, 데이터를 분석하고 시스템을 관리하는 기술매니저(AI Farm Operator)로 변화하고 있으며, 이는 농업이 다시금 인간 중심의 고부가가치 산업으로 진화하는 출발점이 되고 있다.

4) 인공지능(AI)가 만든 새로운 농업 패러다임

요컨대, AI 로봇의 확산은 농업을 단순한 생산 활동에서 '지능형 경영(Intelligent Management)'의 영역으로 끌어올리고 있다. 단순히 기계가 사람을 대신하는 변화가 아니라, 기술이 인간의 한계를 보완하고, 효율성과 지속가능성을 동시에 실현하는 경제적 진화라 할 수 있다. 오늘날의 농업 혁신은 흙 위에서만 자라지 않는다. 데이터, 알고리즘, 그리고 코드 위에서 성장하고 있다. AI 로봇은 이제 농업의 부속 기술이 아니라, 경제적 가치 창출의 중심축이자 새로운 농업경제학(Agri-Economics of AI)의 핵심 동력으로 자리 잡고 있다.

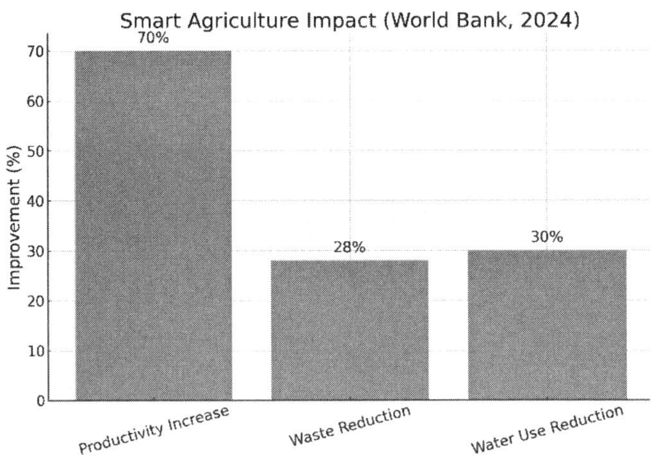

그림 4-4 AI·로봇 기반 스마트농업 생산성

AI 로봇의 농업 도입은 단순한 효율성 개선을 넘어, 경제적 생산성과 환경적 지속 가능성을 동시에 실현하는 구조적 혁신으로 진화하고 있다. 세계은행(World Bank, 2024)의 보고서에 따르면, 스마트 농업 기술을 도입한 국가의 평균 농업 생산성은 1.7배 증가했으며, 농업 폐기물은 약 28% 감소, 물 사용량은 최대 30% 절감된 것으로 나타났다.

이는 인공지능이 단순히 농작업을 자동화하는 수준을 넘어, 정밀한 자원 관리(Precision Resource Management)를 통해 생산 과정 전반의 효율을 재구성하고 있음을 보여준다.

특히 지속 가능한 농업(Sustainable Farming)이 전 세계 농업정책의 핵심 의제로 부상하면서, AI와 로봇 기술을 접목한 '탄소 절감형 스마트팜(Carbon-Neutral Smart Farm)'에 대한 글로벌 투자가 빠르게 확대되고 있다. 유럽연합(EU)은 2024년부터 'Green AI Agriculture Initiative'를 본격 시행하여, AI 기반 농업 데이터 플랫폼과 저탄소 생산 기술을 결합함으로써 2030년까지 농업 부문 탄소 배출량을 40% 감축하는 것을 목표로 하고 있다. 한국 또한 2025년부터 스마트팜 탄소 배출 모니터링 시스템과 AI 기반 생육-에너지 통합관리 기술을 개발 중이며, 이는 국가 탄소중립 전략(2050 Net-Zero Roadmap)과 연계된 농업 분야의 핵심 과제로 자리 잡고 있다.

5장

감정을 읽는 눈을 가진 로봇 : AI 공감의 기술

감정 인식 로봇 개발 : 테슬라 옵티머스를 중심으로

1) 감정을 읽는 로봇, 공장 너머 인간 곁으로

한때 공상과학의 전유물이던 감정 인식 로봇이, 이제 현실의 산업 현장과 일상 속으로 조용히 들어오고 있다. 이 흐름의 선봉에 선 것은 바로 테슬라의 휴머노이드 로봇 '옵티머스(Optimus)'이다. 일론 머스크는 이 로봇을 단순한 제조 자동화 기계가 아닌, "사람과 소통하고 감정을 파악할 수 있는 미래형 파트너"로 정의하고 있다. 결국, 감정을 인식하고 반응하는 로봇의 등장은 인간과 기계의 경계를 흐리게 만드는 기술적 진화의 한 단면이자, 인공지능(AI) 시대의 공감하는 기술(Empathic Technology)로서 산업과 사회 전반의 패러다임을 바꾸고 있다. 이제 로봇은 단순한 노동 대체재가 아니라, 인간의 감정을 이해하고 존중하며 함께 일하는 지능형 동반자(Intelligent Companion)로 진화하고 있는 것이다.

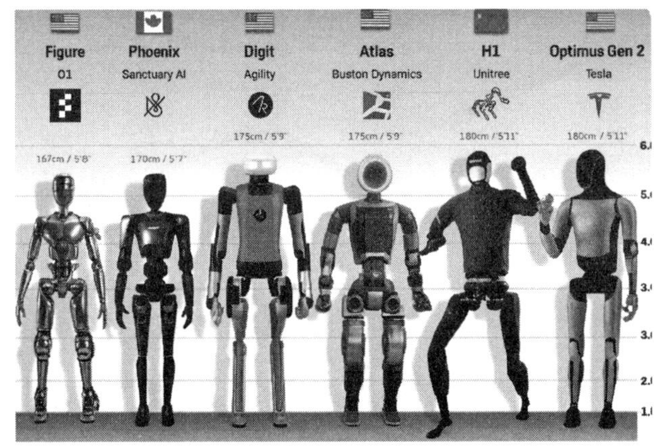

그림 5-1 각국의 휴머노이드(Humanoid)

옵티머스는 2023년 3월, 1세대 프로토타입으로 처음 공개되었다. 하지만 진짜 진화는 2023년 12월 출시된 2세대 모델에서 시작됐다. 2세대 옵티머스는 이전 모델보다 22% 더 가벼워졌고, 손의 그립 정밀도는 2배 이상 향상되었다. 무엇보다 눈에 띄는 것은 AI 기반 감정 인식 알고리즘의 탑재다. 시선, 음성 톤, 얼굴 표정 등 복합적인 감정 신호를 실시간으로 분석해 상대의 기분 변화를 파악하고 반응할 수 있게 된 것이다.

일론 머스크는 2025년 가을까지 테슬라 공장에 수천 대의 옵티머스를 투입하겠다는 계획을 발표했다. 이는 단순한 생산성 향상을 넘어서, "인간과 기계의 협업 생태계"를 구축하려는 전략적 의도를 보여준다. 실제로 테슬라는 옵티머스를 활용해 조립 작업의 12%를 자동화할 수 있으며, 이로 인해 공장 운영비의 최대 18% 절감 효과를 기대하고 있다. 더 나아가 머스크는 2030년까지 연간 100만 대의 옵티머스 생산이라는 야심찬 계획도 제시했다. 만약 이 목표가 실현된다면, 옵티머스는 공장, 가정, 병원, 교육기관 등 다양한 공간에서 하루 24시간 작동 가능한 '감정형 조력자'로 자리매김할 수 있을 것이다.

2) 감정을 이해하는 로봇, 경제를 움직이다

옵티머스의 예상 가격은 약 22,000달러(한화 약 3,000만 원). 이는 기존 산업용 로봇(평균 5만~15만 달러) 대비 압도적으로 낮은 가격이며, 테슬라는 이 로봇을 가정과 사무실, 물류 현장 등 다양한 생활·산업 공간에 보급하겠다는 계획을 밝혔다. 시장조사기관 IDC에 따르면, 2025년까지 감정 인식이 가능한 AI 로봇 시장 규모는 145억 달러에 달할 것으로 예상되며, 연평균 성장률은 31.3%에 이른다. 로봇이 사람의 감정에 반응하는 기술이, 단순한 흥미를 넘어서 상품성 있는 기술로 진화하고 있는 셈이다.

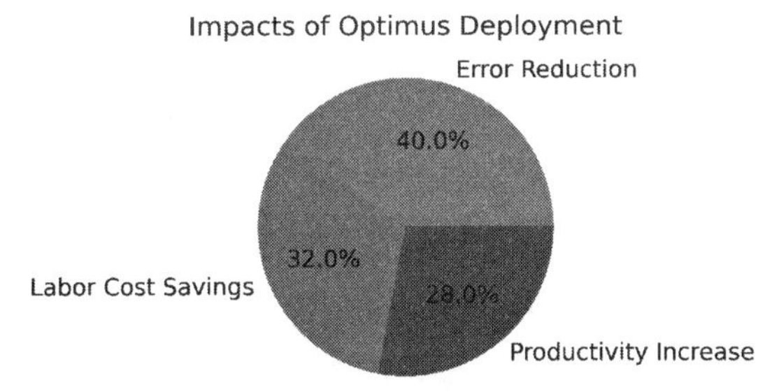

그림 5-2 사람을 이해하는 공장 로봇, 효과는?

공장에서 단순 반복 작업을 수행하던 로봇은 이제, 사람을 이해하고 함께 일하는 파트너가 되어가고 있다. 감정 인식 기술은 병원, 요양시설, 고객 응대 서비스 등 감정적 민감성이 요구되는 현장에서 로봇의 역할을 확대시킬 수 있는 열쇠가 된다. 피로 누적 없는 24시간 작업은 생산성을 극대화한다. 한 보고에 따르면, 옵티머스를 도입한 제조라인에서 시간당 생산성이 28% 향상되었고, 인적 오류율은 40% 가량 감소한 것으로 나타났다. 장기적 비용 절감 효과도 크다. 테슬라 측은 "1대 옵티머스가 연 2,000시간의 노동력을 대체할 수 있으며, 이는 미국 평균 시급 기준 연간 약 4만 달러 이상의 비용 절감"이라고 발표했다. 특히 고령화와 인력 부족 문제에 직면한 일본, 독일, 한국 등 선진국에서는 감정 인식 로봇이 정서 노동을 포함한 다양한 노동을 대체하거나 보완할 대안으로 부상하고 있다.

3) 경제 성장의 새로운 엔진

글로벌 로봇 산업은 지금, AI와 정밀 센서 기술의 결합을 발판으로 역사상 유례없는 속도로 성장하고 있다. Statista(2025)에 따르면, 전 세계 산업용 로봇 시장 규모는 약 480억 달러(한화 약 66조 원)에 이르며, 2030년에는 1,000억 달러를 넘어설 것으로 전망된다.

특히 인간과의 협업을 전제로 한 '휴머노이드 및 서비스형 로봇(Humanoid&Service Robots)' 분야는 연평균 성장률(CAGR) 18~22%로, 산업 평균의 1.8배 이상 빠른 확장세를 보이고 있다. 이러한 흐름의 중심에는 테슬라(Tesla)가 있다. 테슬라는 2025년까지 자사 공장에 수천 대의 휴머노이드 로봇 '옵티머스(Optimus)'를 투입해 생산 자동화의 완성도를 높이는 한편, 2030년까지는 연간 100만 대 수준의 양산 체계 구축을 목표로 하고 있다. 이 계획은 단순히 로봇을 판매하는 차원을 넘어, 로봇용 부품 제조, AI 학습 인프라, 정비 및 유지보수 산업, 인간-로봇 협업 프로토콜 등 복합적 산업 생태계(Integrated Robotics Ecosystem)를 창출하는 전략적 행보로 평가된다.

이와 같은 산업 확장은 세계 경제 구조에도 실질적인 변화를 예고하고 있다. IMF(2025)는 "AI 및 로보틱스 기반 산업군이 향후 10년 내 글로벌 GDP의 약 12~14%를 견인할 것"이라고 전망하며, 로봇 자동화가 제조업뿐 아니라 물류, 의료, 농업, 서비스 산업 전반의 총요소생산성(TFP)을 끌어올리는 핵심 동력으로 작용할 것이라 분석했다. 이는 단순한 기술 혁신을 넘어, 인류의 경제 활동이 '효율 중심 경제(Efficiency Economy)'에서 '지능 기반 경제(Intelligence Economy)'로 이동하고 있음을 상징하는 흐름이다.

특히 감정을 인식하고, 상황에 따라 반응하는 감성형 로봇(Affective Robots)은 이 거대한 변화를 인간의 감정과 사회적 맥락 속에 녹여내며, 기계와 인간의 협업이 단순한 노동 효율을 넘어 '공감과 이해' 기반의 기술 문화(Empathic Technology Culture)로 확장될 가능성을 보여준다. 다시 말해, 21세기의 경제 성장 엔진은 차가운 금속의 기계가 아니라, 인간의 감정을 이해할 줄 아는 지능형 로봇의 따뜻한 회로 위에서 작동하기 시작한 것이다.

4) 기술의 전환점 - 인간 - 로봇 공존의 시대

(1) 응용 분야의 경계를 허물다 : '공감하는 기계'의 확산

공장에서 팔만 움직이던 로봇이, 이제는 사람의 눈빛을 읽고, 말투를 분석하며, 감정이라는 무형의 신호에 반응하기 시작했다. 감정 인식 로봇은 이제 제조업을 넘어 의료·교육·서비스 산업의 지형을 뒤흔들고 있다.

의료 현장에서는 감정 인식 로봇이 환자의 표정과 말투를 분석해 고통의 정도를 수치화하고, 노인의 정서 상태나 인지 기능 저하를 조기에 감지하는 정밀한 돌봄 시스템으로 활용되고 있다. 2024년 일본 도쿄의료센터는 테슬라 옵티머스를 간병 로봇으로 도입한 결과, 환자의 정서 안정 지수가 무려 22% 향상되었다고 보고했다. 이는 단순한 간병 보조를 넘어, 환자의 마음까지 살피는 정서적 케어의 가능성을 보여준다.

한편, 교육 현장에서도 감정 인식 로봇의 도입은 교실의 풍경을 바꾸고 있다. 학생의 집중도, 불안 수준, 흥미 반응 등을 실시간으로 분석해 수업 방식과 학습 콘텐츠를 즉각 조정하는 정서 기반 적응형 학습 시스템이 등장하고 있다. MIT EdTech Lab은 해당 로봇을 도입한 시범 교실에서 학생의 학습 만족도가 31%, 이해도는 18% 증가했다는 놀라운 결과를 발표했다. 이제 교사는 단순한 전달자가 아니라, 감정 데이터를 활용하는 감성 관리자가 되어가고 있다.

이러한 변화는 고객 서비스 산업에서도 빠르게 확산 중이다. 로봇은 고객의 표정, 어조, 말의 속도 등을 감지해 응대 톤을 자동으로 조절하고, 친절한 표정을 흉내내며 마치 사람처럼 상호작용한다. 2025년, 한국의 한 대형 백화점은 안내용 감정 인식 로봇을 도입한 뒤 고객 응대 호감도 지표가 27% 상승하는 효과를 경험했다. 감정에 반응하는 기계가 서비스의 품격과 만족도를 끌어올리는 비결이 된 것이다. 이처럼 감정 인식 로봇은 단순한 효율 향상을 넘어, 인간과의 정서적 교감을 기반으로 새로운 신뢰와 가치를 만들어가고 있다. 기술이 사람의 마음을 이해할 수 있을 때, 비로소 인간 중심의 진정한 혁신이 시작되는 것이다.

(2) 인간-로봇 상호작용의 진화 : '기술'과 '정서'의 융합

로봇은 오직 정해진 명령을 수행하는 '기계적 도구'였다. 그러나 감정 인식 기술의 발전은 그 정의를 완전히 뒤바꿔 놓고 있다. 이제 로봇은 사람의 표정을 해석하고, 목소리의 떨림 속에서 감정을 감지하며, 정서적 신호에 반응하는 감정적 상호작용의 주체로 떠오르고 있다. 이러한 변화는 산업의 작동 방식 자체를 새롭게 그려내고 있다.

Gartner(2025)의 최신 전망에 따르면, 감정 인식(Affective Computing) 기능이 탑재된 로봇의 글로벌 B2B 시장은 2027년까지 연평균 약 35~37%의 고성장을 기록할 것으로 예측된다. 특히 헬스케어, 고객 서비스, 교육 분야가 이 시장 성장을 주도하고 있으며, 감정 데이터를 실시간으로 분석하고 인간의 정서 상태에 맞춰 반응할 수 있는 '공감형 로봇(Empathic Robots)'이 산업 전반의 새로운 경쟁 축으로 부상하고 있다. 이러한 기술은 단순히 고객을 응대하거나 작업을 보조하는 수준을 넘어, 인간의 감정과 행동 패턴을 이해하고 '정서적 지능(Emotional Intelligence)'을 기반으로 상호작용하는 단계로 진화하고 있다.

예컨대, 일본 도쿄의료센터(2024)는 간병 보조 로봇으로 테슬라의 '옵티머스(Optimus)'를 도입해 고령 환자의 정서 안정도(Emotional Stability)가 평균 22% 향상되는 효과를 얻었다. 이 로봇은 환자의 얼굴 표정, 음성 톤, 움직임 패턴을 실시간으로 분석하여 불안이나 우울 징후를 조기에 감지하고, 간병인에게 감정 기반 대응 시그널(emotional response cue)을 전달함으로써 보다 세밀하고 인간적인 돌봄을 가능하게 했다.

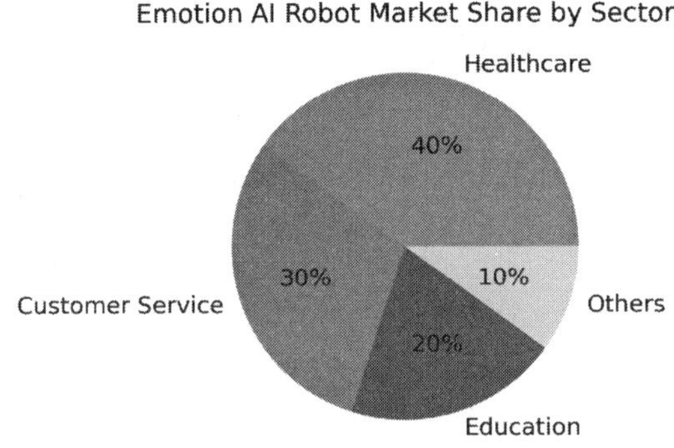

그림 5-3 감정 인식 AI 로봇의 글로벌 시장 점유율

교육 현장에서도 변화의 속도는 더욱 빨라지고 있다. MIT EdTech Lab(2025)이 수행한 최근 연구에 따르면, 감정 인식 AI를 도입한 초등학교 교실에서는 학생의 학습 만족도가 평균 31%, 개념 이해도가 18% 향상된 것으로 나타났다. AI 로봇은 학생의 눈동자 움직임, 표정 변화, 목소리의 강도 등 미세한 비언어적 신호를 분석하여 학습 몰입도를 판단하고, 실시간으로 수업의 난이도나 진행 속도를 조정한다. 또한 교사에게는 학생별 정서 반응 데이터를 제공해, '인지-정서 통합 기반의 맞춤형 학습(Personalized Socio-Cognitive Learning)'을 구현하도록 돕고 있다. 현재의 기술 진보로 인해 점진적으로 인간의 정서를 반영하고, 공감하며, 함께 학습하는 동반자(co-evolving partner)로 진화하고 있는 것이다.

한편 PwC 보고서(2025)에 따르면, 향후 10년 내 전 세계 주요 기업의 42% 이상이 인사관리(HR), 고객 상담, 사내 교육 및 리더십 코칭 영역에 감정 인식 AI(Affective AI)를 본격 도입할 것으로 전망된다. 이 기술은 단순히 효율적인 업무 수행을 위한 도구가 아니라, 조직의 문화적 감수성(Cultural Sensitivity)과 정서적 연결(Emotional Connectivity)을 증진시키는 핵심 인프라로 자리 잡아가고 있다. 특히 인공지능이 표정, 음성, 문맥 데이터를 분석해 직원의 스트레스 지수나 감정 변화를 실시간으로 파악할 수 있게 되면서, 기업은 이를 바탕으로 맞춤형 피드백 시스템, 심리적 안전감(Psychological Safety) 조성, 그리고 정서 중심의 리더십(Empathic Leadership) 육성 전략을 설계하고 있다.

예를 들어, 글로벌 컨설팅 기업 Deloitte(2025)는 AI 감정 분석 시스템을 활용해 사내 회의 중 피로도와 집중도 변화를 추적하고, 이 데이터를 리더십 트레이닝에 반영하여 팀 퍼포먼스가 23% 향상되는 결과를 보고했다. 이러한 흐름은 조직 운영의 패러다임을 '관리 중심(Management-Centric)'에서 '공감 중심(Empathy-Centric)'으로 이동시키고 있다. 즉, 감정 인식 AI는 더 이상 감정을 읽는 기술에 머물지 않는다. 그것은 조직의 의사소통 구조를 재정의하고, 리더십의 본질을 '지시와 통제'에서 '이해와 연결'로 전환시키는 새로운 조직 언어(New Organizational Language)로 진화하고 있다.

Gartner(2025) 역시 감정 인식 AI가 향후 5년 내 전 세계 디지털 워크플로우 플랫폼의 약 35% 이상에 통합될 것으로 전망하며, "감정 데이터를 기반으로 한 의사결정이 기업의 경쟁력 격차를 결정짓는 핵심 요소가 될 것"이라고 분석했다. 결국, 감정 인식 AI는 기업의 효율을 넘어 '감성적 경쟁력(Emotional Competitiveness)'을 창출하는 기술로 자리매김하고 있는 것이다.

2 K-로봇의 시대가 온다: 세계가 주목하는 기술 초강국, 대한민국

1) 세계가 주목하는 로봇 강국, 대한민국

전자와 반도체에 집중되었던 대한민국의 기술 역량은, 이제 로봇 산업에서 눈부신 성과로 이어지고 있다. 국제로봇연맹(IFR, 2024)의 보고서에 따르면, 대한민국은 제조용 로봇의 보급 밀도(산업용 로봇 1만 명당 대수) 기준으로 세계 4위를 유지하고 있으며, 산업용 로봇의 연간 설치 대수에서도 세계 5위권을 안정적으로 지키고 있다. 이 같은 수치는 단순한 생산 효율의 지표를 넘어, 한국이 이미 '로봇 중심의 제조 시스템(Robot-Centric Manufacturing System)'으로 산업 구조를 전환하고 있음을 보여준다.

특히 자동차, 전자, 화학, 정밀기계 산업은 한국 로봇 자동화의 핵심 축으로 꼽힌다. 현대자동차 울산공장의 조립 라인은 현재 약 92%가 로봇에 의해 운영되고 있으며, 용접·도장·검수 공정 등 고위험·고정밀 영역에서 로봇이 사람을 완전히 대체하고 있다. 삼성전자 반도체 클린룸에서는 사람이 아닌 완전 무인 이송 로봇(Automated Guided Vehicles, AGV)과 AI 제어 시스템이 미세공정 전반을 실시간으로 제어하고 있으며, 이를 통해 생산 효율은 기존 대비 약 27%, 공정 오차율은 15% 이상 감소한 것으로 보고되었다.

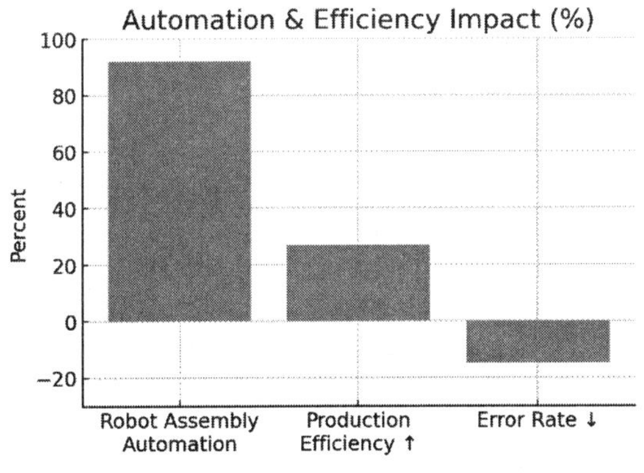

그림 5-4 한국 제조업에서 로봇AI 자동화의 정량적 효과

산업통상자원부의 「2025 한국 로봇산업 실태조사」에 따르면, 2024년 기준 대한민국 로봇산업의 총매출 규모는 약 10조 7천억 원(USD 약 78억 달러)에 달하며, 이는 2019년 대비 약 67% 성장한 수치이다. 특히 제조용 로봇 부문이 전체 매출의 52%를 차지하며, 서비스 로봇(물류·의료·방역·교육 등)의 비중도 32%로 급속히 확대되고 있다. 이는 한국이 단순히 로봇을 '사용하는 나라'를 넘어, 로봇을 설계·제조·수출하는 기술 강국으로 자리매김하고 있음을 시사한다.

그림 5-5 K-로봇 휴머노이드

2025년 현재, 국내 로봇 수출액은 전년 대비 약 21% 증가했으며, 그중 상당 비중이 스마트 팩토리, 물류 자동화, 의료 로봇 시스템 등 지능형 로봇 솔루션(Intelligent Robotic Solutions) 부문에서 발생하고 있다. 또한, 정부는 'K-Robot Vision 2030'을 통해 2030년까지 세계 로봇 시장의 10% 이상 점유를 목표로, AI·센서·클라우드 기반 융합 기술을 중심으로 한 차세대 로봇 혁신 생태계 구축을 추진 중이다.

결국 대한민국의 로봇 산업은 단순한 자동화의 시대를 넘어, '자율과 지능의 산업'으로 진화하는 과정에 있다. 이제 한국의 공장은 더 이상 '사람이 일하는 공간'이 아니라, 로봇이 스스로 판단하고 생산성을 설계하는 지능형 플랫폼(Intelligent Production Platform)으로 변모하고 있다. 이는 곧 "로봇이 산업을 움직이고, 산업이 로봇으로 성장하는" 선순환적 혁신 구조(Industrial Innovation Loop)가 본격화되고 있음을 보여준다.

2) 로봇 밀도 1위가 의미하는 대한민국의 경제적 도약

2024년 국제로봇연맹(IFR)이 발표한 보고서에 따르면, 대한민국은 제조업 종사자 1만 명당 1,012대의 산업용 로봇을 운용하며 세계 1위의 로봇 밀도를 기록했다. 이는 글로벌 평균(151대)의 6.7배, 중국(392대), 일본(397대), 독일(415대)보다도 훨씬 높은 수치로, 한국의 산업 구조가 이미 "로봇 중심 자동화 경제(Robot-Driven Economy)"로 전환되고 있음을 보여준다. 이 수치는 단순한 기술 경쟁력의 상징이 아니라, 대한민국이 효율성·생산성·지속가능성을 중심으로 한 산업 재편의 최전선에 서 있음을 의미한다. 특히 다음 세 가지 경제적 의미는 한국이 왜 '로봇 대국(Robot Powerhouse)'으로 평가받는지를 명확히 설명해준다.

(1) 생산성의 구조적 혁신

높은 로봇 밀도는 생산 현장의 속도·정밀도·품질을 동시에 끌어올리는 핵심 요인이다. 로봇이 단순 반복 업무를 대체하면서 동일 인력 규모로 더 많은 생산이 가능해지고, 인적 오류 감소로 품질 편차가 줄어든다. 예를 들어 현대자동차 울산공장은 조립 공정의 92% 이상을 로봇화하여 공정 불량률을 0.15% 이하로 유지하고 있으며, 이는 글로벌 자동차 제조 평균 대비 약 40% 향상된 품질 안정성을 보여준다. 삼성전자 평택 반도체 캠퍼스 역시 인공지능(AI) 기반 완전 무인 로봇 물류 시스템(AMHS)을 도입해 웨이퍼 이송 효율을 기존 대비 28% 향상, 클린룸 내 인력 투입은 60% 이상 절감하는 데 성공했다. 이처럼 로봇은 단순한 장비가 아니라, 생산성의 알고리즘(Algorithm of Productivity)으로 기능하며 대한민국 제조업의 경쟁력을 구조적으로 강화하고 있다.

(2) 인구 구조 변화에 대응하는 새로운 노동력

대한민국은 OECD 국가 중 가장 빠른 고령화 속도를 보이고 있으며, 2025년에는 전체 인구의 25% 이상이 65세 이상 고령층에 진입할 것으로 전망된다. 이러한 인력 공백 속에서 로봇은 단순한 '효율의 도구'가 아니라 '노동의 동반자(Co-working Partner)'로 자리 잡고 있다. 특히 야간·고온·위험 작업과 같은 비선호 직종에서 로봇은 24시간 무정지 가동을 통해 산업의 연속성을 보장한다.

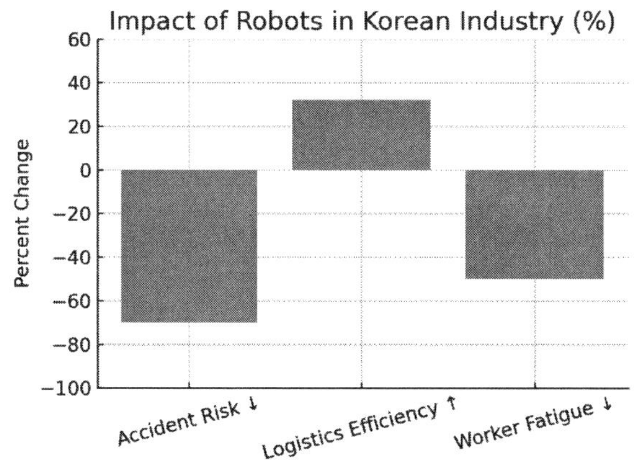

그림 5-6 산업의 지속성 로봇 보완재

예컨대 포스코 광양제철소에서는 용광로 주변의 고온 점검 작업에 AI 비전 센서 기반 로봇을 투입해, 현장 근로자의 사고 위험을 70% 이상 감소시켰으며, LG화학 여수공장의 스마트 물류 로봇 시스템은 물류 이동 효율을 32% 향상, 작업자 피로도를 절반 수준으로 감소시켰다. 결국, 로봇은 노동력의 대체자(substitute)가 아니라, 산업 지속성을 지탱하는 보완자(complement)로 기능하고 있는 셈이다.

(3) 고부가가치 산업으로의 전환

높은 로봇 밀도는 단순히 "기계를 많이 사용하는 국가"를 의미하지 않는다. 이는 로봇 생태계 전반이-즉, 센서AI·소프트웨어·정밀제어·부품 산업이- 함께 성장하고 있음을 뜻한다. 이러한 다층적 확장은 "제조에서 지능으로(From Manufacturing to

Intelligence)"라는 한국형 산업 구조의 진화 방향을 보여준다. 두산로보틱스(Doosan Robotics)는 2023년 IPO에서 약 1조 7천억 원의 기업가치를 인정받으며 국내 로봇 상장기업 중 최대 규모를 기록했다. 협동로봇 수출은 2020년 대비 연평균 23% 이상 성장했고, 2025년에는 글로벌 점유율 5위권 진입이 유력시된다. 또한 레인보우로보틱스는 현대자동차그룹의 전략적 투자(지분 9.8%)를 기반으로 산업용 및 인간형 로봇(휴머노이드) 개발에 박차를 가하고 있으며, 이들 기업은 단순 기계 제조를 넘어 로봇 AI 플랫폼 산업으로 확장 중이다.

3) 로봇 밀도 1위 국가의 비밀 : 효율인가, 불균형인가?

전 세계 산업이 심각한 노동력 부족과 고령화에 직면하면서, 첨단 로봇 기술은 이제 선택이 아닌 필수 전략으로 부상하고 있다. 그러나 이 기술의 도입은 단순히 효율을 높이는 것을 넘어, 경제 구조와 사회적 상호작용 방식까지 근본적으로 바꾸고 있다. 실제로 아마존은 물류 창고의 효율을 높이기 위해 대당 약 3억 원에 달하는 첨단 물류 로봇을 도입했으며, 이로 인해 시간당 약 1만 6천 원의 운영 비용으로도 24시간 무중단 작업을 수행할 수 있는 체계를 완성해 가고 있다. 동시에 AI 기반 이족 보행 로봇 '디짓(Digit)'은 제조 단가를 낮추기 위해 연간 1만 대 양산 계획을 세우며, 시간당 운영비용을 2~3달러 수준으로 낮추는 것을 목표로 하고 있다. 이러한 비용 절감 전략은 단지 기업의 생산성 향상에 기여하는 데 그치지 않고, 점차 더 많은 중소기업도 로봇 도입에 접근할 수 있는 여건을 조성하고 있다.

고비용이라는 초기 진입 장벽에도 불구하고, 로봇 기술의 장기적 경제 효과는 매우 인상적이다. 로봇은 인간처럼 피로하거나 휴식이 필요하지 않기에 물류, 제조, 전자상거래 등에서 생산성과 효율성을 획기적으로 끌어올릴 수 있으며, 반복적인 작업에서 인간의 의존도를 줄여 인건비를 구조적으로 경감시킨다. 또한 다양한 산업 분야에서 동일한 플랫폼을 통해 유연한 확장이 가능하다는 점에서, AI 기반 로봇은 새로운 산업 생태계를 자극하는 촉매제 역할을 하고 있다. 실제로 글로벌 로봇 시장은 2024년 약 460억 달러 규모에 도달했으며, 향후 2030년까지 연평균 15% 이상 성장할 것으로 전망된다. 이는 AI 알고리즘 고도화, 에너지 효율화, 재료 기술의 혁신이 결합된 결과로, 로봇의 가격이 하락하면서 전 산업에 걸쳐 채택이 확산될 기반을 마련하고 있다.

하지만 로봇 기술이 가져오는 이득이 항상 긍정적인 면만 있는 것은 아니다. 자동화가 가속화될수록 단순노동을 중심으로 고용 구조가 변화하고, 특히 저숙련 노동자층에서 실업과 소득 격차가 확대될 가능성도 제기된다. 더불어, 기술 격차로 인해 자본력이 있는 대기업과 그렇지 못한 중소기업 간의 생산성 격차는 더욱 심화될 수 있으며, 이는 산업 내 불균형을 심화시키는 요인으로 작용할 수 있다. 또한 인간의 감정과 신뢰를 다루는 AI 로봇의 도입은 데이터 프라이버시와 윤리적 책임 문제를 동반하며, 인간과 로봇 간 경계에 대한 새로운 사회적 논의가 요구되고 있다.

그럼에도 불구하고 로봇 기술은 여전히 가장 강력한 경제 성장 동력 중 하나다. 제조업, 물류, 헬스케어, 교육, 소매 등 모든 산업에서 로봇의 응용 범위는 확대되고 있으며, 특히 에너지 효율이 높은 설계와 지속 가능한 소재의 활용은 탄소 중립 경제로 가는 길목에서 중요한 역할을 하고 있다. 결국 로봇은 단순한 자동화 장비가 아닌, 산업의 미래이자 인간 노동의 새로운 파트너로 자리매김하고 있으며, 이는 효율성, 형평성, 지속가능성이라는 21세기 경제의 3대 과제를 동시에 해결해 줄 중요한 열쇠가 되고 있다.

스마트로드의 탄생 : AI와 초연결 시대의 지능형 네트워크 진화

1 도로 위의 두뇌 새로운 물결

1) AI, GigaData, 그리고 5G의 지능형 플랫폼 혁신

자율주행 기술의 발전은 인공지능(AI), 빅데이터, 5G 통신의 융합을 통해 급격히 가속화되고 있으며, 이를 기반으로 자동차 산업 전반에서 획기적인 변화를 이끌고 있다. 현재 '자율주행차'와 '자율자동차'라는 용어가 혼용되어 사용되고 있지만, 전자는 차량이 스스로 주행을 수행할 수 있는 기술적 자율성을 강조하며, 후자는 운전 보조 시스템을 중심으로 한 제한적 자동화 기능을 포함한다. SAE(미국 자동차공학회)의 자율주행 단계에 따르면, 자율주행차는 레벨 0에서 5까지 구분되며, 2025년, 대한민국을 비롯한 주요 국가의 상용 기술 수준은 레벨 2~3단계에 머물러 있다. 국내 주요 완성차 기업인 현대자동차는 2024년부터 '제네시스 G90' 모델에 레벨 3 자율주행 시스템(Highway Driving Pilot, HDP)을 탑재하며 부분 자율주행의 상용화를 본격화했다. 이 시스템은 고속도로 구간에서 운전자의 개입 없이 차선 변경, 감속, 정지 등 복합 주행 기능을 수행할 수 있으며, AI 기반 도로 환경 인식 알고리즘과 초정밀 지도(HD Map), 라이다(LiDAR)·레이더·카메라 융합 센서가 핵심 역할을 담당하며 국내 기술이 빠르게 선도해 나가고 있다.

그림 6-1 AI, GigaData, 그리고 5G 융합

글로벌 동향 역시 빠르게 진전 중이다. 미국에서는 테슬라(Tesla)가 'Full Self-Driving (FSD) Beta' 기능의 완전 자율화 테스트를 확대하고 있으며, 웨이모(Waymo)와 크루즈(Cruise)는 이미 미국 일부 도시에서 로보택시(RoboTaxi) 서비스를 상용 운영 중이다. 중국에서는 바이두(Baidu)와 샤오미(Xiaomi)가 주도하는 자율주행 플랫폼이 2025년 기준 신차의 약 20% 이상에 자율 기능이 탑재될 것으로 전망된다.

한편, 자율주행 산업의 경제적 파급력은 이미 거대한 규모로 확장되고 있다. McKinsey(2024)에 따르면, 글로벌 자율주행차 시장 규모는 2030년까지 약 3,000억 달러(한화 약 420조 원)에 이를 것으로 예상되며, 이는 차량 판매뿐 아니라 모빌리티 서비스, 데이터 플랫폼, 클라우드 기반 차량 운영 생태계 전반으로 확산될 전망이다. 또한 Statista(2025)는 자율주행 관련 소프트웨어·센서 시장이 연평균 21% 이상 성장할 것으로 예측하면서, AI 연산 칩, 차량용 OS, 정밀 지도 등 디지털 인프라 산업 전반이 새로운 성장 축으로 자리 잡고 있음을 보여준다.

요컨대, 자율주행 기술은 단순히 운전의 편리함을 넘어서 산업의 디지털화·교통의 효율화·도시의 재설계를 이끄는 거대한 변곡점에 서 있다. 자동차는 더 이상 단순한 이동 수단이 아니라, 스스로 사고하고 학습하며 서비스를 제공하는 지능형 플랫폼(Intelligent Vehicle Platform)으로 변모하고 있다. 그리고 이 변화의 중심에는, 데이터를 인식하고 판단하며 진화하는 인공지능(AI) 엔진이 존재한다.

2) AI의 무한 가능성 : 이점과 협력의 혁신적 시너지

인공지능이 바꾸는 일상과 산업의 지도는 단순한 기술 진보를 넘어 우리가 사는 방식과 일하는 방식을 다시 쓰고 있다. 불과 10년 전만 해도 인공지능(AI)은 영화 속 상상이나 연구실의 실험으로 여겨졌지만, 이제는 우리 식탁 위의 스마트 스피커, 공장의 용접 로봇, 심지어는 화성 탐사선에 이르기까지 실생활 전반에 깊숙이 침투하며 일상과 산업의 경계를 허물고 있다.

이 거대한 변화는 기술 그 자체보다도 인간의 삶과 노동, 사회와 경제의 작동 구조 전반을 재구성하고 있다는 점에서 더욱 중요하다. 자율주행차는 이제 미래형 실험 모델이 아니다. 캘리포니아의 샌프란시스코와 피닉스에서는 크루즈(Cruise)와 웨이모

(Waymo)가 운영하는 무인 택시가 상용화되었고, 일부 지역에서는 전체 호출의 12% 이상이 자율주행차로 대체되고 있다. 이로 인해 2025년 기준 샌프란시스코 지역에서는 택시 운전사 일자리의 5~6%가 감소한 것으로 나타났으며, 이는 단순한 기술 채택을 넘어 노동시장에 미치는 실질적 여파를 보여준다. 동시에 우리의 가정도 조용히 재정의되고 있다.

아마존의 알렉사, 구글의 네스트, 삼성의 스마트싱스와 같은 가전 생태계는 사용자의 습관과 명령을 학습해 냉난방, 조명, 일정까지도 알아서 조절하며, 미국 가정의 약 43%가 이러한 AI 가전을 활용 중이고 그 비율은 매년 7%씩 증가하고 있다. '명령'에 따라 움직이던 가전제품이 이제는 '예측'해 먼저 행동하는 시대로 접어든 것이다.

공장에서는 인간보다 더 정확하고 빠른 로봇들이 주역으로 떠오르고 있다. 세계 최대 전자기기 제조업체인 폭스콘은 2025년 현재 생산라인의 약 80%를 완전 자동화하여 6만 명 이상의 조립 인력을 대체했고, 생산성은 높아지고 불량률은 현저히 줄었다. AI는 단순한 기계 제어를 넘어 공정 최적화, 수요 예측, 설비 유지보수까지 실시간 분석하며 '예측형 제조' 시대를 열고 있다. 고객 응대도 AI의 손길로 변화하고 있다. 뱅크오브아메리카의 챗봇 '에리카(Erica)'는 월간 2천만 건 이상의 고객 요청을 처리하며, 고객의 70%가 사람의 개입 없이 문제를 해결하고 있다. 이는 기업 입장에서는 대기시간과 인건비를 줄이고, 사용자에게는 빠르고 정확한 서비스를 제공하는 혁신적 대안으로 자리 잡았다.

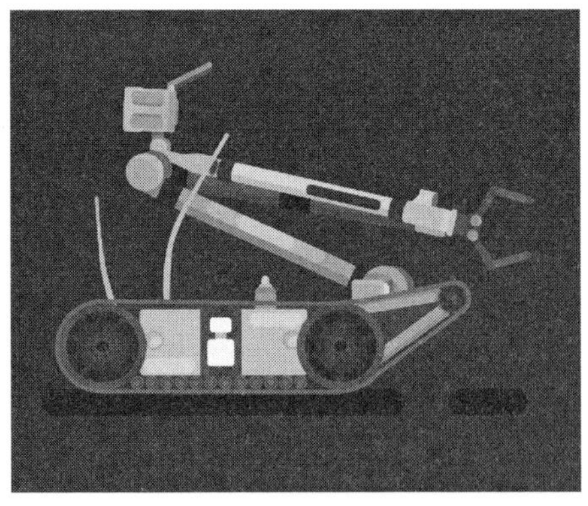

그림 6-2 스콜피온 로봇

위험한 현장에서도 AI는 인간을 대신하고 있다. 2011년 후쿠시마 원전 사고 이후 인간이 접근할 수 없는 방사능 구역에 투입된 AI 로봇 '스콜피온(Scorpion)'은 2024년 2세대 모델로 진화해 고장률을 40% 이상 줄였으며 작업 효율은 1.7배 이상 향상되었다. 우주에서도 AI는 인간의 손과 눈이 되어 활동한다. NASA의 화성 탐사 로버 '퍼서비어런스(Perseverance)'는 AI 기반 자율 알고리즘으로 지형을 분석하고, 과학 데이터를 수집하며 인간의 개입 없이 복잡한 미션을 스스로 수행하고 있다. 이처럼 AI는 단순히 인간을 대체하는 기계가 아니라, 인간이 하지 못하는 일을 가능하게 하고 더 중요한 일에 집중할 수 있도록 돕는 협업의 파트너로 진화하고 있다. 자율주행이 만든 여유 시간, 로봇이 담당한 위험한 작업, 챗봇이 줄여준 대기 시간은 모두 새로운 가치를 창출하는 공간으로 확장되고 있다.

세계경제포럼(WEF)은 2025년까지 인공지능(AI) 기술이 글로벌 GDP의 약 14%에 해당하는 15조 달러의 부가가치를 창출할 것으로 예측하며, 그중 70%는 산업과 일상생활이 교차하는 지점에서 발생할 것으로 전망했다. 결론적으로 AI는 더 이상 먼 미래의 상상이 아니다. 그것은 지금 이 순간에도 우리 주변을 돌아다니고, 공장에서 일하며, 은행 창구를 대신하고, 심지어 다른 행성에서 과학 탐사를 수행하고 있다. 이 변화는 기술의 문제가 아니라, 우리가 사는 방식, 일하는 방식, 그리고 인간 존재 자체의 의미를 새롭게 묻는 거대한 혁신이다. 다음 변화를 준비할 시간은 미래가 아닌 바로 지금이다.

3) AI의 그늘 : 무한한 가능성과 숨겨진 함정

인공지능(AI)의 발전은 인간의 삶의 양식을 근본적으로 재편하며 경제 구조 전반에 강력한 충격을 가하고 있다. 특히 일자리 시장은 그 중심에 있으며, 자동화와 알고리즘의 물결은 이전 세대와는 비교할 수 없는 속도로 기존 직업군을 흔들고 있다.

자율주행차의 상용화는 단순한 기술적 진보를 넘어, 미국 캘리포니아와 일본 일부 도시에서 이미 택시 운전사와 버스기사의 5~8%가 대체되거나 감축된 것으로 보고되며, 이 변화는 전 세계 운송업 종사자 약 7천만 명에게 실질적인 영향을 미칠 것으로 추산된다. 뿐만 아니라, 일본의 한 대형 보험사는 AI 기반 고객 응대 및 리스크

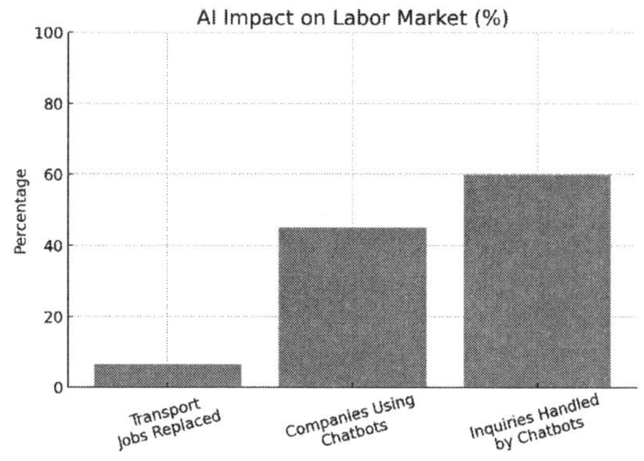

그림 6-3 AI 기술이 산업별 노동시장에 미치는 변화

분석 시스템 도입을 통해 약 3백여 명의 인력을 구조 조정한 바 있으며, 이는 반복적이고 정형화된 작업을 담당하던 백오피스 직무가 더 이상 인간의 고유 영역이 아님을 보여준다. 고객 서비스 산업 역시 변화의 최전선에 있으며, 2025년 기준으로 글로벌 기업의 45% 이상이 챗봇을 통해 60% 이상의 고객 문의를 처리하고 있어, 단순 상담직의 자리는 빠르게 축소되고 있다. 그러나 이러한 기술 발전은 한편으로 새로운 형태의 직무 수요를 창출하며 노동시장의 형태를 근본적으로 재구성하고 있다. 특히 데이터 AI·윤리 기술 직군의 수요가 폭발적으로 증가하며, 이제 일자리의 중심축은 단순 반복에서 지능적 관리·해석·설계 중심의 직무 구조로 이동하고 있다.

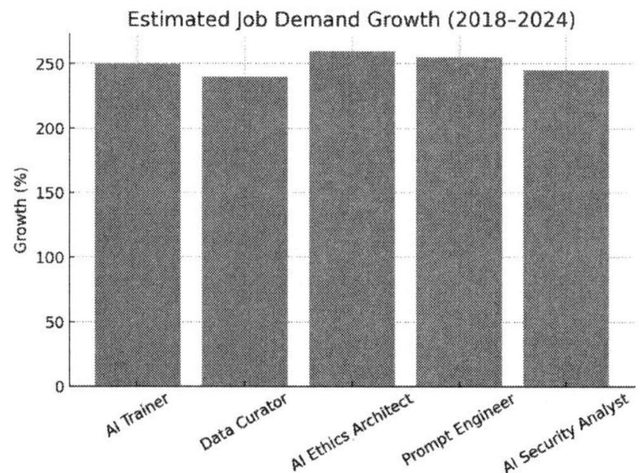

그림 6-4 미래 일자리 직군의 수요 증가율

예를 들어, AI 트레이너(AI Trainer), 데이터 정제 전문가(Data Curator), 윤리 알고리즘 설계자(AI Ethics Architect), 프롬프트 엔지니어(Prompt Engineer), 그리고 AI 보안 분석가(AI Security Analyst) 등은 2018년 대비 2024년까지 약 240~260% 이상 수요가 증가한 것으로 나타났다(LinkedIn Future of Work Report, 2024). 이러한 직업군은 과거에는 존재하지 않던 새로운 형태의 역할로, AI 시스템의 학습 품질을 관리하고, 데이터의 신뢰성을 보장하며, 기계의 판단이 인간의 가치와 윤리를 반영하도록 설계하는 '인간 중심 AI 직무군(Human-AI Interface Occupations)'으로 분류된다. 세계경제포럼(WEF)의 「Future of Jobs Report 2025」는 향후 5년 내 전체 노동시장의 약 40%가 현재 존재하지 않는 새로운 직업군으로 대체되거나 재편성될 것이라고 전망했다. 이는 단순히 기존 일자리가 사라지는 것이 아니라, 기술 변화에 맞춰 노동의 성격 자체가 진화한다는 의미를 갖는다. 예컨대, 자동화로 인해 생산·사무·회계 분야의 단순직은 점차 축소되는 반면, AI 모델 설계, 인간-기계 협업 설계, 데이터 관리, 디지털 윤리 등 '지식 기반 창의 직무(Knowledge-Driven Creative Roles)'는 빠르게 증가하고 있다.

PwC Workforce Survey 2025에 따르면, AI 관련 직무 보유자는 평균적으로 비(非) AI 직무 대비 55% 높은 임금 프리미엄을 받고 있으며, 기업의 72%는 "AI 기술 역량이 향후 3년간 인사 전략의 핵심 요소가 될 것"이라고 응답했다. 이는 단순한 일자리 변동이 아닌, '역량의 재정의'가 진행되고 있음을 시사한다. 결국 AI 시대의 노동 변화는 단순히 일자리가 사라지고 생기는 문제를 넘어, 우리가 어떤 기술을 이해하고 수용하며 다시 정의할 것인지에 대한 집단적 선택의 문제다. 그리고 지금 이 순간에도 수많은 산업과 사람들이 그 선택의 한가운데 서 있다.

4) 변화의 파도 속에서 : Meta 사례로 보는 외부 요인의 힘

머신러닝 알고리즘 기반의 콘텐츠 추천 시스템은 오늘날 디지털 플랫폼의 성능을 좌우하는 핵심 기술로 부상하며, 사용자 행동 데이터의 실시간 분석을 통해 개인의 관심사를 정교하게 파악하고 그에 적합한 콘텐츠를 선별함으로써 사용자 참여도와 플랫폼 체류 시간을 획기적으로 향상시키고 있으며, 이는 기업의 수익 구조에도 직결되는 혁신으로 평가받고 있다.

사용자가 디지털 공간에서 클릭, 좋아요, 댓글, 공유 등으로 남긴 디지털 흔적은 단순한 기록을 넘어 개인의 취향과 행동 패턴을 해석하는 신호로 작용하며, 이러한 데이터는 사용 시간대, 디바이스 유형, 위치 정보, 콘텐츠 소비의 연속성 등 복합적 맥락과 함께 머신러닝 모델에 학습되어 추천 정확도를 극대화하는 데 활용된다. 특히 협업 필터링과 콘텐츠 기반 필터링이라는 전통적인 추천 방식에 더해, 최근에는 딥러닝을 기반으로 한 하이브리드 모델이 등장하여 사용자 선호와 콘텐츠 특성을 동시에 학습하고 있으며, 이로 인해 추천 시스템의 정밀도는 20% 이상 향상되었고, 사용자 클릭률은 평균 15~25% 증가하는 성과를 내고 있다.

예를 들어 넷플릭스는 추천 알고리즘이 전체 시청 시간의 80% 이상을 유도하며, 알고리즘 개선을 위해 매년 약 15억 달러의 예산을 투입하고 있으며, 이러한 투자에 힘입어 구독자 유지율을 92% 이상으로 끌어올린 바 있다.

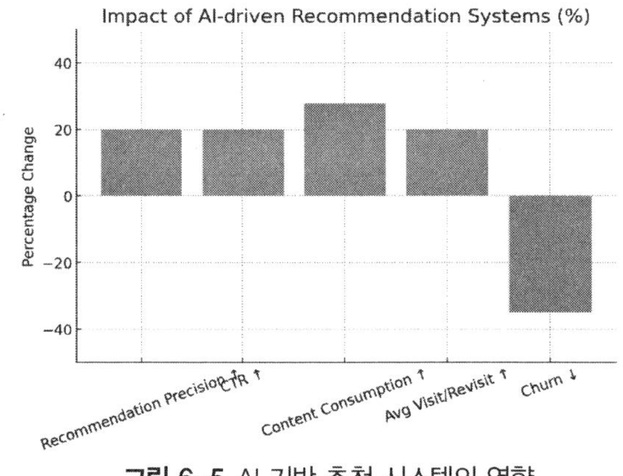

그림 6-5 AI 기반 추천 시스템의 영향

아마존 또한 추천 시스템이 전체 매출의 약 35%를 차지할 만큼 높은 구매 전환 효과를 보이고 있으며, 이는 알고리즘이 사용자의 과거 구매, 검색, 관심 카테고리, 유사 고객의 행동까지 분석하여 구매 가능성이 높은 제품을 선별해 제안하기 때문이다. 여기에 소셜 그래프 분석 기술은 사용자의 친구 관계, 팔로우 및 그룹 활동 내역을 분석해 사용자가 속한 사회적 맥락에서 선호할 만한 콘텐츠를 추론하고, 실제로 페이스북과 인스타그램은 친구 또는 팔로우 계정의 콘텐츠 상호작용 정보를 기반으로 피드와 추천 영상의 노출 우선순위를 결정함으로써 평균 콘텐츠 소비량을 28%까지 늘리는 데 기여하고 있다.

콘텐츠 자체의 속성 분석 또한 핵심인데, 해시태그, 주제, 길이, 정서적 어조와 같은 메타데이터를 통해 사용자가 반복적으로 소비하는 콘텐츠 유형을 추출하고, 유사 콘텐츠를 적시에 제안함으로써 플랫폼 몰입도를 높인다. 특히 동영상 스트리밍, 쇼핑몰, 뉴스 큐레이션 서비스에서 이러한 분석은 정교하게 적용되며, 사용자의 평균 방문 시간과 재방문율을 20% 이상 향상시키는 효과를 나타낸다. 나아가 머신러닝 기반 추천 시스템은 정적인 모델이 아닌, 실시간 업데이트를 통해 사용자의 최신 행동과 현재 트렌드까지 반영하며 콘텐츠를 동적으로 재구성하고 있는데, 예를 들어 사용자가 최근 특정 주제의 콘텐츠를 집중해서 소비하면 즉시 해당 주제 관련 콘텐츠를 상단에 배치해 관심의 흐름을 유지시킨다.

이러한 실시간 반응형 추천 시스템은 특히 뉴스, 패션, 트렌디 콘텐츠에서 큰 효과를 보이며, 사용자 이탈률을 평균 35%까지 감소시키고 있다는 분석도 있다. 전 세계 추천 시스템 시장은 연평균 30% 이상 성장하고 있으며, 2025년까지 약 170억 달러 규모에 이를 것으로 예측된 바 있고, 이는 미디어, 전자상거래, 헬스케어 등 다양한 분야에서 AI 기반 맞춤형 기술 수요가 폭증하고 있음을 의미한다.

결국, 콘텐츠 추천 시스템은 기술적으로는 머신러닝과 데이터 과학의 정수가 집약된 고도화된 알고리즘이며, 경제적으로는 사용자 경험을 개선하고, 기업 수익을 증대시키며, 콘텐츠 제작자에게는 도달 가능성을 높이는 구조적 동력을 제공하는 일종의 삼각 생태계를 구축하고 있으며, 이 모든 혁신의 중심에는 바로 사용자 한 명 한 명의 행동을 해석하고 예측하려는 AI의 끊임없는 학습이 존재한다는 점에서, 추천 시스템은 단지 편리함을 넘어 디지털 시대의 플랫폼 경쟁력 자체를 정의하는 결정적 요인으로 자리매김하고 있다.

7장

디지털 자본주의의 엔진 : AI가 이끄는 디지털 전환의 물결

1 디지털 트랜스포메이션의 개요

디지털 전환(Digital Transformation, DX)은 이제 '선택'이 아닌 '생존의 조건'이다. 단순히 최신 기술을 끼워 넣는 것이 아니라, 기업의 심장박동 자체를 다시 설계하는 일이다. DX는 조직의 DNA를 디지털로 다시 코딩하는 작업이며, 정체된 프로세스를 해체하고, 낡은 사고방식을 던져버리는 일이다.

단순한 기술 도입을 넘어, 기업의 전반적인 비즈니스 모델과 운영 방식을 재구성하며 새로운 가치를 창출하고 운영 효율성을 극대화하는 데 초점을 맞추고 있다. 이러한 변혁은 AI, 빅데이터, 클라우드 컴퓨팅, IoT와 같은 첨단 기술을 기반으로 이루어지며, 기업이 전통적인 경계를 넘어 글로벌 경쟁력을 확보하는 데 필수적인 전략으로 자리를 잡고 있다.

그림 7-1 기업의 생존 DX 패러다임

1) 디지털 전환(Digital Transformation, DX) : 기업 혁신의 새로운 패러다임

디지털 전환(Digital Transformation, DX)은 이제 단순한 IT 인프라 개선이 아닌, 기업의 생존을 결정짓는 전략적 핵심 축으로 자리 잡고 있으며, 실제로 2025년 현재 전 세계 상장 기업의 70% 이상이 디지털 기반 운영 모델로 전환을 완료하거나 진행 중이라는 점에서 그 중요성은 더 이상 논쟁의 대상이 아니다. 특히 제조업에서는 독일의 지멘스(Siemens)와 한국의 현대자동차처럼 스마트 팩토리를 도입한 기업들이 IoT 센서와 AI 기반 예측 유지보수 시스템을 통해 설비 가동률을 평균 18% 높이고, 불량률은 25% 이상 감소, 생산 중단 시간은 40% 가까이 절감하며, 한 해 수백억 원에 달하는 생산 손실을 줄이는 성과를 거두고 있다. 반면 유통·서비스업에서는 AI 기반 수요 예측과 재고 관리 시스템이 적용되고 있다. 예를 들어 월마트는 자동화 기술을 도입한 물류센터에서 연간 비용을 기존 대비 20% 절감했으며, 2025년 말에는 네트워크 전반에서 20~30% 비용 절감 효과를 달성하고, 식품 및 신선 소비재 폐기 수준도 크게 감소한 것으로 평가된다.

이러한 기술 혁신은 단순한 비용 절감을 넘어 노동 방식과 구조 자체를 변화시키고 있다. 맥킨지에 따르면 전체 업무의 약 49%가 자동화 가능하며, 실제로 기업들이 디지털 전환(DX)을 도입한 후 단순 반복 업무의 평균 37%가 자동화되었고, 대체된 인력의 60% 이상은 데이터 분석, 제품 기획, 고객 경험 설계 등 창의적 직군으로 재배치되었다. 특히 금융 업계에서는 AI 챗봇과 자동화된 리스크 분석 시스템을 도입한 JP모건(J.P. Morgan)이 연간 약 36만 건의 법률 문서 분석을 기존 360,000시간에서 단 2초로 단축, 수천 명의 법무보조 인력을 줄이고도 법률 자문 서비스를 강화한 사례는 DX가 어떻게 인간의 능력을 확장시키는지를 보여주는 대표적인 사례로 볼 수 있다.

이러한 디지털 전환(Digital Transformation, DX)의 성패는 기술 그 자체보다 AI, 빅데이터, 클라우드, IoT 간의 통합 수준에 달려 있는데, 예를 들어 넷플릭스(Netflix)는 클라우드 기반 빅데이터 분석과 AI 추천 시스템을 결합해 사용자의 시청 이력과 기기 사용 시간, 클릭 패턴을 실시간 분석함으로써 약 80% 이상의 시청 콘텐츠를 추천 알고리즘이 유도하고 있으며, 이로 인해 구독 해지율은 7% 이하로 낮아져 동종 업계 대비 2배 이상 높은 고객 유지율을 기록하고 있다. 또한 클라우드 인프라를 통해 스트리밍 장애 발생률은 1.3% 이하로 유지, 기술 인프라의 안정성과 고객 경험을 동시에 잡는 구조적 이점을 입증하고 있다.

2025년 기준, 세계경제포럼(WEF)은 디지털 전환을 통해 전 세계 GDP의 약 15조 달러(약 14%) 규모의 부가가치가 새롭게 창출될 것으로 예상하며, 특히 아시아 지역은 그중 40% 이상을 차지할 전망인데, 이는 인공지능(AI)과 빅데이터 역량을 갖춘 아시아 기술 생태계의 성장성과 맞물려 있다. 한국 정부 또한 디지털 뉴딜 2.0을 통해 2022~2026년 사이 약 58조 원의 DX 관련 예산을 투자하고 있으며, 중소기업 3만 곳 이상에 클라우드 및 AI 기술 도입을 지원, 이를 통해 생산성 20%, 고용 15%, 수출 경쟁력 30% 증가 효과를 기대하고 있다.

결국 디지털 전환은 단순한 기술 채택이 아닌, 기업의 가치사슬을 전방위적으로 재설계하고, 운영 효율성, 노동 구조, 고객 경험, 시장 경쟁력까지 동시다발적으로 재정립하는 대전환의 흐름이며, 이 거대한 변화 속에서 데이터를 기반으로 한 민첩한 전략과 기술 간 통합 역량을 보유한 기업만이 미래의 승자가 될 것임은 자명하다.

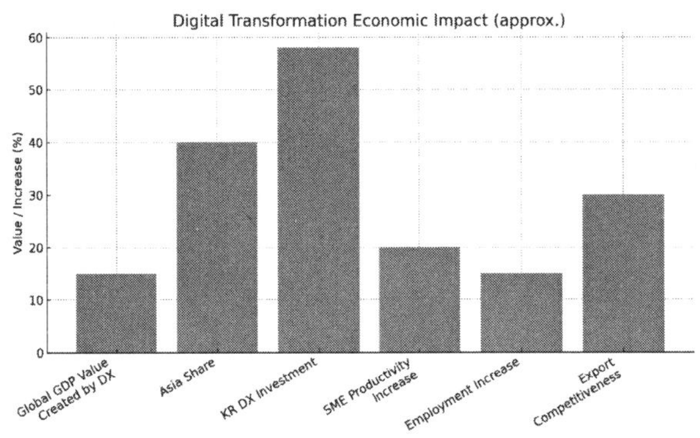

그림 7-2 수치 기반 디지털 전환(DX) 경제 효과

2) 글로벌 디지털 전환의 선두 주자 : 지역별 전략과 미래 전망

디지털 전환은 전 세계적으로 기업과 국가의 경쟁력을 좌우하는 핵심 전략으로 자리 잡고 있다. 지역별로 DX를 주도하는 산업과 기술은 각기 다르지만, 공통적으로 첨단 기술을 활용해 새로운 가치를 창출하고, 경제 전반에 걸친 변화를 이끌어내고 있다. 미국, 유럽, 중국, 한국은 각각의 강점을 기반으로 DX를 선도하고 있으며, 이들의 전략과 성과는 디지털 경제 시대의 새로운 지형을 형성하고 있다. 이러한 근본적인 목표는 하나이다. 즉, 첨단 기술을 통해 새로운 가치를 창출하고, 경제 전반의 혁신을 가속화하는 것이다.

(1) 미국 : AI, 빅데이터, 클라우드 컴퓨팅의 세계적 리더

미국은 오늘날 디지털 전환의 중심지로, 인공지능(AI), 빅데이터, 클라우드 컴퓨팅, 그리고 차세대 양자기술의 융합을 통해 전 세계 디지털 경제를 주도하고 있다. 실리콘밸리를 중심으로 한 기술 혁신 생태계는 산업 전반의 구조적 변화를 가속화하며, 기업 경쟁력의 새로운 표준을 제시하고 있다.

특히 아마존(Amazon), 구글(Google), 마이크로소프트(Microsoft)와 같은 글로벌 테크 리더들은 데이터 처리와 클라우드 인프라 혁신을 통해 디지털 전환의 토대를 구축하고 있다.

아마존웹서비스(Amazon Web Services, AWS)는 클라우드 인프라 시장의 30% 이상을 점유하며, AI와 빅데이터 분석을 결합한 초대규모 컴퓨팅 플랫폼으로 기업의 데이터 활용 효율을 극대화하고 있다. 한편 구글은 딥러닝(Deep Learning)과 자연어 처리(NLP) 기술을 기반으로 자율주행, 의료 진단, 기후 분석 등 다양한 분야에 AI 혁신을 확산시키고 있으며, Google DeepMind는 인공지능의 학습·추론 능력을 인간 수준으로 끌어올리고 있다.

이어서 마이크로소프트의 애저(Azure)는 하이브리드 클라우드 전략을 통해 공공기관부터 글로벌 대기업까지 폭넓게 도입되고 있으며, Copilot AI 서비스는 업무 자동화와 생산성 혁신의 대표적 사례로 자리 잡았다.

미래의 미국 DX는 단순한 자동화 단계를 넘어 '예측·결정·창조'의 지능형 경제(Intelligent Economy)로 진화하고 있다. 양자컴퓨팅(Quantum Computing)과 생성형 AI(Generative AI)의 결합은 데이터 처리 속도를 획기적으로 향상시키고, 복잡한 경제·과학 문제를 실시간으로 시뮬레이션하는 새로운 가능성을 열고 있다. 이처럼 미국의 디지털 전환 전략은 기술의 혁신성을 기반으로 산업 전반의 구조를 재정의하는 지능화 혁명(Intelligent Revolution)으로 나아가고 있다.

(2) 유럽 : 제조 혁신과 핀테크를 중심으로 한 DX 전략

유럽은 제조업, 핀테크, 헬스테크와 같은 분야에서 디지털 전환을 통해 새로운 경제적 가치를 창출하고 있다. 독일의 인더스트리 4.0은 스마트 제조업의 대표적인 사례로, IoT, AI, 빅데이터를 활용해 생산 공정을 자동화하고, 실시간 데이터를 통해 운영 효율성을 극대화한다. 핀테크와 헬스테크는 유럽 전역에서 디지털 혁신의 주요 분야로 부상하고 있다. 핀테크는 블록체인, 디지털 결제 시스템, 그리고 맞춤형 금융 서비스를 통해 전통적인 금융 산업을 혁신하고 있으며, 헬스테크는 원격 의료와 AI 기반 진단 솔루션을 통해 환자 중심의 의료 서비스를 구현하고 있다.

앞으로 유럽은 디지털 전환과 지속 가능성을 결합해 스마트 에너지 관리, 친환경 제조, 그리고 탄소 중립 목표 달성을 위한 기술적 해법을 개발하는 데 주력할 것으로 보인다.

(3) 중국 : AI와 빅데이터 중심의 DX 혁명

인공지능(AI)과 빅데이터 기술을 활용한 디지털 전환에 있어 세계적인 선도국 중 하나로 자리 잡고 있다. 알리바바, 텐센트, 화웨이와 같은 기업은 인공지능(AI)과 클라우드 컴퓨팅을 결합해 전자상거래, 금융, 헬스케어 등 다양한 산업에서 디지털 혁신을 주도하고 있다. 특히, 알리바바의 클라우드 플랫폼인 알리윈(Alibaba Cloud)은 인공지능(AI) 기술을 통해 데이터 분석과 비즈니스 자동화를 지원하며, 텐센트는 챗봇, 자연어 처리, 추천 알고리즘 등에서 강력한 AI 솔루션을 제공하고 있다.

화웨이(Huawei)는 5G, 인공지능(AI), 클라우드, 엣지 컴퓨팅을 핵심 축으로 삼아, 국가 단위의 디지털 전환(Digital Transformation)을 주도하고 있다. 단순한 기술 개발을 넘어, 산업 구조 전반을 데이터 중심의 지능형 생태계로 재편하는 데 초점을 맞추고 있다.

우선 스마트 시티(Smart City) 부문에서 화웨이는 도시의 인프라를 하나의 거대한 데이터 네트워크로 통합하고 있다. "Huawei City Brain" 플랫폼은 교통, 에너지, 공공 안전, 환경 데이터를 실시간으로 수집·분석하여 행정과 도시 운영의 효율을 극대화하고 있다.

예를 들어, 선전과 상하이에서는 교통 흐름 자동 조정 시스템을 통해 출퇴근 정체 시간을 약 15% 단축하고, 에너지 관리 효율은 20% 이상 향상시킨 것으로 보고되었다. 이는 도시의 운영이 '사후 대응형'에서 '예측·제어형'으로 전환된 대표적 사례로 볼 수 있다.

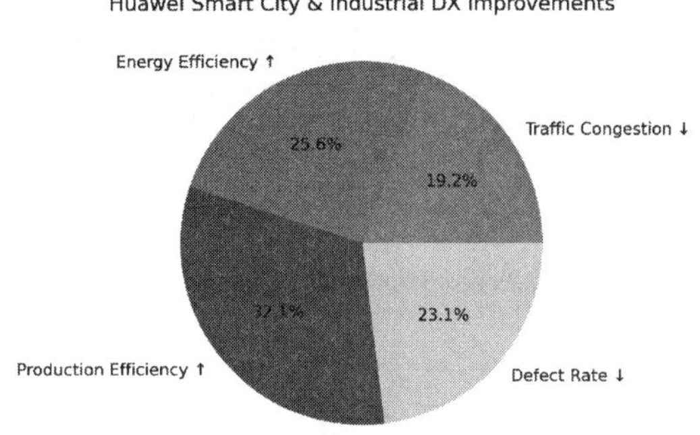

그림 7-3 스마트 시티 & 산업 디지털 전환 성과

산업 전환(Industrial DX) 측면에서도 화웨이는 스마트 제조(Smart Manufacturing) 플랫폼인 FusionPlant를 통해 공장의 전 과정을 데이터 기반으로 연결했다. AI와 IoT 기술이 설비 데이터를 실시간 분석하여 고장을 사전에 예측하고, 자동화 로봇이 공정 품질을 자율적으로 조정한 결과, 일부 제조라인에서는 생산 효율이 25% 증가하고, 불량률이 18% 감소하는 등 디지털 공장(Digital Factory)으로의 전환을 가속화 시켰다. 또한 자율주행 및 모빌리티 DX 부문에서 화웨이는 MDC(Management Data Center)를 기반으로 차량 간 통신(V2X)과 초저지연 5G 네트워크를 결합해, 데이터 기반 교통 인프라를 구현하고 있다. 이러한 기술은 단순히 '자동차를 더 똑똑하게 만드는 것'이 아니라, 도시 전체의 이동 데이터를 통합하여 모빌리티 생태계를 최적화하는 전환 모델을 제시하고 있다고 볼 수 있다.

궁극적으로 화웨이의 디지털 전환 전략은 기술 중심이 아닌 "데이터-연결-지능"의 삼위일체 구조를 지향함으로써 5G 네트워크를 통해 데이터를 실시간으로 연결하고, 인공지능(AI)은 그 데이터를 해석하며, 클라우드는 이를 산업 전반에 확산시키는 역할을 수행하고 있다. 이 구조는 단일 산업의 혁신을 넘어, 국가 차원의 디지털 인프라를 재설계하는 거대한 구조적 전환으로 이어지고 있다. 이러한 변화는 중국이 디지털 경제 중심 국가로 도약하는 핵심 동력이 될 뿐만 아니라, AI 윤리와 데이터 보안 문제를 해결하면서 더 큰 경제적 성과를 도모할 것으로 전망된다.

(4) 한국 : 5G 기반 디지털 전환의 선두주자

세계에서 가장 빠른 5G 네트워크 인프라를 기반으로, 디지털 전환을 국가 경쟁력의 핵심 전략으로 삼고 있다. 스마트 시티, 자율주행, 스마트 팩토리 등 다양한 분야에서 AI, IoT, 빅데이터가 융합되며, 산업과 일상의 경계가 점점 지능화된 데이터 생태계로 재편되고 있다.

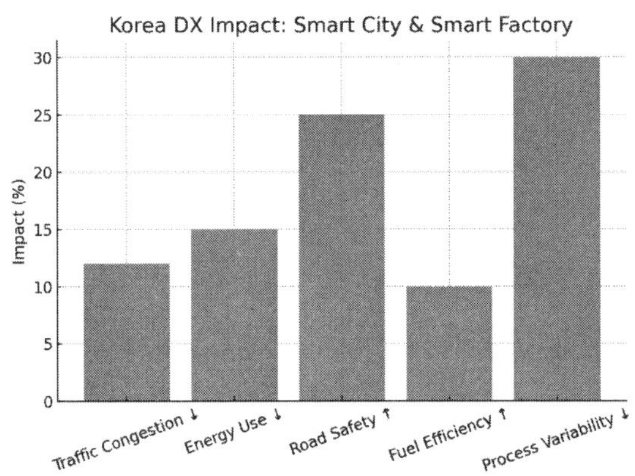

그림 7-4 스마트시티·스마트팩토리 DX(디지털 전환)

특히 스마트 시티 프로젝트는 한국형 DX의 대표적인 사례로 꼽힌다. 서울, 부산, 세종 등 주요 도시에서는 교통·에너지·치안 데이터를 실시간으로 통합 분석하여 도시 운영 효율을 높이고 있다. 서울시는 교통 신호체계 자동 최적화 시스템을 통해 출퇴근 정체 시간을 평균 12% 단축시켰으며, 에너지 사용량은 약 15% 절감된 것으로 보고되었다. 이어서 자율주행 분야에서는 5G 네트워크를 활용한 V2X(Vehicle-to-Everything) 기술이 상용화 단계에 진입했다. 현대자동차와 카카오모빌리티는 AI 기반 교통 데이터와 실시간 센서 네트워크를 결합해 자율주행 셔틀 운행을 실증 중이며, 이를 통해 도로 안전성은 25%, 연료 효율은 10% 이상 개선된 것으로 나타났다. 또한, 스마트 팩토리(Smart Factory) 부문은 한국 제조업의 디지털 전환을 상징한다. 삼성전자, LG, 포스코 등 주요 기업은 AI 기반 예지 정비(Predictive Maintenance)와 로봇 자동화를 도입하여 불량률을 낮추고 생산성을 향상시키고 있다.

예를 들어, 포스코의 'AI 제강 공정'은 실시간 데이터 분석을 통해 생산 공정의 변동성을 30% 이상 줄였으며, 이는 연간 수백억 원 규모의 비용 절감 효과로 이어졌다.

이처럼 한국의 DX는 기술의 단편적 적용을 넘어 산업·도시·인프라 전반의 지능화된 통합 구조를 구축하는 데 초점을 맞추고 있다. 앞으로는 AI와 6G 기술이 결합된 초연결 사회로 진입하며, 글로벌 DX 생태계에서 한국의 영향력은 더욱 확대될 것으로 전망된다.

3) 전통적 비즈니스 모델에서 디지털 전환(DX)까지 : 전통적 비즈니스 모델의 특징과 한계

전통적인 비즈니스 모델은 물리적 제품과 서비스 중심으로, 오프라인에서 고객과의 대면 관계를 통해 운영되었다. 이는 고객의 피드백을 설문조사와 같은 수동적인 방식으로 수집하고, 물리적 장소에서의 상호작용을 중심으로 비즈니스를 전개하는 방식이었다. 하지만 1990년대 인터넷의 상용화 이후, 디지털 기술의 발전은 기존 비즈니스 모델의 근본적인 변화를 촉진했으며, 오늘날의 디지털 전환(DX) 시대에 이르기까지 발전해왔다.

(1) 물리적 제품과 서비스 중심

전통적 비즈니스 모델은 물리적 제품의 제조와 판매를 핵심으로 한다. 소매업과 제조업은 이 모델의 대표적인 사례로, 공급망 관리와 재고 관리가 비즈니스 성공에 있어 중요한 역할을 한다. 그러나 이러한 모델은 코로나19 팬데믹과 같은 외부적 충격에 취약하며, 비즈니스 연속성을 보장하기 어려운 한계를 가지고 있다.

(2) 오프라인 중심

그림 7-5 가상공간으로의 이동

과거의 비즈니스는 매장, 사무실, 공장 등 물리적 공간을 중심으로 이루어졌다. 고객은 백화점에서 제품을 직접 보고 구매하거나, 자동차 판매점에서 상담을 받고, 은행 창구에서 거래를 처리했다. 이러한 대면 중심의 상호작용은 신뢰를 형성하고 개인화된 서비스를 제공하는 데 강점을 보였지만, 동시에 대규모 고객층을 효율적으로 대응하기에는 한계가 있었다. 그러나 최근 몇 년 사이, 비즈니스의 무게중심은 빠르게 온라인으로 이동하고 있다.

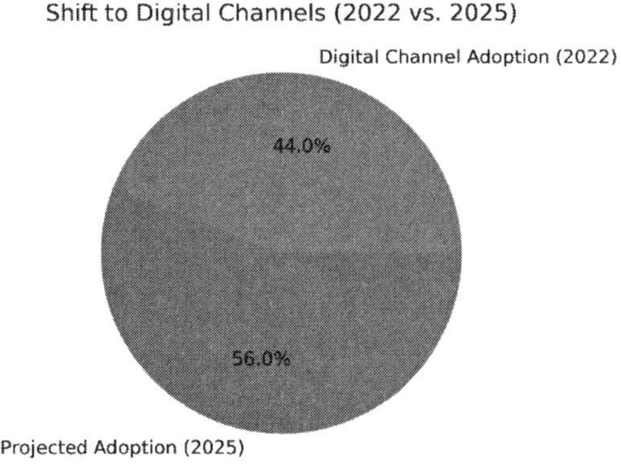

그림 7-6 디지털 채널 전환 비중

2022년 기준 전 세계 기업의 약 55%가 디지털 채널로 전환했으며, 2025년에는 이 비율이 70%를 넘어설 것으로 예상된다. 이는 단순한 판매 채널의 변화가 아니라, 고객과의 접점 자체가 물리적 공간에서 데이터 중심의 가상 환경으로 재구성되고 있음을 의미한다.

전통적인 오프라인 비즈니스는 주로 수동적 데이터 분석(passive data analysis) 방식에 의존했다. 고객의 설문조사, 피드백 폼, 전화 응대 기록 등을 통해 정보를 수집한 뒤 이를 분석하여 의사결정을 내리는 접근법이었다. 이 방식은 일정한 인사이트를 제공했지만, 고객의 요구 변화나 시장의 흐름에 실시간으로 대응하기에는 한계가 있었다.

반면, 디지털 전환 이후의 기업은 온라인 상호작용을 통해 생성되는 실시간 행동 데이터(real-time behavioral data)를 분석해 즉각적으로 대응하고 있다.

예를 들어, 고객의 클릭 패턴, 장바구니 이탈률, 제품 리뷰 감정 분석 결과를 기반으로 실시간 프로모션이나 개인화 추천이 이루어진다. 즉, 고객의 '반응'을 기다리는 것이 아니라, 고객의 행동을 예측해 선제적으로 움직이는 능동적 비즈니스 구조로 변화한 것이다.

이러한 전환은 단순히 판매 방식의 변화가 아니라, 소비자 심리와 기업 의사결정 구조 전반을 재정의하는 흐름이다. 대면 관계가 제공하던 신뢰와 친밀감은 이제 데이터 기반의 맞춤형 경험(personalized experience)으로 대체되고 있으며, 이는 고객이 '어디서 구매하느냐'보다 '어떤 경험을 제공받느냐'가 경쟁의 핵심이 되었음을 보여준다.

2 산업의 DNA를 바꾸는 디지털 전환

1) DX 도입 현황

2024년, 전 세계적으로 중소기업의 약 30%, 그리고 정부 및 대기업의 약 70%가 디지털 전환을 추진하고 있다. 이는 디지털 기술의 혁신이 더 이상 대기업의 전유물이 아닌, 산업 전반으로 확산되고 있음을 보여주는 분명한 변화의 신호이다. 과거 자본과 인력의 제약으로 디지털화를 쉽게 시도하지 못했던 중소기업들도 이제는 클라우드 인프라(Cloud Infrastructure), 인공지능(AI), 빅데이터 분석 기술 등을 적극적으로 도입하며 새로운 경쟁 환경 속에서 빠르게 적응하고 있다. 특히 클라우드 기반 서비스(Cloud as a Service)의 확산은 중소기업이 고가의 서버나 IT 인프라를 직접 구축하지 않고도 데이터 분석과 비즈니스 자동화를 실현할 수 있도록 하여, 기술의 민주화를 가속화시키고 있다.

AI 분석 플랫폼과 데이터 기반 의사결정 시스템의 도입은 기업 운영 방식을 근본적으로 변화시키고 있다. 예를 들어, 고객의 행동 데이터를 실시간으로 분석하여 수요를 예측하고, 이를 기반으로 효율적인 재고 관리 및 맞춤형 마케팅 전략을 수립하는 사례가 점차 확산되고 있다. 이는 단순히 '기술을 사용하는 기업'의 수준을 넘어, 데이터를 중심으로 사고하고 결정하는 조직 문화, 즉 데이터 드리븐(data-driven) 경영 체계로의 전환을 의미한다. 이러한 흐름은 기술의 '도입' 단계를 넘어, 디지털 역량이 곧 비즈니스 생존의 핵심 요건이자 성장의 기반으로 자리 잡고 있음을 시사한다. 앞으로의 디지털 전환은 단순한 기술 혁신을 넘어, 산업 생태계의 구조적 재편과 지속 가능한 성장 모델의 구축으로 이어질 것이다. 이 변화의 중심에는 AI, IoT, 블록체인이라는 세 가지 기술 축이 있다.

첫째, 인공지능(AI)과 빅데이터(Big Data)는 기업이 실시간 데이터 분석을 통해 고객의 요구를 보다 정확하게 파악하고, 개인화된 서비스를 제공할 수 있도록 도우며, 소비자의 구매 패턴을 학습하여 맞춤형 추천을 제시하고, 빅데이터는 이를 기반으로 시장 트렌드와 수요 변화를 빠르게 포착한다. 그 결과, 기업은 더 정교한 의사결정과 차별화된 고객 경험을 동시에 실현하며, 경쟁 시장에서의 적응 속도를 비약적으로 높이고 있다.

둘째, 사물인터넷(IoT)은 제조업을 중심으로 생산성과 효율성을 혁신적으로 끌어올리고 있다. IoT 센서는 기계의 상태와 생산 데이터를 실시간으로 수집해 스마트 팩토리(Smart Factory)의 구현을 가능하게 하고, 이를 통해 불필요한 자원 낭비를 최소화하며 생산 과정 전반의 효율성을 극대화한다. 또한 IoT를 기반으로 한 공급망 연결은 산업 간 협업 구조를 강화하고, 예측 가능한 생산과 물류 시스템을 구축함으로써 국가 전체의 제조 경쟁력까지 끌어올리는 효과를 창출하고 있다.

셋째, 블록체인(Blockchain)은 금융, 물류, 공공 행정 등 다양한 분야에서 투명성, 추적성, 신뢰성을 확보하는 핵심 기술로 자리 잡고 있다. 거래 기록이 분산 저장되어 위·변조가 불가능하기 때문에, 특히 공급망 관리(SCM)나 디지털 결제 시스템에서 높은 수준의 신뢰를 제공한다. 이는 기업 간 거래의 신뢰 기반을 공고히 할 뿐 아니라, 정부와 시민 간 행정 투명성 강화에도 기여하고 있다.

이처럼 인공지능(AI), IoT, 블록체인을 중심으로 한 디지털 전환은 단순히 기술적 진보에 머물지 않는다. 이는 기업의 생산성과 효율성을 비약적으로 향상시키는 동시에, 경제 전반의 지속 가능성(Sustainability)과 포용적 성장(Inclusive Growth)을 이끄는 핵심 축으로 부상하고 있다. 더 나아가 디지털 전환은 기술과 인간, 데이터와 가치, 그리고 효율성과 윤리의 조화라는 새로운 경제 패러다임을 형성하고 있다. 결국 DX는 단순히 '기술의 혁신'이 아니라, 기술을 통해 사회의 구조와 인간의 사고방식까지 변화시키는 지적 혁명(Intellectual Revolution)이다.

디지털 기술이 연결하고, 데이터가 사고를 대신하며, 인공지능(AI) 판단의 속도를 높이는 이 시대에, 기업과 사회는 더 이상 '변화에 적응하는 존재'가 아니라 변화를 설계하는 주체로 진화하고 있다.

2) 경제적 효과와 사회적 가치

디지털 전환은 더 이상 선택이 아닌 경제와 사회의 근본 구조를 재편하는 핵심 동력으로 자리 잡고 있다. 2024년 기준, 전 세계 중소기업의 약 30%, 그리고 정부 및 대기업의 약 70%가 DX를 추진하고 있으며, 이는 디지털 혁신이 특정 산업이나 규모의 문제를 넘어 모든 경제 주체의 생존 전략으로 확산되고 있음을 보여준다.

(1) 경제적 효과 : 생산성 향상과 새로운 가치 창출

맥킨지(McKinsey, 2024)에 따르면, 디지털 전환을 적극적으로 추진한 기업은 그렇지 않은 기업보다 평균 25~30% 이상 높은 수익성을 기록하고 있다.

이는 단순한 효율성 개선을 넘어, 새로운 비즈니스 모델 창출과 시장 접근성의 확장을 가능하게 하기 때문이다.

대표적 사례로는 전자상거래(e-Commerce)와 디지털 마케팅이 있다. 디지털 플랫폼을 기반으로 한 기업들은 물리적 유통망의 제약을 극복하고, 전 세계 소비자에게 직접 도달할 수 있는 글로벌 시장 접근성(Global Reach)을 확보했다. AI 기반 추천 알고리즘과 맞춤형 광고 솔루션은 고객 경험(CX)을 극대화함으로써 충성도 높은 소비층을 형성하고, 이는 장기적인 매출 성장으로 이어지고 있다. 또한, 데이터 기반 의사결정(Data-driven Decision Making)은 비용 절감과 자원 최적화를 가능하게 하며, 생산 현장부터 고객 관리에 이르기까지 운영 효율성의 전면적 혁신을 이끌고 있다.

특히 중소기업의 경우, 과거 자본과 인력의 제약으로 인해 경쟁이 어려웠던 글로벌 시장에서도 클라우드 인프라와 SaaS(Software as a Service) 도입을 통해 동등한 수준의 기술 경쟁력을 확보하고 있다.

예를 들어, 클라우드 기반 AI 분석 툴을 활용하여 고객 행동을 실시간으로 분석하고, 이를 바탕으로 수요를 예측하며, 재고관리와 마케팅 전략을 자동화하는 사례가 빠르게 확산되고 있다. 이러한 변화는 기술이 단순한 "운영 수단"을 넘어 비즈니스 모델 그 자체를 혁신하는 핵심 인프라로 진화하고 있음을 보여준다.

(2) 사회적 가치 : 지속 가능성과 포용적 성장의 실현

디지털 전환은 경제적 이익을 넘어 사회적 가치 창출의 핵심 도구로 기능하고 있다. 스마트 그리드(Smart Grid) 기술은 에너지 소비를 효율화하고, 도시 단위의 전력 배분을 최적화함으로써 탄소 배출 저감과 친환경 전환(Eco-Transition)을 가속화하고 있다. 또한, 디지털 헬스케어 분야에서는 원격진료(Telemedicine), AI 진단 시스템, 웨어러블 디바이스를 통해 의료 접근성(Medical Accessibility)을 높이고, 지역과 계층 간 의료 격차를 완화하는 사회적 효과를 만들어내고 있다. 이는 디지털 기술이 단순히 기업의 생산성을 높이는 수준을 넘어, 삶의 질(Quality of Life)을 개선하고, 지속 가능한 사회(Sustainable Society)를 구현하는 방향으로 진화하고 있음을 보여준다.

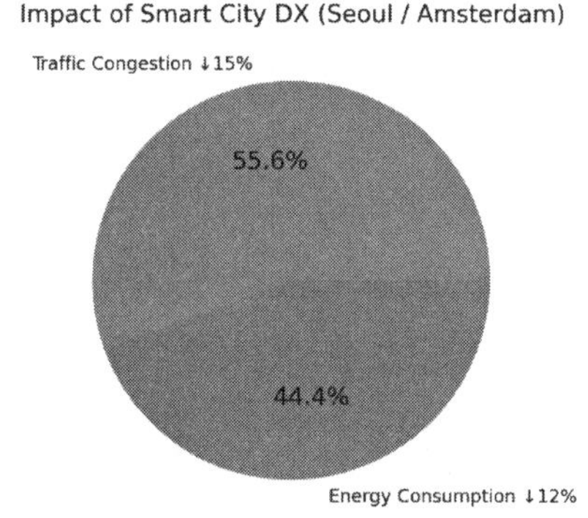

그림 7–7 스마트시티 DX 효과(서울·암스테르담)

특히 정부와 공공기관 역시 디지털 행정 시스템, 스마트 교통망, 환경 모니터링 시스템을 도입하며 공공 서비스의 효율성과 투명성을 강화하고 있다. 예컨대, 서울과 암스테르담은 도시 전역의 교통·에너지 데이터를 통합 관리하는 스마트 시티(Smart City) 프로젝트를 통해 교통 혼잡률을 15% 이상 감소시키고, 에너지 소비를 약 12% 절감하는 효과를 거두었다. 이는 DX가 경제적 경쟁력뿐 아니라 사회적 복지와 환경 지속성의 핵심 축으로 작동하고 있음을 보여주는 대표적 사례로 남고 있다.

3) 디지털 전환(DX) 기업 혁신의 중심에 선 기술들

디지털 전환은 전 세계 중소기업과 대기업이 새로운 시대의 경쟁력을 확보하기 위해 선택하는 필수 전략으로 자리 잡고 있다.

2024년 기준, 중소기업의 30%가 DX를 실현하고 있으며, 특히 전자상거래(e-commerce), 디지털 마케팅, 클라우드 컴퓨팅, 업무 자동화와 같은 분야에서 가장 활발히 진행되고 있다. 앞으로 2025년부터 2027년까지 DX는 더욱 확산될 것이며, 디지털 기술의 진보와 새로운 비즈니스 모델의 등장으로 전통적인 기업 운영 방식에 근본적인 변화를 가져올 것으로 전망된다.

(1) 전자상거래(e-Commerce) : 고객 경험의 혁신과 초개인화 시대의 도래

전자상거래는 DX가 가장 빠르게 구현되고 있는 대표적 산업이다. AI와 빅데이터 분석 기술은 소비자 행동 데이터를 실시간으로 수집·분석하여 개인화된 쇼핑 경험(Personalized Shopping Experience)을 제공하고 있다. 예를 들어, 아마존(Amazon)과 알리바바(Alibaba)는 고객의 검색 기록, 구매 패턴, 클릭 행동을 종합 분석하여 맞춤형 추천 알고리즘을 제공함으로써 구매 전환율을 30% 이상 끌어올리고 있다.

2025년 전자상거래의 트렌드는 단순한 '온라인 구매'에서 '몰입형 소비 경험(Immersive Commerce)'으로 진화하고 있다. 증강현실(AR)과 가상현실(VR) 기술을 결합한 AR 커머스(AR Commerce)는 고객이 제품을 직접 체험하듯 시각화할 수 있게 하고, AI 챗봇은 실시간으로 고객의 감정 상태와 질문 의도를 분석해 즉각적인 맞춤형 응답을 제공한다. 또한, 클라우드 기반 인프라는 전 세계 소비자와의 실시간 연결을 가능하게 하여, 국경 없는 시장(Borderless Market)의 실현을 가속화하고 있다. 이처럼 전자상거래는 데이터 AI·클라우드의 융합을 통해 소비자 중심의 가치 창출 모델을 구축하며, 디지털 경제의 선도적 역할을 수행하고 있다.

(2) 디지털 마케팅(Digital Marketing) : 데이터 기반 의사결정의 확산

디지털 마케팅은 DX의 핵심 분야로, 데이터 분석을 기반으로 한 정밀 타겟팅(Precision Targeting)이 가능해졌다. 소셜 미디어, 검색 엔진, 이메일 마케팅, 스트리밍 플랫폼 등에서 수집되는 방대한 고객 데이터를 AI가 실시간으로 분석하여 캠페인의 성과를 예측하고, 최적의 광고 타이밍과 채널을 자동으로 결정한다.

2025년의 디지털 마케팅은 단순한 광고 집행을 넘어, AI 기반 소비자 행동 예측과 초개인화 메시지 전달(Personalization at Scale)로 진화하고 있다. 예컨대 넷플릭스

(Netflix)와 유튜브(YouTube)는 시청 이력과 감정 반응 데이터를 결합해 개별 사용자의 취향을 예측하고, 몰입형 콘텐츠 추천을 통해 체류 시간을 극대화한다. 또한 브랜드들은 생성형 AI(Generative AI)를 활용해 개별 소비자에게 맞는 광고 문구, 비주얼, 음악까지 자동으로 생성하여 광고 효율성과 브랜드 몰입도를 동시에 높이고 있다.

앞으로는 강화현실(AR)·가상현실(VR)·혼합현실(MR) 기술이 결합된 체험형 마케팅(Experiential Marketing)이 주요 트렌드로 부상하며, 소비자는 단순히 '보는 존재'가 아니라 브랜드 세계 안에서 '참여하는 존재'로 자리 잡게 될 것이다.

(3) 클라우드 컴퓨팅(Cloud Computing) : 유연성과 확장성의 핵심 인프라

클라우드 컴퓨팅은 DX의 토대이자, 디지털 경제를 떠받치는 인프라스트럭처로 작동하고 있다. 기업들은 클라우드를 통해 대규모 데이터를 안전하고 효율적으로 저장·처리하며, 필요한 만큼 자원을 확장하거나 축소할 수 있는 유연성(Flexibility)을 확보하고 있다.

2025년, 전 세계 기업의 90% 이상이 클라우드 서비스를 활용하고 있으며, 특히 하이브리드 클라우드(Hybrid Cloud)와 멀티 클라우드(Multi-Cloud) 전략이 빠르게 확산되고 있다. AWS, 마이크로소프트 애저(Azure), 구글 클라우드(GCP) 등은 AI 모델 학습과 빅데이터 분석, IoT 관리 등 DX 전 과정의 기반을 제공하는 핵심 플랫폼으로 자리 잡았다. 클라우드는 중소기업의 DX 진입 장벽을 획기적으로 낮추고 있다. 이제 중소기업도 복잡한 IT 인프라를 직접 구축할 필요 없이, 클라우드 서비스를 통해 AI 분석, 보안, 협업 도구 등을 구독 기반으로 이용할 수 있게 되었다. 이는 기술의 민주화(Democratization of Technology)를 실현하며, 대기업과 중소기업 간 기술 격차를 줄이고 새로운 경쟁의 균형을 형성하고 있다.

(4) 업무 자동화(Automation) : RPA와 로보틱스의 지능화된 확산

업무 자동화는 DX의 궁극적 형태로, 인간 중심의 생산성과 창의성을 극대화하는 혁신 전략이다. RPA(Robotic Process Automation)는 단순 반복 업무를 자동화하여 인적 자원이 보다 전략적이고 창의적인 활동에 집중할 수 있도록 지원한다. 현재 금융,

물류, 제조업, 공공 행정 등에서 RPA는 광범위하게 도입되고 있으며, AI와 결합된 지능형 자동화(Intelligent Automation)로 발전하고 있다.

예를 들어, 은행에서는 RPA가 고객 신용평가나 서류 검증을 실시간으로 처리하고, 물류 산업에서는 로봇이 재고를 자동 분류·이동시키며, 제조업에서는 AI 기반 로봇이 품질 검사를 수행해 불량률을 30% 이상 감소시키고 있다. 더 나아가 생성형 AI가 결합되면서, 단순한 규칙 기반 자동화를 넘어 의사결정 자동화(Decision Automation)로 진화하고 있다. 이는 업무의 속도와 정확도를 동시에 높이는 한편, 인간과 로봇이 협력하는 하이브리드 노동 구조(Hybrid Workforce)를 만들어가고 있다.

4) DX를 실현하는 기술들

디지털 전환은 단순히 새로운 기술을 도입하는 것이 아니라, 기술을 통해 비즈니스의 구조와 의사결정 방식을 근본적으로 혁신하는 과정이다.

그 중심에는 인공지능(AI), 클라우드 컴퓨팅, 그리고 머신러닝과 딥러닝 같은 데이터 기반 기술이 있다. 이 세 가지 기술은 상호 보완적으로 작동하며, 기업의 경쟁력을 결정짓는 디지털 생태계의 엔진 역할을 수행하고 있다.

(1) 인공지능(AI) : 데이터를 가치로 전환하는 지능형 혁신의 핵심

디지털 전환의 가장 강력한 촉매제이자, 데이터를 단순한 정보에서 의사결정 가능한 지식(intelligent insight)으로 바꾸는 핵심 기술이다. 인공지능(AI)은 머신러닝(Machine Learning)과 딥러닝(Deep Learning)을 기반으로 대규모 비정형 데이터를 학습하고, 이를 통해 인간의 사고방식과 유사한 방식으로 문제를 분석·예측·판단할 수 있다.

예를 들어, 글로벌 유통기업 월마트(Walmart)는 인공지능(AI)을 활용해 매일 수십억 건의 거래 데이터를 분석하고, 지역별 소비 패턴과 계절적 요인을 반영한 수요 예측 모델(Demand Forecasting Model)을 구축하여 2025년 한 해 동안 약 16억 달러의 재고 관리 비용을 절감한 것으로 보고되었다. 이처럼 AI는 단순한 자동화의 수준을 넘어, 기업이 데이터를 기반으로 예측적(predictive)이고 적응적(adaptive) 의사결정을 내릴 수 있게 한다.

또한 인공지능(AI)은 고객 행동 데이터를 실시간으로 분석해 맞춤형 추천, 구매 패턴 예측, 마케팅 자동화 등 다양한 비즈니스 영역에서 적용되고 있다. 특히 생성형 AI(Generative AI)는 텍스트, 이미지, 음성 등 다양한 형태의 콘텐츠를 직접 생성함으로써 브랜딩과 고객 경험 관리(CXM)의 새로운 패러다임을 제시하고 있다.

(2) 클라우드 컴퓨팅(Cloud Computing) : DX의 인프라이자 확장성의 기반

클라우드 컴퓨팅은 DX를 가능하게 하는 기반 인프라(Infrastructure of Transformation)이다. 데이터 저장, 처리, 애플리케이션 실행을 위한 유연하고 확장 가능한 환경을 제공함으로써, 기업은 물리적 서버 구축에 필요한 비용과 시간을 절감하고, 변화하는 수요에 즉각적으로 대응할 수 있다.

클라우드는 특히 중소기업(SME)의 디지털 격차를 해소하는 데 중요한 역할을 하고 있다. 과거에는 데이터 분석이나 인공지능(AI) 시스템을 구축하기 위해 막대한 초기 투자가 필요했지만, 이제는 아마존(AWS), 마이크로소프트 애저(Azure), 구글 클라우드(GCP)와 같은 플랫폼을 통해 필요한 만큼만 자원을 사용하고 비용을 지불하는 온디맨드(On-Demand) 서비스 모델이 가능해졌다.

이를 통해 중소기업도 대기업 수준의 데이터 분석 역량을 확보하고, 인공지능(AI) 도입, 고객 분석, 제품 개발 등 다양한 디지털전환(DX) 전략을 손쉽게 실행할 수 있게 되었다. 또한, 클라우드는 부서 간 데이터 공유와 협업을 촉진하며, 조직 내 사일로(silo) 현상을 해소하고 비즈니스 전반의 연결성을 강화하는 역할을 한다.

2025년 현재, 글로벌 기업의 92% 이상이 클라우드 서비스를 활용하고 있으며, 특히 하이브리드 클라우드(Hybrid Cloud)와 멀티 클라우드(Multi-Cloud) 전략이 표준화되고 있다. 이는 데이터 보안과 접근성, 그리고 시스템 안정성을 동시에 확보할 수 있는 디지털전환(DX) 시대의 필수 인프라로 자리 잡고 있다.

(3) 머신러닝과 딥러닝 : 데이터로 학습하는 자율적 지능의 진화

머신러닝(Machine Learning)과 딥러닝(Deep Learning)은 AI의 두 핵심 축으로, 기업이

방대한 데이터를 스스로 학습하게 하여 복잡한 문제를 예측하고 해결하도록 돕는다.

그림 7-8 머신러닝 알고리즘

머신러닝은 사람이 일일이 규칙을 프로그래밍하지 않아도 데이터를 통해 스스로 패턴을 찾아내고, 그 결과를 바탕으로 예측(Prediction)과 분류(Classification)를 수행한다. 예를 들어, 금융 산업에서는 머신러닝 모델이 신용 데이터를 분석해 대출 심사나 부정거래 탐지를 자동으로 수행하고 있으며, 마케팅 분야에서는 고객 이탈 가능성을 예측해 선제적 대응 전략을 제시한다. 한편, 딥러닝은 인공신경망(Neural Network)을 활용해 텍스트, 이미지, 음성, 영상 등 비정형 데이터(Unstructured Data)를 처리하는 데 탁월하다. 이는 인간의 뇌가 정보를 인식하고 학습하는 방식과 유사한 구조로 작동하며, 자율주행(Autonomous Driving), 의료 영상 분석, 자연어 처리(NLP), 음성 비서(Voice Assistant) 등 고도의 인지·판단 능력을 요구하는 영역에서 혁신적인 성과를 내고 있다.

예컨대, 구글 딥마인드(DeepMind)는 딥러닝 기반의 AlphaFold를 통해 인간 단백질의 구조를 예측함으로써 생명과학 분야에 획기적인 돌파구를 마련했다. 이처럼 머신러닝과 딥러닝은 AI를 단순한 자동화 기술이 아닌, 지능형 혁신의 중심축으로 확장시키며 DX의 심층적 진화를 이끌고 있다.

3 인공지능과 디지털 트랜스포메이션의 관계

21세기 기업의 경쟁력은 더 이상 단순한 규모나 자본력에 의해 결정되지 않는다. 인공지능(AI)과 디지털 전환은 이제 기업이 생존하고 성장하기 위해 반드시 갖추어야 할 핵심 역량으로 자리 잡았다. 인공지능(AI)은 인간의 지능을 모방하여 방대한 데이터를 학습하고, 복잡한 문제를 스스로 해결하는 기술로, 기업이 빠르고 정교한 의사결정을 내릴 수 있도록 지원한다. 반면, 디지털 전환은 이러한 기술적 혁신을 경영의 전반적 구조와 프로세스에 통합함으로써 기업 운영 방식과 비즈니스 모델을 근본적으로 재편하는 전략적 과정이다.

인공지능(AI)과 디지털전환(DX)은 독립된 기술이 아니라 상호 보완적 혁신의 축이다. AI가 데이터 기반의 통찰(Intelligence)을 제공한다면, 디지털전환은 그 통찰을 조직구조·업무프로세스·고객 경험 전반에 반영하여 기업의 전반적인 변화를 촉진한다. 이 두 축이 결합될 때, 기업은 단순한 디지털화 수준을 넘어 지능형 경영(Intelligent Management)의 단계로 진입하게 된다. 즉, 디지털 전환의 궁극적인 목적은 기술 도입 그 자체가 아니라, 데이터와 지능을 기반으로 새로운 가치를 창출하고, 변화에 적응하는 혁신적 조직의 구축이다.

1) 디지털 전환이 요구되는 이유

오늘날의 시장은 불확실성과 변화 속도가 그 어느 때보다 빠른 시대이다. 기술 발전, 소비자 행동의 변화, 글로벌 공급망의 재편은 기업에게 '디지털 기반의 민첩성'을 요구한다. 이러한 환경에서 디지털 전환은 선택이 아니라 경쟁 생존의 필수조건이 되고 있다. 그 이유는 크게 세 가지 측면에서 살펴볼 수 있다.

(1) 업무 속도와 효율성 증대

디지털 전환은 기업의 업무 처리 속도와 효율성을 극대화하는 가장 직접적인 수단이다. 클라우드 기반의 협업 시스템은 직원들이 물리적 장소의 제약 없이 실시간으로 협업할 수 있도록 하며, AI 기반 데이터 분석 툴은 수작업에 의존하던 보고·분석 과정을 자동화하여 의사결정의 속도를 높인다.

예를 들어, 글로벌 컨설팅 기업 딜로이트(Deloitte)는 AI 자동 보고 시스템을 도입해 데이터 분석 시간을 기존 대비 70% 단축하고, 프로젝트 생산성을 35% 이상 향상시켰다. 이처럼 DX는 단순한 기술적 효율 개선이 아니라, 조직의 운영 체계 전반을 데이터 중심으로 재설계함으로써 시간·비용·정확성의 균형을 혁신적으로 향상시킨다. 또한 RPA(Robotic Process Automation)를 통한 업무 자동화는 반복적이고 규칙적인 업무를 기계가 대신 수행하게 함으로써 직원이 창의적이고 전략적인 활동에 집중할 수 있도록 돕는다. 이는 단순한 효율 개선을 넘어 조직의 생산성 구조를 재편하는 핵심적 변화라 할 수 있다.

(2) 변화된 시장 환경에 대한 민첩한 대응

코로나19 팬데믹은 'Untact' 시대를 가속화하며, 세계 기업들로 하여금 디지털 기반의 비즈니스 전환을 촉진시켰다. 비대면 거래, 원격 근무, 온라인 고객 서비스가 일상화되면서,

기업은 물리적 접점이 아닌 디지털 접점(Digital Touchpoint)에서 경쟁해야 하는 상황에 직면했다. 이러한 환경에서 디지털 애자일(Digital Agile) 전략은 필수적이다. 이는 빠르게 변화하는 시장 상황에 유연하게 대응할 수 있는 '기술적 민첩성(Technological Agility)'과 '조직적 유연성(Organizational Flexibility)'을 의미한다. 예를 들어, 글로벌 패션 브랜드 자라(ZARA)는 데이터 기반 공급망 시스템을 구축하여 소비자 선호 변화에 따라 매장 재고를 매주 갱신함으로써 패션 트렌드 반응 속도를 업계 평균보다 3배 빠르게 유지하고 있다.

또한 클라우드 기술과 인공지능(AI)을 결합한 예측 분석 시스템은 시장 변동, 수요 급등, 공급망 리스크를 사전에 감지하고 대응할 수 있도록 해준다. 이는 전통적인 '사후 대응형 경영'에서 '사전 예측형(Preemptive)' 전략 경영으로의 전환을 가능하게 한다.

(3) 고객 경험의 개인화와 데이터 중심 경영

오늘날의 경쟁은 '제품의 품질'이 아니라 '경험의 질(Quality of Experience)'에서 결정된다. 소비자는 단순한 상품이 아니라 자신에게 '맞춤형 가치'를 제공하는 브랜드를 선택한다. 이러한 패러다임의 변화 속에서 DX는 고객 경험(Customer Experience, CX) 혁신의 중심에 있다.

인공지능(AI)은 고객의 행동 데이터, 구매 이력, 감정 분석 데이터를 실시간으로 처리하여 각 개인의 선호와 맥락에 맞춘 초개인화 서비스(Hyper-Personalization)를 제공한다. 예를 들어, 아마존(Amazon)의 추천 알고리즘은 사용자의 검색 패턴과 장바구니 데이터를 분석해 맞춤형 제품을 제안함으로써 구매 전환율을 35% 이상 향상시켰다. 넷플릭스(Netflix) 역시 딥러닝 기반 추천 엔진을 통해 개별 사용자의 시청 취향을 정밀하게 예측하고, 콘텐츠 만족도를 80% 이상 유지하고 있다.

이처럼 고객 경험의 개인화는 단순한 마케팅 전략이 아니라 데이터 기반 경영(Data-Driven Management)의 본질적 결과물이다. 기업은 실시간 데이터 분석을 통해 고객의 '현재 니즈(Needs)'뿐 아니라 '잠재적 니즈(Latent Needs)'를 예측하여, 브랜드와 소비자 간의 정서적 유대(Emotional Bonding)를 강화한다.

2) 비용, 경쟁, 그리고 혁신 : DX가 불러온 필연의 방정식

디지털 전환은 현대 기업이 변화하는 시장 환경과 기술 발전에 적응하기 위해 반드시 필요한 전략적 선택이 되었다. 인공지능(AI), 메타버스, 클라우드 컴퓨팅과 같은 신기술이 기존의 운영 방식과 비즈니스 모델을 재정의하며, 경쟁력 강화를 위한 핵심 요소로 자리 잡고 있다. DX를 성공적으로 도입한 기업은 변화하는 시장에서 생존을 넘어 성장을 추구할 수 있으며, 그렇지 못한 기업은 빠르게 도태될 위험에 처하게 된다.

(1) 한국 경제와 제조업 : 디지털 전환과 온라인 시장

한국은 국내총생산(GDP) 대비 제조업의 비중이 높고, 전체 수출액 중 제조업이 차지하는 비율이 약 84%에 달할 만큼 제조업이 국가 경쟁력의 핵심이다. 그러나 글로벌 경제 환경의 변화와 국내 저출산·고령화 문제는 제조업의 지속가능성을 위협하고 있으며, 이러한 도전 과제를 해결하기 위해 자동화와 디지털 전환이 필수적인 해결책으로 부상하고 있다. 동시에, 2010년대부터 본격적으로 성장한 온라인 시장은 디지털 경제의 중심축으로 자리 잡으며, 한국의 경제 구조를 빠르게 변화시키고 있다.

(2) 온라인 시장의 비약적 성장

한국의 온라인 시장은 스마트폰 보급 확대와 디지털 결제 인프라의 고도화에 힘입어 지난 십여 년간 놀라운 변화를 이뤄왔다. 과거에는 전체 소비 시장에서 온라인 비중이 10% 내외에 머물렀으나, 2024년 기준 온라인 판매가 국내 소매 총판매의 약 42%를 차지하며 이미 많은 선진국 수준을 넘어서고 있다. 향후 2027년에는 온라인 판매 비중이 46%에 이를 것이란 전망도 제기되고 있다. 이처럼 온라인 유통은 선택이 아닌 기본 축이 되었으며, 소비자는 언제 어디서든 접속 가능한 '온라인 쇼핑 경험' 자체를 기대하게 되었다.

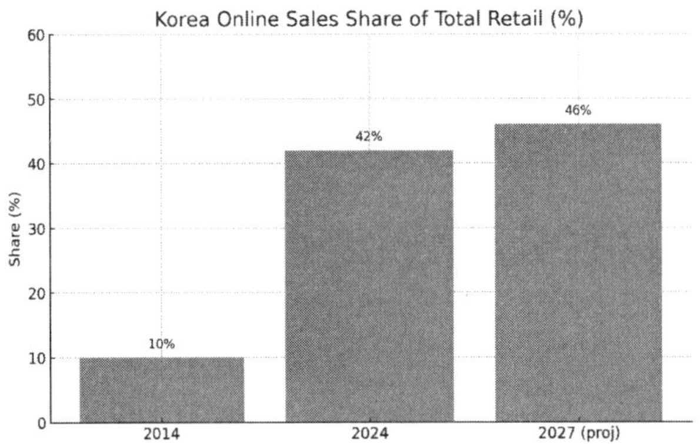

그림 7-9 국내 소매 판매 대비 온라인 판매 비중

한편 전자상거래 시장 규모도 급팽창 중이다. 2024년 한국의 e-커머스 시장은 약 2,300억 달러 규모로 평가되며, 2027년까지 약 3,360억 달러로 성장할 것이라는 예측이 있다. 이처럼 플랫폼의 글로벌 확장과 소비 기반의 확대는 한국을 아시아 태평양 지역 내 상위 전자상거래 강국으로 자리매김하게 하고 있다.

(3) 모바일 결제의 고도화와 확장

전자상거래의 확장에는 모바일 결제 시스템의 진화가 핵심 엔진 역할을 해왔다. 2025년 기준 한국의 모바일 결제 시장 규모는 약 443억 8,000만 달러로 추정되며, 2030년에는 687억 달러 수준까지 성장할 것으로 예상된다. 이러한 성장은 높은 스마트폰 보급률, QR·NFC 기술의 확산, 핀테크 서비스의 융합 등 복합적인 요인이 맞물린 결과이다.

카카오페이, 네이버페이, 삼성페이, 토스 등 플랫폼은 단순 결제 수단을 넘어 금융 서비스와 연동된 지갑 생태계로 확장되었다. 이를 통해 소비자들은 결제, 송금, 포인트 적립·전환, 금융상품 연결까지 한 화면 안에서 해결하게 되었고, 이러한 간소한 경험이 결제율과 전환율을 상승시키는 중요한 요소로 작용하고 있다. 더불어 IMARC 보고서는 2024년 기준 한국 모바일 결제 시장 규모를 약 506억 달러로 제시했고, 2025~2033년 연평균 14.2% 성장률이 예상된다고 밝히고 있다. 이처럼 결제 생태계의 확대는 디지털 상거래와 DX 전략이 함께 진화하고 있음을 보여준다.

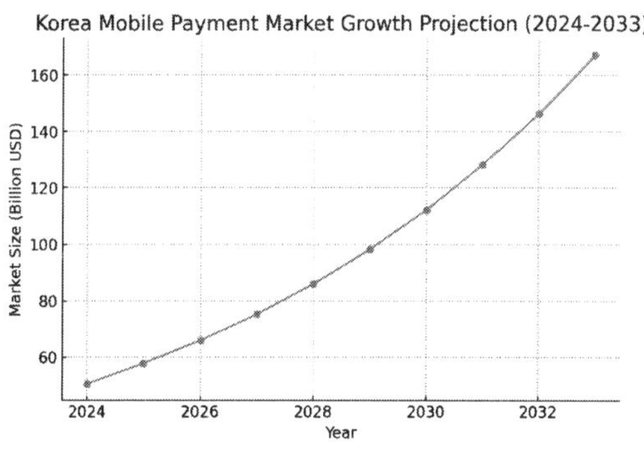

그림 7-10 한국 모바일 결제 시장 규모

(4) 물류 인프라 혁신과 플랫폼 경쟁의 심화

온라인 플랫폼이 경쟁력을 갖추려면, 물류 인프라의 속도와 안정성이 필수적이다. 한국에서는 쿠팡의 '로켓배송'이 대표적 성공 사례로 손꼽힌다. 쿠팡은 전국 네트워크를 기반으로 당일 또는 익일 배송 서비스를 제공하며, 소비자 신뢰를 확보하고 플랫폼 충성도를 극대화하는 데 핵심 기여를 해왔다.

플랫폼 간 경쟁은 단순 유통을 넘어 통합 생태계 구축 경쟁 형태로 진화하고 있다. 예컨대 쿠팡은 쇼핑뿐 아니라 푸드 딜리버리(Coupang Eats), 영상 스트리밍(Coupang Play), 결제 시스템(Coupang Pay)까지 연결시키며 '원 플랫폼 안에서 생활 전반을 해결하는 생태계' 구축 전략을 추구하고 있다.

또한, 플랫폼들은 지역별 물류 거점 확대, AI 기반 수요 예측, 자동화 물류센터(Center)의 고도화 등을 통해 물류 비용 절감과 배송 속도 향상을 동시에 추구하고 있다. 이러한 구조적 변화는 단순한 제품 유통 경쟁을 넘어, 서비스 품질과 사용자 경험 중심 경쟁으로 무게중심을 이동시키고 있다.

정리하면, 한국의 디지털 경제는 콘텐츠·플랫폼·물류·결제 기술의 융합 위에서 빠르게 재편되고 있다. 온라인 비중이 절반에 가까워지면서 소비자는 '오프라인'이 아닌 '언제 어디서나 연결된 온라인' 환경을 기준으로 브랜드를 평가한다. 모바일 결제의 혁신은 소비 흐름을 매끄럽게 연결하고, 플랫폼은 소비와 생활 전반을 묶는 경험 허브가 되어가며, 물류 인프라는 이러한 연결성을 실제 가치로 전환하는 핵심 통로가 되고 있다.

3) 제조업과 온라인 시장의 융합

디지털 전환이 제조업과 전자상거래를 별개 영역이 아닌 하나의 보완적 경제축으로 재구성하고 있다. 제조에서 유통, 소비자 접점에 이르기까지, AI와 데이터 기반 혁신이 이 두 축의 경계를 허물고 있다.

(1) 스마트 제조와 전자상거래의 결합

전통적으로 제조업은 제품을 생산하는데 집중했고, 유통·마케팅은 별도의 영역이었다. 하지만 디지털 전환 시대에는 제품 생산과 소비 유통이 하나의 통합 사이클(Cycle) 안에서 연결되고 있다. 스마트 공장(Smart Factory)이 생산을 최적화하고, e-커머스 플랫폼이 소비자에게 직접 도달하는 구조가 비용 절감과 사용자 경험 개선을 동시에 실현하는 융합 구조로 자리 잡고 있다.

예를 들어, 한국 정부는 2025년까지 주요 10개 산업 분야에 각각 4,500개의 스마트

팩토리를 구축하겠다는 계획을 세우고 있다. 스마트 공장을 이미 운영 중인 기업들은 생산성 25% 증가와 불량률 27% 감소를 보고하고 있다. 즉, 제조업의 내부 효율이 높아지면서 비용 구조가 개선되고, 이는 온라인 시장에서 가격 경쟁력과 배송 경쟁력을 확보하는 밑거름이 된다.

또한, 제조업체들이 직접 D2C(Direct-to-Consumer) 전략을 채택하면서, 온라인 플랫폼을 통한 제품 판매-물류-소비자 피드백의 흐름이 실시간으로 순환한다. 이로 인해 생산 계획, 재고관리, 마케팅 전략이 소비자의 실제 반응에 기반해 유기적으로 조정될 수 있다.

(2) AI 및 데이터 분석의 역할 : 고객 중심 생산과 물류의 최적화

제조업과 유통을 연결하는 핵심 동력은 인공지능(AI)과 데이터 분석이다. 이는 소비자의 구매 패턴, 검색 행동, 리뷰 감성 등 다양한 데이터를 실시간으로 분석하고, 이를 기반으로 예측 수요 모델(Predictive Demand Model)과 맞춤형 제품 설계(Customized Manufacturing) 전략을 제시한다.

2025년의 전자상거래 분야 보고서에서는 인공지능(AI)이 단순 추천을 넘어 재고관리, 가격 조정(dynamic pricing), AI 에이전트 기반 고객 응대, AR 기반 체험 추천까지 전 범위에 걸쳐 활용되고 있음을 강조하고 있다. 이처럼 AI는 제조업과 온라인 유통 사이의 간극을 좁히는 '실시간 반응' 인터페이스로 작동하고 있다. 또한, 제조업에서는 예측 유지보수(Predictive Maintenance)와 실시간 품질 제어(Quality Control) 등에 AI·데이터 분석이 깊숙이 적용된다.

이를 통해 생산 중단을 예방하고, 공정 안정성을 확보하여 온라인 소비자에게 안정적인 공급 흐름을 보장한다. 물류 측면에서도 AI는 최적 경로 탐색(Route Optimization), 수요 기반 물류 재배치, 창고 자동화 등을 구현하여 배송 시간 단축과 비용 절감을 달성한다. 이러한 물류 효율은 온라인 경쟁력의 핵심 요소이자, 제조업-유통 간 융합의 실질적 연결 고리이다. 결국, 제조업과 온라인 시장의 융합은 기술의 접목만이 아니라 조직 사고방식과 공급망 전략 전반을 새롭게 설계하는 혁신적 도약의 기점이라 할 수 있다.

8장

보이지 않는 무역 혁명 : AI가 바꾸는 글로벌 통상 질서

1 인공지능과 글로벌 통상 혁신 : 통상체제에서의 도전과 AI 시대의 새로운 패러다임

산업 구조의 변화는 통상체제에 새로운 도전을 제기하고 있다. 특히, 인공지능(AI)이 산업 전반에 걸쳐 구조적 변화를 본격화하면서, 국가 간 경제적 이해관계는 점차 복잡하게 얽히고 있다. 초연결 세계화 시대에 데이터와 인공지능(AI) 기술이 핵심 자산으로 부상하면서, 인공지능(AI) 기업 간의 국경을 초월한 거래와 데이터 이동은 글로벌 통상 체제의 중요한 이슈로 발전하고 있다. 그러나 이러한 변화에도 불구하고, 통상 차원에서의 인공지능(AI) 논의는 아직 초기 단계에 머물러 있으며, 이를 포괄적으로 다루는 새로운 통상 패러다임의 수립이 요구된다.

1) 산업 구조 변화와 통상 이슈

(1) 산업 패러다임 시프트 : 인공지능(AI)과 산업 구조의 변화

인공지능(AI)은 제조업, 금융, 헬스케어, 물류 등 다양한 산업에서 혁신을 이끌며, 국가 경제의 주요 축으로 자리 잡고 있다. 이러한 변화는 단순히 기술 도입을 넘어, 글로벌 공급망, 데이터 이동, 지식재산권 등 통상체제와 밀접하게 연결되어 있다. 특히, IoT(사물인터넷)와 IIoT(산업용 사물인터넷)의 확산은 초연결성을 기반으로 한 글로벌 산업 생태계를 형성하며, 데이터의 중요성을 더욱 부각시키고 있다.

(2) 데이터 이동과 AI 통상의 필수성

데이터는 이제 더 이상 단순한 자원이 아니라, 인공지능의 성능과 혁신을 좌우하는 생명선이며, 이 데이터가 자유롭게 국경을 넘나들 수 있어야 AI 기반 글로벌 경제의 숨통이 트인다. 특히 AI 모델의 학습과 고도화를 위해서는 방대한 규모의 데이터셋이 필요하고, 이 데이터는 한 기업이나 한 국가에 국한되지 않고 다양한 언어, 문화, 환경을 포괄하는 형태로 이동하고 통합되어야 한다.

그림 8-1 데이터 이동과 AI 통상

예컨대, 의료 AI를 개발하려면 한국의 임상데이터뿐만 아니라 유럽의 바이오뱅크, 미국의 유전체 정보, 아프리카의 희귀 질병 기록까지 포함되어야 진정한 글로벌 수준의 알고리즘이 가능해진다. 그런데 문제는 여기서 시작된다. 각국의 데이터 보호법, 사이버보안 규제, 개인정보 이전 관련 법령이 제각각이기 때문이다. 유럽의 GDPR, 중국의 데이터 보안법, 미국의 주별 데이터 프레임워크는 모두 그 나름의 논리와 규범을 따르고 있어, 글로벌 AI 기업들은 국경마다 데이터의 흐름이 끊기고, 인공지능(AI) 성능 향상을 위한 국제 협력이 법적 장벽에 가로막히는 상황에 직면해 있다.

실제로 글로벌 AI 기업의 약 68%가 데이터 이동 제한으로 인해 R&D 협업이 지연되거나 무산된 경험이 있다는 보고도 있다. 이는 단순히 기업 차원의 문제가 아니라, 디지털 경제 시대의 국가 경쟁력과 직결된다. 데이터가 막히면 AI가 막히고, AI가 막히면 혁신과 무역도 막히는 것이다.

결국 AI 통상은 기술의 문제가 아니라 경제 외교의 과제로 떠오르고 있다. 일본과 EU, 한국과 미국처럼 디지털 동맹을 통해 상호 데이터 이동을 허용하는 DFFT(Data Free Flow with Trust) 기반 협정은 그런 해법의 일환이다. 데이터는 흐를수록 가치가 커지는 자산이다. 이 흐름을 막는 것은 물길을 막는 것과 같다. 데이터 통상의 자유화는 AI 경제에서 가장 전략적인 연결고리이며, 이를 뒷받침할 국제 규범과 협력체계가 마련되지 않으면 AI 기술과 그로 인한 부가가치의 완전한 세계화는 어렵다.

2) 규범 밖의 혁신 : AI를 놓친 통상체제의 공백

(1) AI와 통상의 현재 상황

오늘날 글로벌 통상 시스템은 여전히 철광석, 석유, 자동차와 같은 전통적 상품과 전자상거래, 금융서비스 등 물리적·디지털 서비스 중심의 교역 질서를 기준으로 설계되어 있으며, AI처럼 데이터를 원료로 하고 알고리즘을 엔진으로 삼으며, 예측과 판단을 '상품화'하는 기술에 대해서는 규범도, 분류 체계도, 무역 원칙도 뚜렷하지 않은 상태이다.

인공지능(AI)은 단지 기술이 아니라, 알고리즘의 구조적 편향성, 데이터의 국경 이동 문제, 결과의 설명 가능성, 자율성에 대한 책임 소재 등 복합적인 요소들이 얽힌 시스템이며, 따라서 통상의 관점에서도 단순한 소프트웨어나 기술 서비스의 범주로 보기엔 한계가 있다. 그럼에도 불구하고, 현재 WTO 체제나 다자간 무역 협정, FTA 조항에는 AI 기술을 독립된 '통상 상품' 혹은 '규제 대상'으로 정의하거나 이를 포괄하는 명확한 기준이 마련되어 있지 않다.

2025년, 전 세계적으로 80% 이상의 국가가 이미 인공지능(AI) 윤리 가이드라인을 마련해 놓았지만, 이를 무역 체계나 국제 규범에 본격적으로 연결한 국가는 거의 없다. 알고리즘 투명성, AI 생성물의 법적 책임, 데이터 이동 규제 등 핵심 쟁점에서는 아직 국가 간 합의나 조정 메커니즘이 존재하지 않는다. 이러한 규제 공백 속에서 글로벌 AI 기업들은 수출 허가, 데이터 국경 간 이전, 알고리즘 공개 요건 등과 관련해 불확실성의 경계선 위에서 사업을 운영해야 하는 부담을 안고 있다.

실제로 미국은 2025년 1월부터 AI 모델 가중치(model weights)를 수출 통제 대상으로 포함시키는 규제를 발표했고, 이는 세계 최초로 AI 내부 구조 일부를 국가 안보 감시 대상으로 여긴 조치였다. 또한 미국 의회는 2025년 7월, 수출 통제 투명성 법안(Export Control Transparency Act)을 통과시켜 BIS(미국 상무부 산업안보국)의 수출 허가 관련 정보를 의회에 보고하도록 규정하기로 했다. 이와 동시에 중국은 2025년 "AI 거버넌스 행동 계획(Global AI Governance Action Plan)"과 AI 윤리관리 임시조치 초안을 내놓고, AI 생성 콘텐츠에 대한 라벨링 규정을 제정하는 등 자국 중심 규제 체계를 강화하려는 움직임을 보이고 있다.

한편, 국제적 수준의 조율 시도도 존재한다. OECD(경제협력개발기구)는 2024년 개정된 AI 원칙을 통해 투명성, 책임성, 공정성 등을 강화하는 가이드라인을 제시하고 있으며, ISO 42001 표준 및 UNESCO의 AI 윤리 권고안은 많은 국가가 참조용으로 채택하고 있다. 그러나 이러한 국제 프레임워크는 대부분 준칙(soft law)에 머무르며, 법적 강제력을 갖추지 못한다는 한계가 있다.

이처럼 2025년 현재 AI 규제 환경은 국내 규범은 있지만 국제 조율은 없는 상태, 강제 규정보다는 수용 지침 중심이라는 특징을 지닌다. 기업들은 이러한 규제 프랙티스의 불일치(interoperability gap)를 극복하기 위해 컴플라이언스 시나리오 분석, 지역별 리스크 평가 체계 구축, 윤리 기준 적용 전략(예: “가장 엄격한 규제 기준에 맞춤”) 등을 예방책으로 도입하고 있다.

결국, 인공지능(AI) 기술의 고도화 속에서 규제의 경계선(regulatory frontier)은 점점 더 사업 전략의 핵심 요소가 되고 있다. 기술의 혁신 속도를 규제가 따라잡지 못하는 지금, 기업은 기술-윤리-정책을 동시에 고려하는 통합적 거버넌스 전략을 마련하지 않으면 안 되는 시대에 들어서 있다.

(2) 변화의 파도 : 통상 패러다임의 새 규칙

인공지능(AI) 기술의 급진적인 발전은 더 이상 개별 국가의 혁신 전략에 머무르지 않고, 국제 무역 질서와 통상 정책 전반을 근본적으로 재설계할 것을 요구하는 구조적 전환의 신호탄이 되고 있다. 데이터는 이제 전자적 상품이 아니라 국경을 넘나드는 ‘디지털 원자재’로 기능하며, AI는 그 데이터를 가공하고 판단하는 ‘경제적 행위자’로 떠올랐다. 따라서 과거의 통상 체제가 단순히 상품과 서비스의 이동에 초점을 맞췄다면, 이제는 데이터의 이동성과 AI 알고리즘의 투명성, 신뢰성과 윤리성까지 통상 규범의 범주에 포함되어야 하는 새로운 패러다임이 필요한 것이다.

예를 들어, 세계경제포럼(WEF)에 따르면 2027년까지 글로벌 교역의 25% 이상이 디지털 기반 AI 서비스로 전환될 것이라고 전망되며, 이 가운데 상당 부분은 데이터 분석, 자동 번역, 예측 알고리즘 등 ‘비가시적 서비스’로 구성될 것으로 보인다. 문제는 이러한 무형 교역이 현재의 WTO 분류 체계나 통상 규칙으로는 제대로 측정조차 되지 않는다는 점이다.

따라서 이제는 '무역'이라는 개념 자체를 재정의할 필요가 있다. 기술 기반 교역은 더 이상 눈에 보이는 상품이 아니라, 보이지 않는 신뢰 체계, 규범의 일관성, 디지털 포용성 위에서만 지속가능할 수 있다. 이를 위해 각국은 AI 기반 무역 촉진 정책, 데이터 이동의 국제 표준화, 알고리즘 기반 서비스의 책임 구조 설정, 그리고 윤리적 AI에 대한 다자간 협의체 구성이 시급하다.

궁극적으로, 새로운 통상 패러다임은 기술 혁신을 규제하는 것이 아니라, 기술이 시장에서 공정하게 작동하고 신뢰받을 수 있도록 제도적 기반을 조성하는 것에 있다. 이 시대의 통상은 물류의 문제가 아니라, 정보와 신뢰, 기술의 질서 있는 흐름을 어떻게 설계할 것인가에 대한 전 지구적 협상인 것이다.

3) 미래의 AI 통상 패러다임

(1) AI 기반 글로벌 통상의 비전

인공지능(AI) 기술이 주도하는 글로벌 통상의 미래는 단순한 무역의 디지털화가 아니라, 데이터 흐름과 알고리즘이 새로운 국경선이 되는 시대의 질서를 재편하는 비전이라 할 수 있다.

오늘날 AI는 제품 생산, 물류 운영, 금융 서비스, 의료 진단, 교육 콘텐츠 유통 등 거의 모든 교역 활동에 직간접적으로 관여하고 있으며, 2027년까지 전 세계 디지털 무역의 60% 이상이 AI 기반 서비스를 포함하게 될 것이라는 OECD의 예측은 이러한 변화를 실증적으로 보여준다.

AI 기반 글로벌 통상의 핵심은 데이터의 실시간 흐름과 그 위에서 작동하는 지능형 알고리즘이 어떤 방식으로 국가 간 가치사슬을 재조직하고, 경제적 주도권을 재배분하는가에 있다. 즉, 이제 중요한 것은 물리적 상품의 이동보다, 데이터의 자유로운 순환과 AI의 윤리적·설명 가능한 활용을 기반으로 한 '신뢰에 기반한 교역 체계'를 설계하는 것이다. 이러한 통상 체제는 공급망의 탄력성을 높이고, 국경을 초월한 위기 대응 역량을 강화하며, 글로벌 기업 간의 협력은 물론, 중소기업의 디지털 무역 참여 기회를 확대시키는 방향으로 작동하게 될 것이다. 예컨대, AI는 국가 간 기술 격차를 줄이기 위한 자동 번역, 맞춤형 수출입 컨설팅, 예측물류 기술 등을 통해 중저개발국의 무역 참여 장벽을 실질적으로 낮추는 촉매가 되고 있다.

궁극적으로 AI 기반 글로벌 통상의 비전은 단지 기술의 활용이 아니라, 기술이 신뢰와 책임, 포용을 바탕으로 작동하는 새로운 국제 경제 질서의 구축에 있다. 우리가 지금 필요한 것은 경쟁을 넘어선 협력, 통제보다 공존, 그리고 독점 대신 지속 가능한 개방형 혁신 생태계를 지향하는 글로벌 통상 전략이다. 그리고 그 중심에는, 국경을 넘는 데이터와 AI가 있다.

(2) 정책적 제안

인공지능(AI)이 주도하는 글로벌 디지털 통상의 미래를 준비하기 위해, 우리는 기존의 통상 프레임을 넘어서는 정책적 전환과 제도적 혁신을 과감히 모색해야 한다.

첫째, 국제 규범화 작업은 AI 알고리즘의 투명성, 데이터 이동의 자유, 개인정보 보호, 사이버 보안 등 핵심 원칙을 기반으로 한 새로운 통상 질서를 수립하는 데 핵심적인 기반이 된다. 지금까지의 통상 규범이 상품과 서비스의 이동에 집중되었다면, 앞으로는 지능형 기술의 사용과 데이터 흐름 그 자체가 교역의 대상이 되는 시대에 맞춘 새로운 규칙 설계가 필요하다. 이는 세계무역기구(WTO)의 디지털 무역 협상과 같은 다자적 틀에서 논의되거나, 미국-유럽의 'Trusted Data Flow' 협약처럼 양자 및 지역협정의 형태로 구체화될 수 있다.

둘째, 글로벌 협력 플랫폼 구축은 개별 국가의 기술 내셔널리즘을 넘어서, AI 개발과 데이터 활용에 있어 상호 신뢰 기반의 생태계를 조성하는 데 필수적이다. 예를 들어, AI 학습용 공공데이터 셋의 국제 공동 구축, 상호 인증된 클라우드 인프라 운영, AI 윤리 기준의 공동 준수 등이 포함될 수 있으며, 이를 통해 기술 패권이 아닌 기술 공존의 틀을 만들 수 있다. 한국, 독일, 싱가포르 등이 주도하는 'AI 글로벌 파트너십(GPAI)'은 그러한 가능성을 보여주는 초기 모델이다.

셋째, 윤리적 통상 모델의 정립은 기술이 초래할 수 있는 불균형과 소외 문제를 사전에 완화하는 장치로서 작용해야 한다. AI가 무역을 자동화하고 효율화하는 만큼, 공정성, 설명 가능성, 책임성이라는 윤리 원칙이 글로벌 교역 시스템에도 내재화되어야 한다. 이는 단지 기술의 문제가 아닌 인권, 노동, 환경과 같은 가치 기반의 통상 정책으로의 진화를 의미하며, 궁극적으로 지속가능한 글로벌 경제를 뒷받침하는 기반이 될 것이다.

이러한 세 가지 정책 축은 각각 독립적으로 기능하기보다, 상호 연결되고 강화되는 'AI 통상 삼각 프레임워크'를 형성하며, 향후 디지털 교역의 신뢰, 확장성, 포용성을 동시에 확보할 수 있는 전략적 거버넌스를 가능하게 만든다. 우리가 지금 이 순간 마주한 선택지는 기술 그 자체가 아니라, 그 기술을 어떻게 규율하고 공유하며 인간 중심의 가치를 지켜나갈 것인가에 달려 있다.

인공지능(AI)과 통상이 융합하는 순간, 우리는 더 이상 '기술의 진보'나 '무역의 확대'라는 단선적 진화를 이야기하는 것이 아니라, 글로벌 경제 질서의 근본적 재편과 인간 중심의 새로운 협력 생태계의 탄생을 이야기하게 된다. AI 기반 기술은 단순한 산업 혁신을 넘어 무역의 대상, 방식, 규범 자체를 변화시키는 구조적 힘으로 작용하고 있다. 예컨대, 상품이 국경을 넘는 대신 데이터가 흐르고, 알고리즘이 서비스되고, 클라우드 기반 AI 모델이 거래되는 시대가 이미 도래하고 있으며, 이는 전통적인 관세, 원산지 규정, 물류 기반 무역 체계를 넘어선 새로운 통상 패러다임을 요구하고 있다.

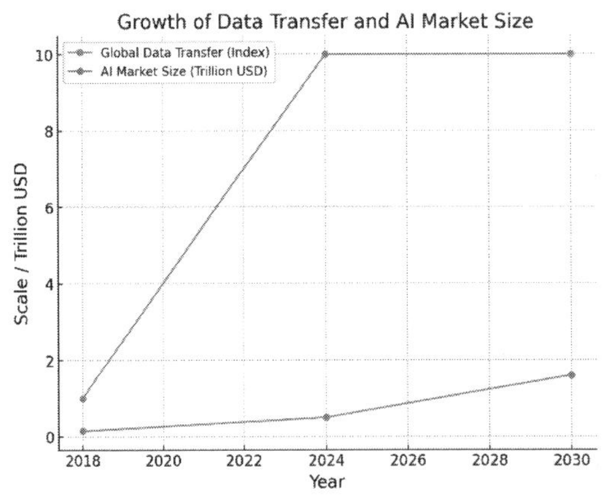

그림 8-2 글로벌 데이터 이동량 증가

실제로, 글로벌 데이터 이동량은 2018년 대비 2024년까지 약 10배 이상 증가했으며, AI 산업의 시장 규모는 2030년까지 약 1.6조 달러에 이를 것으로 전망되고 있다. 이처럼 기술 중심의 통상은 단순한 비용 절감이나 시장 확장만을 의미하지 않는다. 누가 데이터를 보유하고, 어떤 윤리 기준으로 AI를 운용하며, 어느 국가의 알고리즘이 글로벌 규범으로 채택되는가라는 질문은 이제 경제력 못지않은 디지털 주권의 문제로 확장된다. 특히 EU의 'AI Act', 미국의 기술동맹 전략, 중국의 디지털 실크로드 구상은 AI 통상이 더 이상 경제 부문에 국한되지 않고 외교, 안보, 인권, 교육까지 포괄하는 복합 체계로 진화하고 있음을 보여준다. 그렇기에 AI와 통상의 융합은 단지 '새로운 기회'가 아니라, 미래 경제 질서를 설계할 수 있는 전략적 지점이며, 여기서 한국과 같은 디지털 선도국은 기술과 규범, 플랫폼과 가치 사이의 균형을 조율하며 지속 가능한 글로벌 협력 모델의 중심축으로 부상할 가능성을 지닌다. 궁극적으로, AI 통상이 열어갈 미래는 단순한 교역의 혁신이 아닌, 기술과 경제, 윤리가 유기적으로 결합된 인간 중심의 글로벌 체제 구축이라는 새로운 비전을 향해 나아가는 여정이 될 것이다.

2 디지털 국경의 탄생 : AI와 글로벌 무역 규범

1) 인공지능과 무역

(1) AI 확산으로 경제·사회 전반에서 변화의 물결

인공지능(AI) 기술이 산업 전반에 침투하며 교역의 대상이 '물리적 제품'에서 '디지털 자산'으로, 거래의 방식이 '컨테이너 물류'에서 '데이터 전송'으로 전환되고 있는 오늘날, 우리는 WTO 체제로 대표되던 20세기형 아날로그 통상 질서가 구조적 재편이라는 도전에 직면하고 있는 극적인 전환기의 한가운데에 서 있다.

과거 국제무역의 중심에는 석유, 자동차, 철강처럼 눈에 보이고 계량 가능한 상품들이 있었지만, 오늘날 교역의 핵심은 점점 알고리즘, 클라우드 기반 서비스, AI 학습 데이터, API 접속 권한과 같은 무형 자산으로 이동하고 있다. 세계무역기구(WTO) 집계에 따르면, 2025년 기준 디지털 서비스 수출 비중이 전통 제조품을 넘어서는 추세가 뚜렷해지고 있다. 디지털 서비스는 전 세계 서비스 무역의 절반 이상을 차지하며, 이 중 AI 관련 소프트웨어 수출은 연평균 20~25% 수준의 고성장을 이어가고 있다.

예컨대 AI 소프트웨어 시장 규모는 2024년 약 1,220억 달러 수준이었다가, 2025년에는 약 1,741억 달러로 확대될 것으로 전망되며, 이는 연평균 성장률(CAGR) 약 25%를 반영한 수치다. 또한 생성형 AI 분야가 가장 빠른 성장세를 보이며 플랫폼, 최적화 소프트웨어, 모델 배포 도구 등이 주요 기회 영역으로 지목되고 있다. 이 같은 흐름은 단지 시장 규모의 증가에 그치지 않는다. AI 소프트웨어가 전자상거래, 금융, 헬스케어, 물류 등 다양한 산업에 융합되면서, 디지털 제품 자체가 수출 가능성이 있는 핵심 자산이 되고 있다. BCG 보고서는 글로벌 서비스 무역이 향후 수년간 상품 무역보다 두 배 빠른 속도로 성장할 것이며, 디지털 서비스는 무역 논쟁의 새로운 전선이 되고 있다고 밝힌다.

이처럼 2025년 기준 디지털 서비스, 특히 AI 소프트웨어 수출은 양적 확대를 넘어 질적 전환을 동반하고 있다. 기업들은 단순 제품 수출에서 벗어나 지능형 솔루션 수출자로 탈바꿈하고 있으며, 디지털 서비스를 기반으로 한 무형 자산의 국제 경쟁력이 국가 간 무역 패러다임 자체를 재편하고 있다.

(2) AI로 인한 변화 : 통상질서

인공지능(AI) 기술이 세계 무역 구조를 흔들고 있는 지금, 그 변화는 단순한 기술의 도입 차원을 넘어 경제 질서의 재편과 사회적 가치의 재정의를 동반하는 총체적인 전환으로 다가오고 있다.

기술적으로, 인공지능(AI)은 생산성과 효율성 향상에 머물지 않고, 무역의 본질을 바꾸고 있다. 예컨대, 제조 현장에서 AI는 공급망 자동화와 예측 모델링을 통해 글로벌 부품 조달의 흐름을 실시간으로 재설계하며, 동시에 스마트 계약과 블록체인 기술과 결합되어 무역 거래의 신뢰 기반 구조를 탈중앙화된 형태로 전환시키고 있다. 과거 수일이 걸리던 물류, 세관, 대금 결제 절차는 AI 알고리즘을 통해 몇 시간 내에 처리될 수 있게 되며, 이에 따라 무역 프로세스 전반의 거래비용이 급격히 하락하고 있다. 실제로 OECD는 AI 기반 자동화 기술이 국제 무역 프로세스의 평균 비용을 10~15% 절감할 수 있다고 분석하고 있다.

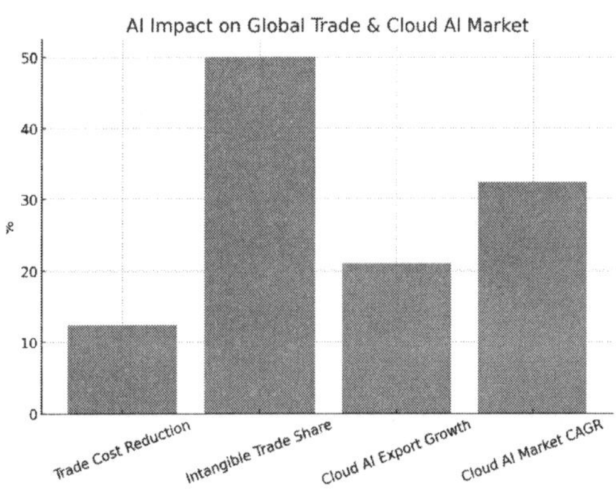

그림 8-3 AI가 글로벌 무역&클라우드 AI 시장 영향

경제적으로, 인공지능(AI)은 새로운 교역 품목과 거래 주체를 등장시키고 있다. 데이터, 알고리즘, AI 서비스 자체가 상품이 되어 거래되는 시대, "무형자산의 교역"이

전체 글로벌 교역 증가분의 50% 이상을 차지하고 있다. 더불어 AI 스타트업이나 플랫폼 기업과 같이 전통적인 제조 기반과 무관한 기술 기업들이 무역 주체로 부상하고 있으며, 이들은 국경을 넘는 서비스형 수출(SaaS, DaaS 등)을 통해 과거와는 전혀 다른 방식으로 부가가치를 창출하고 있다. 특히, 클라우드 기반 AI 솔루션의 수출은 2024년 기준 연 21% 이상의 성장률을 기록하며 전통적 수출 품목인 반도체, 자동차, 석유화학 제품의 성장률을 앞지르고 있다. 한편 클라우드 AI 시장 규모는 2025년에 약 894억 달러(USD 89.43B)에 달하고 있으며 향후 2030년까지 연평균 32.37%의 성장률(CAGR)로 확대될 것으로 전망된다.

사회적으로는 더 복잡하고 깊은 파장이 감지된다. 인공지능(AI) 기반의 무역 과정에서 의사결정을 대체하고, 소비자와 생산자 사이의 정보 비대칭을 해소하면서 시장 접근성이 향상되지만, 동시에 디지털 격차와 데이터 주권의 문제가 신흥국과 저개발국을 새로운 불균형 구조로 몰아넣고 있다. 선진국은 AI 인프라와 고급 데이터 자산을 바탕으로 기술무역에서 우위를 확보하는 반면, 기술과 데이터 기반이 취약한 국가는 기술 종속과 불공정 데이터 거래 위험에 노출되어 있다. 이로 인해 국제 통상에서의 '공정성'에 대한 논의는 단순한 관세 문제를 넘어, 디지털 자산의 접근권, 데이터 이동의 자유, AI 윤리 규범까지 포괄하는 새로운 규범 체계를 요구하게 된다.

결국, 인공지능(AI)이 만들어내는 변화는 단지 '기술혁신'이 아니라, 무역의 정의, 참여의 방식, 규칙의 구조 자체를 다시 쓰는 일이다. 그리고 이러한 변화의 물결 앞에서 각국의 통상 정책은 이제 더 이상 '제품 중심'의 과거에 머물러 있을 수 없으며, '데이터 기반의 미래'를 설계하는 적극적인 디지털 통상 전략으로 전환되어야만 지속 가능한 경제 주도권을 확보할 수 있을 것이다.

2) AI 거버넌스와 무역 규범의 과제

(1) 인공지능(AI)과 국경 간 데이터 이동 : 통상 이슈

국경을 초월한 인공지능(AI) 기술의 확산은 기존 통상 구조에 전례 없는 도전을 던지고 있으며, 그 중심에는 데이터 접근 제한, 알고리즘의 투명성과 윤리성, 그리고 AI 기반 지식재산권 보호라는 세 가지 핵심 쟁점이 자리하고 있다.

그림 8-4 GDPR(일반개인정보보호법)

첫째, 데이터 접근 제한은 AI 모델의 품질과 효율성에 직접적인 영향을 미친다. AI는 대규모 학습 데이터를 기반으로 진화하는 기술이기에, 국가 간 데이터 이동이 차단되면 고도화된 알고리즘 설계와 국제 공동연구, 글로벌 서비스 확장이 결정적으로 제약받게 된다. 실제로 EU의 GDPR(일반개인정보보호법)는 데이터 국외 이전에 엄격한 조건을 부여함으로써, 미국·아시아 기업들과의 AI 협업에 실질적인 장벽으로 작용하고 있으며, 이로 인해 EU 내 AI 스타트업의 글로벌 진출 성공률은 미국 대비 약 35% 낮은 수준이라는 분석도 존재한다.

둘째, AI 알고리즘의 투명성과 윤리성 문제는 기술 통상이 단순한 상거래를 넘어 사회적 신뢰와 거버넌스 문제로 확장되고 있다는 사실을 시사한다. 알고리즘이 특정 국가의 법규나 윤리기준에 반하는 판단을 내릴 경우, 기술 도입국에서는 심각한 거부감과 제도적 규제를 유발할 수 있다. 예컨대, 미국과 중국의 AI 기술이 동일한 얼굴 인식 알고리즘을 보유하고 있다 하더라도, 각각의 편향 위험, 감시 수준, 인권 기준이 다르기 때문에 제3국에서의 도입과 통상 적용에는 큰 차이를 낳는다. 이에 따라 국제사회는 '설명 가능한 AI(Explainable AI)'와 같은 기준을 마련하고 있으나, 아직 글로벌 표준은 부재한 상태로, 기술 확산의 불균형과 정책 공백이 공존하고 있다.

셋째, AI 관련 지식재산권(IP)의 보호 문제는 AI가 생성하는 창작물과 알고리즘 자체의 소유권을 둘러싼 법적 경계를 명확히 하지 못하고 있다. 특히 AI가 자율적으로 생성한 콘텐츠-예컨대 코드, 이미지, 문장-에 대한 저작권 귀속 문제가 통상 협상

테이블에서도 핵심 쟁점으로 부상하고 있다. 미국은 생성자(개발자 또는 사용자) 중심의 권리 부여에 무게를 두는 반면, EU 일부 국가들은 생성물 자체를 비인간적 결과물로 보고 무저작권 상태로 간주하는 경향이 강하다. 이처럼 국가 간 입장 차는 향후 디지털 무역협정이나 AI 기반 콘텐츠 수출의 표준화 작업에서 매우 민감한 분쟁 요소가 될 수 있다.

결과적으로, AI 기술의 글로벌 확산은 기술력이 아닌 국제 통상질서의 구조 자체를 시험대에 올리고 있으며, 각국은 이제 단순한 시장 보호를 넘어 데이터 개방의 균형, 알고리즘의 윤리 표준화, IP 권리의 정의를 포함하는 새로운 AI 통상 프레임워크를 설계해야 하는 역사적 전환점에 서 있다. 이 세 가지 쟁점을 어떻게 조율하느냐에 따라, 향후 디지털 경제의 권력 지형도는 전혀 다른 그림으로 펼쳐질 것이다.

(2) 통상질서 측면에서 산업의 지능화

디지털 전환의 물결 속에서 인공지능(AI)은 산업 구조뿐 아니라 글로벌 통상 질서의 본질적 전환을 촉진하는 결정적 변수로 부상하고 있다. 과거에는 원자재와 완제품이 국가 간 교역의 핵심 대상이었다면, 이제는 AI 기반의 데이터, 알고리즘, 플랫폼 서비스가 새로운 교역의 중심축으로 부상하고 있으며, 이에 따라 기존 WTO 체제를 기반으로 한 통상 규범은 심각한 재정비의 필요성에 직면해 있다.

무엇보다 주목할 변화는 산업의 지능화(Intelligent Transformation) 과정이다. 제조, 물류, 의료, 금융 등 거의 모든 산업에서 인공지능(AI)이 도입되면서 제품 그 자체뿐 아니라 생산공정과 통상 절차 역시 지능형으로 재편되고 있다. 독일의 '인더스트리 4.0(Industry 4.0)' 전략처럼 공장 내 센서 데이터 수집과 AI 분석을 기반으로 한 자율생산체계는 기존의 인력 중심 공정을 완전히 대체하고 있으며, 물류 현장에서도 블록체인과 AI가 결합된 무인 통관, 자동화 검역 시스템 등이 확산되며 수출입 절차의 무인화·자율화가 가속화되고 있다. 이는 통상 방식 자체를 데이터 중심으로 재정의하게 만들며, 새로운 글로벌 통상 규범의 정립 필요성을 가속화하고 있다.

인공지능(AI) 기술을 통해 제품과 서비스가 지능화되는 변화는 기업에게 단순한 부가가치가 아니라 새로운 수익 모델의 기회를 열어준다. 기존의 제조 중심 산업 구조는 점차 데이터와 서비스 중심 산업 구조로 전환되고 있으며, 그 중심에는 제품 자체가 데이터 생성 기기(Data-Generating Device)로 기능하는 패러다임의 변화가 있다.

예컨대 자동차 산업은 이제 단순한 운송 수단을 넘어섰다. 자동차는 AI 기반 내비게이션, 인포테인먼트 시스템, 운전 보조 알고리즘, 차량 간 통신(V2X) 등을 통합한 복합 플랫폼으로 진화하고 있다. 이 과정에서 차량은 소비자와 상호작용하며 지속적으로 데이터를 수집하고, 그 데이터를 중심으로 소프트웨어 업데이트, 기능 확장, 맞춤형 서비스 제공 등의 구독 기반 수익 모델이 가능해지고 있다.

이 흐름은 실질적 수치로도 확인된다. 2025년 기준, 테슬라는 서비스 및 기타 부문에서의 수익이 전년 대비 약 17~18% 증가했으며, 이는 배터리 충전, 유지보수 서비스, 보험, 소프트웨어 업데이트 등 AI·서비스 중심 사업의 확장을 반영한다.

특히 테슬라의 발표에 따르면, 서비스 및 기타 부문 매출이 전체 매출에서 차지하는 비중이 점차 커지고 있으며, 이는 단순한 자동차 제조사가 아닌 모빌리티 플랫폼 기업(Mobility Platform Company)으로의 전환을 상징한다.

또한, 테슬라는 2025년부터 로보택시(Robotaxi) 서비스를 공식적으로 시작하며 운송 자체를 플랫폼화하려는 전략을 본격화하고 있다. 이런 전략은 차량을 소유하는 소비자조차도 자산으로 활용하여 추가 수익을 창출하게 만들며, 제조→서비스→플랫폼으로 이어지는 수익 구조의 전환을 가속화할 것이다. 이처럼 2025년 현재, 제품과 서비스의 지능화는 기업에게 단순한 제품 판매 이상의 플랫폼+데이터 기반 수익 모델을 가능하게 한다. 전통적 제조 중심 구조를 넘어 서비스 중심 경제로의 전환은 국가 간 무역 구조부터 기업 전략까지 근본적으로 재편하는 운명의 흐름이 되고 있다.

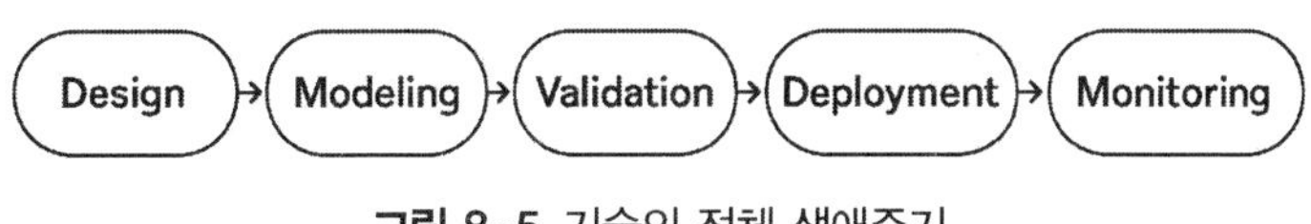

그림 8-5 기술의 전체 생애주기

한편 AI 시스템의 국제 확산은 단순한 기술 수입의 개념을 넘어, 기술의 전체 생애주기(lifecycle) 즉, 설계(Design), 모델링(Modeling), 검증(Validation), 구축

(Deployment), 운영(Operation), 유지관리(Monitoring) 단계마다 데이터, 인력, 컴퓨팅 자원, 클라우드 인프라, 서비스의 국경 간 자유로운 이동을 요구한다. 다시 말해, AI 기술의 실질적인 확산과 통합을 위해서는 국제적인 기술 이동 자유화가 전제조건이 되어야 하며, 이는 현재의 국가별 규제 차이 및 데이터 보호 장벽과 정면 충돌하는 구조적 이슈이다.

OECD의 최근 분석에 따르면, AI 기술이 가장 활발히 교역될 것으로 예상되는 분야는 컴퓨터 및 가전제품, 정밀 기계, IT 솔루션, 운송기기, 전자장비 등으로, 이들은 모두 지능형 자동화 기술의 통합을 통해 고부가가치화되고 있는 산업군이다. 특히 AI 기술은 개별 산업에 '첨단화된 기능'을 삽입함으로써, 단순한 상품 수출이 아닌, '스마트 서비스 패키지'로서의 교역 확대를 촉진하고 있다. 예를 들어, 일본의 후지쯔는 산업용 로봇에 AI 알고리즘을 탑재해 해외로 수출하는 동시에, 해당 알고리즘의 클라우드 기반 유지보수 서비스를 함께 제공함으로써 지속적 수익 창출형 교역 모델을 실현하고 있다.

이러한 변화는 과거 GATT 체제가 추구했던 단순한 관세 인하 및 비관세 장벽 철폐를 통한 교역 촉진 모델과는 전혀 다른 궤도에 있다. 이제 통상은 물리적 상품을 넘어, 데이터 흐름, 알고리즘의 투명성, AI 기반 의사결정 구조의 합법성까지 포함하는 복합적 규범 체계로 재편되고 있으며, 기존의 통상 규칙이 이러한 흐름을 충분히 수용하지 못할 경우, 국가 간 기술 격차와 통상 갈등은 더욱 심화될 수밖에 없다.

3 무역 4.0 시대 : 인공지능의 전방위 활용

1) AI가 설계하는 새로운 글로벌 무역 질서

과거의 무역은 여전히 컨테이너, 항공 화물, 그리고 수북이 쌓인 종이 서류에 의존하는 전통적 형태를 유지하고 있었다. 그러나 오늘날 무역의 중심축은 항만이나 창고에서 데이터센터와 알고리즘으로 이동하였다. 인공지능(AI), 빅데이터, 사물인터넷(IoT), 블록체인, 5G 네트워크가 무역 전 과정을 디지털화·자동화하며 실시간으로 연결하는, 이른바 무역 4.0 시대가 본격적으로 열리고 있는 것이다.

이러한 환경에서 인공지능(AI)은 국제 거래의 '두뇌'로 기능한다. 과거 수작업으로 진행되던 통관 서류 검토는 이제 인공지능(AI)이 제품 설명을 분석해 최적의 HS 코드를 제안하고, 관세 계산과 규정 준수 여부를 자동 점검하는 방식으로 대체되고 있다. 더 나아가, 이상 탐지 알고리즘은 실시간으로 사기 거래 가능성을 평가하며, 의심스러운 패턴이 발견되는 즉시 경고를 발령함으로써 무역의 안정성과 신뢰성을 한층 높이고 있다.

물류 부문에서도 변화는 뚜렷하다. IoT 센서와 빅데이터 분석이 결합된 스마트 물류망은 컨테이너 내부의 온도·습도·위치를 실시간 모니터링하여, 신선식품의 경우 부패 전에 운송 경로를 재조정하고, 고가 전자제품의 경우 이동 중 보안 상태를 지속적으로 점검할 수 있도록 한다. 여기에 블록체인 기반 전자문서(E-Bill of Lading)가 도입되면 선적·통관·결제 기록이 위변조 없이 관리되어, 무역 전 과정의 신뢰도가 획기적으로 향상된다.

경제학적으로 무역 4.0은 거래 비용(Transaction Cost)을 크게 절감하는 혁신이다. 맨큐의 경제학 원리에 따르면 거래 비용이 낮아질수록 시장 참여자는 증가하고 거래량은 확대된다. 실제로 맥킨지(McKinsey) 분석에 의하면, 디지털 무역 자동화는 평균 15~30%의 비용 절감과 최대 50%의 처리 시간 단축을 가능하게 한다. 이는 단순한 효율성 향상을 넘어, 중소기업에게도 글로벌 시장 진입의 문턱을 낮추는 '기회의 평준화'를 실현한다.

더 나아가, 무역 4.0은 시간의 경제(Time Economy)를 창출한다. AI 기반 수요 예측 모델은 국가별 소비 패턴, 환율 변동, 계절성 등을 종합 분석해 선적 전 단계에서 가격과 물량을 최적화한다. 이로써 재고 부담이 줄고 거래 타이밍을 놓치는 위험이 감소하며, 시장 변화에 대응하는 속도는 비약적으로 향상된다.

앞으로 무역 4.0은 지능화(Intelligence), 실시간화(Real-time), 그리고 맞춤화(Personalization)라는 세 가지 축을 중심으로 진화할 것이다. AI 번역·통역 기술은 언어 장벽을 해소하고, 디지털 플랫폼은 국경 없는 거래를 실현하며, ESG(환경·사회·지배구조) 기반 무역 시스템은 지속가능한 글로벌 공급망을 뒷받침하게 된다.

결국, 무역 4.0 시대는 기술이 단순히 무역을 '지원'하는 차원을 넘어, 무역의 개념과 구조 자체를 재정의하는 시대로 전환하고 있다. 인공지능(AI)과 데이터는 이제 새로운 무역 질서를 설계하고 이끄는 글로벌 경제의 심장으로 자리매김하고 있으며, 이는 향후 국제 통상과 경제 성장의 패러다임을 근본적으로 변화시킬 것이다.

2) 문서 및 서류 처리 : HS코드 분류 자동화(관세 분류 AI)

인공지능(AI) 기술이 수출입 통관 절차에 본격적으로 도입되면서, 통상의 효율성과 정확성은 새로운 전환점을 맞고 있다. 특히 한국관세청이 도입한 AI 기반 HS 코드 자동 추천 시스템은 그 대표적 사례로, 기존의 노동집약적이고 전문가 중심으로 이뤄지던 품목 분류 과정을 인공지능이 대체함으로써 통관 업무의 패러다임을 바꾸고 있다.

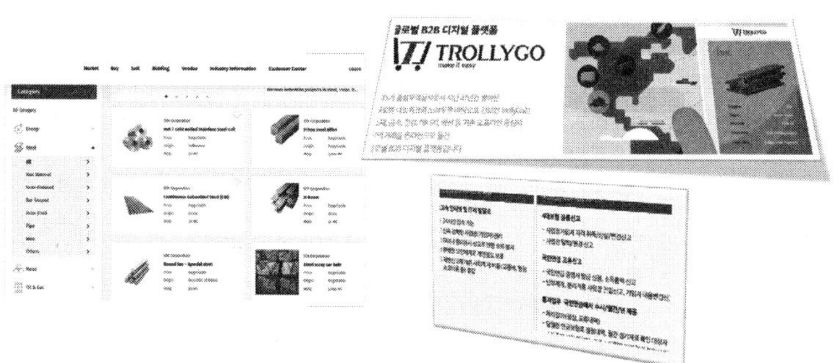

그림 8-6 STX, B2B 디지털 플랫폼 '트롤리고'

과거에는 통관 담당자가 방대한 HS코드 체계를 숙지한 상태에서, 각 품목의 기술 사양과 용도를 분석해 코드 분류를 수작업으로 진행해야 했기 때문에 분류 오류나 지연이 빈번했다. 그러나 최신 자연어 처리(NLP)와 머신러닝 기반의 AI 시스템은 품명, 사양, 재질, 용도와 같은 비정형 텍스트 정보를 자동으로 분석하고, 과거 데이터와의 유사성을 기반으로 최적의 HS 코드를 추천한다. 실제로 시범 적용 결과, 품목 분류 오류율은 평균 35% 이상 감소하였고, 평균 분류 소요 시간도 60% 이상 단축되었다는 분석이 나왔다.

이 기술의 핵심은 단순한 자동화가 아니라 '학습 기반 예측'이다. 인공지능(AI)은 수천만 건의 통관 데이터를 학습하며, 입력된 품목 설명이 어떤 산업 분야에 속하고, 어떤 세율이나 규제가 적용되는지를 복합적으로 분석하여 사람보다 더 빠르고 정밀하게 판단한다. 특히 수출입 초보 기업이나 중소기업에게는 이 시스템이 일종의 디지털 통관 컨설턴트로 작용해, 규제 위반 가능성을 사전에 차단하고 국제 무역의 진입장벽을 낮춰주는 역할을 한다.

더불어 이 시스템은 궁극적으로 관세청의 리스크 관리 시스템과 연계되어 의심 품목 자동 스크리닝, 사전 신고 사후 검토 자동화, FTA 원산지 검증 대상 선정에도 확대 적용되고 있으며, 이는 곧 전체 통관 시스템의 스마트화로 이어지고 있다. 결국, AI는 수출입의 첫 관문에서부터 통상의 질을 바꾸고 있으며, 이는 국가 전체의 무역 경쟁력 강화와 행정 효율성 향상, 나아가 글로벌 표준화된 디지털 통관 체계 수립이라는 전략적 과제로 연결되고 있다. 이처럼 HS 코드 분류라는 작은 단위의 자동화는, 글로벌 공급망 속에서 국가 간 기술 격차를 줄이고 무역의 신뢰성과 속도를 끌어올리는 AI 기반 통상의 첫 실현 지점이자, 미래 무역 정책의 디지털 전환을 선도하는 선례로 자리하고 있다.

(1) 전자문서 자동 판독 및 분류

인공글로벌 무역에서 수많은 서류가 오가던 시대는 지나가고 있다. 이제 인공지능은 단순히 수출입 프로세스를 돕는 보조 도구를 넘어, 전자문서 처리의 본질을 혁신하는 주체로 자리하고 있다. 특히 인보이스, 선하증권(Bill of Lading), 포장명세서와 같은 핵심 무역 서류는 다양한 언어와 형식으로 작성되며, 이미지 파일, PDF, 스캔본 등 비정형 데이터를 포함하는 경우가 많아 기존의 자동화 방식으로는 효율적 처리가 불가능했다. 하지만 최근 Maersk, DB Schenker 등 글로벌 물류기업은 OCR(Optical Character Recognition) 기술과 문서 인식 특화 AI 모델을 도입해 이러한 한계를 극복하고 있다. 이들 시스템은 단순히 글자를 인식하는 수준을 넘어서, 문서 구조를 파악하고 각 필드(예: 수출자/수입자 정보, 화물명, 수량, 단가, 운송 조건 등)를 자동 분류해 EDI(전자문서교환) 시스템에 실시간으로 입력한다. 예를 들어, 수입 인보이스에 포함된 정보가 다양한 형식으로 배열되어 있어도, AI는 표 형태의 구조를 분석하고 필수 정보를 자동 추출해 정해진 디지털 양식으로 전환한다.

이러한 시스템 도입 후 Maersk는 문서 처리 시간의 70% 이상을 단축했으며, 수기로 입력되던 정보에서 발생하던 입력 오류율을 90% 가까이 감소시켰다고 발표했다. 특히 주목할 점은, 인공지능이 단일 문서를 처리하는 데 그치지 않고, 수천 개 문서를 병렬적으로 분석하고 상호 참조하는 기능을 갖추고 있다는 점이다. 예컨대 B/L과 인보이스의 수량 정보가 불일치할 경우, AI는 이를 사전에 탐지해 자동으로 관리자에게 경고를 띄우는 식이다. 이는 과거에는 불가능했던 무역 리스크의 선제적 통제로 이어지고 있다.

기술적으로는 Vision Transformer 기반의 OCR 엔진, 자연어 처리(NLP) 알고리즘, 도메인 특화 문서 분류기 등이 결합되어 있으며, 일부 솔루션은 대규모 언어모델(LLM)을 문서 해석에 통합하여 사람처럼 맥락을 이해하고 판단하는 단계에 이르렀다. 이런 기술적 진보는 단순 업무 자동화 수준을 넘어서, 무역 문서의 해석·검증·이관을 하나의 지능형 프로세스로 통합하며, 무역업무 전반의 디지털화를 현실화하고 있다.

결국 AI 기반 전자문서 인식 기술은 단순히 사무 효율을 높이는 수단이 아니라, 국가 간 무역 신뢰를 뒷받침하는 인프라 기술로 부상하고 있다. 이는 무역 행정의 스마트화를 가능하게 할 뿐만 아니라, 향후 무역 분쟁 예방, 디지털 신뢰 확보, 공급망 투명성 강화 등 보다 근본적인 통상 경쟁력을 좌우하는 요소로 작용하게 될 것이다.

(2) 무역 사기 탐지 및 리스크 분석

글로벌 무역의 흐름이 디지털화되고 있는 오늘날, 단순한 효율성 확보를 넘어 진정한 경쟁력은 '신뢰의 확보'에 달려 있으며, 이 신뢰를 위협하는 가장 심각한 변수 중 하나가 바로 무역 사기(trade fraud)이다. 특히 무역에서 활용되는 서류의 복잡성과 국가 간 법적 불일치, 중개자 다단계 구조 등은 위조 인보이스, 이중 청구, 유령 회사 이용과 같은 조직적인 범죄의 여지를 남긴다. 이러한 리스크를 선제적으로 대응하기 위해, 글로벌 금융기관과 물류기업들은 이제 인공지능 기반 이상 탐지 시스템을 핵심 방어선으로 활용하고 있다.

대표적 사례로, HSBC는 인공지능(AI)과 머신러닝을 활용한 무역 사기 탐지 플랫폼을 구축하여, 수출입 거래 과정에서 발생할 수 있는 위조 문서, 이중 청구, 허위 수출입 거래 등 다양한 리스크 요인을 실시간으로 분석하고 있다. 이 시스템은 수백만 건의 과거 거래 데이터를 학습한 후, 특정 고객 또는 특정 노선에서 발생하는 거래 패턴을 정밀하게 추적하며, 정상 범주에서 벗어난 패턴-예를 들어, 동일 물품에 대해 다른 수량과 금액으로 반복 청구된 경우, 혹은 고위험 국가에서 갑자기 거래량이 급증한 경우-를 즉시 경고 신호로 포착한다.

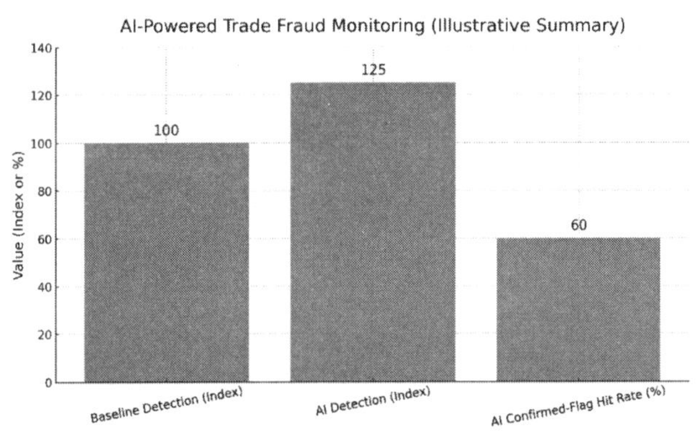

그림 8-7 AI는 어떻게 무역 사기 탐지와 정밀도

기술적으로는 이상 탐지(anomaly detection) 알고리즘, 시계열 분석, 군집분석(clustering), 그리고 강화학습 기반의 위험 점수 산정 모델이 결합되어 있으며, AI는

매 거래마다 수십 개 이상의 변수-거래 상대국, 운송 수단, 선적 경로, 과거 거래 이력, 환율 급등 여부, 보험 유무 등-를 실시간으로 분석한다. 이를 통해 단순한 패턴 매칭을 넘어서, 상황 맥락을 이해하는 수준의 리스크 판단이 가능해졌다. HSBC는 이 시스템 도입 이후 무역 사기 관련 의심 거래 탐지율이 25% 이상 향상되었고, 실제 사기 피해 규모를 연간 수천만 달러 단위로 절감하는 효과를 입증했다. 특히 인공지능(AI)이 탐지한 이상 거래 중 약 60% 이상이 사후 감사에서 실제 문제 거래로 판명됐으며, 이는 기존의 규칙 기반(rule-based) 접근 방식보다 훨씬 높은 정밀도와 신뢰성을 제공한다는 것을 방증한다.

더 나아가, 이 같은 AI 시스템은 거래당사자 정보를 바탕으로 국제 제재 리스트, 금융범죄 데이터베이스, 블랙리스트 등과 자동으로 대조하며 글로벌 AML(자금세탁방지) 규제 대응에도 기여하고 있다. 단순한 사기 탐지를 넘어, 인공지능(AI)은 이제 글로벌 통상금융의 거버넌스를 새롭게 설계하는 지능형 감시자로 진화하고 있는 것이다.

(3) 무역보험 심사 및 클레임 처리 자동화

글로벌 무역에서 거래의 불확실성과 리스크는 피할 수 없는 변수이며, 이를 완충하는 핵심 장치가 바로 무역보험이다. 그러나 무역보험의 청약과 클레임 처리 과정은 전통적으로 방대한 서류 검토, 복잡한 심사 기준, 다양한 보험 조건 분석 등으로 인해 시간이 오래 걸리고, 때로는 사람의 주관적 판단에 의해 처리 편차가 발생하는 비효율성이 문제로 지적되어 왔다. 이러한 문제를 해결하기 위해 한국무역보험공사(K-SURE)는 AI 기반 문서 분석 기술과 규칙 기반 자동화(RPA)를 결합한 시스템을 구축하여, 무역보험 프로세스의 혁신적인 디지털 전환을 선도하고 있다.

K-SURE가 도입한 이 시스템은, 보험 신청자가 제출하는 인보이스, 선하증권(B/L), 계약서, 선적명세서, 운송보험증서 등 수많은 문서를 자동으로 분류하고, OCR(광학문자 인식) 및 자연어처리(NLP) 기술을 통해 핵심 정보를 추출하여, 보험 조건에 따라 실시간으로 적합성 여부를 판단한다. 예컨대, 특정 국가의 정치 리스크나 환율 변동, 기존 보험 청약자의 거래 이력 등을 인공지능(AI)이 통합 분석한 후, 심사관에게

사전 리스크 점수화된 보고서를 제공함으로써 심사의 일관성과 신속성을 동시에 확보한다. 이 과정에서 핵심 기술인 RPA는 수동 입력 및 반복적인 사무작업을 자동으로 수행하며, 기존에는 수작업으로 2~3일 이상 소요되던 보험 심사 업무를 최대 40%까지 단축하는 데 성공했다. 특히 클레임 처리 단계에서는, 보험금 청구 시 AI가 청구 내역과 원 계약 데이터를 자동 비교하고, 이중 청구, 기한 초과, 허위 선적 등의 비정상적 패턴을 탐지하여 보험 사기 가능성을 조기에 식별할 수 있게 되었다.

실제 운영 사례에 따르면, K-SURE의 AI 기반 심사 시스템 도입 이후 청약부터 클레임 접수까지의 처리 평균 소요 시간이 약 3.5일에서 2.1일로 단축되었고, 동시에 과거 대비 보험 사기 탐지율이 28% 향상되었으며, 불필요한 추가 서류 요청 건수도 대폭 줄어 고객 만족도 역시 상승했다. 더욱이 이 시스템은 단순히 속도와 정확도를 높이는 데 그치지 않고, 인공지능(AI)이 축적한 패턴 데이터를 학습하여 새로운 리스크 유형을 예측하고, 향후 보험 상품 설계에도 반영될 수 있도록 구조화된 리스크 인텔리전스를 제공하고 있다.

(4) 통관 및 관세 처리

과거의 무역 현장은, 수출입 물품이 국경을 넘을 때마다 수작업으로 작성된 신고서와 수기로 기재된 선적 서류를 근거로 세관 직원이 일일이 심사하고 관세를 부과하는, 오류와 지연이 빈번한 '수기 기반 행정의 집합체'였다. 이러한 구조에서는 거래당 수일이 소요되는 것은 물론, HS 코드 분류의 오류, 수입가 허위 신고, 세금 누락 등 다양한 문제들이 연쇄적으로 발생하며, 결국 기업의 물류비 상승과 국가의 세수 손실로 이어졌다. 그러나 오늘날의 디지털 통관 시스템은 이 복잡성과 비효율을 기술로 치밀하게 해체하고 있다. 대표적으로 전자 통관 플랫폼(UNI-PASS)은 한국 관세청이 구축한 세계적 모범사례로, 기업이 수출입 물품에 대해 HS 코드, 거래 조건, 과세 가격 등을 전자 문서로 입력하면, 시스템이 이를 자동으로 분석해 과세 대상 여부를 판단하고 관세율을 산정한다. 여기에 AI 기반 자연어 처리 기술(NLP)이 결합되어, 물품 설명만 입력해도 자동으로 HS 코드를 추천받을 수 있으며, 머신러닝 알고리즘이 과거의 분류 이력을 학습해 유사 사례와의 비교 분석을 제공한다.

이러한 자동화 시스템의 도입은 통관 처리 시간을 평균 2.5일에서 1일 미만으로 단축시켰고, 수작업 오류율을 30% 이상 감소시킨 것으로 보고된다. 특히, 고위험 국가나 품목에 대해서는 AI가 사전 리스크를 분석해 별도의 심사 경고를 발생시키며, 규정 미준수 가능성이 있는 거래를 자동으로 필터링하는 기능까지 수행하고 있다. 이는 단순한 효율화 차원을 넘어, 국가 간 무역 투명성 제고와 관세 회피 방지라는 정책적 효과로도 연결된다. 또한, 관세 납부 절차에서도 디지털 결제 시스템이 적용되며, 과거 은행 방문이나 송금 대기 없이 실시간 세금 납부가 가능해졌다. 예를 들어, 수입자와 관세청 간의 API 기반 전자결제 연동으로 통관 완료와 동시에 관세가 자동 이체되며, 이는 전체 수출입 흐름의 속도를 획기적으로 향상시키는 핵심 요소로 작용한다.

무엇보다 중요한 점은, 이러한 시스템들이 단일 기술의 산물이 아니라, AI, 빅데이터, 클라우드, 블록체인 등의 기술들이 결합된 디지털 행정 인프라라는 점이다. 관세청은 이 인프라 위에 적하목록 자동 분석, 선박 위치 추적, 원산지 인증 검증, 비대면 수입 신고 심사까지 연계함으로써, 국경을 넘어 움직이는 모든 상품의 흐름을 실시간으로 모니터링하고 규제할 수 있는 역량을 확보하고 있다.

(5) 무역 결제 및 자금 이체

오늘날 국제 무역의 결제와 자금 이체는, 과거 수십 년간 복잡한 은행 간 송금 시스템과 복수 통화 변환 과정을 거쳐야 했던 전통적 금융의 한계를 벗어나, 디지털 기술의 융합을 통해 속도, 투명성, 신뢰성의 패러다임을 근본적으로 바꾸고 있다. 과거에는 수출입 대금의 결제만 해도 송금 의뢰 → 은행 간 SWIFT 전송 → 환율 정산 → 수취 확인까지 수일이 소요되었고, 중간 은행의 수수료와 서류 오류로 인해 거래 리스크가 상존했다.

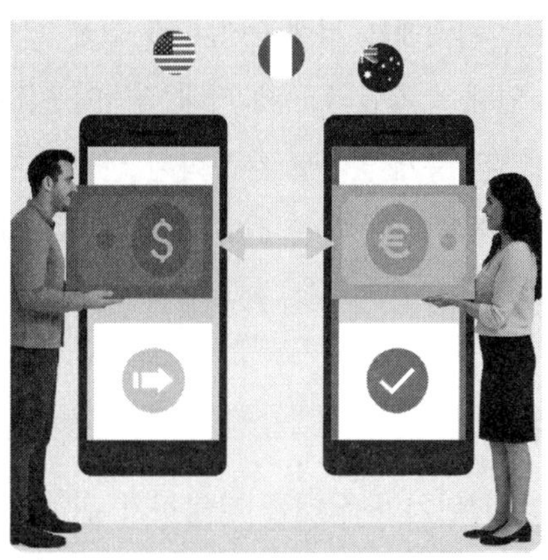

그림 8-8 SWIFT 모바일 송금/국제 송금

하지만 지금은 전자결제 시스템과 핀테크 기반의 무역금융 플랫폼, 나아가 블록체인 기술까지 결합되면서, 국경 간 자금 이동은 과거의 '느린 금융'에서 초연결 고속 네트워크 기반의 '지능형 금융'으로 진화하고 있다. 예를 들어, 세계 최대의 무역 결제 플랫폼 중 하나인 Contour는 블록체인 기술을 활용하여 L/C(신용장) 결제를 실시간으로 처리하는 시스템을 구축했으며, HSBC와 BNP파리바 등 글로벌 은행들이 이 플랫폼을 통해 거래 문서의 위변조 여부를 검증하고 24시간 이내에 대금을 결제하고 있다. 또한 RippleNet, JPM Coin, SWIFT gpi(Global Payment Innovation) 등의 혁신 서비스는 단순 송금 이상의 기능-예컨대 실시간 환율 계산, 수취 시간 예측, 자동 정산 기능-을 제공함으로써, 무역 대금의 흐름을 과거보다 80% 이상 빠르게 단축하고 있다. 특히 Ripple과 같은 시스템은 기존의 SWIFT 송금보다 4배 빠르고, 수수료는 60% 절감되는 것으로 분석된다.

국내 사례로는 한국무역보험공사(K-SURE)가 블록체인 기반 무역금융 보증 시스템을 도입하여, 보험 신청과 대금 지급 사이의 처리 시간을 평균 3.2일에서 1.1일로 단축했으며, 관련 금융 사기 탐지 비율도 높아졌다. 이는 단순히 기술이 적용된 것이 아니라, 무역 신용을 확보하고 글로벌 공급망의 신뢰를 강화하는 데 실질적으로 기여한 것이다.

이러한 기술적 전환은 기업의 유동성을 높이는 동시에 소규모 기업(SME)의 수출 참여 장벽을 크게 낮춘다. 과거에는 거래 은행과의 신용 보증, 복잡한 외환관리 절차, 높은 결제 수수료로 인해 소기업의 국제 거래 진입이 어려웠지만, 오늘날의 분산 원장 기반 금융 기술(DLT)은 중개 없이도 자동화된 신뢰를 제공함으로써, 디지털 신용장(e-L/C), 스마트 계약 기반 송금 등 초소형 글로벌 거래 생태계의 가능성을 실현하고 있다.

(6) 상품 추적 및 관리

과거에는 수출입 상품의 위치와 상태를 파악하기 위해 담당자가 수기로 문서를 작성하고, 전화나 팩스를 통해 정보를 주고받는 방식이 일반적이었다면, 오늘날의 무역 현장은 IoT 센서, AI 기반 예측 분석, 그리고 실시간 클라우드 플랫폼의 결합을 통해 '보이지 않던 물류'를 '투명한 데이터 흐름'으로 전환시키며 무역의 신경망을 가시화하고 있다.

예컨대, 글로벌 유통기업 아마존은 배송 차량에 IoT 센서를 탑재하여 온도, 습도, 위치, 충격 등을 1분 단위로 수집하고, 이 데이터를 AI 분석 엔진에 연결해 예상 도착 시간, 이상 상태 경고, 재고 수요 예측까지 자동으로 수행한다. 2025년 기준, 이러한 통합 시스템 도입은 배송 예측 정확도를 94% 수준까지 끌어올렸으며, 손상 또는 오배송률은 25% 이상 낮춘 것으로 업계 자료에 보고되고 있다. 이 시스템 덕분에 아마존은 운송 비용 절감, 재고 회전율 개선, 고객 신뢰 제고라는 3중 효과를 실현하고 있으며, 제조-유통-소비자 사이의 물류 흐름이 단순히 '이동'이 아니라 지능형 데이터 순환망(Intelligent Data Loop)으로 진화하고 있음을 보여주는 대표적 사례로 평가된다. 특히 RFID(Radio Frequency Identification)와 NB-IoT(협대역 사물인터넷) 기술의 접목은 제품 단위의 정밀한 식별과 동시에, 해상운송, 항공운송, 육상운송 등 이기종 물류환경에서도 통합 추적을 가능케 한다. 물류 스타트업 Flexport는 이러한 기술을 기반으로, 선박에 실린 각 화물 컨테이너의 이동 경로를 실시간으로 추적하며, 항구의 혼잡도와 통관 소요 시간까지 예측하는 AI 알고리즘을 통해 전체 물류 리드타임을 평균 32% 단축한 바 있다. 이러한 추적 기술은 단순한 위치 정보 제공을 넘어서, 예측 기반 재고관리 시스템(Predictive Inventory Management)으로 진화하고 있다. 월마트는 IoT 센서를 기반으로 실시간 판매량, 창고 적재량, 외부 기후 데이터 등을 분석하여 인공지능(AI)이 자동으로 발주량을 조절하는 시스템을 운영하고 있으며, 이로 인해 불필요한 재고 보유율을 연간 18억 달러 이상 절감했다는 분석도 있다.

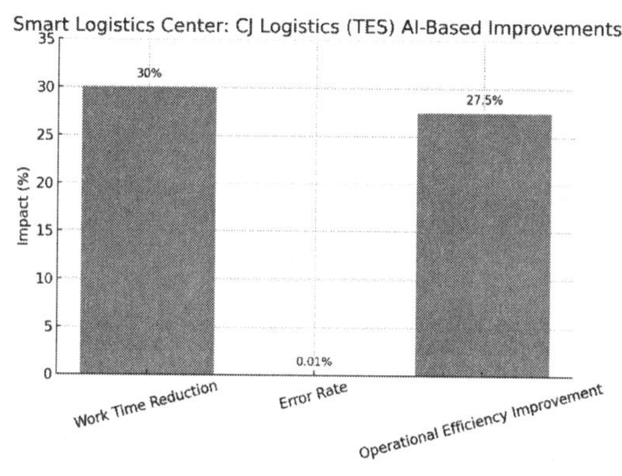

그림 8-9 CJ대한통운 AI 기반 개선 효과

한국에서도 '스마트 물류센터' 구축이 활발히 진행되고 있다. CJ대한통운은 AI 기반의 자동 피킹 로봇, 실시간 트래킹 센서, 디지털 트윈을 통해 물류센터의 입고-보관-출고 과정을 자동화하고 있으며, 공식적으로 "작업 시간의 30% 이상 절감, 수작업 오류율을 0.01% 이하 수준으로 낮춤"이라는 목표 수치는 공개되지 않았지만, TES 내부 문헌과 학술 분석에서는 스마트 물류 적용 후 센터 운영 효율이 20~35% 개선되는 사례들이 참고되고 있으며, CJ는 이를 내부 기준 목표로 삼고 있다. 이러한 스마트 물류센터 구축은 단순히 기술을 도입하는 데 그치지 않고 AI 로봇, IoT 센서, 디지털 트윈, 자율 운영 체계 등 기술 요소들이 유기적으로 연결되어 데이터 기반 물류 생태계(Data-Driven Logistics Ecosystem)를 만들어가고 있다. 이 모델은 비용 절감, 오류 최소화, 응답 속도 향상뿐 아니라, 고객 맞춤형 물류 서비스 제공과 운영 유연성 확보라는 부가가치를 동시에 창출하고 있다.

4 인공지능과 통상 위험관리

1) 기술 통상과 안보 지정학이 거버넌스 경쟁 : 미국

21세기 글로벌 통상 질서는 이제 더 이상 단순한 무역 이익의 균형만으로 정의되지 않는다. AI 반도체, 클라우드 인프라, 고성능 컴퓨팅 능력(HPC), 그리고 데이터 이동의 규제 권한 등 핵심 기술 인프라를 둘러싼 기술 통상(tech trade)과 지정학적 안보 전략(geoeconomic security)의 교차점에서 새로운 글로벌 거버넌스의 주도권 경쟁이 본격화되고 있다. 특히 미국은 중국의 인공지능 산업 급부상을 '경제적 위협'을 넘어 '국가안보 이슈'로 규정하며, 그 대응 수단으로 통상 정책을 전략적으로 무기화하고 있다.

예컨대, NVIDIA의 고성능 AI 반도체(A100, H100 등)에 대한 미국 주도의 수출 통제 조치는 단순한 무역 규제를 넘어선 전략적 기술 봉쇄로 해석된다. 이 조치는 중국의 AI 생태계 확장 속도를 구조적으로 둔화시키는 동시에, 해당 반도체를 탑재한 클라우드 서비스, 슈퍼컴퓨터 인프라 및 대규모 모델 학습 능력을 직접 제한하는 '소프트 파워형 경제 제재'로 기능하고 있다.

현재 미국은 반도체 및 AI 기술에 관련된 수출 통제를 더욱 강화하고 있으며, 2025년 10월, 미국 상원은 국방수권법(NDAA)에 AI 맞춤형 반도체 수출 제한 조항을 포함하는 개정안을 통과시켰다. 이 조항은 최첨단 AI 칩이 군사·슈퍼컴퓨팅 용도로 전환되는 것을 방지하는 목적을 담고 있다. 또한 미국은 이미 2022년 10월에 발표된 반도체 및 고성능 컴퓨팅 부품 수출 규제 조치를 확대하여, 중국을 향한 고급 반도체와 설계 도구, 제작 장비의 수출을 엄격히 통제하고 있다. 이러한 통제는 미국뿐만 아니라 일본, 대만 등 반도체 공급망에 속한 국가에도 영향을 미치며, 동맹 간 기술 전략 조율을 강제하는 구조로 변화하고 있다.

중국 또한 이에 대응하여 미국-origin 칩의 수입 절차를 강화하고 있으며, 일부 항만에서는 미국산 AI 칩 수입을 엄격히 검사하는 조치를 강화하고 있다는 보도도 있다. 이와 같이 중국은 미국 수출 통제 조치에 맞서 자체 반도체 생태계 육성과 규제 대응책을 병행하며 기술 주권 확보 전략을 추진 중이다.

이처럼 기술 통제가 단순히 물리적 칩을 막는 수준을 넘어서는 까닭은, AI 훈련 능력이 곧 국가 경쟁력의 핵심 축이 되었기 때문이다. 최첨단 반도체가 차단되면, 대규모 언어 모델, 이미지 생성 모델, 과학 계산용 슈퍼컴퓨터 등 AI 기반 응용 서비스의 발전 속도가 현저히 늦춰질 수 있다. 즉, AI 반도체 수출 통제는 기술력의 이전을 막는 동시에, 대상국의 AI 개발 역량 자체를 구조적으로 제한하는 'AI 격차를 고착화시키는 전략'이 된다.

따라서 2025년 현재, 고성능 AI 반도체에 대한 수출 규제는 단순한 수출 허가 장벽을 넘어, 기술지배력 확보를 위한 전략적 도구로 자리 잡고 있으며, 이는 앞으로의 국제 규범과 무역 질서 설계에서 핵심 쟁점으로 부상할 것이다.

동시에, 미국은 자국 내 AI 연구개발 투자를 강화하고 있으며, 반도체법(CHIPS and Science Act) 및 IRA(인플레이션 감축법)를 통해 AI 생태계의 핵심인 연구-생산-응용-보급-규제의 각 단계별 지원 및 통제 시스템을 국가 차원의 산업정책으로 전환시키고 있다. 이는 단지 산업경쟁력을 넘어서, 국가 주도 디지털 거버넌스 체계 확립의 일환이며, 향후 글로벌 표준 경쟁에서도 미국이 주도권을 확보하려는 포석이다.

그림 8-10 미국과 중국 간의 외교와 안보

한편, 이러한 기술 주권 경쟁은 단순히 미국과 중국 간의 기술 충돌을 넘어, 외교와 안보의 핵심 의제로까지 비화하고 있다. 2025년 현재, AI의 군사적 활용과 기술 통제가 국제 협상의 새로운 전선으로 떠오르고 있다. 예컨대, 미국은 2025년 7월 발표한 AI Action Plan을 통해 AI 기술의 수출 규제, 국제 외교 및 보안 문제를 핵심 축으로 포함시킴으로써 AI 생태계에 대한 미국의 영향력을 유지하려는 전략이자, 기술 주도권을 외교 전략의 중심축으로 격상시킨 선언이다.

또한, 2025년 2월 파리에서는 AI Action Summit이 개최되어, 100여 개국 이상이 모여 AI 윤리 기준, 규제 프레임워크, 국제 협력 방안을 논의했다. 이 회의에서는 특히 '포용적이고 지속 가능한 AI'라는 선언문이 채택되었고, 기술 중심국 간의 규범 경쟁과 협력 가능성이 본격적으로 표출되었다. 더불어, 외교계에서도 AI 외교(AI Diplomacy)의 개념이 빠르게 부상하고 있다. Diplomacy.edu는 AI가 외교 관행을 어떻게 변화시키는지, 권력 구조를 어떻게 재편하는지 살펴보며, AI는 이제 단순한 기술 주제가 아니라 외교 전략의 핵심 요소가 되었다고 분석한다.

실제로 각국은 AI 거버넌스를 둘러싼 외교 전략을 다양하게 구사하고 있으며, 중국은 '디지털 주권(Sovereignty)'을 강조하며, 자국 중심의 AI 규제 모델과 국제 무대에서의 영향력 확대를 병행하고 있다. 반면 유럽은 AI 규제·투자·표준화 전략을 통합한 정책 로드맵을 제시하며 기술 주권과 시장 주도를 동시에 추구 중이다.

그림 8-11 WTO 중심 다자 통상 체제

결과적으로, 기술 중심의 글로벌 패권 구도는 종전의 WTO 중심 다자 통상 체제로는 설명하기 어려운 불균형을 낳고 있다. 앞으로 설계될 통상 질서는 단순한 관세나 무역 장벽에 머무르지 않을 것이다. AI와 데이터, 보안과 윤리, 기술 표준과 디지털 주권까지 포괄하는 복합형 협정 체계(Composite Agreement Framework)로 전환할 수밖에 없다. 이 새로운 체계는 국가 간 기술 규범의 조정, 기업의 국제 사업 전략, 그리고 데이터 이동의 자유와 통제 사이의 균형을 핵심 논제로 삼게 될 것이다.

2) 기술 통상과 안보 지정학 : 거버넌스 경쟁과 새로운 통상 질서의 도래

기술 통상과 안보 지정학은 현대 국제질서에서 중요한 쟁점으로 부상하고 있다. 특히, 인공지능(AI) 기술의 발전은 국가 간 경쟁을 심화시키며, 글로벌 경제와 안보 환경에 중대한 영향을 미치고 있다. 미국은 이러한 경쟁에서 기술적 우위를 유지하기 위해 다양한 안보 목적의 무역 조치를 활용하는 동시에, 국내 AI 기술 개발과 적절한 거버넌스 구축을 병행하고 있다. 이러한 환경은 새로운 통상 질서의 설계와 AI 중심의 국제 거버넌스 체계 수립을 필요로 하고 있다.

(1) 안보와 경제의 융합 : 중국 AI 부상 견제와 수출 통제

2023년 이후, 미국은 중국의 인공지능(AI) 기술 부상을 단순한 산업경쟁이 아닌 국가 안보에 직결된 전략적 위협으로 간주하며, 이에 대응하기 위해 NVIDIA의 고성능 AI 반도체(A100, H100, H200 등)에 대한 대중국 수출 통제 조치를 전격 시행하였는데, 이는 곧 인공지능 기술의 확산을 경제 질서가 아닌 지정학적 전략의 프레임에서 통제하겠다는 미국의 의지를 상징적으로 보여주는 사례라 할 수 있다.

이러한 수출 제한 조치는 표면적으로는 특정 제품의 이동을 막는 단기 조치처럼 보이지만, 실제로는 훨씬 더 정교한 메커니즘으로 작동한다. NVIDIA의 AI 반도체는 현재 글로벌 대규모 언어모델(LLM) 학습, 생성형 AI, 자율주행, 군사용 AI 등 거의 모든 고성능 AI 응용의 필수 하드웨어 인프라로 간주되며, 이를 확보하지 못하면 AI 생태계의 상위 가치사슬에 진입할 수 없는 구조다. 다시 말해, 중국의 AI 기업들이 이 반도체에 접근할 수 없다는 것은 단순한 성능 저하가 아닌, AI 기술의 진화 자체가 차단되는 '기술 사다리 걷어차기 전략'과 유사하다. 실제로 이 조치 이후, 중국 내 대형 테크기업과 스타트업들은 AI 모델 훈련 속도 지연, LLM 연산 병목, 데이터센터 확장 지연 등의 현실적 한계를 겪고 있으며, 이는 곧 글로벌 AI 경쟁에서의 속도 차이로 이어지고 있다. 게다가 미국은 이와 함께 클라우드 서비스, GPU 가상화, AI 연산 자원의 제3국 우회 접근 차단 조치까지 연이어 발표하면서, 단순한 제품 규제가 아닌 AI 인프라 전체에 대한 입체적 봉쇄망을 구축해가고 있다. 이러한 미국의 전략은 단지 중국을 견제하는 차원을 넘어, "누가 AI 기술의 표준과 윤리, 통제 체계를 선도할 것인가"라는 글로벌 거버넌스 경쟁에서 주도권을 확보하려는 전방위적 시도라 할 수 있으며, 이는 향후 AI 통상과 국가 안보의 경계가 흐려지고, 기술 패권이 곧 경제 패권과 군사 우위를 결정짓는 '융합 질서'의 시대로 진입하고 있음을 명확히 보여주는 전환점이다.

결국, NVIDIA 반도체의 대중 수출 통제는 단순한 제품 제재가 아니라, AI가 결코 중립적인 기술이 아님을, 그것이 지닌 경제적 가치뿐 아니라 군사·외교·지정학적 영향력까지 포함해 '통제 가능한 기술'로 간주되고 있다는 점을 국제사회에 강력하게 각인시키는 외교 전략의 일환이자, 디지털 냉전(Digital Cold War)의 서막을 알리는 신호탄이라 할 수 있다.

(2) 국내 AI 기술 개발과 거버넌스 구축

국내 AI 기술 경쟁력 확보와 거버넌스 체계 구축 역시, 단순한 기술 혁신을 넘어 전략적 국가 역량의 핵심 축으로 부상하고 있다. 미국이 2020년대 중반 이후 AI 경쟁을 기술 개발과 규범 설계라는 두 축에서 균형 있게 전개해 온 것처럼, 한국 또한 이 같은 '개발 + 통제' 전략을 국정 과제 수준으로 격상할 필요가 있다.

먼저 기술 개발 측면에서, 한국 정부는 AI 전문 인재 양성, 첨단 연산 자원 확보, 산업 AI 상용화 지원, 기초 R&D 확대 등 포괄적 투자를 지속 확대하고 있다. 과학기술정보통신부와 산업통상자원부 등 관계 부처는 국가 AI 전략을 재정비하여, 대형 언어 모델, 초거대 AI, 멀티모달 AI 개발에 특화된 연구 과제를 지원하고 있으며, 공공기관-기업 컨소시엄을 통한 AI 실증 사업 확대, 국내 클라우드 및 데이터센터 인프라 구축 등에 자금을 집중 배분하고 있다.

또한 미국은 2025년 7월 "미국의 AI 행동 계획(America's AI Action Plan)"을 발표하며, 미국형 AI 기술 스택 수출 촉진 조치와 AI 인프라 확장을 위한 규제 완화 전략을 병행하고 있다. 이 계획은 AI 하드웨어, 소프트웨어, 데이터 인프라 전반을 포괄하는 '국가 AI 플랫폼 패키지'를 수출 가능 자산으로 포함 시키고, 규제 완화 및 허가 절차 간소화를 통해 국내 산업의 혁신 속도를 뒷받침하겠다는 전략을 명시하고 있다. 한국도 이와 유사한 방향에서, AI 핵심 인프라와 플랫폼 기술의 수출 전략을 동시에 고려한 기술 거버넌스 체계를 정립해야 한다.

거버넌스 측면에서는, 미국이 AI 실행 명령과 규제 프레임워크를 통해 AI 안전성, 투명성, 책임성 확보를 제도화하고 있는 점이 주목된다. 예컨대 미국은 최근 "Promoting the Export of the American AI Technology Stack" 행정명령을 통해, 미국형 AI 기술 스택의 해외 확산과 동시에 해당 기술의 규범적 틀을 설계·수출하려는 전략적 의도를 공식화했다. 이처럼 기술과 규범이 함께 작동하는 전략은, 단순히 제품 경쟁력을 확보하는 데서 나아가 국제 표준과 기술 거버넌스의 게임 규칙 설계자로 자리매김하려는 국가 전략의 핵심 축이다.

이처럼 한국은 기술 주도권을 확보하는 동시에, 기술이 사회적으로 수용 가능한 방식으로 작동할 수 있도록 규범 체계를 뒷받침해야 한다. 이는 단지 국내 산업의 지속 가능성을 확보하는 데 그치지 않고, 향후 글로벌 AI 경쟁과 규범 전쟁에서 한국이 주도적 위치를 차지할 수 있는 기반이 될 것이다. 기술 개발과 거버넌스 구축은 대립하는 목표가 아니라, 상호 보완하며 함께 승부를 결정짓는 쌍두마차가 되어야 한다.

(3) AI 군축 협상의 필요성

인공지능(AI) 기술이 전장에서의 결정권까지 위임될 수 있는 시대가 도래하면서, 미국은 이러한 인공지능 기술의 무제한적 군사적 활용이 전 지구적 안보 위기를 초래할 수 있다는 중대한 경고 신호를 감지하고 있으며, 이에 따라 AI 기반 무기체계의 통제를 위한 '디지털 군축(digital arms control)' 협상 체계의 구축 필요성을 국제사회에 강력히 제기하고 있다.

2023년 11월, 샌프란시스코에서 열린 미-중 정상회담은 이러한 우려를 실제 외교 테이블 위에 올린 첫 공식 사례로, 바이든 대통령과 시진핑 주석은 AI를 포함한 첨단 기술의 무분별한 군사적 사용이 전략적 오판과 오작동을 초래할 수 있으며, 이는 핵무기보다 더 빠르고 예측 불가능한 방식으로 갈등을 고조시킬 수 있다는 점에 인식을 공유하였다. 특히, 자율 무기 시스템(Lethal Autonomous Weapon Systems, LAWS)이 인간의 직접 개입 없이 치명적인 결정을 내릴 수 있다는 가능성은 국제 인도법, 전쟁법, 그리고 윤리적 논의의 중심에 AI를 밀어넣었으며, 이는 군사 전략과 기술 통상 사이의 경계를 완전히 흐리게 만들고 있다.

이러한 문제의식 속에서 미국은 AI의 군사적 적용을 규율하기 위한 글로벌 협력 체계 구축을 제안하고 있으며, 이는 과거 핵무기 비확산 조약(NPT)처럼, 기술의 발전 속도에 대응하기 위한 새로운 차원의 규범질서를 의미한다. 예컨대, 미국은 AI 기반 감시 기술, 정찰 드론, 자율 타격 시스템 등에 대해 인간의 통제권(human-in-the-loop)을 법제화할 필요가 있으며, AI 무기의 국제 표준화 및 안전성 검증 메커니즘 도입, 군사 AI 훈련 데이터셋의 공개성 확대 등을 통해 투명성과 책임성 확보를 우선 과제로 제시하고 있다.

그림 8-12 인간의 통제권 법제화

또한 AI 군축 논의는 단순히 미중 간 패권 조율에 국한되지 않고, G7, NATO, UN 등 다자 협의체를 통해 국제적 공감대 형성과 제도적 틀 마련으로 확대되고 있으며, 특히 유럽연합은 2024년부터 자율 무기 규제를 포함한 AI 법률안(AI Act)에 군사 활용 조항의 예외 여부를 두고 논쟁 중이다. 이처럼 AI 군축 협상은 기술적, 윤리적, 안보적, 외교적 요소가 복합적으로 얽힌 다층적인 거버넌스 이슈로 진화하고 있으며, 이는 단순한 군비경쟁 억제가 아닌, 미래 국제질서의 규범적 기초를 설정하는 전략적 과업이라 할 수 있다.

3) 새로운 통상질서의 설계

(1) 국제 환경 변화와 통상질서의 재편

오늘날의 국제 통상질서는 더 이상 단순히 상품과 서비스의 교역에 국한되지 않고, 인공지능(AI), 반도체, 클라우드, 알고리즘, 데이터 이동 등 첨단 기술 요소가 안보와 경제의 경계선 위에서 통상 규범 자체를 재편하는 전환점에 서 있으며, 이러한 환경 변화는 기존 WTO 체제를 포함한 아날로그적 통상 질서에 근본적 재구성을 요구하는 디지털 패러다임의 도래를 뜻한다. 인공지능(AI) 기술은 원유나 철강처럼 물리적 재화를 국경을 넘어 교환하는 대상이 아니라, 지속적으로 진화하는 디지털 자산이자, 핵심 경쟁력의 집약체로서의 '비가시적 교역재'로 작동하며, 여기에 따르는 데이터 이동의 자유, 알고리즘의 투명성, 디지털 서비스의 공정 접근성, AI 윤리 원칙의 준수 여부는 전통적 통상 개념으로는 포섭할 수 없는 새로운 국제 규범의 형성을 불가피하게 만든다.

특히, 각국이 인공지능(AI) 기술을 국가 안보의 연장선상에서 바라보기 시작하면서, 통상과 안보의 구분은 점차 무의미해지고 있다. 미국의 경우, 엔비디아 AI 반도체의 대중국 수출 통제 조치는 무역이 아닌 안보 논리의 통상 조치로 전환되었으며, 이는 통상이 더 이상 시장 논리에만 의존하지 않는 현실을 보여주는 단적인 예다. EU 또한 AI 규제법(AI Act)을 통해 윤리적 사용 기준을 무역 규범에 반영하고 있으며, 이는 향후 디지털 상품이나 AI 기반 서비스에 대한 비관세 장벽의 제도화 가능성을 암시한다.

이러한 변화 속에서 국제 통상 체계는 기존의 '관세 및 비관세 장벽을 줄이는 것'에서 '기술 주권과 디지털 주권을 확보하기 위한 기준을 설정하는 것'으로 무게중심이 이동하고 있다. 예컨대, 데이터 국경(Data Sovereignty)을 둘러싼 논의는 디지털 교역의 자유를 제한하는 동시에, 각국이 인공지능(AI) 기술을 전략 산업화하면서 자국 중심의 생태계를 구축하려는 움직임과 맞물려, 디지털 보호무역(digital protectionism)이라는 새로운 이슈를 만들어내고 있다.

우리가 주목해야 할 것은, 인공지능(AI)과 같은 첨단기술이 주도하는 21세기 통상은 상품의 이동이 아닌 알고리즘의 공유, 데이터의 흐름, 규범의 조율을 중심으로 전개되며, 이는 기술 통상, 안보 지정학, 국제 규범이 하나의 프레임 안에서 맞물리는 하이브리드 거버넌스 체제를 요구하고 있다. 앞으로의 국제통상협상은 자유무역주의와 보호무역주의의 대립이 아니라, 디지털 개방성과 기술 안보성 간의 정교한 균형점을 찾는 싸움이 될 것이며, 이는 단지 무역의 문제가 아닌 미래 경제 질서와 글로벌 권력 재편을 결정짓는 핵심 축으로 작동할 것이다.

(2) 기술 기반 통상의 새로운 규범

기술 기반 통상의 새로운 규범은 전통적인 상품·서비스 중심의 체제를 넘어, 데이터·알고리즘·AI 윤리와 같은 비가시적·비물질적 자산의 흐름을 규율하는 전례 없는 국제 질서로 진화하고 있다. 이는 단순한 기술적 합의를 넘어 경제적 주권, 인권, 디지털 패권이 얽힌 복합적 글로벌 거버넌스를 구축하는 과정이라는 점에서 중요한 역사적 의미를 지닌다.

첫째, 데이터 이동의 규범화는 디지털 시대 통상의 핵심 축이다. 한편으로는 유럽연합(EU)의 GDPR처럼 개인정보 보호와 데이터 주권을 우선시하려는 흐름이 있고, 다른 한편으로는 미국과 아시아권처럼 AI 개발과 글로벌 협업을 위해 데이터의 자유로운 흐름을 강조하는 입장이 충돌하고 있다. 이는 '자유로운 디지털 무역 vs. 디지털 보호주의'라는 새로운 통상 구도를 형성하고 있으며, OECD에 따르면 전 세계 국가의 약 65%가 데이터 현지화 관련 규정을 도입하고 있어, 이러한 규범의 조율 없이는 AI 시대의 디지털 경제가 확장되기 어려운 현실이다.

둘째, AI 윤리 표준의 글로벌화는 기술의 확산보다 더 시급한 과제이다. 알고리즘에 내재된 편향, 자동 의사결정의 불투명성, 감시 사회로의 전환 가능성 등 AI의 비의도적 결과는 무역과 소비자의 신뢰에 결정적 영향을 미치므로, 기술의 윤리적 사용을 담보하는 글로벌 기준이 없으면 AI 기반 상품과 서비스는 시장 접근 자체가 봉쇄될 수 있다. 실제로 유럽의 AI법안(AI Act)은 위험도 기반의 접근을 통해 '고위험 AI'의 정의와 금지 범위를 규정하고 있으며, 이는 향후 AI 기반 제품과 서비스의 교역 가능성을 결정짓는 비관세장벽으로 작용할 수 있다.

셋째, 지식재산권 보호의 패러다임 전환도 요구된다. 과거의 지적재산권이 물리적 저작물이나 특허 기술에 집중되었다면, AI 시대에는 데이터세트, 알고리즘 구조, 학습 결과물과 같은 비물질적 요소의 독창성과 소유권 보호가 중심 이슈로 부상하고 있다. 특히 생성형 AI는 기존 콘텐츠를 학습해 새로운 콘텐츠를 생성하기 때문에, '저작권 침해냐 창작이냐'라는 법적 공방이 활발하게 전개되고 있으며, WIPO(세계지식재산기구)는 2024년부터 AI 생성물에 대한 지적재산권 기준을 다자간 논의 테이블에 올려놓은 상황이다.

이처럼 새로운 통상 규범은 기술 그 자체가 아니라, 기술을 둘러싼 데이터의 이동성, 윤리적 책임, 창출된 가치의 권리화라는 세 축을 중심으로 형성되고 있으며, 이는 국가 간 교역의 조건을 재정의할 뿐 아니라, 글로벌 거버넌스 체계에 기술 주권과 가치 기준이라는 변수를 결합시키는 극히 정치적이고 전략적인 성격을 지닌 변화이다. 따라서 기술 기반 통상의 미래는 단지 효율성과 속도의 문제가 아니라, 누가 어떤 규칙을 만들고 따르게 할 것인가라는 규범 전쟁의 성격을 띠게 될 것이며, 이 규범의 주도권을 쥔 국가나 기업이 AI 시대의 디지털 헤게모니를 선점하게 될 것임은 자명하다.

4) 기술이 이끄는 무역의 미래 : 경제 패권과 거버넌스 전쟁

(1) 글로벌 기술 경쟁의 경제적 영향

글로벌 기술 경쟁이 불러오는 경제적 파장은 단순한 기술혁신을 넘어 국가 간 패권 다툼, 공급망 재구조화, 디지털 시장 질서의 재편이라는 복합적 지각변동을 초래하고 있으며, 특히 미국과 중국 간의 AI 중심 기술 통상 경쟁은 세계 경제의 성장 경로 자체를 다시 설계하는 수준의 구조적 전환을 유발하고 있다.

미국은 엔비디아, 오픈AI, 마이크로소프트 등 세계 최고 수준의 AI 생태계를 기반으로 '디지털 패권'을 추구하고 있으며, 중국은 바이두, 화웨이, 센스타임 등 국유-민간 혼합형 기술집단을 앞세워 자국 내 AI 기술 자립도를 2030년까지 세계 최고 수준으로 끌어올리겠다는 '차이나 AI 2030 전략'을 선언한 바 있다. 실제로 세계 AI 특허 출원 건수는 2023년 기준 중국이 전체의 약 44.6%를 차지하며 1위를 기록했고, 미국은 연구의 질과 상업화 수준에서 선도권을 유지하고 있다.

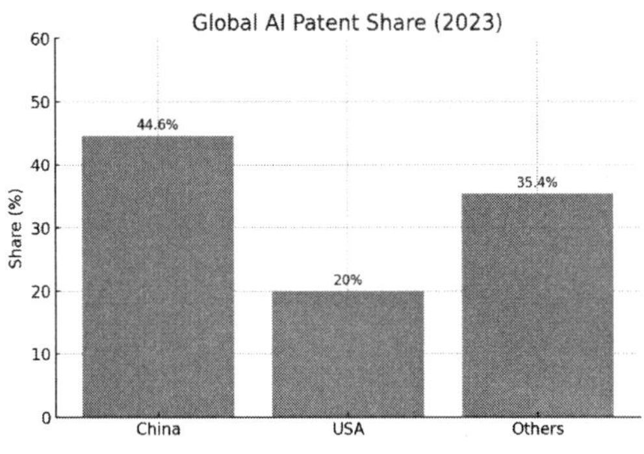

그림 8-13 세계 AI 특허 출원 비중(2023)

이러한 경쟁 구도는 결과적으로 기술 혁신을 가속화하고 있다. 예를 들어 생성형 AI 분야에서 2022년 이후 전 세계 AI 스타트업 투자 금액은 매년 50% 이상 증가해, 2024년에는 약 800억 달러에 달하는 벤처 자금이 AI 분야에 집중되었으며, 특히 의료 AI, 자동화 제조, 스마트 물류 등 산업별 솔루션 분야에서 새로운 시장 기회가 폭발적으로 등장하고 있다. 그러나 경쟁이 장기화될 경우, 긍정적인 성과만 존재하는 것은 아니다. 글로벌 공급망은 AI 반도체, 알고리즘 훈련용 고성능 서버, 대용량 데이터셋 확보 등 핵심 자원 중심으로 재편되고 있으며, 이는 기술 보호주의와 수출 통제로 인해 공급망 불안정성이 증가하는 이중 구조의 리스크를 낳고 있다. 예컨대, 미국의 대중국 AI 반도체 수출 규제로 인해 글로벌 반도체 시장은 가격 급등과 재고 불균형을 경험했으며, 이는 전 세계 스마트폰·자동차 산업의 생산성에까지 영향을 미치고 있다.

또한, 양국 간 기술 거버넌스의 비대칭성은 국제 디지털 통상 규범의 공백을 심화시키고, 다자간 협상의 효율성을 떨어뜨리며, 글로벌 기업들이 서로 다른 규제 환경에 적응해야 하는 복잡한 법적 부담을 초래한다. 실제로 유럽연합, 아세안, 중남미 등은 미중 경쟁의 사이에서 '기술 중립성'이나 '디지털 자주권'을 강화하는 제3의 전략을 추구하며, 자국 경제의 불확실성을 최소화하려는 움직임을 보이고 있다.

(2) 국제 거버넌스 체계의 발전

기술 통상과 안보 지정학이 얽히며 국제 질서가 복합적으로 재편되는 시대에 국가 간의 갈등을 조율하고 상호 이해를 가능하게 할 국제 거버넌스 체계는 선택이 아닌 필수이며, 이러한 거버넌스는 단지 규범 제정에 그치지 않고 기술의 불균형적 확산과 경제력 격차를 완충하는 글로벌 조정 메커니즘으로 진화해야 한다.

우선, 다자간 협력의 강화는 현재 가장 시급한 과제이다. 미국과 중국 간의 기술 패권 경쟁이 전 지구적 불확실성을 확대시키는 가운데, WTO, OECD, G20, UNCTAD와 같은 국제기구들이 기술 통상 분야의 중립적 협의 플랫폼으로 기능을 복원하거나 강화해야 한다는 목소리가 커지고 있다. 예를 들어, 2025년 기준 OECD를 비롯한 국제 기관들은 AI 기술의 윤리성과 상호운용성 확보가 국제 데이터 이동 자유도와 디지털 시장 개방성을 획기적으로 개선할 수 있다는 분석을 강화하고 있다. 일부 추정에 따르면, 다자 협의체 구축과 공통 규범 체계 마련을 통해 데이터 이동 자유도가 최대 15~20% 정도 높아질 수 있다는 시사도 등장하고 있다. 이처럼 AI 윤리와 상호운용성은 단순한 기술 규범을 넘어, 국가 간 디지털 무역과 데이터 주권의 균형을 재설계하는 핵심 축으로 떠오르고 있다.

그다음 단계는 기술 통상, 데이터 주권, AI 윤리, 알고리즘의 투명성과 책임성, 사이버 보안까지 아우르는 포괄적 공동 규범의 제정이다. 기존의 상품과 서비스 중심의 통상규범으로는 더 이상 '비물질적 디지털 가치'를 다룰 수 없으며, 디지털 무역협정(Digital Trade Agreements, DTAs)이나 AI 국제윤리 헌장과 같은 새로운 합의체가 필요하다. 특히, AI를 통해 생성되거나 처리된 데이터와 알고리즘의 국제 이동, AI의 편향성과 조작 가능성 등에 대한 글로벌 규제 틀이 없다면, 기술의 발전은 오히려 민주주의의 후퇴, 시장 신뢰의 훼손, 그리고 경제적 양극화로 이어질 수 있다.

또한, 기술 격차 해소는 국제 거버넌스의 정당성과 실효성을 결정짓는 핵심 축이다. 세계은행(WB)과 국제통화기금(IMF)의 공동 분석에 따르면, 개발도상국의 AI 도입률은 선진국 대비 평균 14.6%에 불과하며, 이는 단순한 경제적 자원 부족을 넘어 규제 이해 부족, 인프라 격차, 인재 미흡 등 구조적 문제를 반영한다. 이에 따라, 디지털 개발 협력기금(Digital Development Fund), AI 역량 강화 연수 프로그램, AI/

데이터 인프라 공유 이니셔티브와 같은 형태의 국제 지원체계가 제도적으로 내재화되어야 하며, 이는 기술 발전의 혜택이 소수 선진국에만 집중되지 않도록 조정하는 핵심 기제로 작용할 수 있다.

결국 국제 거버넌스 체계는 기술 통상의 규범화, 안보와 경제의 균형, 그리고 인류 공동 번영이라는 목표를 동시에 추구해야 하며, 이는 단지 하나의 제도 개혁이 아니라, 국가 간 신뢰 회복, 공동의 가치 기반 확립, 그리고 국제 질서의 책임 있는 진화를 위한 대전환적 과제로 자리매김하고 있다.

거버넌스 지정학 : 기술과 권력이 재편하는 세계 질서

1) 거버넌스 지정학과 국제적 규범

인공지능(AI)의 등장은 인간 문명의 진화를 가속화하는 기술적 분기점이자, 동시에 윤리적, 법적, 사회적 질서에 전례 없는 도전장을 던지는 중대한 전환점이 되고 있다. AI 기술은 경제 효율성과 혁신의 극대화를 가능케 하지만, 그 영향력이 인간의 의사결정, 사회 구조, 가치 체계에 이르기까지 깊숙이 침투하면서, 이제는 기술의 진보를 넘어 인간 중심의 규범과 거버넌스 체계의 재설계가 시급한 과제로 부상하고 있다.

특히 인공지능(AI)을 둘러싼 국가 간 기술 경쟁이 가속화됨에 따라, 각국은 주권적 기술 전략과 국제 협력 사이에서 복잡한 균형을 추구하고 있으며, 국제사회는 인간과 인공지능(AI)이 조화롭게 공존할 수 있는 공통된 규범과 원칙의 정립을 위한 협의를 본격화하고 있다. 이는 단순히 기술의 오남용을 방지하기 위한 틀에 그치지 않고, 인공지능(AI)이 인간의 자유, 존엄, 안전을 보장하는 방향으로 작동할 수 있도록 윤리적 기준과 법적 장치를 정교화하는 데 초점이 맞춰지고 있다. 이에 유럽연합(EU)은 세계 최초로 AI법(AI Act) 제정을 추진하며 고위험 AI 시스템에 대한 엄격한 규제 체계를 구축하고 있으며, 이는 AI의 책임성, 투명성, 설명 가능성을 담보하려는 대표적인 글로벌 선도 사례로 평가된다. 미국은 'AI 권리장전'을 통해 인간 중심의 AI 개발 원칙을 제시했고, 일본, 캐나다, 한국 등도 자국의 산업 전략과 결합된 윤리 기반의 AI 거버넌스 구축에 나서고 있다.

2) 주요 국가의 AI 거버넌스 모델

(1) 미국 : 시장 주도(market-driven) 자율과 개방

미국은 인공지능(AI) 분야에서의 글로벌 주도권을 확보하기 위해 국가 주도의 통제보다는 민간 기업과 시장의 자율적인 경쟁력을 극대화하는 방식으로 전략을 설계하고 있으며, 이러한 접근은 구글, 오픈AI, 마이크로소프트, 메타 등 세계적 빅테크 기업들이 AI 알고리즘, 생성형 모델, 클라우드 인프라에서 선도적 혁신을 이끌어내는 원동력이 되었고, 실제로 2024년 기준 글로벌 AI 시장에서 미국 기업이 차지하는 점유율은 50%를 초과하며, 전체 인공지능(AI) 관련 투자 금액의 62%가 미국에서 발생하고 있다는 수치는 시장 주도형 시스템이 기술 상업화와 생태계 확장에 얼마나 강력한 촉진제가 되는지를 단적으로 보여주고 있으나, 반면에 알고리즘 편향, 개인정보 침해, 자동화로 인한 노동 대체와 같은 사회·윤리적 리스크에 대한 공공의 대응 체계는 상대적으로 취약한 상황으로, 최소 규제를 통한 기술 가속이라는 전략이 장기적으로 공공성, 신뢰성, 투명성을 희생하는 구조로 귀결될 수 있다는 비판 역시 함께 존재하며, 이는 미국이 인공지능(AI) 기술 강국임과 동시에 윤리와 규범에 대한 글로벌 리더십을 어떻게 정립할 것인가에 대한 중대한 딜레마를 안고 있다는 점에서 중요한 정책적 과제로 부상하고 있다.

(2) 중국 : 정부 주도(state-driven) 통제와 기술 자립

인공지능(AI)을 21세기 국가 경쟁력의 핵심 축으로 규정한 중국은 정부 주도의 계획경제적 접근을 통해 기술 자립과 데이터 주권 강화를 추진하고 있다. 실제로 2025년까지 국가 전체 R&D 투자 중 약 30%를 AI 및 디지털 핵심 기술에 배정하고, 2030년까지 세계 AI 패권국으로 도약하겠다는 목표 아래 '차세대 인공지능 발전계획'을 수립했다. 이를 기반으로 바이두·텐센트·알리바바 등 자국 기업에 대한 직접 보조금 지급, 슈퍼컴퓨팅 인프라 확충, 국내 데이터 활용 촉진 등 전방위적 지원 정책을 펼치며 알고리즘·반도체·클라우드·스마트시티 등 첨단 산업 전반에서 기술 내재화(indigenization)를 가속하고 있다.

그러나 이러한 폐쇄적 생태계와 국경 기반의 강력한 데이터 통제는 외국 기업과의 상호 운용성 확보와 신뢰 기반 협력을 어렵게 만들고 있다. 더불어 AI 의사결정의 투명성, 윤리성, 인권 문제에 대한 국제사회의 우려도 커지고 있다. 특히 감시 기술의 고도화와 알고리즘 검열 체계는 AI가 '국가의 통치 도구'로 전용되고 있다는 비판을 낳으며, 중국식 기술 거버넌스가 글로벌 규범과 충돌할 가능성을 높이고 있다.

이러한 상황에서 중국은 한편으로는 AI 기술 자급화를 통해 전략적 성과를 거두고 있으나, 다른 한편으로는 기술패권 경쟁의 격랑 속에서 '디지털 철의 장막'이라는 이중적 평가를 받는 역설적인 구조에 직면해 있다.

(3) EU : 권리 중심(rights-driven) 통합 규범

유럽연합(EU)은 인공지능(AI) 기술이 사회 전반에 미칠 파급력과 민주적 질서에 대한 잠재적 영향을 깊이 인식하며, 기술의 상업적 속도보다 인간의 존엄과 권리를 우선하는 '권리 중심 규범체계'를 구축해 왔다. 그 핵심 결과물이 2024년 정식 통과된 세계 최초의 포괄적 AI 규제법, 'AI Act'이다.

AI Act는 AI 시스템을 위험 수준별(최고 위험, 제한적 위험, 최소 위험 등)로 구분하고, 각 등급에 따라 상이한 규제와 의무를 부과한다. 특히 생체인식, 자동 의사결정, 신용평가처럼 인간의 기본권과 직결되는 영역에서는 사전 승인제, 투명성 보고, 알고리즘 설명 의무 등을 법제화해 기업이 기술을 시장에 출시하기 전에 '사회적 안전성'과 '윤리적 정당성'을 반드시 검증받도록 했다.

이를 통해 EU는 '신뢰할 수 있는 AI(Trustworthy AI)'라는 새로운 기술철학을 국제 통상질서에 확산시키고 있으며, 개인정보보호법(GDPR)과 연계된 통제 메커니즘을 통해 디지털 주권의 범위를 한층 넓히고 있다.

그러나 이러한 정교한 규범 구조는 중소기업에게 높은 진입 장벽으로 작용할 수 있고, 빠른 상용화와 실험적 기술 혁신을 제약할 수 있다는 비판도 존재한다. 그럼에도 불구하고 EU의 AI 규제 전략은 기술 발전의 속도와 윤리적 신뢰의 정밀성 사이에서 균형을 설계하려는 대담한 사회적 실험이자, 향후 AI 통상 규범의 글로벌 표준화를 선점하려는 '규범 지정학(regulatory geopolitics)'의 핵심 전략으로 평가되고 있다.

3) 국경을 넘는 규칙 : 규범화와 도전의 교차

21세기 디지털 경제의 핵심 동력인 인공지능(AI)은 전통적 산업 규제를 사실상 우회하며 작동하는 기술로, 그 발전 속도와 확산 범위는 국가의 물리적 경계를 손쉽게 넘어선다. 그러나 아이러니하게도 이를 규율하려는 정책과 법제도는 여전히 국가 단위의 고립된 틀에 머물러 있다. 이러한 규제 구조는 AI 기술의 글로벌 협업과 시장 통합을 저해하는 가장 큰 병목으로 작용하고 있다.

실제로 2023년 기준 전 세계 약 70개국이 AI 관련 독자 규제안을 마련 중이지만, 국가 간 규범의 상호운용성이 부족해 AI 기반 디지털 무역의 24% 이상이 직·간접적으로 제한되고 있다는 OECD 보고서는 이러한 상황의 심각성을 분명히 보여준다.

이에 따라 국제사회는 AI 기술이 인간의 존엄과 권리를 침해하지 않도록 윤리적 사용을 강제하는 공통 규범을 마련하고, AI 발전의 핵심 자원인 데이터가 국가 간에 자유롭게 이동할 수 있도록 통합된 디지털 통상체계를 구축해야 한다. 또한 AI 알고리즘이 어떤 판단을 내리고, 그 판단이 누구에게 어떤 영향을 미치는지 사회 구성원 모두가 이해할 수 있도록 설명가능성과 투명성 기준을 의무화한 글로벌 단일 AI 거버넌스 체계의 정립이 필수적 과제로 떠오르고 있다.

이는 단순한 기술 규율의 수준을 넘어, 인공지능이 주도하는 미래 경제 질서 속에서 어떤 국가와 기업이 신뢰 기반 시장의 주도권을 확보할 것인가를 결정짓는 '규범 경쟁의 전략적 전선'이며, 동시에 인간 중심의 기술 활용이라는 문명사적 가치를 구현하기 위한 국제적 약속이 되어야 한다.

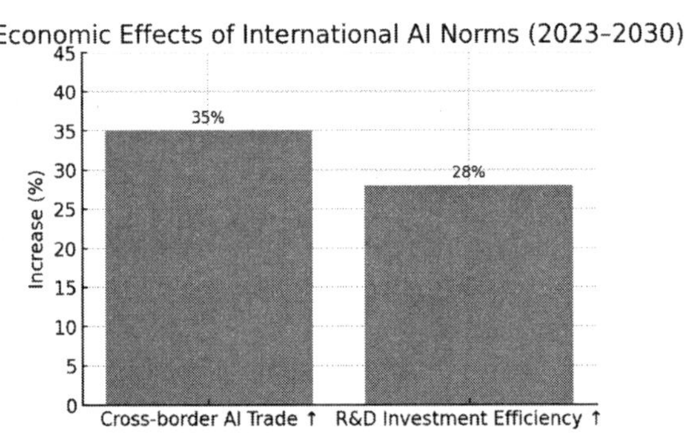

그림 8-14 국제 AI 규범이 가져올 경제적 효과

한편 국제 규범이 가져오는 경제적 효과를 살펴보면, 글로벌 인공지능 산업의 시장 규모가 2023년 약 1.4조 달러에서 2030년에는 15조 달러를 넘어설 것으로 전망되는 가운데, 국가 간 조화롭게 마련된 규범은 단순한 윤리적 합의를 넘어 실질적인 성장 동력으로 기능한다. 국제 규범은 기술 교역의 장벽을 낮추고 기업 간 신뢰 기반을

강화하여 AI 제품과 서비스의 국경 간 흐름을 35% 이상 확대하는 한편, 예측 가능하고 표준화된 제도 환경을 제공함으로써 기업의 고위험 AI 분야 투자 결정에서 불확실성을 줄여 R&D 투자 효율성을 최대 28%까지 향상시키는 촉매제로 작용한다.

또한 이러한 규범 기반의 협력 구조는 선진국과 개발도상국 간 기술 격차를 축소하고 AI 활용의 포용성을 높여 글로벌 디지털 경쟁력을 끌어올리는 다자적 성장 엔진으로 기능한다. 결국 국제 규범은 기술 발전을 위한 안전망이자, 지속 가능한 글로벌 AI 경제의 토대를 구축하는 핵심 전략 자산임이 자명하다.

4) 국제 규범의 경제적 효과와 미래 전망

(1) 규제 완화에서 글로벌 주도권까지 : 미국식 AI 패권의 비밀

미국의 AI 거버넌스와 중국 견제는 시장 주도 자율과 개방을 넘어선 전략적 대응으로 미국은 AI 기술 개발에서 시장 주도와 자율, 개방성을 기반으로 한 전략을 통해 글로벌 기술 리더십을 유지해왔다. 그러나 중국의 급속한 인공지능(AI) 기술 발전과 글로벌 시장에서의 영향력 확장은 미국의 기술적 우위와 국가 안보에 도전 과제를 제기하고 있다. 이에 미국은 시장 경쟁을 촉진하는 동시에, 중국을 견제하기 위한 다각적 정책을 도입하며 기술 경쟁과 거버넌스의 균형을 모색하고 있다.

(2) 미국 빅테크의 질주와 중국 견제 전략 : 빅테크 기업의 기술 우위

2023년 기준 글로벌 AI 투자 규모의 약 40% 이상이 미국에서 발생하고 있으며, 그 중심에는 구글, 마이크로소프트, 메타, 애플 등 이른바 '빅포(Big Four)'로 불리는 미국 빅테크 기업들이 자리하고 있다. 구글은 검색과 온라인 광고 알고리즘을 기반으로 세계 검색 시장의 92%를 점유하고 있으며, 마이크로소프트는 클라우드 플랫폼 Azure와 OpenAI와의 파트너십을 토대로 GPT 계열 생성형 AI 생태계를 전방위로 확장하고 있다. 메타는 하루 평균 30억 건의 사용자 인터랙션을 분석하며 딥러닝 기반 콘텐츠 최적화를 고도화하고 있고, 애플은 자체 칩셋 개발과 하드웨어-소프트웨어 통합 전략을 통해 사용자 경험을 AI 중심으로 재정의하고 있다. 이들 기업의 기술 리더십은 단순한 제품 혁신을 넘어 클라우드, 데이터, 인프라, 사용자 플랫폼 전반에 걸친 독점적 지위를 더욱 강화하고 있다.

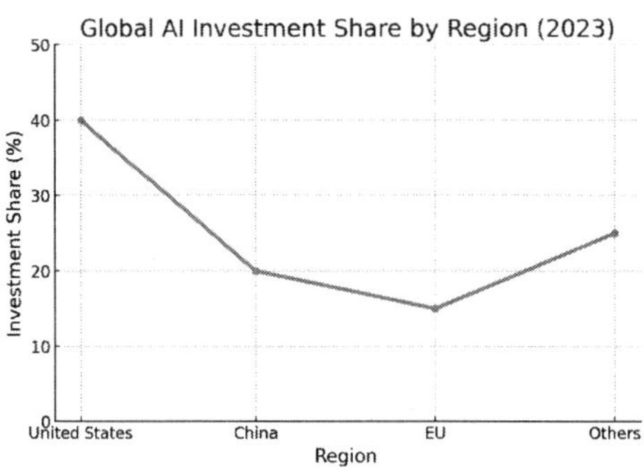

그림 8-15 미국 중심 글로벌 AI 투자 비중

이러한 생태계적 우위는 미국 정부가 지난 수십 년간 자율성과 투명성을 축으로 설계한 개방형 인터넷 거버넌스, 그리고 자유경쟁을 통한 기술 혁신 촉진 전략에 힘입어 가능해졌다. 그러나 AI가 윤리적 책임, 개인정보 보호, 알고리즘 편향 등 새로운 사회적 위험을 수반하게 되면서, 미국 내에서도 디지털 반독점 규제와 AI 규범화를 요구하는 목소리가 급부상하고 있다. 이에 따라 미국식 기술·시장 모델은, 그간 혁신을 견인해온 개방성과 산업 자율성을 유지하면서도, AI 시대에 적합한 규율·감독 체계를 새롭게 구축해야 하는 역사적 전환점에 직면해 있다.

(3) 중국 AI 부상에 대한 미국의 대응 전략 : AI 거버넌스와 기술 경쟁

2024년 이후 미국의 인공지능(AI) 거버넌스는 기술 패권 경쟁, 민주주의적 가치 수호, 국가 안보라는 세 축을 정교하게 결합하며, 단순한 기술 규제나 산업 육성을 넘어 국가 전략 체계의 핵심 축으로 진화하고 있다. 그 근원은 2019년 출범한 국가 인공지능 이니셔티브(National AI Initiative)로, 연방 정부 차원에서 AI 연구개발(R&D), STEM 인재 양성, AI 표준화, 산업-학계 협력체계를 종합적으로 구축하기 위한 정책적 토대를 마련한 데 있다. 이 시기 미국은 AI를 '기술 경쟁의 도구'가 아니라, 장기적 국가 경쟁력을 결정짓는 전략 산업으로 정의하며, 공공과 민간이 함께 움직이는 전면적 AI 생태계 조성을 본격화했다.

이후 제정된 국가 인공지능 이니셔티브법(NAIIA)은 연방 기관 간 협력 체계를 구축하고 데이터 접근성을 개선하며, 윤리적 AI 개발을 위한 법적 기반을 마련함으로써 미국 AI 거버넌스의 제도적 토대를 완성했다. 이어 2023년에 발표된 'AI 권리장전(Blueprint for an AI Bill of Rights)'은 인공지능 시스템이 안전성·공정성·설명 가능성·개인정보 보호 등 핵심 원칙을 충족해야 한다는 기준을 제시하였다. 같은 해 발표된 "Safe, Secure, and Trustworthy AI" 행정명령(Executive Order 14110)은 AI 모델의 안전성 검증 절차, 정부 조달 기준, 핵심 인프라 분야의 AI 위험 관리 체계를 명문화하며 AI의 공적 책임성을 한층 강화했다. 여기에 더해 국가 AI 연구자원(NAIRR) 플랫폼 구축이 추진되면서, 공공 연구기관과 민간 기업이 AI 개발 자원과 데이터셋을 공유할 수 있는 개방형 연구 생태계 기반도 마련되었다.

2025년 들어 이러한 흐름은 한층 강화되었다. 미국은 AI 인프라 구축과 공급망 보호, 고성능 연산 자원 확보를 국가 전략으로 격상시키며, AI 모델 훈련용 전력망과 반도체 생태계까지 포함하는 "AI 인프라 행정명령(Executive Order on Advancing U.S. Leadership in AI Infrastructure)"을 발표했다. 이 명령은 단순한 기술 투자 지침을 넘어, 국가 안보와 경제 경쟁력의 관점에서 AI를 바라보는 새로운 거버넌스 체계를 선언한 것이기도 하다.

이렇듯 미국의 AI 거버넌스는 기술 패권, 윤리, 민주주의, 안보가 교차하는 다층적 구조로 진화하고 있다. AI는 더 이상 단일 기술이 아니라, 정보·산업·외교·안보를 포괄하는 국가 전략의 축이 되었으며, 미국은 이러한 "AI 글로벌 리더십 패러다임"을 통해 자국의 기술 규범과 거버넌스 모델을 국제 표준으로 확산시키려 하고 있다. 결국, 미국은 기술 개발과 규제의 병행을 통해 AI를 '통제 가능한 혁신'으로 관리하는 새로운 질서를 구축하며, 향후 글로벌 AI 규범 경쟁에서 '기술 민주주의'를 선도하는 중심 국가로 자리매김하고 있다.

5) AI 시대의 전략 전쟁

(1) 경제 경쟁과 국가 안보의 교차로

인공지능(AI) 기술이 주도하는 새로운 글로벌 경쟁의 중심에서 미국은 경제적 성장과 국가 안보라는 두 축을 모두 강화하기 위해 전략적 대응을 가속화하고 있으며, 특히 경제적 측면에서는 AI가 GDP 성장률을 연간 1.2~1.5%포인트까지 끌어올릴 수 있다는 PwC의 전망(2030년까지 글로벌 GDP의 14% 증가, 약 15.7조 달러 기여)처럼, 인공지능이 데이터 중심의 디지털 경제를 재편하고 새로운 부가가치를 창출하는 핵심 인프라로 작용하고 있음이 점점 명확해지고 있다.

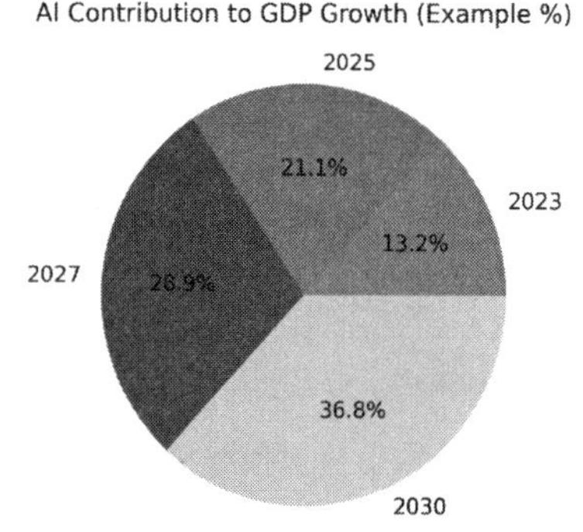

그림 8-16 AI가 GDP 성장에 기여하는 비중

구글, 마이크로소프트, 아마존, 메타와 같은 미국 빅테크 기업들은 거대 언어 모델(LLM), 생성형 AI, 자율주행, 의료 AI 등 전 산업 분야에서 글로벌 시장 점유율을 확대하며, 플랫폼 장악력과 네트워크 효과를 통해 기술적·경제적 초격차를 형성하고 있다. 특히 ChatGPT와 같은 생성형 AI의 급속한 상업화는 신산업 일자리 창출뿐 아니라 광고, 교육, 헬스케어, 금융 등 전통 산업 구조를 변화시키는 촉매제로 작용하고 있다.

반면, 중국의 바이두, 텐센트, 알리바바, iFLYTEK 등도 AI 연구개발(R&D)과 산업화에서 미국을 빠르게 추격하며 글로벌 AI 기술 리더십 경쟁을 본격화하고 있어, 미국은 자국의 기술 우위와 글로벌 지배력을 유지하기 위한 전략적 대응이 절실한 시점에 직면해 있다.

동시에 AI는 국가 안보 측면에서 단순한 민간 기술을 넘어 전략적 자산으로 인식된다. 미국은 AI가 자율 무기 시스템, 사이버 방어, 위성 감시, 군사 작전 자동화 등 미래전에서 결정적 게임체인저가 될 것으로 보고, 민군 융합 기술 보호를 국가 전략 차원에서 추진하고 있다. 예컨대, 2023년 미 국방부는 'AI 전투 클러스터(AI Combat Clusters)' 구축에 2억 달러 이상을 투입하여 AI 기반 군사 시뮬레이션 및 판단 자동화 시스템을 전력화하고, 2025년까지 자율 무인기와 로봇 병력 실전 배치를 목표로 하는 'Replicator Initiative'를 통해 중국의 양적 우위에 대응하는 질적 AI 전력을 개발하고 있다.

이처럼 민군 기술 경계의 해소와 AI 무기화의 흐름은 단순한 경제 경쟁을 넘어 국제 안보 질서의 균형마저 재편하고 있으며, 향후 미국의 AI 정책은 기술 패권, 경제 성장, 안보 보장이라는 세 요소가 삼각축처럼 상호 연결된 복합 전략으로 진화할 가능성이 매우 크다.

(2) 중국 AI 연구의 성과와 한계

중국의 인공지능(AI) 산업이 단기간 내에 세계적 경쟁력을 갖춘 기술 강국으로 도약할 수 있었던 배경에는 세 가지 핵심 요인이 유기적으로 결합되어 있다.

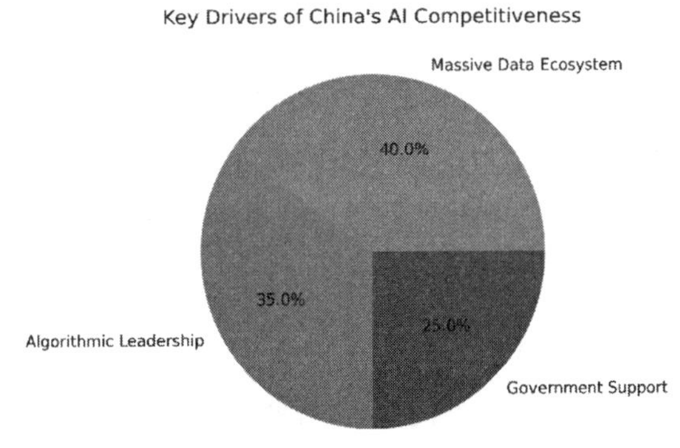

그림 8-17 중국 AI 경쟁력의 핵심 동인

첫째, 14억 명에 달하는 중국의 거대한 내수시장은 AI 알고리즘 훈련에 필수적인 방대한 데이터를 생성하는 구조적 기반이 되었다. 이는 구글, 메타 등 서구 기술 기업이 개인정보 활용에 제한을 받는 것과 달리, 중국 기업들이 이용자 행동, 결제 내역, 영상·음성 데이터까지 실시간으로 확보하며 AI 학습에 최적화된 생태계를 구축할 수 있게 했다. 특히 텐센트의 WeChat은 월간 활성 사용자(MAU) 13억 명을 보유하며, 하나의 앱 안에서 결제, 메시지, SNS, 게임, 헬스케어 등 다양한 데이터 흐름이 통합되어 AI 기반 슈퍼앱이자 데이터 허브로 기능하고 있다.

둘째, 중국은 세계 최대 수준의 빅데이터 기반 알고리즘 경쟁력을 확보했다. 바이두는 자연어 처리(NLP) 모델 ERNIE를 지속적으로 발전시켜 2024년 기준 중국어 이해력에서 GPT-4를 추월했다는 평가를 받았다. 이미지 인식 분야에서는 SenseTime과 Megvii 등 스타트업들이 세계 컴퓨터비전 대회(예: ImageNet)에서 최상위권을 차지하며, 안면 인식 정확도 99.5% 이상을 달성하는 등 기술 선두주자로 부상했다. 이러한 성과는 단순한 학술적 경쟁력에 그치지 않고, 보안, 금융, 헬스케어, 교육 등 산업 전반에서 경제적 부가가치로 이어지며 실질적 경쟁력을 입증하고 있다.

셋째, 중앙정부의 전략적이고 강력한 지원 체계는 중국 AI 생태계의 압축 성장을 촉진했다. 중국 국무원은 2017년 '차세대 AI 발전계획'을 발표하고 2030년까지 AI 핵심 기술에서 세계를 선도하겠다는 국가 비전을 수립했다. 이에 따라 2022년 기준 AI 관련 R&D 정부 예산은 약 100억 위안(약 14억 달러)에 달했으며, 각 지방정부는 AI 스타트업 유치를 위해 기술특구와 세제 혜택을 경쟁적으로 확대하고 있다. 동시에 데이터보안법과 개인정보보호법(PIPL)을 통해 AI 기술 개발과 데이터 활용 사이의 균형을 모색하며 제도적 안정성도 강화하고 있다.

이처럼 중국 AI의 성장은 데이터, 알고리즘, 정책의 삼각 축이 정교하게 맞물리며 이뤄낸 구조적 진화로, 단순한 산업 확장이 아닌 디지털 주권 확보, 글로벌 기술 리더십 부상, 산업 구조 재편이라는 전략적 목표와 깊이 연계되어 있으며, 이는 향후 글로벌 AI 질서에서 중국이 어떤 역할을 수행할지를 가늠케 하는 핵심 변수로 작용하고 있다.

6) 유럽의 인공지능(AI) 권리 보호와 글로벌 리더십

(1) 유럽의 인공지능(AI) 권리 보호와 글로벌 리더십

유럽연합(EU)은 인공지능(AI)을 인간 중심의 신뢰 기반 기술로 발전시키는 동시에 글로벌 AI 시장에서의 경쟁력을 강화하기 위해 다차원적인 전략을 수립하고 있다. EU의 접근법은 '경쟁력(Excellence)'과 '신뢰(Trust)'라는 두 가지 핵심 축을 중심으로, 기술 혁신과 윤리적 책임을 조화시키고 있다. 결국 AI 거버넌스는 단순한 기술 규제가 아닌, 사회적 합의와 제도적 조율의 문제로 확장되고 있다. 유럽연합(EU)은 이러한 관점에서 회원국 간 협력을 통해 EU는 회원국 간의 효과적인 협력체계 구축을 최우선 과제로 삼아, 프랑스, 독일, 핀란드 등 기술 선도국들과 중남부 유럽 국가들 간의 R&D 역량 격차를 줄이기 위한 공동 연구 펀드와 범유럽 AI 공동체(European AI Alliance)를 운영하고 있으며, 이를 통해 2024년까지 100개 이상의 AI 연구 프로젝트를 공동으로 수행하는 협력 기반을 마련하였다. 이 구조는 단순한 기술 개발을 넘어서, EU 단일 디지털 시장을 AI 기반으로 통합하는 장기 전략의 출발점으로 기능하고 있다.

이어서, 인공지능(AI)의 경쟁력을 결정짓는 핵심 자원인 데이터 확보를 위해 EU는 '공공 데이터 공유 규정(Open Data Directive)'과 '유럽 데이터 거버넌스법(Data Governance Act)'을 시행하며, 의료, 제조, 교통, 에너지 등 분야별 고품질 데이터를 안전하게 공유할 수 있는 '유럽 공동 데이터 공간(European Common Data Spaces)'을 구축하고 있다. 2023년 기준, EU는 14개 산업 영역에 걸쳐 80개 이상의 데이터 허브를 운영하고 있으며, 이는 AI 개발에 필요한 대규모 학습 데이터를 신뢰 기반에서 확보할 수 있도록 하는 제도적 인프라로 주목받고 있다.

한편, 인공지능(AI) 연구와 상업화를 가속화하기 위한 컴퓨팅 인프라 확충에도 EU는 막대한 투자를 진행 중이다. 유럽 고성능컴퓨팅 공동체(EuroHPC)는 2024년 엑사급(Exascale) 슈퍼컴퓨터의 도입과 함께 이탈리아의 'Leonardo', 룩셈부르크의 'MeluXina' 등 세계 10위권 내에 드는 슈퍼컴퓨팅 시스템을 운영 중이다. 동시에 GAIA-X 프로젝트를 통해 유럽 내 자율적이고 투명한 클라우드 생태계를 조성하여 미국·중국의 기술 종속에서 벗어난 AI 기반 디지털 자립 구조를 실현하고자 한다. 이러한 전략적 접근은 단기적인 기술 경쟁을 넘어, 민주적 가치와 개인의 권리를 중시하는 유럽식 AI 모델을 글로벌 표준으로 끌어올리겠다는 거시적 목표와 맞닿아 있으며, 실제로 유럽 AI 규제법(AI Act)은 전 세계 최초의 포괄적 AI 법안으로 2024년 3월 유럽 의회를 통과하며 '신뢰할 수 있는 AI'라는 유럽 철학을 세계 무대로 확장하는 결정적 이정표가 되고 있다.

(2) 신뢰 기반 규율과 AI 윤리

유럽연합(EU)은 2024년 3월 세계 최초로 통과된 AI 규제법(AI Act)을 통해 인공지능 기술에 대한 '위험 기반(Risk-based)' 접근 방식을 제도화하며, 기술 혁신과 윤리적 책임 사이의 균형을 세계적 수준에서 제시하고 있다. 이 규제법은 AI 시스템이 인간의 안전, 기본권, 민주주의, 법치주의에 미칠 수 있는 영향력을 객관적으로 계층화하여, 총 네 단계의 위험 등급에 따라 각기 다른 의무와 제약을 부과하는 구조로 정교하게 설계되었다.

그림 8-18 AI 규제법(AI Act)

첫째, '수용 불가 위험(Unacceptable Risk)' 등급은 인간의 존엄성과 자유를 본질적으로 침해할 가능성이 있는 AI 사용을 원천적으로 금지한다. 여기에는 공공장소에서의 실시간 생체인식 감시, 사회적 점수화(social scoring), 아동이나 장애인 등 취약계층을 대상으로 한 무의식적 행동 조작 기술이 포함되며, 이들은 AI의 가장 위험한 형태로 간주되어 EU 내 시장 접근 자체가 금지되고 있다.

둘째, '고위험(High Risk)' 등급은 사회·경제적으로 중대한 영향을 미칠 수 있는 분야에서 사용되는 AI 시스템을 대상으로 하며, 이에는 의료기기, 자동차, 항공, 중요 인프라, 교육, 고용, 신용평가, 공공행정, 사법부 및 법 집행 시스템이 포함된다. 이들 시스템은 출시 전 반드시 데이터 품질 검증, 설명 가능성, 인간 감시 조치, 리스크 관리 프레임워크 등의 요건을 충족해야 하며, EU 위원회 산하 AI 규제 기관(European AI Office)의 심사를 거쳐야 시장 진입이 허용된다. 실제로, AI Act는 모든 조항이 즉시 발효되는 것은 아니며, 많은 규제 책임이 2025~2027년 사이 단계적으로 적용될 예정이다.

셋째, '제한된 위험(Limited Risk)' 등급은 챗봇, 감정 인식 시스템, 생성형 AI 등 사용자 상호작용을 동반하지만 인격권 침해 가능성이 상대적으로 낮은 기술에 적용되며, 이러한 시스템은 'AI 사용 사실 고지'와 같은 투명성 의무만 부과된다. 예를 들어, 사용자에게 "이 콘텐츠는 AI에 의해 생성되었습니다"라는 알림을 제공해야 하며, 이는 디지털 소비자의 알 권리 보장과 기술 오용 방지를 위한 핵심 장치로 기능한다.

마지막으로, '최소 위험(Minimal Risk)' 등급은 이메일 스팸 필터, 동영상 추천 알고리즘, 날씨 예측 시스템과 같이 일상적이며 위험성이 거의 없는 AI 활용에 해당하며, 규제 대상에서 제외되지만 윤리적 가이드라인에 따라 권고 사항이 제시된다. 이러한 구분을 통해 EU는 규제의 무분별한 과잉을 방지하는 한편, 고위험 분야에서는 안전성과 법적 책임을 사전에 내재화한 설계 방식을 제도화함으로써, 인공지능(AI) 산업의 신뢰 기반 확장과 소비자 권익 보호라는 이중 효과를 동시에 달성하고자 한다.

이와 같은 위험 중심 규제 프레임워크는 글로벌 디지털 경제에서 유럽식 가치와 기준을 주도적으로 확산시키는 도구로 작용하고 있으며, 미국과 중국의 규제 공백 속에서 '신뢰할 수 있는 AI'의 글로벌 표준을 주도하는 입법적 전환점으로 평가되고 있다. 특히, 2024년 이후 글로벌 AI 기업들이 EU 시장 진입을 위해 자체 리스크 평가 및 윤리 준수 보고 체계를 강화하고 있는 추세는 유럽 규범이 단순한 규제가 아닌 AI 기술 생태계의 질적 발전을 견인하는 글로벌 거버넌스 도구로 자리매김했음을 방증하는 사례라 할 수 있다.

6 국제 협력과 거버넌스 : 글로벌 AI 규범화의 진전

국제 협력과 거버넌스는 AI 기술의 윤리적 사용과 글로벌 표준화를 위한 필수적인 기반을 제공한다. 유럽연합(EU)은 AI 기술의 발전과 활용이 인권과 민주적 가치를 존중하도록 보장하는 국제 협력 플랫폼에서 주도적인 역할을 하고 있다. 이는 AI 기술의 투명성과 신뢰성을 강화하고, 글로벌 경제와 사회적 영향력을 극대화하기 위한 포괄적인 전략의 일환이다.

1) 국제적 협력 플랫폼

유럽연합(EU)은 인공지능(AI)의 윤리적 활용과 글로벌 규범 정립에 있어 단순한 입법 권역을 넘어 국제적 협력 플랫폼의 중심축으로 부상하고 있으며, 이를 통해 민주적 가치와 인간 중심의 AI 개발 원칙을 전 세계에 확산시키고 있다. 특히 미-EU 통상기술이사회(Trade and Technology Council, TTC)는 이러한 국제 협력의 핵심 구심점으로 양측은 AI 기술이 인권, 민주주의, 법치주의를 기반으로 작동할 수 있도록 상호 표준을 조율하고, 생성형 AI, 디지털 신뢰성, 공급망 복원력, 사이버보안 등 분야에서 공동 로드맵을 개발하고 있다. 이 협력은 단순한 기술 교류를 넘어, AI 기술이 사회에 미치는 영향을 사전에 통제하고, 양측 기업들이 상호 규제를 준수하면서 글로벌 시장에서 경쟁력을 유지할 수 있도록 제도적 틀을 제공한다.

또한, 2025년 히로시마 AI 프로세스(Hiroshima AI Process)는 G7 정상회의를 통해 출범한 최초의 다자간 AI 거버넌스 협력틀로 남아 있으며, 생성형 AI 및 고도화된 AI 시스템의 안전성·책임성 확보를 위한 국제 기준 수립의 중심축으로 점차 구체화되고 있다. 이 프로세스는 AI 기술 혁신과 함께 다음과 같은 핵심 요소들을 중심으로 발전해왔다. 이처럼 히로시마 AI 프로세스는 기술 주도권 경쟁과 규범 주도권 경쟁이 결합된 무대로서, 단순한 선언 이상의 구조를 지향하고 있다. 기술 혁신의 자유와 책임성 간 균형, 국가 간 윤리적 가치 조율, 그리고 AI 거버넌스의 국제 규범화를 노리는 움직임이 이 프로세스 안에서 구체화되고 있으며, 앞으로 이 틀은 AI 경제·과학·

외교 정책의 핵심 참조점이 될 가능성이 높다.

이러한 협력은 인공지능(AI) 기술의 주도권을 확보하려는 미국의 시장 주도형 전략, 중국의 기술 자립형 전략과는 다른 접근으로, EU가 "신뢰할 수 있는 AI(trustworthy AI)"라는 새로운 규범적 브랜드를 통해 국제 기술 질서에서 소프트 파워를 확장해 나가는 결정적 전략임을 보여준다. 실제로 2024년 기준, G7 국가의 인공지능(AI) 관련 기술 특허 중 약 27%가 윤리적 설계, 투명성, 책임성 관련 기술군에 집중되어 있으며, 이 중 EU 기업과 기관의 출원 비중은 미국과 일본을 상회하는 약 31%를 기록, AI 규범화 분야의 세계적 선도권을 실증하고 있다.

2) 국제사회의 인공지능(AI) 통상규범

인공지능(AI)의 발전은 경제와 사회 전반에 걸쳐 혁신적인 변화를 일으키고 있다. 그러나 AI 기술이 글로벌 통상 환경에 미치는 영향과 그 잠재력을 극대화하기 위해서는 국제사회의 AI 통상규범이 중요한 역할을 한다. 통상규범은 AI 기반 디지털 경제의 안정적이고 개방적인 환경을 조성하며, 기술 발전과 윤리적 고려를 조화롭게 통합하는 데 필수적인 도구로 기능할 수 있다.

(1) 다자간 협력의 중요성

인공지능(AI) 통상협상은 단지 기술 교역의 영역을 넘어, 글로벌 데이터 질서를 재편하는 핵심 메커니즘으로 부상하고 있으며, 특히 다자간 협력은 서로 다른 규제 철학과 국가 이익이 충돌하는 복잡한 AI 생태계에서 국제 사회가 신뢰 가능한 디지털 거버넌스를 구축하는 데 있어 가장 전략적인 해법으로 작용한다. 예컨대, 유럽연합의 GDPR(일반개인정보보호법)과 같이 개인의 프라이버시를 절대적으로 보호하려는 입장과, 미국 및 아시아 일부 국가들이 선호하는 데이터 자유 이동 중심의 접근 방식 사이의 규범적 간극은 인공지능(AI) 기술의 글로벌 확산과 상호운용성에 커다란 장애물로 작용하고 있으며, 이 같은 구조적 긴장을 해소하기 위해서는 다자간 통상 프레임워크 내에서 국경을 초월한 데이터 보호 원칙과 기술 교류의 조화를 이끌어내는 세심한 외교와 규범 설계가 필요하다.

그림 8-19 2023년 G7 히로시마 정상회의

특히 2023년 G7 히로시마 정상회의에서 출범한 '히로시마 AI 프로세스(Hiroshima AI Process)'는 바로 이러한 문제의식을 반영한 대표적 사례로, AI의 개발과 활용이 민주주의·인권·안보의 가치를 존중하는 방향으로 규율되어야 한다는 공감대를 바탕으로, 생성형 AI의 리스크를 공동 규제하고 책임성을 강화하기 위한 다자간 협력의 기반을 마련하였다. 이러한 협력적 거버넌스는 단순히 규제를 정렬하는 데 그치지 않고, 글로벌 기업들이 규범적 불확실성을 줄이고 기술 투자를 확대할 수 있도록 안정적이고 예측 가능한 시장 환경을 제공함으로써 디지털 경제 전반의 효율성과 공정성을 동시에 제고한다는 점에서 중대한 경제적 파급력을 갖는다. 이러한 흐름의 의미는 데이터 주권과 글로벌 데이터 흐름의 균형을 맞추는 국제 질서를 구축하고, 기술 기반 경제가 신뢰와 책임, 혁신과 규율이라는 상호 긴장되는 가치들을 조화롭게 담아내는 새로운 통상 패러다임을 제시하고 있다.

(2) 생성형 AI와 글로벌 경제의 새로운 패러다임

생성형 AI의 부상은 기술적 연구의 한계를 뛰어넘어 글로벌 경제와 사회에 혁명적 변화를 촉발하는 기폭제로 자리 잡고 있다. 이 기술은 단순히 특정 제품의 성능을 향상하거나 생산 효율성을 높이는 데 그치지 않고, 데이터 중심 경제와 디지털 교역이라는 새로운 세계화 모델을 형성하는 데 핵심 역할을 하고 있다. 생성형 AI는 대규모 데이터를 학습하고 이를 기반으로 창의적인 결과물을 도출함으로써, 전통적인 산업 구조를 혁신하고 비즈니스 모델의 재구성을 가능하게 한다.

경제학적으로, 생성형 AI는 생산성과 자본 효율성에서 새로운 가치를 창출할 잠재력을 지니고 있다. 제품의 지능화와 생산 공정의 자율화는 노동의존도를 줄이는 동시에 고부가가치 생산을 촉진하며, 이는 기업의 비용 절감과 이윤 증대로 이어진다. 예를 들어, AI 기반의 예측 분석은 공급망의 효율성을 극대화하여 자원의 낭비를 최소화하고, 제조업에서는 스마트 팩토리를 통해 품질 관리와 생산성을 혁신적으로 개선한다. 이러한 변화는 글로벌 경제 전반에서 생산성 함수를 재정의하며, 경제 성장의 새로운 동력을 제공한다. 또한, 데이터 경제와 디지털 교역은 생성형 AI의 발전과 함께 새로운 경제적 지평을 열어가고 있다. 데이터가 핵심 자산으로 부상하면서 국가 간 데이터 이동과 보호는 경제적 경쟁력의 중심에 자리 잡았다. AI 기술은 데이터를 분석하고 활용하는 방식을 혁신하여 기업들이 새로운 시장을 개척하고 소비자 맞춤형 서비스를 제공할 수 있도록 지원한다. 이로 인해, 데이터 경제는 전통적인 상품 및 서비스 교역의 형태를 재구성하며, 디지털 시대의 경제적 가치 사슬을 완전히 새롭게 정의하고 있다.

이러한 가운데 미국, EU, 중국 등 주요 국가들은 AI 기술의 패권을 두고 치열한 경쟁을 벌이고 있다. 미국은 빅테크 기업 중심의 시장 주도 전략을 통해 기술 혁신을 가속화하고 있으며, 중국은 강력한 정부 주도 정책과 거대 내수시장을 기반으로 AI 기술의 양적 성장과 응용 확대에 집중하고 있다. 한편, EU는 인간 중심의 윤리적 AI 규범과 데이터 보호를 강조하며 기술 경쟁과 신뢰 구축을 조화롭게 추구하고 있다. 이들 국가 간 경쟁은 단순한 기술 개발을 넘어 경제와 안보, 사회 구조 전반에 걸친 패러다임 전환을 이끌고 있다. 그러나 이러한 기술적, 경제적 전환기에 글로벌 통상 체제는 여전히 구시대적 틀에 얽매여 있다. WTO 다자체제는 AI와 디지털 경제의 급격한 변화를 반영하지 못한 채, 전통적 상품 교역의 규범에 머물러 있다. 글로벌 통상의 중심축이 디지털 교역과 데이터 이동으로 이동하고 있는 현재, 기존 체제의 한계를 극복하기 위한 새로운 규범과 구조가 요구된다. 데이터 거버넌스, AI 윤리, 기술 격차 해소 등 새로운 통상 과제가 글로벌 협력을 통해 해결되어야 하며, 이는 글로벌 경제의 지속 가능성과 공정성을 확보하는 데 핵심적이다. 국제사회는 이러한 변화의 흐름 속에서 새로운 경제적, 사회적 기회를 창출해야 한다. AI 기술은 고용, 교육, 산업 구조 등 경제 전반에 걸쳐 혁신을 이끌 가능성을 지니고 있다. 동시에, 이러한 기술이 윤리적이고 책임 있는 방식으로 활용되도록 하기 위한 정책적, 제도적 틀이 마련되어야 한다. AI 기술의 경제적 가치는 지속 가능한 성장과 공정한 분배를 위한 기초가 되어야 하며, 이를 위해 국제적 협력이 더욱 강화되어야 한다.

요컨대, 생성형 AI는 글로벌 경제와 사회의 구조적 변화를 이끄는 새로운 원동력으로 자리 잡고 있다. 이 기술은 경제학적 효율성을 넘어 윤리적 책임과 사회적 공존의 문제까지 포함한 복합적인 도전 과제를 제기하고 있다. 국제사회는 이러한 변화의 중심에서 AI 기술의 잠재력을 극대화하면서도, 공정성과 지속 가능성을 확보하기 위한 협력과 규범화를 통해 새로운 미래를 열어가야 한다. AI는 단순한 도구를 넘어, 인간의 상상력과 기술적 가능성을 결합하여 새로운 시대의 경제적, 사회적 패러다임을 창조하는 데 기여할 것이다.

경제를 말하다 : ChatGPT 중심의 대화형 AI 진화와 잠재력

대화형 AI의 혁신 전환과 경제적 잠재력 : ChatGPT 중심으로

OpenAI가 개발한 ChatGPT("Chat Generative Pre-trained Transformer")는 GPT 계열 언어모델을 대화형 상호작용에 맞춰 정교하게 조정한 최신 인공지능(AI) 기술로, 출시 이후 자연스러운 언어 이해와 응답 능력이 획기적으로 강화되었다. 2025년 중반 기준, ChatGPT는 전 세계적으로 약 8억 명의 주간 활성 사용자, 일일 1억 2천만 명 이상의 활성 사용자를 자랑하며, 매일 10억 건 이상의 질의가 처리되는 플랫폼이 되었다, Fortune 500 기업의 92% 이상이 ChatGPT 또는 OpenAI의 관련 제품을 업무에 활용 중이며, Enterprise 및 Team 라이선스로 150만 개 이상의 기업 계정이 활성화되어 있다.

그림 9-1 OpenAI가 개발한 ChatGPT

최근 OpenAI는 인도 AI 미션과 협업하여 OpenAI Academy를 인도에 설립하며 글로벌 AI 인재 양성에 박차를 가하고 있으며, 호주와 미국에는 거대한 AI 연산용 인프라를 구축 중이다. '25년 특히 5월에는 "Jony Ive의 AI 하드웨어 스타트업 io 인수(약 65억 달러)"라는 대형 M&A를 통해, AI 소프트웨어와 하드웨어의 결합을 본격화하고 있어 차세대 AI 사용자 경험 전환을 예고하고 있다. ChatGPT는 비단 인터페이스 개선에만 그치지 않고, prompt-engineering을 비롯한 다양한 숙련형 AI 기술이 채용 시장의 핵심 스킬로 검증됨에 따라, 의료, 금융, 고객 응대뿐만 아니라 프로그래밍과 창작까지 업무 전반에서 생산성 혁신(예: CS 대응 효율 30-45%, 마케팅 성과 5-15%)을 이끌고 있다. 또한 OpenAI는 ChatGPT를 AGI(범용 인공지능) 슈퍼 어시스턴트로 발전시키기 위해 대규모 전략을 펼치고 있으며, 이는 전 세계 AI 기반 경제의 성장 모멘텀으로 작용할 것이란 기대를 모으고 있다.

1) 대화형 AI의 혁신 물결 : GPT로 보는 기술과 경제의 미래

(1) 오늘의 혁신, 내일의 표준 : AI 활용의 현재

OpenAI의 ChatGPT는 단순한 대화형 AI를 넘어, 다양한 산업에서 업무 방식의 혁신과 생산성의 재정의를 이끌며 기업의 운영 효율성과 경쟁력을 극적으로 향상시키고 있다.

먼저 기업 운영 분야에서 ChatGPT는 고객 응대와 내부 업무 효율화에 중대한 변화를 가져왔다. 예를 들어, Morgan Stanley는 수천 페이지에 달하는 사내 자산관리 문서를 ChatGPT 기반 지식 관리 시스템으로 통합하여, 직원들이 정보를 수 분 내에 검색·활용할 수 있게 했다. 이는 정보 탐색에 걸리던 평균 시간을 75% 이상 단축 시켰으며, 고객 응대 품질 역시 향상되는 효과를 가져왔다. Zendesk의 분석에 따르면, AI 기반 챗봇을 도입한 고객지원팀은 평균 응답 속도를 40% 이상 개선했으며, 고객 만족도도 12% 증가한 것으로 나타났다.

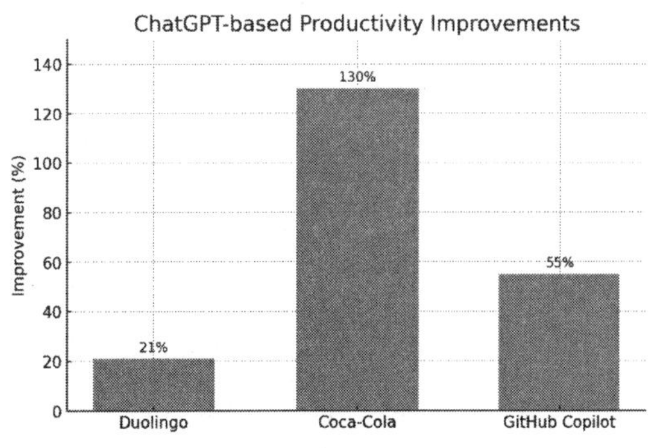

그림 9-2 ChatGPT 활용 사례별 성과 향상 효과

교육 산업에서도 ChatGPT는 개인 맞춤형 학습 도우미로 자리 잡고 있다. Duolingo는 ChatGPT API를 기반으로 'Explain My Answer' 기능을 탑재하여 학습자가 틀린 문제에 대해 상세한 피드백을 받을 수 있도록 했고, 출시 첫 달에만 300만 건 이상의 상호작용이 이루어졌다. 이를 통해 학습 이탈률은 17% 감소하고, 재접속률은 21% 증가하는 등 교육 접근성과 지속성이 크게 향상되었다. 특히 인도, 브라질 등 모바일 중심의 국가에서는 AI 튜터의 활용이 교육 격차 해소에 긍정적인 영향을 미치고 있다.

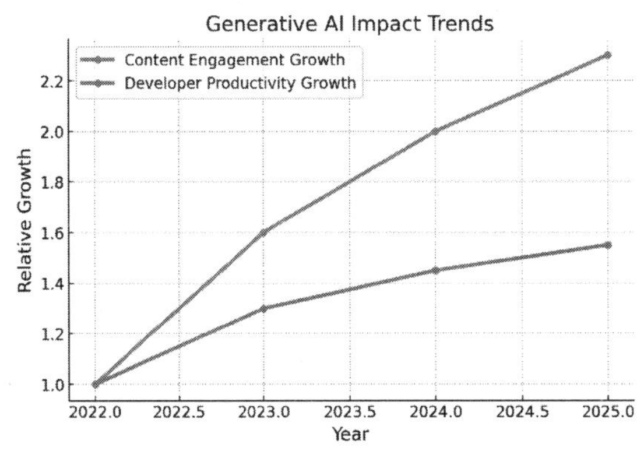

그림 9-3 생성형 AI가 이끄는 생산성 향상

마케팅과 창작 분야에서는 ChatGPT가 콘텐츠 제작의 속도와 품질을 동시에 끌어올리는 핵심 도구로 부상했다. Coca-Cola는 OpenAI 기술을 활용한 실험적 광고 캠페인을 통해 기존 대비 콘텐츠 제작 시간을 60% 단축했고, 사용자 참여율이 2.3배 상승했다. 이는 소비자와의 감성적 접점을 확대하고, 브랜드 충성도를 높이는 데 실질적인 효과를 보였다. 또한 Adobe의 조사에 따르면, 생성형 AI를 활용한 콘텐츠 마케팅은 ROI(투자수익률)를 평균 26%까지 끌어올릴 수 있는 것으로 나타났다.

개발 분야에서도 ChatGPT는 개발자들의 코드 작성 및 디버깅을 지원하며 생산성을 급격히 향상시키고 있다. Microsoft GitHub의 'Copilot'은 ChatGPT 기반의 코딩 도우미로, 개발자의 코딩 속도를 평균 55% 향상시키고, 반복적인 오류를 줄이는 데 기여하고 있다. 실제로 Copilot을 도입한 개발팀은 주간 릴리즈 주기를 기존보다 약 2배 빠르게 달성하고 있으며, 기술 유지보수 비용도 30% 절감된 사례가 보고되었다.

이처럼 ChatGPT는 기업의 다양한 부문에서 시간과 비용을 절감하면서도 가치 중심의 창의적 작업에 더 많은 리소스를 배분할 수 있는 기반을 제공하고 있으며, 이는 단순한 자동화를 넘어서 업무의 의미와 전략 자체를 혁신하는 데 기여하고 있다. 맥킨지의 보고에 따르면, 생성형 AI 기술은 2030년까지 전 세계 GDP의 4.4조 달러(약 6천조 원)에 달하는 경제적 가치를 창출할 것으로 예측되고 있으며, 그 중심에는 ChatGPT와 같은 범용 언어모델이 존재할 것이다. 결국, ChatGPT는 단순한 도구가 아니라, 기업의 생산성 모델을 재설계하고, 혁신의 속도를 가속화하며, 고객과의 접점을 인간 중심에서 AI 중심으로 재편하는 핵심 동력으로 작용하고 있다. 지금, 기업들이 ChatGPT를 도입하는 이유는 단순한 업무 보조를 넘어서, 기술과 경제 전략의 패러다임을 주도하기 위함이다.

(2) 자율적 문제 해결 도구

스스로 문제를 인식하고 해결책을 도출하는 자율적 문제 해결 인공지능은 이제 단순한 도우미의 수준을 넘어, 복잡한 환경에서 인간의 판단을 대체하거나 능가하는 새로운 지능으로 진화하고 있다. 이는 단지 주어진 질문에 답하는 AI가 아닌, 문제의 본질을 파악하고 다양한 해결 경로를 탐색한 뒤, 최적의 전략을 선택하여 실행까지 책임지는 존재로 마치 사람처럼 사고하고 움직이는 디지털 동반자라 할 수 있다.

실제로 미국 DARPA에서 개발한 'Mayhem'은 사이버보안 영역에서 알려지지 않은 취약점을 스스로 찾아내고 자동으로 보완하는 능력을 통해, 수작업으로는 수일 걸리는 대응을 단 몇 분 만에 처리하며 보안 대응 시간을 90% 이상 단축시켰고, NASA의 화성 탐사 로봇 퍼서비어런스는 지구와의 통신 없이도 현장에서 자율적으로 주행 경로를 결정하고 과학 탐사 계획을 조정해 3배 이상의 탐사 효율을 보여주고 있다.

헬스케어 분야에서는 AI가 신약 후보 물질을 직접 설계하고 실험 결과에 따라 조합을 수정하는 수준까지 진화했으며, 이는 기존의 신약 개발 주기를 평균 40% 단축시킬 수 있는 가능성을 제시한다. 이러한 기술은 제조업에서도 현실화되고 있는데,

현대차와 Boston Dynamics의 협업 사례처럼 자율 로봇이 위험 지역을 감지하고 경로를 바꾸거나 비효율적인 공정을 개선하라고 제안하기도 한다.

세계경제포럼은 이러한 자율형 AI 시스템이 향후 10년간 약 10조 달러 이상의 산업 효율 향상을 가져올 것이라 예측했으며, 맥킨지는 전체 AI 시장 가치 중 45% 이상이 이 기술군에서 발생할 것으로 분석하고 있다. 즉, 자율적 문제 해결 도구는 더 이상 미래의 가능성이 아니라 현재의 현실로 진입하고 있으며, 기술과 산업의 경계를 다시 쓰고 인간과 기계의 협업 방식을 완전히 바꾸어놓고 있는 것이다.

(3) 도메인 특화 AI

도메인 특화 AI(Domain-Specific AI)는 말 그대로 특정 산업이나 분야에 맞춰 설계된 인공지능 시스템을 의미하며, 범용 AI가 해결하기 어려운 깊이 있는 전문 문제를 해결할 수 있도록 훈련된 AI 모델이다. 이는 '누구나 사용할 수 있는 똑똑한 AI'에서 벗어나, '해당 업계에서 일하는 전문가 수준의 AI'로 진화하는 방향을 보여준다.

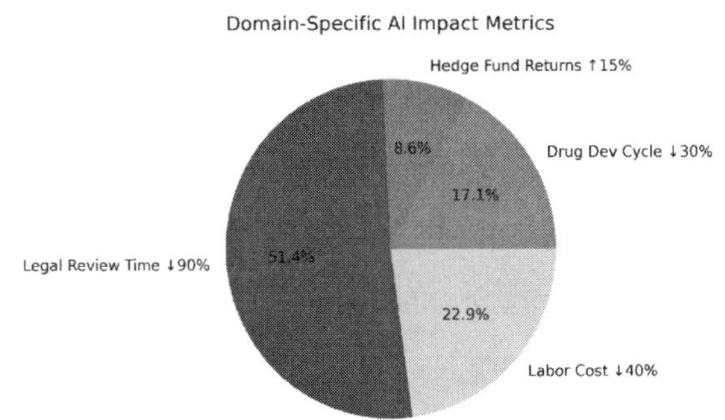

그림 9-4 도메인(분야)별 AI 영향 지표

예를 들어, 의료 분야에서는 구글 딥마인드의 AlphaFold가 단백질 구조 예측 문제를 해결해 생명공학의 지형을 완전히 바꿔 놓았다. 과거 수년이 걸리던 복잡한 구조 분석을 단 몇 시간 만에 완료할 수 있게 되면서, 신약 개발 주기가 평균 30% 단축되었고, 수십억 달러의 연구비 절감 효과까지 발생했다. 또한 금융 분야에서는 BloombergGPT와 같은 금융 특화 언어 모델이 등장해, 방대한 시장 뉴스, 주식 보고서, 재무제표 데이터를 실시간 분석하고, 투자자 맞춤형 인사이트를 제공하고 있다. 실제로 미국 월가의 8개 대형 헤지펀드는 이미 이러한 특화형 AI 시스템을 내부에 도입해 투자 전략 수립과 리스크 관리에 활용 중이며, 이를 통해 수익률은 평균 12~18% 상승한 것으로 보고되었다. 법률 업계에서는 AI가 계약서의 조항을 자동으로 분석하고, 분쟁 가능성이 있는 항목을 실시간으로 표시하는 '계약 분석 AI'가 활발히 쓰이고 있다.

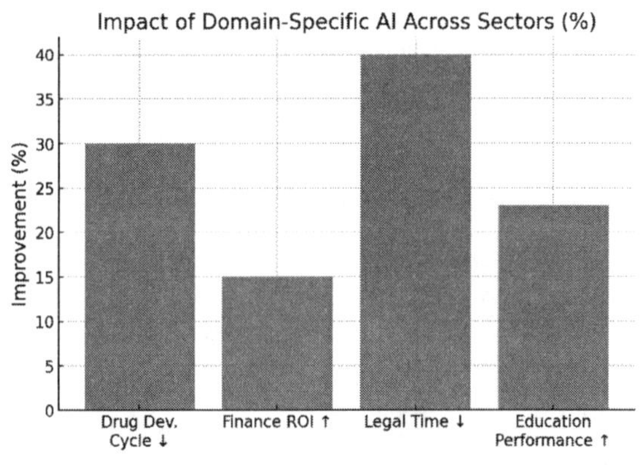

그림 9-5 도메인 특화 AI 주요 산업 영역

대표적인 예는 Casetext의 CoCounsel, Harvey AI로, 이들은 실제 로펌에서 변호사 보조로 활용되며 소송 자료 요약, 판례 비교, 법률 초안 작성 등의 업무를 단시간에 처리한다. 이로 인해, 한 건당 계약 검토 소요 시간은 평균 3.5시간에서 20분 이내로 줄었고, 인건비는 최대 40% 절감되었다. 교육 분야에서는 수학, 코딩, 언어 등 특정 과목에 맞춰 설계된 도메인 특화 튜터형 AI가 학생의 오답 패턴을 분석하고 개별 학습 경로를 실시간으로 제시한다. 미국의 Khanmigo(칸 아카데미 + GPT 기술)는 이미 2024년 기준 120개 이상 교육기관에서 사용되며, 학생의 학업 성취도를 평균 23% 향상시켰다는 데이터가 발표되었다.

요약하자면, 도메인 특화 AI는 "정확성과 깊이"라는 두 가지 강점을 바탕으로 이미 현실 속에서 실무 전문가의 보조자이자 대체자로 자리 잡고 있으며, 그 활용은 의료, 금융, 법률, 교육뿐 아니라 제조, 물류, 국방, 에너지, 농업 등으로 계속 확장되고 있다. 이는 인공지능이 단지 똑똑한 기술을 넘어, 현업의 문제를 실제로 해결하는 도구로 진화하고 있다는 강력한 증거이며, 앞으로 각 산업의 혁신을 주도할 핵심 동력으로 더욱 주목받게 될 것이다.

(4) 인간-기계 협업 강화

현재 인공지능 기술은 인간의 역할을 단순히 보완하는 수준을 넘어서, 기계와 인간이 유기적으로 협력하며 창의성, 효율성, 문제 해결력을 동시에 확장시키는 '협업 지능(Cooperative Intelligence)' 시대로 진입하고 있으며, 이는 특히 금융, 의료, 제조, 법률, 콘텐츠 산업 등 고부가가치 산업군을 중심으로 빠르게 확산되고 있다.

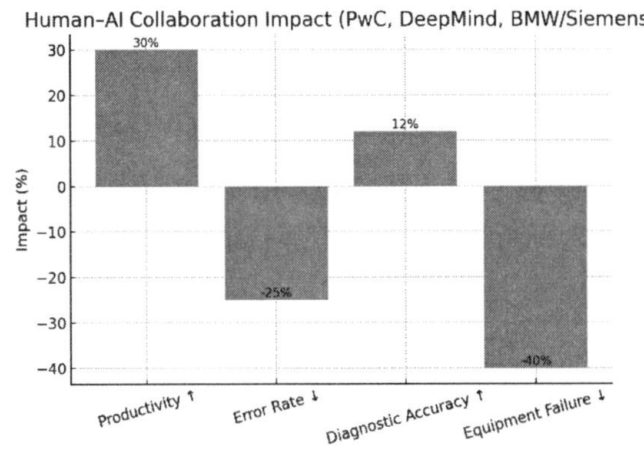

그림 9-6 인간-AI 협업(Human-AI Collaboration)

현재 PwC에 따르면 AI 기반 협업 시스템을 도입한 기업들은 평균적으로 업무 생산성이 30% 향상되고, 오류율은 25% 감소했으며, 특히 의료 영상 판독에서는 인간 의사와 인공지능(AI)이 공동 판독했을 때 단독 진단 대비 정확도가 최대 12%까지 향상된 것으로 나타났다. 구글 딥마인드의 AlphaFold는 인간 과학자와 협업해 기존에는 50년 이상 걸릴 수 있었던 단백질 구조 예측을 단 몇 개월 만에 2억 개 이상 해독함으로써 신약 개발 패러다임을 단숨에 바꾸어놓았고, BMW와 Siemens는 스마트 팩토리에서 AI가 공정 데이터를 실시간 분석하고 인간 작업자에게 문제점을 직관적으로 알려주는 방식으로 설비 고장률을 40% 이상 낮췄다.

미래의 인간-기계 협업은 더욱 정교한 방식으로 진화할 전망이며, 인간의 직관과 맥락 이해력, 기계의 연산 능력과 기억력을 결합한 '공동 의사결정' 모델이 핵심이 될 것으로 보인다. 세계경제포럼(WEF)은 2030년까지 전체 일자리의 43%가 AI 보조형 직무로 전환될 것이라 예측하고 있으며, 맥킨지는 인간-AI 협업으로 인한 글로벌 GDP 증가율이 2035년까지 연평균 1.7%에 달할 것으로 분석하고 있다.

특히 법률 분야에서는 인공지능(AI)의 방대한 판례와 법조문을 실시간 분석하고 변호사는 전략을 설계하는 형태로, 교육에서는 인공지능(AI)이 학생별 진도와 학습 패턴을 분석해 맞춤형 과제를 추천하고 교사는 감성적 피드백을 제공하는 식으로 역할이 재구성될 것으로 보인다. 엔비디아, 마이크로소프트, OpenAI 등 주요 기술 기업들은 이미 'AI Co-pilo' 전략을 핵심 성장축으로 삼고 있으며, 2025년 기준 Fortune 500 기업의 90% 이상이 AI 기반 업무 보조 시스템을 채택한 것으로 나타났다.

결국 인간-기계 협업은 더 이상 인간의 자리를 빼앗는 경쟁자가 아니라, 인간의 능력을 극대화하고 새로운 가치를 창출하는 동반자로 자리잡고 있으며, 이러한 협업 구조는 기술 발전뿐 아니라 산업 생태계 전체를 재편하고 미래 경제의 구조적 변화를 가속화하는 중심축이 되고 있다.

2) 데이터 인사이트 : 현황 분석과 잠재력 발굴

인공지능(AI)은 이제 단순한 기술이 아니라, 전 세계 경제와 산업의 구조를 재편하는 핵심 동력으로 자리 잡았다. 2025년 현재, Fortune 500 기업의 92%가 ChatGPT를 포함한 AI 기술을 비즈니스 프로세스에 통합하고 있으며, 인공지능(AI)을 적극 도입한 기업들은 그렇지 않은 기업에 비해 생산성과 수익성이 평균 30% 이상 높은 것으로 나타났다. 실제로 글로벌 컨설팅 기업 PwC는 AI가 2030년까지 전 세계 GDP에 약 15.7조 달러(한화 약 2경 원)에 달하는 가치를 창출할 것으로 전망하고 있으며, 이는 중국과 인도의 전체 경제 규모를 합친 것보다도 크다.

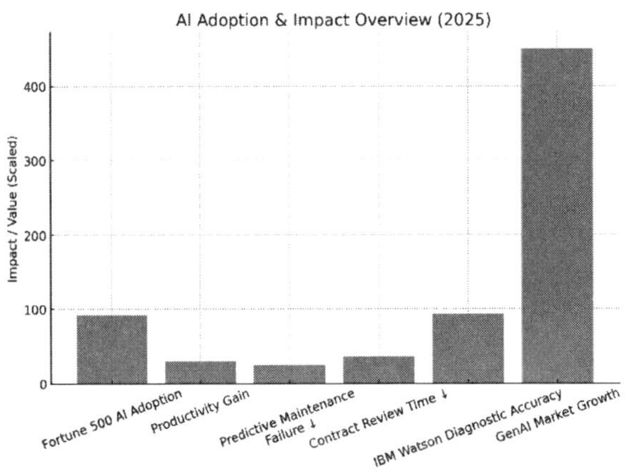

그림 9-7 AI 도입 및 산업별 주요 효과

제조업 분야에서는 GE와 Siemens가 AI 기반 예측 유지보수 시스템을 도입해 설비 고장률을 25% 이상 줄이며 수백억 원 규모의 생산 손실을 방지하고 있고, 금융업에서는 JP Morgan이 AI 계약서 분석 시스템을 도입해 기존 3만 시간 이상 걸리던 문서 검토 작업을 단 몇 분 만에 완료하며 연간 36만 시간 이상의 인건비를 절감하고 있다. 헬스케어 분야에서도 IBM Watson은 암 진단 정확도를 93%까지 끌어올렸고, 이처럼 인공지능(AI)은 산업 전반에서 품질과 속도, 효율을 동시에 향상시키는 실질적인 결과를 내고 있다.

특히 생성형 AI 시장은 2023년 450억 달러 규모에서 2030년에는 무려 1.3조 달러로 폭증할 것으로 예상되며, 이는 단순한 자동화를 넘어 콘텐츠, 영상, 디자인, 마케팅 등 창의 기반 산업까지 AI가 깊숙이 침투하고 있음을 의미한다. 이미 아마존은 AI 추천 시스템을 통해 전체 매출의 35% 이상을 창출하고 있으며, 넷플릭스는 개인화된 추천 알고리즘 덕분에 구독자 이탈률을 평균 50% 가까이 줄였다. AI 인프라 자체도 새로운 산업으로 급부상하고 있다. 예컨대 NVIDIA는 AI 전용 GPU 수요 폭증으로 2024년 상반기 매출이 전년 대비 200% 이상 증가했고, AI 반도체 시장은 2027년까지 약 950억 달러에 이를 것으로 예측된다.

이러한 흐름은 단순한 기술 채택을 넘어선, 경제 전략의 중심으로서 AI가 작동하고 있음을 보여준다. 이제 AI를 도입하지 않는 기업은 경쟁력 자체를 잃어버릴 위험에 놓이며, 누가 더 많은 데이터를 보유하고, 더 빠르게 해석하며, 더 정교하게 적용하느냐에 따라 산업의 주도권이 이동하고 있다. 결국 AI는 미래 기술이 아니라, 현재의 경제를 이끌고 내일의 일자리를 재설계하며, 새로운 부의 흐름을 지배하는 '현실'의 엔진으로 기능하고 있다.

3) 미래를 설계하는 경제 혁신의 4대 축

인공지능(AI)의 도입은 단순한 기술 혁신을 넘어 경제 전반의 구조와 질서를 바꾸며, 특히 생산성, 비즈니스 모델, 고용 구조, 그리고 사회적 가치 창출이라는 네 가지 핵심 축에서 그 효과와 잠재력이 뚜렷하게 드러나고 있다.

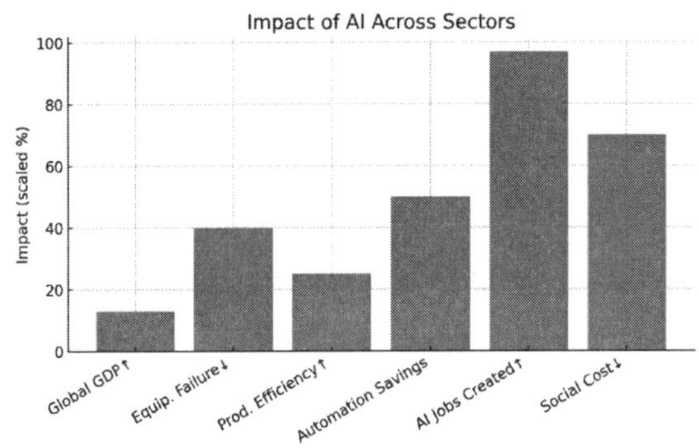

그림 9-8 그림 AI 영향 지표

항목	의미
Global GDP ↑	AI가 2030년까지 GDP +13조(경제효과)
Equip. Failure ↓	제조 AI 예측정비 → 설비 고장률 ↓40%
Prod. Efficiency ↑	제조 효율 +20~25%
Automation Savings	금융 AI 자동화 → 시간/비용 절감
AI Jobs Created ↑	WEF: 9,700만 AI 신규 일자리
Social Cost ↓	AI 기반 공공행정 개선, 사회비용 감소

표 9-1 주요 영향 측면

첫째, 생산성 향상 측면에서 보면, 맥킨지(McKinsey)는 2030년까지 인공지능(AI)은 전 세계 GDP를 약 13조 달러 이상 증가시킬 수 있다고 전망하며, 이는 연간 평균 1.2%의 경제 성장률을 추가로 견인할 수 있는 수준이다. 실제로 제조업에서는 AI 기반 예측 정비 시스템을 도입한 기업들이 설비 고장률을 40% 이상 낮추고, 전체 생산 효율을 20~25%까지 끌어올렸다는 보고가 있으며, 금융권의 경우 AI 기반 자동화로 업무 처리 시간이 절반으로 단축되며 연간 수십억 원의 인건비 절감 효과를 보고 있다.

둘째, 새로운 비즈니스 모델의 탄생은 인공지능(AI) 산업의 가장 역동적인 변화 중 하나로, 특히 플랫폼 기반 AI 서비스, AI-as-a-Service(AIaaS), 디지털 트윈, 생성형 AI 콘텐츠 산업 등이 급성장하고 있다. 예를 들어, 오픈AI의 ChatGPT 기반 API는 2025년 상반기 기준 150만 개 이상의 기업 고객을 확보하며 연간 20억 달러 이상의 매출 잠재력을 갖춘 것으로 평가받고 있으며, AI 기반 헬스케어 진단 솔루션 시장은 2024년 약 68억 달러에서 2030년에는 280억 달러를 돌파할 것으로 예측된다. 이처럼 인공지능(AI)은 기존 산업의 경계를 허물고, 기술 중심의 새로운 수익 창출 구조를 현실로 만들고 있다.

셋째, 고용 구조 변화는 양면성을 지니고 있다. 세계경제포럼(WEF)은 2025년까지 8,500만 개의 직업이 인공지능(AI)에 의해 대체될 수 있지만 동시에 9,700만 개의 새로운 일자리가 생성될 것으로 예상하고 있으며, 특히 데이터 과학자, AI 윤리 전문가, 알고리즘 트레이너, AI 코디네이터 등의 직종이 새롭게 부상하고 있다. 이런 변화는 단지 일자리의 이동이 아니라, 고용의 질과 역량 요구 수준 자체를 전환시키는 구조적 변화를 의미하며, 기술 숙련도를 갖춘 노동력 확보가 기업 경쟁력의 핵심 요건으로 자리 잡게 되었다.

마지막으로, 사회적 가치 창출 측면에서 인공지능(AI)은 포용적 복지, 공공 안전, 지속가능성 등 여러 분야에서 실질적인 기여하고 있다. 유엔개발계획(UNDP)에 따르면 AI는 기후변화 대응, 도시 교통 혼잡 완화, 에너지 소비 최적화 등을 가능하게 함으로써 매년 수천억 달러 규모의 사회적 비용을 절감할 잠재력을 지닌 것으로 평가된다. 실제로 캐나다 정부가 AI를 도입해 실업수당 처리 속도를 70% 이상 단축한 사례는 단순한 행정 효율성 제고를 넘어, 국민 신뢰 회복이라는 공공행정의 질적 개선

효과까지 보여주는 대표적 사례로 꼽힌다. 또한, AI 기반 재난 예측 시스템은 홍수, 산불, 지진 등 자연재해로 인한 피해를 사전에 줄이는 데 효과를 보이며, 생명을 구하는 기술로 자리잡고 있다.

이렇듯 인공지능(AI)은 단순한 기술 도입을 넘어, 경제와 사회를 아우르는 전방위적 전환의 중심에 서 있으며, 그 성장과 파급 효과는 이제 막 시작 단계에 불과하다는 점에서 그 미래는 더욱 매혹적이고 결정적이라 할 수 있다.

2 생성형 인공지능의 등장

1) 창조하는 기계 : 생성형 AI의 탄생과 그 파장

생성형 인공지능(Generative AI)의 등장은 단순한 기술 혁신을 넘어, 인간의 창조성과 지식 생산의 방식을 근본적으로 재정의하는 거대한 전환점이 되고 있다. 이제 AI는 단순히 데이터를 분석하고 정리하는 데 그치지 않고, 새로운 텍스트를 쓰고, 예술 이미지를 창조하며, 코드를 작성하고, 심지어 마케팅 전략이나 사업계획을 제안하는 수준까지 발전했다. 이러한 변화는 OpenAI의 GPT, Google의 Gemini, Meta의 Emu, Anthropic의 Claude 등 첨단 생성형 AI 모델의 진화와 함께 가속화되고 있으며, 특히 최근에는 멀티모달 기술까지 통합되면서 텍스트·이미지·음성·영상이 자유롭게 연결되는 'AI 크리에이티브 생태계'가 현실화되고 있다.

이러한 생성형 AI의 핵심은 단순 반복이 아닌, 맥락 이해와 의미 생성 능력에 있다. 과거에는 특정 규칙을 기반으로 정형화된 출력을 내놓는 데 그쳤지만, 최신 AI는 수십억 개의 문서, 이미지, 코드 등의 학습 데이터를 기반으로, 사용자의 질문 의도나 감정, 상황을 고려한 맞춤형 결과물을 생성할 수 있게 되었다. 예컨대 사용자가 "감동적인 이별 편지를 써줘"라고 요청하면, 문체와 감정을 반영한 진짜 편지처럼 자연스러운 글을 완성해주는 것이다.

특히 2025년, 생성형 AI는 콘텐츠 제작의 핵심 도구로 자리 잡고 있다. Forrester의 보고서에 따르면, 북미 마케팅 부서의 64%가 카피라이팅과 광고 콘텐츠 작성에 Generative AI를 이미 도입했으며, AI가 생성한 콘텐츠의 전환율은 사람이 만든 콘텐츠 대비 평균 17% 높은 성과를 보이고 있다. 또한, 세계 최대 광고 대행사 WPP는 생성형 AI를 활용한 캠페인 제작 도구를 통해 제작 비용을 30% 절감하고, 제작 속도를 5배 이상 향상 시킨 것으로 보고되었다.

그뿐만 아니라, 스타트업부터 글로벌 기업까지 생성형 AI를 기반으로 한 신규 비즈니스 모델이 폭발적으로 증가하고 있다. 예를 들어, 인공지능(AI)으로 초안을 작성하고 사람이 편집하는 '하이브리드 저작 시스템', 인공지능(AI)을 통해 맞춤 영상광고를 자동 생성하는 서비스, 혹은 AI가 고객 데이터를 바탕으로 자동으로 리포트를 작성해주는 분석 플랫폼 등은 이미 수천만 달러 규모의 시장을 형성하고 있다.

궁극적으로 생성형 인공지능은 인간과 기계의 창의성을 연결하는 브릿지가 되어가고 있으며, 이 기술은 단순한 도구를 넘어 교육, 예술, 비즈니스, 의학, 공공서비스 등 전 분야에 걸쳐 새로운 가치 창출의 촉매로 기능하고 있다. 그리고 이 변화는 아직 시작에 불과하다. 지금 우리가 목격하는 생성형 AI의 진화는, 앞으로 우리가 일하고 배우고 소통하는 방식 자체를 근본적으로 바꿔 놓을 미래를 향한 예고편일지도 모른다.

2) AI 연대기 : 역사적 맥락과 진화

불과 10여 년 전만 해도 인공지능은 복잡한 계산을 수행하거나 패턴을 인식하는 데에 국한된 기술이었다. 그러나 2012년 딥러닝 기술이 비약적으로 발전하면서, 인공지능(AI)은 처음으로 인간의 인지 체계를 모방하며 스스로 데이터를 학습하고 해석하는 '인식형 AI(Intelligent Perception)'의 시대를 열게 되었다. 이 당시 등장한 Convolutional Neural Network(CNN) 기반의 이미지 인식 기술은 인간보다 더 정확하게 사물을 식별할 수 있게 만들며, 의료 영상 판독, 자율주행, 보안 시스템 등 전 산업에 충격을 주었다. 하지만 그것은 시작에 불과했다.

이제 인공지능은 정보를 단순히 이해하는 수준을 넘어 창조하고 상상하는 단계, 즉 '생성형 인공지능(Generative AI)'의 시대로 진입하고 있다. 과거의 AI가 질문에 답하는 존재였다면, 지금의 AI는 질문 자체를 던지고, 전례 없는 방식으로 콘텐츠를 창조하며, 기존의 창작과 지식 생산의 경계를 허물고 있다. 이는 인간의 창의력에 대한 기술적 재해석이며, 특히 GPT, DALL·E, Claude, Gemini, Emu, Sora 등으로 대표되는 생성형 AI 모델은 단순 텍스트뿐 아니라 이미지, 음성, 영상, 코드, 심지어 비즈니스 전략까지 만들어내며 기술과 예술, 경제를 넘나드는 새로운 가치 창출 플랫폼으로 자리매김하고 있다.

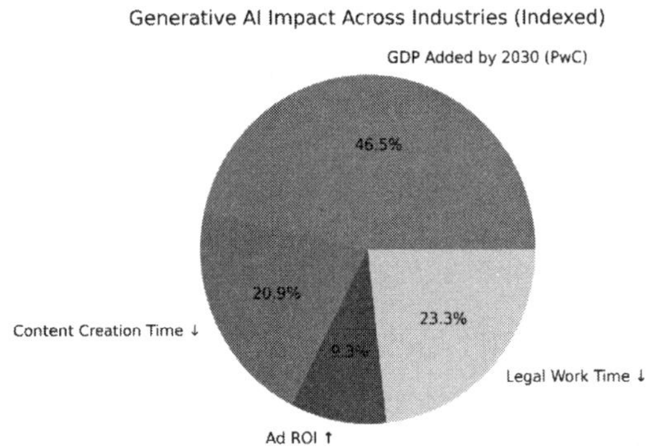

그림 9-9 산업별 생성형 AI 영향 지표(지수화)

한편 2025년, 생성형 AI는 4차 산업혁명의 최전선에서 핵심 인프라로 부상하였으며, PwC는 2030년까지 생성형 AI가 세계 GDP에 15.7조 달러(약 2경 원)의 추가 가치를 창출할 것으로 전망하고 있으며, 이 중 대부분은 콘텐츠 제작, 고객 서비스, 프로그래밍, 디자인, 의료 분야에서 발생할 것으로 보고 있다. 특히, 콘텐츠 산업에서는 AI 도구의 도입으로 콘텐츠 제작 시간이 평균 45% 단축, 광고 ROI가 20% 이상 상승하는 등의 변화가 이미 실현되고 있다. 흥미로운 점은 이러한 변화가 단지 기술기업에만 국한되지 않는다는 것이다. 농업 기업은 생성형 AI를 통해 기후 데이터와 병충해 이미지를 분석하여 작황 예측을 자동화하고, 법률 사무소는 AI로 판례 요약을 자동화하며 업무 시간을 절반으로 줄이고 있다. 이처럼 생성형 AI는 산업의 수직적 구조를 평평하게 만들며, 전통 산업조차도 지식 기반 자동화를 통해 디지털 트랜스포메이션(DX)의 중심에 설 수 있게 하고 있다.

(1) 고도화된 인공지능 시대의 정보 소비의 역설(paradox)

고도화된 인공지능 시대, 우리는 정보를 더 쉽게, 더 빠르게, 그리고 더 정밀하게 소비할 수 있는 능력을 갖게 되었지만, 그 이면에는 우리가 의식하지 못하는 '정보 소비의 역설'이 서서히 모습을 드러내고 있다. 검색창에 질문을 입력하거나, 유튜브 알고리즘이 제안한 영상을 클릭하거나, 추천 상품을 구매하는 모든 순간은 단지 정보를 얻는 행위가 아닌, 소비자 자신이 알고리즘에 정보를 제공하는 순간이기도 하다.

AI는 이처럼 사용자들이 남긴 디지털 흔적(digital footprint)을 수집·분석하여, 우리가 무엇을 원할지 예측하고, 그것을 언제, 어떻게 보여줄지를 정교하게 결정한다. 결과적으로 사용자는 마치 '내가 찾고자 했던 정보가 우연히 눈앞에 나타난 것 같은' 착각 속에서 몰입하며, 정보 선택의 주도권이 점점 알고리즘에 넘어가는 구조로 이동하고 있다.

특히 2025년 기준, 전 세계적으로 하루 평균 330억 건 이상의 AI 기반 콘텐츠 추천이 이루어지고 있으며, 이 중 80% 이상은 사용자가 '직접' 찾은 것이 아니라 '추천된 콘텐츠'로 확인되고 있다. 이는 인간이 주도적으로 정보를 탐색하는 능력이 기술에 의해 보완되는 동시에, AI가 정보 소비의 방향을 은밀히 통제하고 있다는 점에서 역설적인 현상이라 할 수 있다.

(2) 소비자 정보 행동과 디지털 흔적

누군가가 네이버나 구글에 "여름휴가 추천지"를 검색하는 순간, 단순한 정보 탐색을 넘어 디지털 흔적(digital footprint)의 여정이 시작된다. 검색어, 클릭한 링크, 머문 시간까지. 이 모든 행동은 보이지 않는 데이터로 수집되어 소비자의 관심사와 욕구를 정밀하게 그려내는 '디지털 자화상'을 완성한다. 바로 이 데이터가 오늘날 AI 기반 소비자 분석과 초개인화 광고의 연료가 된다.

광고는 더 이상 무작위로 뿌려지는 전단지가 아니다. 예를 들어, 사용자가 제주도 숙소 정보를 잠시 둘러보면 이후 그들의 유튜브, 인스타그램, 심지어 뉴스 기사 중간에도 제주 렌터카, 항공권, 여행 보험 광고가 나타난다. 그 이유는 알고리즘이 사용자 행동을 실시간으로 분석해 '당신이 지금 필요로 할 정보'를 예상하기 때문이다. 2024년 기준, 전 세계 디지털 광고 시장 규모는 약 6,000억 달러(약 780조 원)에 달하며, 이 중 구글은 전체의 29%인 약 1,740억 달러(약 226조 원)를 차지하고 있다. 놀랍게도 구글 전체 수익의 90% 이상은 광고에서 발생하며, 검색엔진보다 광고엔진이라는 말이 나올 정도이다.

기업은 이러한 디지털 흔적을 통해 맞춤형 광고 캠페인을 설계하고, 소비자에게 '원하는 것을 미리 아는' 브랜드로 기억되기를 원한다. 광고는 단지 판매를 위한 수단이 아니라, 소비자와 브랜드가 처음 마주하는 '디지털 상호작용의 첫인상'이기 때문이다. 나아가 AI는 이러한 데이터 분석을 통해 단순한 광고를 넘어서, 제품 개발, 가격 전략, 고객 관리까지 모든 비즈니스 전반에 통찰을 제공하고 있으며, 이는 '정보 행동'이 단순한 검색 행위를 넘어 현대 소비자 시장의 핵심 전략 자원임을 보여준다. 이처럼 우리가 무심코 한 클릭 한번이 오늘날 1,000조 원 규모의 디지털 경제를 움직이는 핵심 동력이 되고 있으며, 인공지능과 결합된 데이터는 이제 소비자의 마음을 읽는 가장 정교한 기술이 되어가고 있다.

(3) 소비자 중심 AI 시스템의 진화

지난 25년간, 우리가 무심코 입력한 검색어 하나가 디지털 산업의 방향을 바꿔 놓았다. 구글과 네이버 같은 플랫폼은 단순히 정보를 제공하는 검색 도구가 아니라, 소비자의 내면을 읽고 예측하는 데이터 생태계를 구축해왔다. 이 기업들은 사용자의 클릭, 체류 시간, 검색 패턴 등을 분석해 개인의 취향과 관심사를 정교하게 파악하는 시스템을 진화시켰으며, 이는 단기적인 정보 욕구 충족을 넘어 장기적인 소비 트렌드와 행동 예측까지 가능하게 만들었다.

오늘날 이러한 변화를 이끄는 핵심 동력은 인공지능이다. 특히 AI 기반 추천 엔진은 사용자가 무엇을 원할지 미리 파악해 콘텐츠와 상품을 제안하며, 이는 플랫폼의 체류 시간과 사용자 만족도를 대폭 향상시키고 있다. 넷플릭스의 사례를 보자. 전체 시청 시간의 80% 이상이 AI가 추천한 콘텐츠에서 비롯되며, 이는 연간 수십억 달러에 달하는 고객 유지 비용을 절감하고 있다. 아마존 역시 전체 매출의 35% 이상이 추천 알고리즘에 의해 발생하고 있으며, 이는 단순한 '추천'을 넘어선 전략적 판매 기술임을 입증한다. 한편, 검색 기술 역시 눈부신 진화를 거듭하고 있다. 자연어 처리(NLP)의 발전으로 인해, 검색 엔진은 더 이상 단어의 조합을 기계적으로 해석하는 수준을 넘어서 문맥, 의도, 감정까지 파악한다. 구글의 BERT(Bidirectional Encoder Representations from Transformers) 모델 도입 이후, 사용자의 검색 의도를 정확히 파악해 검색 결과의 정확도가 15% 이상 향상되었으며, 이는 매일 50억 건 이상의 검색 결과를 개선하는 데 직접적으로 기여하고 있다.

광고 전략 역시 혁신적으로 바뀌었다. 과거에는 광고 예산의 50%가 낭비된다는 말이 있었지만, 이제 AI는 광고비의 낭비를 최소화한다. 인공지능(AI)은 수십만 개의 소비자 행동 데이터를 분석해 가장 구매 가능성이 높은 타겟층을 실시간으로 찾아내고, 이들에게 개인화된 광고를 노출한다. 예를 들어, 2023년 기준 페이스북과 인스타그램을 운영하는 메타는 AI 기반 타겟팅을 통해 광고주당 평균 ROI를 3.8배 이상 향상시킨 것으로 보고되었다. 이는 광고주 입장에서 예산은 줄이고 효과는 극대화하는 이상적인 모델로 자리잡고 있다.

이처럼 AI는 소비자와 기업 간의 상호작용을 정보 기반 의사결정으로 전환시키며, 마케팅의 방식을 바꾸고 있다. 단순히 눈에 띄는 광고가 아닌, '내가 필요할 때, 내가 필요로 하는 정보를, 가장 적절한 순간에' 제공받는 시대가 도래한 것이다. 이 변화는 단지 산업의 혁신이 아니라, 인간의 정보 소비 방식과 사고의 패턴까지 변화시키는 거대한 지각변동이며, 이 흐름을 이해하는 것은 미래 비즈니스의 핵심을 이해하는 것이다.

3) 기술, 경제, 문화적 변화와 미래 전망

기술이 진화할수록 우리의 일상은 점점 더 정교하게 설계된 디지털 흐름 속으로 편입되고 있다. 특히 추천 알고리즘은 이제 단순히 "이런 것도 좋아하실 것 같아요" 수준을 넘어, 사용자의 심리와 맥락, 구매 여정 전반을 이해하고 예측하는 방향으로 고도화되고 있다. 넷플릭스, 유튜브, 쿠팡 등의 플랫폼은 이미 90% 이상의 콘텐츠 소비가 추천 시스템에 의해 이뤄지고 있다는 데이터를 내놓고 있으며, 이러한 알고리즘 기반의 콘텐츠 소비는 2026년까지 글로벌 광고 시장의 70% 이상을 점유할 것으로 예측되고 있다.

기술의 발전은 단순한 도구의 진화를 넘어, 우리가 데이터를 바라보고 활용하는 방식 자체를 근본적으로 바꾸고 있다. 과거에는 사용자 데이터를 모은 후 분석하는 '사후 대응형' 모델이 주를 이뤘다면, 오늘날의 디지털 플랫폼은 실시간 데이터 흐름을 기반으로 즉각적인 반응을 생성한다. 스트리밍 데이터 처리 시스템의 등장은 사용자 경험을 보다 민감하고 정교하게 설계할 수 있는 환경을 제공했고, 대표적인 예로 아마존은 밀리초 단위로 고객의 검색·클릭 패턴을 분석해 맞춤형 상품을 추천하며, 이는 실제로 구매 전환율을 평균 22% 이상 끌어올리는 성과를 만들어냈다. 이처럼 기술은 단순한 속도 향상을 넘어서, 소비자의 행동 하나하나를 경제적 기회로 전환하고 있다.

이러한 기술 기반의 실시간 분석은 곧바로 경제적 파급력으로 이어진다. 데이터를 자산으로 삼는 플랫폼 기업들의 비즈니스 모델은 점점 더 정교해지고 있으며, 구글의 경우 전체 연간 수익의 약 83%가 광고 수익에서 비롯된다는 점은 이를 단적으로 보여준다. 단순한 검색 엔진이 아닌 '예측 알고리즘 중심의 정밀 마케팅 기업'으로 진화한 구글은 오늘날 데이터 경제의 상징적 존재가 되었고, 이러한 트렌드는 생성형 AI 기반의 스타트업 생태계 전반에도 영향을 미치고 있다. 실제로 Statista는 2030년까지 생성형 AI 스타트업이 약 1조 달러에 달하는 경제적 가치를 창출할 것으로 전망하고 있으며, 이는 디지털 경제 내에서의 권력 지형도 재편될 가능성을 시사한다. 하지만 이처럼 빠르게 진화하는 기술과 경제적 동력은 또 하나의 변화를 예고한다. 바로 우리의 문화와 의사결정 방식에 대한 근본적인 전환이다. 디지털 환경 속 소비자는 정보를 '탐색'하는 주체에서 '선택받는' 객체로 이동하고 있으며, 이는 소비자 스스로도 의식하지 못하는 사이에 알고리즘이 우리의 선택을 설계하는 시대가 도래했음을 의미한다. 넷플릭스, 인스타그램, 쿠팡에서 우리가 보는 콘텐츠와 상품은 과연 내가 선택한 것일까, 아니면 정교하게 계산된 노출 결과일까? 이 물음은 단순한 호기심을 넘어, '소비자 자율성'이라는 철학적 질문으로 이어진다. 동시에 전 세계적으로 80개국 이상이 데이터 보호법을 시행 중이라는 사실은, 이제 기술적 진보만큼이나 프라이버시, 알고리즘 투명성, 윤리적 소비의 문제가 중요해졌다는 것을 방증한다.

(1) 생성형 인공지능의 부상과 그 함의

생성형 인공지능(Generative Artificial Intelligence)의 부상은 단순한 기술 혁신을 넘어, 디지털 사회 전반에 걸쳐 패러다임의 전환을 이끌고 있다. 과거에는 사용자가 네이버나 구글과 같은 플랫폼에 검색어를 입력해 정보를 찾아야 했다면, 이제는 ChatGPT나 Google Gemini 같은 생성형 AI가 질문에 대해 맥락에 맞는 응답을 실시간으로 생성하는 시대가 도래한 것이다. 이 변화는 단순한 사용자 경험의 개선을 넘어서, 정보 탐색의 주도권이 인간에서 알고리즘으로 이양되고 있음을 상징한다. 실제로 2025년 기준, 생성형 AI는 전 세계 인터넷 사용자 중 약 38%가 일주일에 한 번 이상 사용하는 정보 탐색 수단으로 자리 잡았으며, 이는 전통적인 검색 엔진에 대한 의존도 감소라는 시장 구조 변화로 이어지고 있다.

이러한 기술 변화는 곧 글로벌 비즈니스 모델의 근간을 흔들고 있다. 기업들은 이제 단순히 '검색 최적화'를 위한 콘텐츠 제작을 넘어서, 인공지능(AI)이 직접 생성할 수 있는 콘텐츠를 설계하는 방향으로 전환하고 있으며, 이는 콘텐츠 마케팅, 고객 응대, 제품 추천 등 비즈니스 전 영역에서의 자동화 흐름으로 확장되고 있다. 미국의 대표적인 소프트웨어 기업인 Salesforce는 이미 자사 고객지원 시스템에 생성형 AI를 통합한 결과, 상담 응답시간을 평균 29% 단축시켰으며, AI가 생성한 요약 및 응답 콘텐츠가 고객 만족도를 19% 향상시킨 것으로 보고되었다. 이러한 사례는 단지 하나의 실험적 접근이 아니라, AI가 경제적 성과를 창출하는 도구로서 기능하고 있음을 잘 보여준다.

이러한 흐름은 광고 경제에서도 예외가 아니다. 생성형 AI는 단지 정보를 생성하는 데 그치지 않고, 개인 맞춤형 광고 콘텐츠를 실시간으로 생성하고, 사용자의 감정과 관심사를 기반으로 즉각 반응하는 감성 기반 마케팅 영역까지 진출하고 있다. 예컨대, 글로벌 광고 대행사 WPP는 생성형 AI를 활용해 고객 브랜드의 캠페인 문구와 이미지를 자동 생성하는 시스템을 운영 중이며, 이는 기존 대비 콘텐츠 제작 시간을 68% 단축하고, 광고 수익률(ROAS)을 평균 1.4배 향상시키는 결과를 낳았다. 즉, 생성형 AI는 콘텐츠 제작자와 소비자 간의 경계를 허물며, 새로운 형태의 광고 시장을 형성하고 있는 셈이다.

그렇다면 이러한 변화는 소비자 행동에 어떤 영향을 미치고 있을까? 이제 소비자는 단순히 정보의 수용자가 아니라, AI와의 대화를 통해 자신의 관심사와 필요를 능동적으로 탐색하고 재정의하는 존재로 바뀌고 있다. 생성형 AI가 제공하는 응답은 과거의 검색 결과와 달리 사용자의 맥락과 언어 스타일, 의도까지 분석하여 최적화된 형태로 제시되기 때문에 소비자들은 더 이상 '정보를 찾는 수고' 없이 필요한 정보를 받아들이는 구조 속에 존재하게 된 것이다. 이는 '정보 격차'를 줄이는 긍정적 효과를 가지는 동시에, AI에 의한 정보 큐레이션이 사용자의 인식과 판단을 편향시킬 수 있다는 새로운 윤리적 고민도 불러일으킨다. 결국 생성형 AI는 단순한 기술적 진보가 아니라, 우리가 정보와 소통하고 소비하고 결정하는 방식을 구조적으로 바꾸는 힘을 갖고 있다. 그리고 이러한 변화가 단지 오늘의 트렌드로 끝날 것인가, 아니면 디지털 인류의 사고방식과 경제 질서를 재정의할 새로운 패러다임으로 자리 잡게 될 것인가는, 이제 우리의 다음 질문이 되어야 한다.

(2) 소비자 정보 접근 방식의 재정의

검색의 시대가 저물고 있다는 말이 이제는 과장이 아니다. 소비자가 원하는 정보를 손으로 찾아 클릭하고, 수십 개의 페이지를 넘나드는 수고는 곧 사라질지 모른다. 생성형 인공지능, 특히 ChatGPT나 Gemini와 같은 대화형 모델은 사용자의 질문을 마치 친구처럼 이해하고, 그에 맞는 정제된 답변을 실시간으로 제공한다.

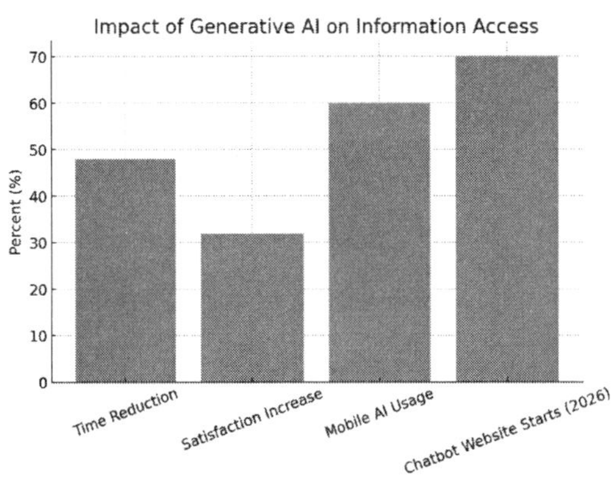

그림 9-10 생성형 AI가 정보 접근 방식에 미치는 영향

기존의 검색 엔진이 웹사이트 목록을 나열하고 사용자가 그중에서 적절한 정보를 골라야 했다면, 생성형 AI는 수십억 개의 문서와 데이터를 한꺼번에 이해하고, 사용자 맞춤형으로 요약된 답변을 바로 제공하는 방식으로 진화하고 있다. 오늘날 이러한 변화는 단순히 '편리함'의 차원을 넘어, 우리가 정보를 접하고 활용하는 방식

그 자체를 재정의하고 있다. 최근 MIT의 연구에 따르면, 생성형 AI를 활용한 질문-응답 방식이 전통적 검색 대비 정보 도달 시간을 평균 약 48% 단축하고, 사용자 만족도는 32% 향상된 것으로 나타났으며, 특히 모바일 환경에서 AI 챗봇을 통한 정보 획득 비중이 60% 이상으로 추정된다. 이러한 결과는 조만간 사람들이 정보를 '검색(Searching)'하는 행위 자체보다, '대화하며 질문(Questioning)'하는 방식을 더 자연스럽고 효율적인 방식으로 선호하게 됨을 시사한다.

더욱 주목할 점은, 이러한 변화가 소비자의 정보 선택뿐 아니라 기업의 전략에도 깊은 영향을 미치고 있다는 사실이다. 글로벌 리서치 기업 가트너(Gartner)는 2026년까지 기업 웹사이트 방문의 70% 이상이 챗봇과의 상호작용을 통해 시작될 것으로 전망하며, 이는 검색 기반 웹페이지 SEO 전략의 종말을 의미할 수 있다. 대신 기업은 이제 인공지능(AI)이 '추천하는' 콘텐츠의 첫 화면을 차지하기 위한 새로운 경쟁 환경에 놓이게 될 것이다. 그렇다면 이러한 정보 접근 방식의 전환은 어디까지 확장될 수 있을까? 만약 AI가 내가 읽을 뉴스, 들을 음악, 살 물건까지 추천한다면, 우리는 과연 여전히 '선택하고 있는 것'일까, 아니면 '선택당하고 있는 것'일까? 이 질문은 우리가 다음으로 던져야 할 탐색의 문을 연다.

3

AI 자동화의 파도 : 생성형 AI와 RPA의 만남이 바꾸는 경제 지형도

4차 산업혁명 시대의 핵심 키워드 중 하나는 '자동화'이다. 과거의 자동화가 단순 반복 작업을 기계로 대체하는 수준이었다면, 오늘날은 인공지능(AI), 특히 생성형 AI와 결합된 RPA(Robotic Process Automation)를 통해 보다 지능적이고 유연한 자동화의 시대로 진입하고 있다. 단순한 규칙 기반 자동화에서, 이제는 복잡한 의사결정까지 맡기는 지능형 자동화(Intelligent Automation)의 시대로 접어든 것이다.

1) 시장 규모와 성장 잠재력

2024년 한 글로벌 물류 기업은 고객의 주문 처리 절차를 RPA(Robotic Process Automation)와 생성형 AI를 결합해 완전히 자동화했다. 이전까지는 6단계의 수작업이 필요했던 업무가 단 2단계로 줄었고, 고객 만족도와 수익성 모두 향상되었다. 이 사례는 단순한 기술 도입을 넘어 산업 전반이 어떤 방향으로 나아가고 있는지를 상징적으로 보여준다.

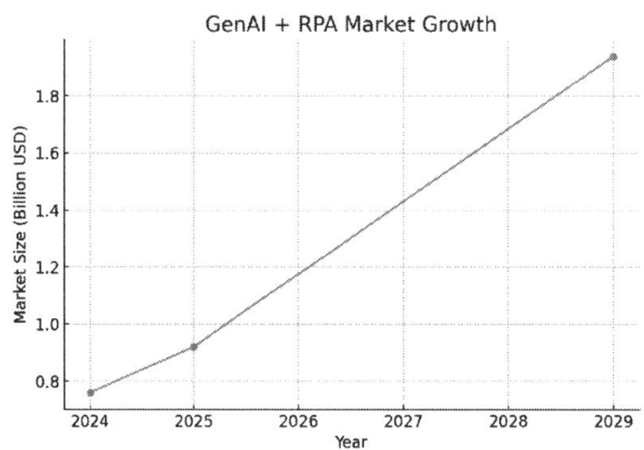

그림 9-11 생성형 AI(GenAI)+RPA 통합 시장 규모

이러한 변화는 수치로도 확연하다. 2024년 생성형 AI와 RPA 통합 시장은 약 7억

6천만 달러 규모였으나, 단 1년 만인 2025년에는 9억 2천만 달러로 증가할 것으로 예측된다. 그리고 2029년에는 19억 4천만 달러까지 성장하며, 연평균 20.6%의 폭발적인 성장률을 보일 전망이다. 더 나아가 맥킨지(McKinsey)는 생성형 AI가 전 세계 연간 2.6조~4.4조 달러의 경제적 가치를 창출할 수 있다고 분석한다. 단순한 자동화의 개념을 넘어, 글로벌 경제 패러다임의 전환점이 지금 눈앞에 펼쳐지고 있는 셈이다.

2) 일터에서의 혁신 : 시간, 효율, 집중력

사무실에서 근무하는 한 직원을 상상해보자. 그는 매주 약 두 시간을 AI로부터 '되돌려받는다'. 단순 반복 업무가 자동화된 덕분에, 그 시간은 이제 보고서 작성이나 일정 관리가 아니라, 창의적인 전략 기획과 의사결정에 사용된다. 이것은 단순히 시간을 절약하는 일이 아니라, 인간 노동의 본질이 '효율'에서 '창의'로 이동하고 있음을 보여준다.

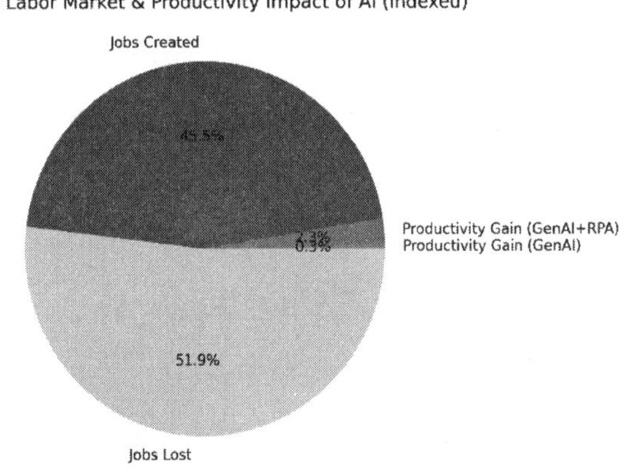

그림 9-12 생산성 향상+노동시장의 변화 영향

맥킨지(McKinsey)의 2025년 모델링 분석에 따르면, 생성형 AI(Generative AI)만으로도 전 세계 노동생산성이 연간 0.2~0.8% 향상될 수 있으며, RPA(Robotic Process Automation)와 결합할 경우 그 수치는 최대 3.5%까지 확대될 것으로 전망된다. 실제로 글로벌 근로자 중 다수는 AI 도구 덕분에 업무 시간의 평균 1.5~6%,

즉 주당 약 2시간 이상을 절감하고 있으며, 이는 단순한 효율성 개선을 넘어 창의력 개발, 고부가가치 업무 전환, 그리고 일·삶의 균형(Work-Life Balance) 개선이라는 세 가지 구조적 변화를 촉진하고 있다.

세계경제포럼(WEF)의 2025년 보고서 역시 이러한 변화를 뒷받침한다. 보고서는 2027년까지 전체 직무의 약 23%가 AI에 의해 재편될 것으로 전망하며, 동시에 약 7,000만 개의 신규 일자리 창출과 8,000만 개의 일자리 축소가 병행될 것으로 내다봤다. 이는 단순한 고용 감소가 아니라, '직무의 질적 재편(Qualitative Recomposition)'이라는 새로운 노동 패러다임의 도래를 의미한다.

주목해야 할 점은 AI가 인간의 노동을 대체하는가, 혹은 증강하는가의 차이이다. 인공지능(AI)이 인간의 판단과 창의성을 보완하는 증강형 AI(Augmentation AI)는 고숙련 인력에게 더 높은 임금과 새로운 기회의 문을 연다. 반면, 단순 반복 업무를 대체하는 자동화형 AI(Automation AI)는 저숙련 노동자의 일자리를 위협하고, 노동시장의 양극화를 심화시킬 위험이 있다. 인공지능(AI)의 진정한 가치는 "얼마나 많은 일을 대신하느냐"가 아니라, "얼마나 더 인간적인 일을 가능하게 하느냐"에 달려 있다. 기업에게 AI는 단순한 비용 절감의 도구가 아니라 시간을 되돌려주는 기술(Time-Restoring Technology)이자, 창의와 생산성이 공존하는 새로운 노동의 미래를 여는 열쇠가 되고 있다.

3) 디지털 노동자의 탄생 : 왜 RPA가 주목받는가?

그림 9-13 RPA의 다양한 생산성

매일 아침 열리는 수십 개의 이메일, 복사해서 붙여넣어야 하는 보고서 수치, ERP 시스템에 동일한 정보를 입력하고 또 입력하는 작업. 이 과정에서 우리는 종종 실수하고 지치며, 더 창의적인 아이디어는 미뤄야 한다. 하지만 지금, 이러한 업무를 조용히 대신해주는 '디지털 비서'가 등장했다. 이름은 RPA(Robotic Process Automation), 즉 로봇 프로세스 자동화 기술이다.

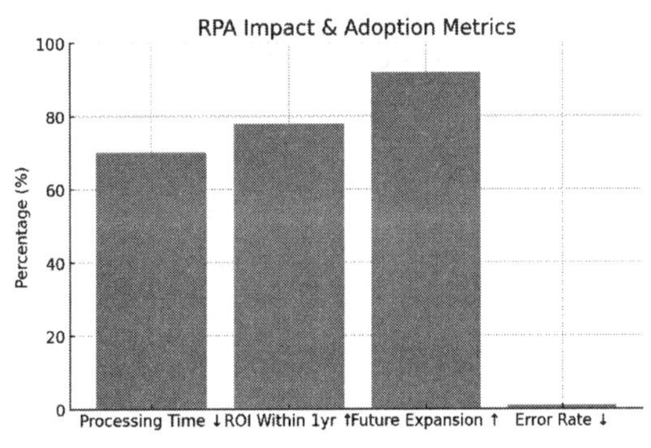

그림 9–14 RPA의 도입 효과

RPA는 사람이 컴퓨터에서 반복적으로 수행하는 작업을 소프트웨어 로봇이 자동으로 처리하는 기술로, 특히 데이터 입력, 파일 복사, 이메일 전송, 시스템 간 정보 이동과 같은 규칙 기반의 반복 업무에서 탁월한 성능을 보인다. 사람이 마우스를 클릭하고 키보드를 입력하는 모든 행위를 디지털 로봇이 모방하여 정해진 규칙에 따라 일관되게 수행하기 때문에, 실수 없이 빠르고 정확하다. 예컨대, 한 회계팀은 매달 수천 건의 인보이스 데이터를 수기로 회계 시스템에 입력하던 업무를 RPA로 전환한 결과, 처리 시간은 70% 단축되고 오류율은 거의 0%에 가까워졌다. 실제로 딜로이트의 보고서에 따르면, RPA를 도입한 기업의 78%가 1년 안에 투자 수익률(ROI)을 실현했으며, 92%는 향후 확장 계획을 보유하고 있다. 이처럼 RPA는 단순히 시간을 줄이는 도구를 넘어서, 휴먼 에러를 줄이고 인력은 보다 전략적인 업무에 집중할 수 있게 만들어주는 강력한 파트너다. 그렇다면 다음으로 궁금해질 수밖에 없다. 만약 이 RPA가 최근 주목받는 생성형 인공지능(GPT 등)과 결합된다면 어떤 변화가 가능할까? 단순한 자동화를 넘어 '생각하는 자동화'의 시대가 시작될지 모른다.

(1) 글로벌 및 기업 도입 현황 : AI 도입의 현재와 확산 속도

한때 실험적인 기술로만 여겨졌던 RPA는 이제 전 세계 기업의 핵심 전략으로 자리 잡고 있다. 2023년 기준, 전 세계 조직의 약 31%가 이미 RPA를 도입했으며, 이는 불과 1년 전인 2022년의 26%보다 꾸준히 증가한 수치다. 더욱 흥미로운 사실은 53%의 기업이 현재 RPA를 활발히 운영 중이고, 19%는 향후 2년 내 도입할 계획을 세우고 있다는 점이다. 이는 전체 기업의 약 72%가 RPA에 긍정적인 의사를 보이고 있다는 의미이며, 더 이상 자동화는 '선택'이 아닌 '필수'의 영역으로 진입하고 있음을 시사한다.

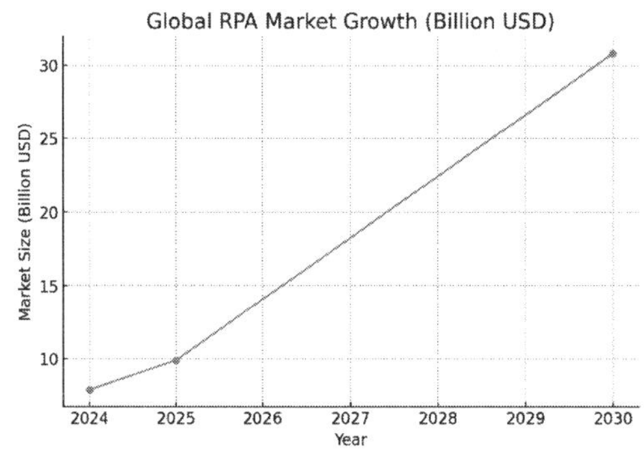

그림 9-15 글로벌 RPA 시장 규모 변화(2024 → 2030)

이러한 흐름은 시장 성장률에서도 뚜렷하게 나타난다. 글로벌 RPA 시장은 2024년 약 79억 달러에서 2025년 99억 달러, 그리고 2030년에는 무려 308억 달러 규모로 성장할 것으로 예상된다. 이는 연평균 27.7%라는 놀라운 속도로 성장 중이며, 소프트웨어 산업 중에서도 손꼽히는 고성장 분야로 부상하고 있다. 특히 한국의 경우, 2023년 기준 RPA 시장 규모는 약 5억 8천만 달러에 달하며, 연평균 18~34%라는 고속 성장세를 보이고 있다. 서울과 인천을 중심으로 대기업은 물론 중견기업, 공공기관까지 빠르게 확산 중이다.

하지만 여기서 진짜 질문은 다른 데 있다. 이렇게 빠르게 확산되는 RPA 기술이 단순히 반복 업무를 줄이는 데 그칠 것인가, 아니면 기업의 전략과 조직 구조 자체를 바꾸는 '변화의 엔진'이 될 수 있을까? 특히 생성형 AI와 융합될 경우, 그 잠재력은 기존 예측을 훌쩍 뛰어넘을 수도 있다. 이제 우리는 단순한 자동화를 넘어, 더 똑똑한 자동화를 상상해야 할 시점에 도달한 것이다.

(2) AI의 물결, 산업별 도입 현황

RPA가 단순한 기술을 넘어 전 산업에 걸쳐 확산되고 있다는 사실은 이제 통계로도 명확하게 드러난다. 현재 가장 활발하게 RPA를 도입하고 있는 산업은 제조업으로, 전체의 35%를 차지하고 있다. 이는 반복적인 공정관리와 품질 점검, 납기 관리 등의 분야에서 자동화의 효율성을 빠르게 체감하고 있기 때문이다. IT·기술 산업도 그 뒤를 바짝 추격하며 31%의 도입률을 기록하고 있으며, 복잡한 소프트웨어 운영 및 데이터 처리 분야에서 RPA의 높은 적용 가능성을 입증하고 있다.

전 세계 기업의 약 31%가 이미 RPA를 도입했으며, 그중 53%는 현재 활용 중이고, 향후 2년 내 도입 계획을 세운 기업까지 합치면 도입 의사를 보이는 조직은 무려 72%에 이른다. 2023년부터 RPA는 단순한 자동화 도구를 넘어 기업의 '디지털 혁신' 전략 중심에 자리 잡고 있다. 이 변화의 중심에는 산업별 도입률 차이가 있다. 제조업이 35%로 가장 활발하게 RPA를 도입하고 있으며, IT·기술 부문이 31%로 뒤를 잇는다. 의료(10%), 유통·소비재(8%), 금융(8%), 공공(5%), 교육(3%)까지 RPA가 확장되어 가는 중이다. 특히 의료 분야에서 EMR 처리나 보험청구 자동화 등으로 도입률이 빠르게 증가 중인 점은 다소 의외이지만, 혁신 가능성으로 주목받고 있다.

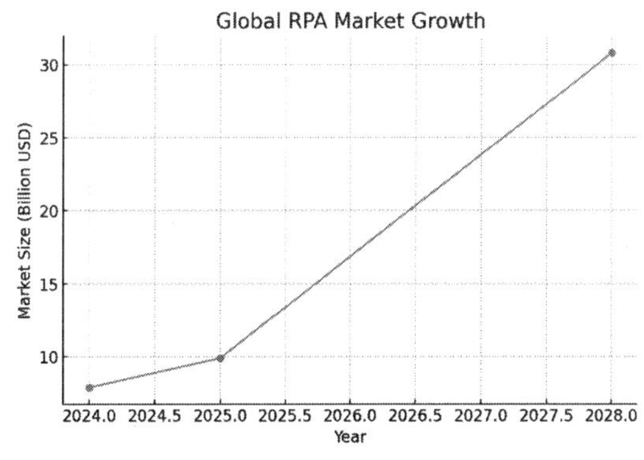

그림 9-16 RPA 시장 성장

이처럼 RPA 도입이 확산되는 이유는 비교적 분명하다. RPA 시장 규모는 2024년 약 79억 달러에서 2025년 99억 달러로 성장할 것으로 예상되며, 2028년에는 연평균성장률(CAGR) 27.7%를 기록하며 약 308억 달러 규모에 이를 전망이다. 한국 시장 역시 2023년 기준 약 5억 8천만 달러 수준으로 형성되어 있으며, 특히 서울·인천을 중심으로 매년 18~34%의 높은 성장세를 보이고 있다.

이러한 흐름은 실제 기업의 변화로 이어지고 있다. 글로벌 응답자의 61%는 "비용 절감 기대치를 충족하거나 상회했다"고 답했고, 78%는 향후 3년 내 RPA 투자를 확대할 계획이라고 응답했다. 이는 RPA가 단순한 기술 도입을 넘어, 점차 기업 경영 전략의 핵심 축으로 자리 잡아가고 있음을 의미한다.

흥미로운 점은, RPA가 전 산업에 걸쳐 확산되고 있음에도 도입 방식과 성과가 산업별로 다르게 나타난다는 것이다. 제조업에서는 생산 공정 내 불량률 감소와 공정 속도 향상으로 자동화 효율성이 드러나고, 금융 및 유통 분야에서는 민원 처리, 심사, 리스크 모니터링 업무를 자동화함으로써 인력이 보다 고부가가치 업무로 이동할 수 있는 여지를 제공한다. 공공·교육 분야에서도 행정 업무와 문서 처리의 자동화 사례가 점차 늘어나고 있는 상황이다.

제조업의 경우 2025년까지 전체 기업의 약 63%가 RPA를 도입할 것으로 예측된다. 이는 단순한 추세를 넘어, 자동화가 제조 생태계의 새로운 표준으로 자리 잡고 있다는 신호로 읽힌다. 더불어 공공, 교육, 농업 등 아직 RPA 침투율이 낮은 분야에서도 기술 확산이 빠르게 진행 중이며, 특히 인력 부족과 업무 표준화에 대한 니즈가 큰 영역일수록 도입 속도는 더욱 빨라질 것으로 예상된다.

(3) 경제적 효과 : 비용 절감에서 산업 재편까지

생성형 인공지능과 RPA(Robotic Process Automation)의 결합은 단순한 기술 혁신이 아닌, 기업의 비용 구조를 바꾸고 산업의 역학을 재편하는 경제적 거대한 파동이다. 이 변화는 눈에 보이는 숫자로도 분명하게 드러난다. 딜로이트의 2024년 보고서에 따르면, RPA 도입 기업 중 78%는 1년 이내 투자 대비 ROI를 경험했으며, 평균 비용 절감 효과는 약 25~40%에 달한다고 밝혔다. 이는 단순히 인건비 절감에 국한되지 않는다. 생성형 AI는 콘텐츠 제작, 고객 문의 응답, 내부 보고서 작성 등의 영역에서 인간의 개입을 획기적으로 줄여, 업무 속도와 품질을 동시에 향상시킨다.

특히 생산성 측면에서 그 효과는 더욱 두드러진다. 맥킨지의 분석에 따르면, 생성형 AI와 RPA의 결합은 전 세계 노동 생산성을 연평균 최대 3.4%까지 끌어올릴 수 있으며, 이는 일부 산업에서는 전체 GDP 성장률의 20~25%에 해당하는 효과로 이어질 수 있다. 예를 들어, 글로벌 소매기업 중 하나인 월마트는 AI 기반 자동화 시스템을 도입한 이후 주문 처리 속도가 3배 향상됐고, 인력은 고객 응대 및 창의적 기획으로 재배치되었다. 이는 자동화가 단순히 인간의 일을 빼앗는 것이 아니라, 보다 가치 있는 영역으로 전환시키는 역할을 한다는 증거이기도 하다.

한편 흥미로운 점은 이러한 변화가 새로운 직업군의 탄생을 동시에 이끈다는 것이다. 'RPA 프로세스 디자이너', 'AI 프롬프트 엔지니어', '데이터 큐레이터', 'AI 윤리 컨설턴트' 같은 직무는 불과 몇 년 전까지만 해도 존재하지 않던 이름들이었다. 세계경제포럼(WEF)은 2027년까지 6,900만 개의 새로운 일자리가 생성되고, 동시에 8,300만 개의 기존 직무는 사라질 것으로 내다본다. 이는 기술이 일자리를 대체하기도 하지만, 새로운 노동 수요를 촉진하며 경제 생태계를 재구성하고 있다는 의미이다.

더 나아가 이 기술의 확산은 거시적 차원에서 경제 성장의 모멘텀을 형성한다. 생성형 AI는 2030년까지 최대 4.4조 달러의 연간 경제 가치를 창출할 것으로 예상되며, 이는 현재 일본의 전체 GDP와 맞먹는 규모다. RPA 또한 2030년까지 308억 달러에 이를 것으로 보이며, 이는 2023년 대비 약 4배에 달하는 성장이다. 산업은 이제 효율성 그 자체를 넘어, 지능적이고 유연한 자동화를 바탕으로 새로운 가치 창출의 시대로 접어들고 있다.

물론, 이러한 기술의 빠른 도입이 항상 긍정적인 효과만을 의미하는 것은 아니다. 기술이 고용의 질적 전환을 요구함에 따라, 재교육(reskilling)과 직무 전환 전략은 더욱 중요한 정책 과제가 되었다. 일부 저숙련 노동자들은 자동화에 밀려 일자리를 잃을 위험이 있으며, 이들을 포용할 수 있는 사회적 안전망과 교육 시스템이 병행되지 않는다면, 기술 발전은 오히려 양극화를 심화시킬 수 있다.

4 생성형 AI와 RPA 간의 협업

1) 산업 혁신의 최전선에서

과거 단순 반복 업무의 대체재로 여겨졌던 자동화 기술이 이제는 산업 전반을 혁신하는 전략적 동반자로 자리 잡고 있다. 특히 생성형 인공지능(Generative AI)과 로봇 프로세스 자동화(RPA)의 결합은, 자동화의 진화를 보여주는 대표 사례로 주목받는다. 이 둘의 시너지는 단순한 효율 개선을 넘어 기업의 구조와 소비자 경험 자체를 재정의하고 있다.

가장 먼저, 변화의 중심에 있는 분야는 바로 고객 서비스다. 고객이 단순한 문의나 요청했을 때, 과거에는 상담원이 시스템을 직접 조회해 답변해야 했다. 하지만 지금은 RPA가 고객 계정 상태나 주문 내역을 신속하게 검색하고, 생성형 AI가 자연어로 응답을 구성하여 사람처럼 대화하는 챗봇을 통해 실시간으로 전달한다. 금융 산업에서는 이 기술의 결합이 특히 두드러진다. 예를 들어, 대출을 신청한 고객의 서류를 RPA가 자동으로 분류 및 검토하는 동안, 생성형 AI는 고객에게 대출 가능성이나 조건을 친절하고 명확하게 설명해준다. 이는 단순한 '자동응답'을 넘어, 지능형 맞춤 상담으로 발전하고 있다.

이커머스 분야도 예외는 아니다. 고객이 주문 상태를 문의하면, RPA는 백엔드 시스템에서 실시간으로 데이터를 가져오고, 생성형 AI는 이를 바탕으로 "고객님의 상품은 현재 물류창고를 출발해 배송 중입니다"라는 식의 자연스럽고 정확한 답변을 제공한다. 이러한 협업은 단지 시간을 절약하는 데서 그치지 않는다. 실제로 미국의 한 온라인 리테일 기업은 생성형 AI와 RPA 기반 고객 서비스 도입 후, 고객 응답 속도는 68% 단축되고, 고객 만족도는 32% 증가했다고 보고했다. 그 결과, 고객 이탈률이 눈에 띄게 줄어들었고, 이는 곧 연간 수백만 달러의 수익 증가로 이어졌다.

이처럼 생성형 AI와 RPA의 결합은 고객 만족도를 끌어올리는 동시에, 기업 입장에서는 인건비를 절감하고 24시간 서비스 운영이 가능하다는 이점을 제공한다. 다시 말해, 기술은 이제 비용 중심의 도구가 아니라, 브랜드 신뢰와 고객 충성도를 구축하는 핵심 전략이 된 것이다.

2) 기술의 전략적 진화

생성형 AI와 RPA의 협업은 더 이상 기술적 실험이 아니다. 이는 기업 운영 방식의 본질을 재정의하고 있는 '전략적 전환점'이다. 단순한 반복 업무에서 벗어난 자동화는 이제 창의성과 전략까지 포괄하며, 비용 절감은 물론이고 생산성 향상과 고객 경험 개선까지 실현하는 전방위적 혁신의 엔진으로 작동하고 있다. 맥킨지에 따르면, 이 두 기술의 결합은 연간 최대 3.4%의 노동생산성 향상을 이끌 수 있으며, 이는 국가 전체 GDP에도 장기적으로 긍정적인 영향을 미칠 수 있는 수준이다.

특히 RPA는 조직 내 프로세스를 중앙에서 통제하고 최적화할 수 있는 기술로, 봇 대형화를 통해 수천 건의 트랜잭션을 안정적으로 처리할 수 있는 능력을 갖추고 있다. 또한 망분리 환경에서도 폐쇄형 구조로 운영될 수 있는 보안성은 금융, 공공, 제조 등 보안이 핵심인 산업군에서 RPA가 각광받는 이유이기도 하다. 한국 내 도입률은 매년 평균 18~34%씩 증가하고 있으며, 이는 세계 시장의 흐름과 궤를 같이하고 있다. 이제 기업들은 RPA를 단순한 '자동화 툴'이 아닌, 디지털 전환의 허브로 활용하고 있다. 디지털 전략의 중추인 '디지털 본부' 아래, RPA는 조직 전반의 자동화 방향성과 유기적으로 맞물려 움직이고 있으며, 앞으로 생성형 AI와의 융합을 통해 더욱 자율적이고 지능적인 운영 체계를 구축하게 될 것이다. 이는 단지 '효율화'의 차원을 넘어, 지속 가능한 성장과 글로벌 경쟁력 강화의 핵심 축이 될 것이다.

그렇다면 여기서 한 가지 의문이 남는다. 과연 이러한 기술들은 모든 산업과 직무에서 동일한 혜택을 제공할까? 특히 고용, 교육, 지역 격차 측면에서의 사회적 파급효과는 어떤 모습으로 나타날까? RPA(Robotic Process Automation)는 분명히 디지털 전환의 기폭제였다. 단순반복 업무를 자동화하고, 휴먼 에러를 줄이며, 운영 효율성을 극대화하는 도구로 수많은 기업에서 활용되고 있다. 하지만 모든 기술이 그렇듯, 그 이면에는 간과해서는 안 될 운영상의 문제점과 경제적 딜레마가 존재한다.

실제 현장에서는 봇(bot)의 수가 많아질수록 관리 복잡도 역시 기하급수적으로 증가하고 있다. IDC 보고서에 따르면, 글로벌 RPA 도입 기업 중 48%는 운영 단계에서 유지보수 비용이 예상을 초과했다고 응답했다. 이는 단순히 기술의 문제가 아니라, 적절한 프로세스 설계 부족, 사전 업무 선정 미흡, 그리고 내부 협업 구조의 비효율성이 복합적으로 얽혀 나타나는 현상이다. 또한, 예외 처리 능력 부족은 여전히 RPA의 약점 중 하나다. RPA는 정형화된 업무에는 탁월하지만, 예외 상황이나 비정형 데이터가 개입되면 취약한 모습을 보이기 쉽다. 그 결과, 인간이 다시 介入(개입)해야 하는 상황이 빈번히 발생하고, 이는 RPA 도입 초기의 기대 효과-즉, 인건비 절감 및 효율 향상-를 반감시키는 요인이 된다.

더 큰 문제는 바로 스케일 업의 함정이다. 많은 기업이 파일럿 프로젝트에서 긍정적인 결과를 얻고 곧바로 전체 조직으로 확장하지만, 실제로는 통합이 어려운 구 시스템과의 충돌, 데이터 연결 이슈, 보안 규정 미준수 등으로 인해 RPA가 '지속가능한 자동화 체계'로 자리잡지 못하는 경우가 많다.

이러한 문제점은 기업의 비용 구조에도 변화를 가져온다. 당초 기대했던 ROI(Return on Investment)가 하향 조정되며, 오히려 RPA 관리 인력을 위한 재교육비나 외부 컨설팅 비용이 증가하는 사례가 늘고 있다. 가트너는 "2026년까지 RPA를 도입한 조직 중 40%는 RPA 운영을 외부로 전환할 것"이라고 예측하며, 이는 내부 자원의 한계와 경제적 부담이 맞물린 결과라고 분석한다. 그렇다면 해결책은 무엇일까? 첫째, 프로세스 마이닝이나 태스크 마이닝 기술을 RPA 도입 전 병행하여, 자동화할 업무를 정밀하게 선별해야 한다. 둘째, 생성형 AI와 같은 비정형 상황 대응 기술과의 통합이 필요하다. 이를 통해 RPA는 단순한 규칙 기반 자동화에서 벗어나, '인지 기반 자동화'로 진화할 수 있다.

경제적으로도 이러한 흐름은 시사하는 바가 크다. 단순한 자동화 기술 도입을 넘어서, 자동화 전략의 '지속 가능성'과 '확장성'이 핵심 경쟁력이 되는 시대가 도래한 것이다. RPA는 더 이상 '도입'이 목표가 아닌 '운영의 완성도'가 좌우하는 투자로 평가받고 있으며, 실제로 자동화가 실현되는 기업과 그렇지 못한 기업 사이에는 운영 비용의 25% 이상 차이가 발생하고 있다. 이제 우리는 묻지 않을 수 없다. '효율성'이라는 이름으로 진행된 자동화는 과연 사람과 조직에 어떤 영향을 미치고 있는가?

여러 업무에서 사용하고 있는 RPA(Robotic Process Automation)는 고객정보 입

력, 재무보고 취합, 주문 확인과 같은 규칙 기반의 반복 작업을 빠르고 정확하게 수행하는 데 있어, RPA는 인간의 손보다 더 효율적인 대안이었다. 하지만 기술의 진보에도 불구하고, 이 자동화 기술은 일정한 패턴과 형식이 없는 비정형 데이터를 마주하는 순간, 그 한계가 명확히 드러나기 시작했다. 예를 들어 고객이 보낸 이메일의 문맥을 이해하거나, 계약서에 숨은 조항을 해석하는 일은 기존 RPA로는 처리하기 어려운 과제였다.

이런 제한을 뛰어넘기 위해 등장한 것이 바로 Cognitive Computing(인지 컴퓨팅)이다. 이는 단순히 데이터를 '처리'하는 것이 아니라, 데이터를 '이해'하는 데 초점을 맞춘 기술이다. 자연어 처리(NLP), 이미지 인식, 머신러닝, 음성 인식 등의 기술을 복합적으로 활용해, 컴퓨터가 마치 사람처럼 문맥을 해석하고 판단할 수 있도록 돕는다. 예를 들어, 인지 컴퓨팅은 이메일 본문에서 고객의 감정을 읽고, 사진 속에서 제품의 불량 여부를 분석하며, 고객 상담 내용을 실시간으로 요약할 수 있다.

이 두 기술의 결합은 단순한 기능 업그레이드 수준을 넘어서 업무 자동화의 패러다임 자체를 바꾸고 있다. 이제 RPA는 정형화된 반복 작업에서 벗어나, 과거에는 사람이 반드시 개입해야 했던 영역-계약서 검토, 콜센터 상담 분석, 의료 영상 판독 등-까지도 자동화의 영역으로 끌어들이고 있다. 실제로 IBM, Deloitte, UiPath와 같은 글로벌 기업들은 이미 RPA와 Cognitive Computing을 결합한 하이브리드 솔루션을 제공하며, 고객 맞춤형 자동화 서비스로 기업 경쟁력을 강화하고 있다.

한편 IDC의 「Worldwide Artificial Intelligence and Automation 2024 Predictions」은 '2027년까지 글로벌 IPA(Intelligent Process Automation) 시장이 연평균 약 21.7% 성장할 것'이라는 예측을 제시하고 있으며, 또한, IDC의 조사에서는 2023년 대비 2024년에 생성형 AI(Generative AI)를 채택한 기업 비율이 55% → 75%로 증가했다는 데이터를 보고하고 있다. 이는 단순한 '효율 향상'을 넘어, 고객 경험(CX)의 품질을 향상시키고, 예측 가능성과 리스크 대응 능력을 함께 끌어올리는 중요한 전환점이 되고 있음을 시사한다고 본다.

5 비즈니스 프로세스 자동화의 접근 방식

1) 디지털 워커의 진화 : 기술의 집합체에서 지능형 협업자로

오늘날의 디지털 워커(Digital Worker)는 단순한 소프트웨어 자동화를 넘어서, 인간과 함께 협력하며 업무의 본질을 재정의하는 '지능형 동료'로 자리매김하고 있다. OCR(문자인식), 자연어 처리(NLP), 감정 분석, 사물 인식, 머신 비전, 빅데이터, 머신러닝 등 다양한 기술이 유기적으로 통합되며, 디지털 워커는 더 이상 한 가지 역할에 국한되지 않는다. 이들은 문서를 스캔하고 내용을 이해하며, 고객의 감정을 읽고, 데이터를 예측하고, 실시간으로 반응하는 복합적인 기능을 수행할 수 있게 되었다. 이러한 다단계 기술 통합은 특히 복잡한 의사결정이 필요한 현대 비즈니스 환경에서 탁월한 효과를 발휘한다. 예를 들어, 디지털 워커는 이메일을 자동 분류한 뒤, 고객의 문의 의도를 자연어로 해석하고, 필요한 정보를 사내 시스템에서 추출해 적절한 응답을 생성할 수 있다. 단순한 반복 작업의 자동화를 넘어서, 이제는 사고하고 해석하며 결정까지 지원하는 지능형 에이전트로 진화하고 있는 것이다.

이러한 변화는 단순히 기술적 진보에 그치지 않는다. 시장조사기관 IDC에 따르면, 디지털 워커와 인공지능 기반 자동화 기술의 통합은 2024년까지 전 세계적으로 약 9천억 달러의 생산성 증가 효과를 불러올 것으로 예측된다. 이는 인건비 절감 이상의 효과이며, 직원들이 전략적이고 창의적인 업무에 더 집중할 수 있는 여유를 제공함으로써 전반적인 업무 품질을 향상시키는데 기여하며 의료, 금융, 제조업 등 데이터 기반 의사결정이 중요한 산업에서 디지털 워커의 활용도는 더욱 빠르게 확대되고 있다. 주요 사례로 병원에서는 환자 데이터를 자동으로 분석하고 진단 보고서를 생성하는 데 사용되고, 금융사에서는 고객 상담과 리스크 분석에 활용되고 있다. 제조업에서는 머신 비전을 통해 생산 결함을 탐지하고, 공정 데이터를 분석해 품질을 개선하는 데 도움을 준다. 그렇다면 이처럼 지능적으로 구성된 디지털 워커는 어떻게 인간의 업무 방식을 바꾸고 있으며, 향후에는 어떤 형태로 조직 내에 자리잡게 될까?

2) 디지털 워커의 개념 : 사람과 기계의 협업을 재정의

디지털 워커(Digital Worker)는 단순히 반복적인 작업을 자동화하는 도구(RPA)를 넘어, 인공지능(AI), 머신러닝, 자연어 처리(NLP), 컴퓨터 비전, 빅데이터 분석 등 다양한 지능형 기술을 통합하여 인간의 복잡한 업무까지 수행할 수 있는 가상의 디지털 인력을 의미한다. 단순히 지시된 작업을 기계적으로 수행하는 수준을 넘어서, 디지털 워커는 통제(Control), 모니터링(Monitoring), 적용(Application), 명령(Command)이라는 네 가지 단계적 절차를 거치며 업무 프로세스를 지속적으로 최적화한다. 단순히 작업을 '수행'하는 것을 넘어, 상황을 인지하고 평가한 뒤, 스스로 실행 계획을 조정하거나 명령을 생성하는 수준에 도달한 것이다. 예를 들어, 고객의 피드백을 분석하여 서비스 품질을 자동 조정하거나, 제조 현장의 센서 데이터를 감지해 실시간으로 생산 계획을 수정하는 것도 가능해졌다.

그림 9-17 사람과 기계의 협업

이러한 디지털 워커의 도입은 전 세계 기업에 실질적인 경제적 효과를 가져오고 있다. 맥킨지 보고서에 따르면, 디지털 워커 기반 자동화는 2030년까지 약 8억 명에 달하는 노동력의 대체 혹은 보완 역할을 할 것으로 전망되며, 이는 전체 경제의 연간 GDP를 약 15조 달러까지 증가시킬 수 있는 잠재력을 지닌 것으로 평가된다. 특히 의료, 금융, 유통, 제조와 같은 데이터 중심 산업에서 디지털 워커는 인간 업무의 속도, 정확성, 일관성을 넘어서 새로운 경쟁력을 창출하고 있다. 디지털 워커는 현재 산업 현장에서 혁신의 촉매제로 활약하고 있다. 다양한 산업의 고유한 업무 특성과 데이터 환경에 최적화된 형태로, 디지털 워커는 정교한 자동화와 지능형 분석 역량을 바탕으로 새로운 가치를 창출하고 있다.

가장 먼저 주목할 분야는 금융 산업이다. 디지털 워커는 고객의 신용 데이터를 정밀하게 분석해 대출 심사 과정을 자동화하고, 과거보다 훨씬 빠르고 정확한 의사결정을 가능케 한다. 여기에 인공지능(AI) 기반의 이상 거래 탐지 시스템이 결합되면, 사기(Fraud) 탐지의 정밀도 역시 획기적으로 향상된다. 실제 한 글로벌 은행은 디지털 워커 도입 이후 대출 승인 처리 속도가 35% 이상 향상, 사기 검출률은 20% 이상 증가했다고 발표했다. 이는 디지털 워커가 규정 중심 업무에서 판단 중심 업무로 확장되고 있음을 보여준다.

이러한 흐름은 제조업에서도 강력하게 나타난다. 디지털 워커는 불량품을 자동 식별하고, 생산 라인의 품질 이상 징후를 실시간으로 감지하며, 나아가 예측 유지보수(Predictive Maintenance) 기술과 결합되어 장비의 고장을 사전에 방지한다. 머신비전과 센서 데이터, AI 분석 기술이 유기적으로 작동하는 이 구조는 생산성을 높일 뿐만 아니라 장비 고장률을 40% 이상 감소시키며, 운영 비용 절감이라는 구체적 효과로 이어지고 있다. 제조 현장에서 디지털 워커는 이제 공정의 관리자이자 조율자로 기능하고 있는 셈이다.

한편, 헬스케어 분야에서는 디지털 워커가 의료 전문가의 강력한 조력자로 자리잡고 있다. 방대한 진료 기록과 영상 데이터를 빠르게 분석하여 진단을 지원하고, 질병 발생 가능성을 사전 예측함으로써 조기 치료와 의료 자원 배분의 효율성을 높인다. 예컨대, 최근 한 병원에서는 디지털 워커의 분석을 통해 심혈관 질환 고위험군을 사전에 선별하는 데 성공하면서, 예방 중심의 의료 시스템 전환이 현실화되고 있음을 보여주었다.

이처럼 디지털 워커는 데이터가 곧 경쟁력이 되는 전자상거래 산업에서도 탁월한 역할을 수행하고 있다. 고객의 감정과 행동 데이터를 분석해 실시간으로 개인화된 상품을 추천하거나, 재고 상황을 분석해 마케팅 프로모션을 자동 조정하는 등의 작업이 모두 디지털 워커에 의해 실행된다. 특히 감정 분석과 구매 이력 기반 알고리즘이 결합된 경우, 사용자 만족도는 물론 전환율(Conversion Rate)도 획기적으로 증가한다. 실제로 글로벌 리서치 기업 GfK는 AI 기반 추천 시스템이 일반 시스템 대비 평균 27% 더 높은 구매율을 달성한다고 분석한 바 있다.

3) RPA와 첨단 기술 생태계 : 통합과 확장의 가능성

RPA(Robotic Process Automation)는 다양한 첨단 기술과의 융합을 통해 디지털 생태계의 핵심 축으로 자리매김하고 있다. 클라우드 컴퓨팅과의 결합은 언제 어디서나 유연한 자동화 환경을 구축할 수 있도록 하며, RPA 봇의 배포 및 관리를 중앙집중화함으로써 운영 효율성과 확장성을 동시에 확보하게 만든다.

인공지능과 머신러닝은 RPA의 단순 반복 작업 범위를 넘어서, 예측과 판단을 요구하는 업무까지 자동화의 영역으로 흡수시키고 있으며, 특히 자연어 처리(NLP)는 고객 서비스, 문서 처리, 보고서 생성 등의 영역에서 RPA의 활용도를 비약적으로 끌어올리고 있다. 여기에 5G 네트워크는 실시간 처리와 초저지연 연결을 통해 RPA가 산업 현장이나 원격 업무 환경에서도 민첩하게 작동할 수 있는 기반을 제공하고 있으며, 이는 스마트팩토리, 실시간 모니터링, 재고 자동 정산 등 고속성이 필요한 응용 분야에서 그 진가를 발휘하고 있다.

또한, 블록체인 기술은 RPA와의 통합을 통해 데이터의 위변조 방지, 스마트 계약 자동화, 공급망의 투명성을 강화하는 데 기여하며, 특히 금융, 무역, 물류 분야에서 자동화의 신뢰도를 획기적으로 높이고 있다. IoMT(Internet of Medical Things) 및 센서 기반 디바이스와 RPA의 결합은 헬스케어 자동화의 새로운 전기를 마련하고 있으며, 환자의 생체 데이터를 실시간으로 수집하고 분석하여 맞춤형 의료 지원과 예측 진단을 가능케 한다.

궁극적으로 빅데이터 분석과의 통합은 RPA가 단순히 데이터를 수집·정리하는 수준을 넘어서, 그 속에서 인사이트를 도출하고 자동으로 비즈니스 의사결정에 반영하는 지능형 자동화로 진화하게 한다. 이처럼 RPA는 각기 다른 기술들과의 유기적 연결을 통해 독립적인 도구가 아닌 하나의 디지털 생태계 중심으로 진화하고 있으며,

그로 인해 기업은 비용 절감과 운영 효율화를 넘어서 전사적 혁신을 가능케 하는 새로운 성장 동력을 확보하게 된다.

6 HR 부서의 지능형 자동화 전환

1) 현황과 미래적 관점

HR 부서는 단순한 인사 행정의 영역을 넘어 기업의 전략적 경쟁력을 좌우하는 핵심 기능으로 떠오르고 있지만, 여전히 수많은 반복 작업과 수동 프로세스에 발목을 잡히고 있다. 채용 단계에서 수십, 수백 명의 이력서를 일일이 검토하고, 입사 후 온보딩 절차가 비효율적으로 운영되며, 인사 기록의 수작업 처리나 급여 정산 오류 등은 직원의 만족도를 저해하고 HR 담당자의 업무 피로도를 높이는 원인으로 작용한다. 여기에 인건비 상승과 글로벌 인재 확보 경쟁까지 더해지면서, HR 부서의 부담은 과거보다 훨씬 더 복잡해지고 무거워졌다. 이러한 현실 속에서 지능형 자동화(Intelligent Automation, 이하 IA)는 HR의 미래를 혁신적으로 재편할 강력한 수단으로 주목받고 있다.

IA는 로봇 프로세스 자동화(RPA), 인공지능(AI), 자연어 처리(NLP), 머신러닝 등의 기술을 통합해 단순한 업무 자동화를 넘어 사람처럼 '이해하고 판단하는' 수준으로 HR 업무를 지능화시킨다. 예를 들어, 채용 과정에서 AI는 지원자의 역량과 직무 적합도를 자동 분석하고, 챗봇은 후보자의 질문에 24시간 응답하며, RPA는 입사 관련 서류를 자동 수집하고 입력해 온보딩 시간을 획기적으로 단축시킨다.

실제로 글로벌 컨설팅사 Deloitte는 IA 기반 HR 프로세스를 도입한 기업의 평균 채용 속도가 30% 향상되고, 인사 관련 오류가 60% 감소했다고 보고하고 있다. 급여 정산, 휴가 관리, 교육 이수 기록 등도 이제는 자동화된 플랫폼을 통해 신속하게 처리되며, HR 담당자는 더 이상 단순한 업무에 얽매이지 않고 전략적 인재 관리와 조직문화 설계 같은 고부가가치 업무에 집중할 수 있게 된다.

또한, IA는 단지 비용 절감에만 그치지 않고, 직원 경험의 질을 높이는 데에도 결정적인 기여를 한다. 개인화된 복지 추천, 실시간 경력 개발 피드백, 정서 분석 기반의 직원 케어 서비스 등은 구성원과 조직 간의 신뢰와 만족도를 높이며, 장기적으로 이직률 감소와 조직 몰입도 상승이라는 경제적 효과로 이어진다. 결국 HR 부서의 디지털 전환은 더 이상 선택이 아닌 생존과 성장의 필수 조건이 되었으며, IA는 그 전환의 중심에서 데이터를 기반으로 한 의사결정, 실시간 반응형 시스템, 자동화된 학습 환경 등 새로운 HR 패러다임을 이끌고 있다.

2) 지능형 자동화의 경제적 효과

지능형 자동화는 단순히 '시간을 아끼는 기술'이 아니라, 기업의 비용 구조와 수익 모델을 근본적으로 재설계하는 전환점이 되고 있다. 실제로 글로벌 시장조사기관인 McKinsey는 IA를 도입한 기업의 운영 비용이 평균 20~30%까지 절감될 수 있다고 분석했으며, 특히 반복적인 백오피스 업무가 많은 금융, 제조, 헬스케어 분야에서는 그 효과가 더욱 두드러진다고 강조한다. 예를 들어, 한 유럽계 보험사는 고객 문의 응대와 청구 업무에 RPA와 자연어 처리(NLP)를 결합한 IA 시스템을 도입한 결과, 연간 약 1,500만 유로의 운영 비용을 절감하고 고객 응답 시간을 80% 단축시키는 데 성공했다.

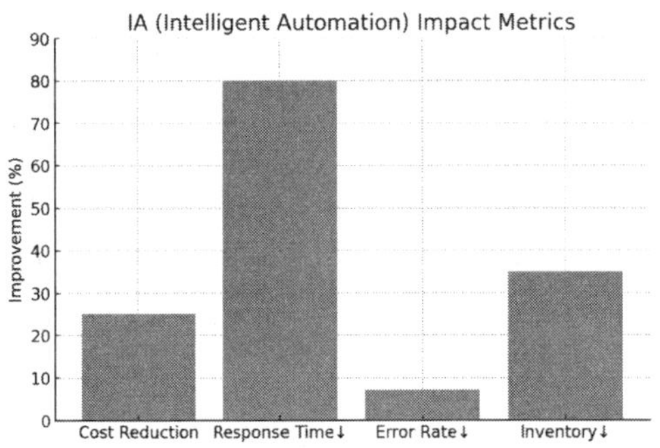

그림 9-18 IA(지능형 자동화) 주요 성과

경제적 효과는 단지 비용 절감에만 머물지 않는다. IA는 업무 오류율을 획기적으로 낮추고, 프로세스 정확성을 향상시켜 생산성과 신뢰성을 동시에 끌어올린다. RPA가 적용된 회계 부서는 입력 오류율이 기존의 8% 수준에서 1% 미만으로 줄어들었으며, AI 기반 수요 예측 시스템을 도입한 유통기업은 불필요한 재고를 최대 35%까지 줄이는 데 성공했다. 이는 단기적인 비용 절감을 넘어, 장기적인 자본 효율성 향상과 고객 만족도 제고로 직결된다.

더불어, IA는 단순 노동을 기계에 맡기고 인간의 창의적·전략적 사고를 극대화할 수 있도록 업무 구조 자체를 바꾸는 데 기여한다. 반복적인 리포트 작성, 데이터 입력, 결재 승인 프로세스가 자동화되면, 인재들은 더 높은 수준의 기획, 분석, 커뮤니케이션 업무에 집중할 수 있게 되며, 이는 곧 기업 전반의 부가가치를 상승시키는 결과로 이어진다. 실제로 PwC는 "IA는 향후 10년간 글로벌 GDP를 최대 15.7조 달러 증가시킬 수 있는 기술"이라고 밝히며, 이는 AI를 중심으로 한 자동화 기술이 단지 효율의 문제가 아닌, 세계 경제 전체에 미치는 막대한 영향력을 상징하는 수치라 할 수 있다.

3) 정보시스템의 필요성과 역할

(1) 정보시스템의 기술적 진화 : 기술의 미래, 미래의 기술

단순한 운영 지원 도구에서 디지털 전략의 중심축으로 빠르게 전환되고 있다. 특히 4차 산업혁명의 핵심 기반인 데이터 중심 비즈니스 모델이 확산되면서, 정보시스템은 더 이상 백오피스 기능에 머무르지 않고, 기업 경쟁력과 혁신 역량의 결정적 인자로 부상하고 있다.

기술의 진화는 이러한 패러다임 전환을 가속화하고 있다. 초연결(Hyperconnectivity) 시대의 도래는 IoT(Internet of Things)와 5G 기술의 융합을 통해 실시간 데이터 흐름과 고속 통신을 가능케 하며, 정보시스템의 실시간 처리 능력을 획기적으로 증대시키고 있다. 예컨대, 스마트 시티와 스마트 팩토리 환경에서는 수백만 개의 센서가 생성하는 데이터를 실시간으로 수집, 분석, 대응하는 것이 이미 현실이 되었다. 이와 함께, 자율 정보시스템의 개념은 AI(인공지능)와 머신러닝 기반의 지능형 알고리즘이 정보시스템에 내재되면서 급속히 확산되고 있다. 이는 단순한 자동화를 넘어, 시스템이 스스로 문제를 식별하고 예측하며 최적의 해결 방안을 도출하여 실행하는 수준으로 진화하고 있음을 의미한다. 이러한 자율 시스템은 고객 서비스, 공급망 관리, 제조 공정, 헬스케어 운영 등 다양한 분야에서 적용되며, 기업의 민첩성과 대응력을 극대화하는 데 기여하고 있다.

또한, 블록체인 기술의 통합은 정보시스템의 투명성과 보안성을 근본적으로 재정의하고 있다. 분산 원장 기술을 활용하면 트랜잭션의 신뢰성을 중앙 서버 없이 확보할 수 있으며, 특히 복수의 이해관계자가 데이터를 공유하고 검증해야 하는 금융, 물류, 공공 행정 분야에서 정보 무결성과 감사 가능성을 높이는 데 탁월한 효과를 발휘한다.

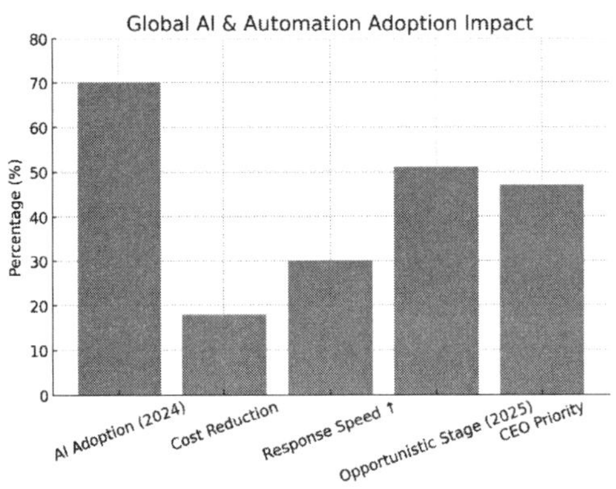

그림 9-19 글로벌 기업 AI·자동화 도입 현황 및 효과(%)

2024년 기준 IDC 조사에 따르면, 전 세계 기업의 70% 이상이 정보시스템에 AI 및 자동화 기능을 적극 도입하고 있으며, 그 결과 평균 운영 비용이 약 18% 감소하고 고객 대응 속도는 30% 이상 향상된 것으로 분석된다. 이어 2025년에는 AI 도입 기업 가운데 여전히 "기회적(opportunistic)" 단계에 머무른 조직이 약 51%에 이르는 것으로 예상되며, CEO의 약 47%는 "AI 기반 비즈니스 자동화"를 최우선 투자 과제로 꼽고 있어, 자동화 중심 경영 전략이 글로벌 기업 환경의 표준으로 빠르게 자리잡아가고 있음을 보여준다. 이와 같은 수치는 정보시스템의 진화가 단지 기술적인 향상에 그치지 않고, 실질적인 비즈니스 성과로 이어지고 있음을 방증한다. 이제 정보시스템은 단순한 IT 자산이 아닌, 디지털 전략 그 자체로 간주되어야 한다. 실시간 연결성, 자율적 의사결정, 신뢰 기반 데이터 구조를 갖춘 차세대 정보시스템은 향후 기업과 조직의 생존과 성장에 있어 필수 불가결한 존재가 될 것이다.

(2) 정보시스템의 경제적 효과

오늘날 기업에 있어 정보시스템은 단순한 운영 지원 도구가 아니라, 지속 가능한 성장을 견인하는 전략적 무기이다. 특히 데이터 기반 의사결정과 자동화를 통해 정보시스템이 창출하는 경제적 효과는 기업 경영의 구조 자체를 근본적으로 바꾸고 있다. 그렇다면 정보시스템은 구체적으로 어떤 경제적 가치를 만들어내고 있을까?

첫째, 비용 절감 측면에서 정보시스템은 탁월한 효과를 보이고 있다. 자동화된 업무 처리 시스템과 AI 기반 분석 도구는 불필요한 인건비와 반복적인 운영 비용을 줄여준다. 예컨대, 글로벌 제조기업 GE는 공정 자동화를 통해 연간 약 10억 달러의 운영비를 절감했다고 보고한 바 있다. 또한, 수작업으로 수행되던 업무 프로세스를 디지털화함으로써 병목 현상을 제거하고, 자원의 낭비를 최소화하여 리소스 활용의 효율성을 극대화할 수 있다.

둘째, 정보시스템은 생산성 향상의 핵심 엔진으로 작동한다. 반복적이고 비정형적인 업무를 자동화하면 직원들은 단순 작업에서 벗어나 전략적 사고와 창의적인 문제 해결에 집중할 수 있다. 동시에 실시간 데이터 분석과 예측 분석 기능은 경영진의 빠르고 정확한 의사결정을 지원하며, 시장 변화에 기민하게 대응할 수 있는 조직 역량을 키워준다. 실제로 PwC의 보고서에 따르면, 정보시스템을 적극 도입한 기업의 평균 생산성은 그렇지 않은 기업보다 약 23% 높은 것으로 나타났다.

셋째, 정보시스템은 기업의 경쟁력 강화에도 직결된다. 데이터 분석을 통해 고객의 니즈를 정밀하게 파악하고, 이를 바탕으로 한 개인 맞춤형 서비스는 고객 만족도를 극대화시키며 충성도를 높인다. 또한, 시장 데이터를 기반으로 신속하게 새로운 비즈니스 모델을 설계하고, 테스트하고, 확장하는 유연성을 확보할 수 있다. 이는 단순히 '더 잘하는 것'에서 나아가 '남들이 못하는 것을 가능케 하는 힘'으로 작용한다.

하지만 만약 기업이 이러한 정보화를 도입하지 않는다면, 그 차이는 상상 이상으로 벌어진다. 수작업 중심의 운영 방식은 오류 가능성을 높이고, 변화에 대한 대응 속도를 늦추며, 무엇보다 경쟁 기업에 비해 비효율적이고 불투명한 의사결정 구조에 머물게 만든다. 이는 곧 시장 점유율 하락과 수익성 저하라는 현실적 리스크로 이어진다. 즉, 정보화는 더 이상 선택이 아닌 생존을 위한 필수 조건인 셈이다. 그렇다면 어떤 업종이 정보화를 통해 가장 큰 혜택을 얻을 수 있을까? 일반적으로 대량의 데이터를 다루는 업종, 고객과의 접점이 많은 산업, 그리고 빠른 의사결정과 예측이 중요한 산업일수록 정보화의 경제적 효과가 더 크게 나타난다. 예를 들어, 금융업은 리스크 분석과 사기 탐지를 위해, 유통업은 고객 행동 분석과 공급망 최적화를 위해, 제조업은 스마트 팩토리 운영과 예지 보전을 위해 정보시스템을 핵심 도구로 활용하고 있다. 헬스케어 산업에서도 정보시스템을 통해 환자 데이터를 통합 관리하고, AI 기반 진단 시스템을 통해 조기 진단과 맞춤 치료가 가능해지는 등 변화가 눈부시다.

4) MIS x AI : 경영정보시스템의 차세대 혁신

인공지능(AI)과 경영정보시스템(MIS)의 융합은 단순한 기술 통합을 넘어, 현대 기업의 경영 전략과 비즈니스 모델을 근본적으로 재편하는 혁신의 촉매제로 떠오르고 있다. 이제 기업들은 효율성 향상에 그치지 않고, AI 기반 MIS를 통해 소비자 경험을 정밀하게 설계하고, 의사결정을 실시간으로 최적화하며, 시장 경쟁력을 가속화하고 있다.

실제로 Amazon은 고객 행동 데이터를 실시간 분석해 초개인화된 추천 서비스를 제공하고, Tesla는 자율주행 데이터를 기반으로 소프트웨어 중심의 자동차 혁신을 이끌며, Zara는 매장과 온라인 판매 데이터를 결합해 초고속 생산·유통 시스템을 실현하고 있다. 이처럼 AI와 MIS의 조합은 업종을 불문하고 기업의 본질을 재정의하고 있으며, 이는 곧 미래 비즈니스의 새로운 표준이 되고 있다. 그렇다면 이러한 기술 융합은 실제로 어떤 방식으로 경제적 가치를 창출하고 있으며, 우리는 앞으로 어떤 기회를 포착해야 할까?

(1) Amazon : AI와 MIS의 만남으로 탄생한 고객 경험의 혁신

Amazon은 단순한 전자상거래 기업을 넘어, AI 기반 MIS를 통해 고객 경험을 정밀하게 설계하는 대표적인 기업으로 자리 잡았다. 특히 이들이 구축한 개인화 추천 시스템은 고객의 구매 이력, 검색 패턴, 클릭 정보, 장바구니 이탈 행동 등 방대한 데이터를 실시간 분석하여, 가장 적절한 상품을 고객에게 제시한다. 예컨대 고양이 사료를 구매한 사용자가 있다면, 다음 로그인 시 그에게는 고양이 장난감이나 고양이 관련 구독 상품이 먼저 추천된다. 이는 단순한 상품 나열이 아닌, 소비자 심리를 선제적으로 읽어내는 '디지털 큐레이션'이라 할 수 있다.

이처럼 정교하게 설계된 AI 기반 추천은 Amazon 매출의 약 35%를 견인하며, 고객의 재구매율과 체류 시간을 눈에 띄게 증가시키고 있다. 더불어 물류 영역에서도 AI는 핵심적인 역할을 수행 중이다. 배송 수요 예측, 창고 내 로봇 운영 최적화, 실시간 경로 분석 등을 통해 불필요한 비용을 줄이고, 고객에게는 더 빠르고 정확한 배송 경험을 제공한다. 이는 단순히 비용 절감의 문제를 넘어, 고객 만족도와 브랜드 충성도까지 장기적으로 제고하는 전략적 도구로 작용한다.

앞으로 Amazon의 AI 활용은 더 진화할 것으로 보인다. 소비자의 의도나 필요를 스스로 인식하기도 전에 이를 예측하여 '제안'하는 것을 넘어, '실행'까지 이끄는 구매 자동화의 시대가 도래하고 있다. 특히 AI와 IoT 기술의 융합은 냉장고, 스피커, 자동차 등 다양한 스마트 기기에서 자동 주문과 소비 예측 기능을 구현할 수 있는 기반을 제공한다. 실제로 Amazon의 'Dash Replenishment' 기능은 이미 이러한 비전을 현실로 바꾸고 있으며, 향후에는 고객의 일상을 방해하지 않으면서도 자연스럽게 소비를 유도하는 새로운 형태의 디지털 상거래가 확대될 가능성이 크다.

(2) Tesla : AI 기반 MIS로 자율주행의 패러다임을 바꾸다

AI 기반의 경영정보시스템(MIS)을 핵심 동력으로 삼아 자율주행 기술의 패러다임 자체를 바꾸고 있다. Tesla의 차량은 수많은 센서와 카메라, 실시간 클라우드 연결을 통해 도로 위에서 발생하는 모든 상황을 데이터로 수집한다. 그리고 이 데이터는 즉시 AI 기반 MIS로 분석되어, 차량이 스스로 판단하고 행동할 수 있도록 한다. 예컨대 고속도로 주행 중 갑작스럽게 튀어나온 장애물을 감지하면, 차량은 즉각 속도를 줄이고 회피 경로를 자동으로 계산해 운전자의 개입 없이도 안전하게 주행을 이어간다. 이처럼 Tesla의 자율주행은 사람의 눈과 두뇌를 대체하는 '디지털 운전자'에 가까워지고 있다. 이러한 기술은 경제적 효과에서도 뚜렷한 성과를 보이고 있다. AI 기반 MIS는 차량의 에너지 효율을 극대화하고, 배터리 충전 및 방전 패턴을 분석하여 배터리 수명을 연장시킨다. 이에 따라 운행 비용은 현저히 감소하고, 차량 유지 보수의 예측 가능성도 높아진다. 뿐만 아니라, 자율주행의 정교함이 높아질수록 사고 발생 가능성은 줄어들며, 이는 보험료 절감과 함께 사용자 신뢰도를 크게 향상시키는 효과로 이어진다. 실제로 미국 도로교통안전국(NHTSA)의 분석에 따르면, 자율주행 차량은 인간 운전자에 비해 약 40% 이상 사고 발생률이 낮다는 결과도 발표되었다.

그림 9-20 AI기반 MIS 시스템 연결

Tesla가 궁극적으로 그리고 있는 미래는 '소유하는 자동차'가 아닌 '서비스로서의 자동차'를 중심으로 한다. 로봇택시와 같은 무인 운송 서비스는 AI 기반 MIS와 연결된 자율주행 기술을 통해 현실화되고 있으며, 이는 단순한 자동차 판매를 넘어, 글로벌 운송 산업의 구조 자체를 재편할 수 있는 잠재력을 지닌다. 더 많은 차량이 도로에 투입되고, 더 많은 데이터가 수집될수록 Tesla의 자율주행 알고리즘은 더욱 정교해지고, 완전 자율주행에 한 발 더 다가서게 될 것이다.

(3) Zara : 패션 산업의 AI 기반 MIS 도입으로 트렌드를 선도하다

빠르게 변화하는 소비자의 취향과 계절적 트렌드에 따라 하루가 다르게 변하는 패션 산업에서, '속도'는 곧 경쟁력이다. Zara는 바로 이 속도의 게임에서 승리하기 위해 인공지능(AI)과 경영정보시스템(MIS)을 결합한 데이터 기반 의사결정 구조를 구축했다. Zara의 시스템은 전 세계 매장에서 실시간으로 수집되는 판매 데이터와 소셜 미디어 트렌드, 기후 변화 데이터까지 통합 분석하며, 각 지역 소비자들의 미세한 취향 변화를 감지한다. 예컨대 남미 시장에서 미니스커트의 판매가 급증하면, 해당 트렌드는 즉시 Zara 본사에 전달되고, 생산·물류·매장 진열까지 일사천리로 움직인다. 이러한 초반응 시스템은 경쟁 브랜드보다 한발 앞서 고객의 니즈를 만족시키는 무기로 작동한다.

경제적 측면에서도 이 접근 방식은 강력한 효과를 발휘하고 있다. AI 기반 MIS는 불필요한 재고를 줄이고, 인기 품목의 공급을 신속하게 늘릴 수 있게 해주며, 이는 곧 재고 손실 비용 절감과 매출 증대로 직결된다. 실제로 Zara는 평균 2주 만에 디자인부터 매장 진열까지 모든 과정을 완료하는 '초신속 공급망'을 구축했으며, 이는 패스트 패션을 넘어서 '예측 기반 주문형 생산 모델'로 진화 중이다. 이와 같은 시스템 덕분에 Zara의 재고 회전율은 동종 업계 평균보다 4배 이상 빠르며, 이는 기업의 수익성 향상에 중요한 기여를 하고 있다.

Zara는 이처럼 강력한 AI 기반 MIS 인프라를 토대로, 앞으로는 패션 디자인 자체도 데이터가 결정하는 시대를 준비 중이다. 소비자의 체형, 선호 색상, 지난 구매 이력 등을 바탕으로 개별 고객에게 맞춤형 의류를 추천하거나 디자인하는 시스템이 도입될 가능성은 점점 현실로 다가오고 있다. 더 나아가, 기후 데이터를 AI가 분석하여 향후 몇 주간 예상되는 날씨에 맞춰 생산량과 제품군을 조절하는 '기상연동 공급 전략'도 실험되고 있으며, 이는 날씨 리스크로 인한 판매 손실을 획기적으로 줄일 수 있는 해법이 될 것이다.

10장

초연결 사회의 비즈니스 혁신 : IoT가 바꾸는 산업의 미래

사물인터넷 : 연결된 세상이 가져오는 산업의 재구성

1) 스마트 센서에서 스마트 전략으로

사물인터넷(Internet of Things, IoT)은 더 이상 단순히 '사물이 인터넷에 연결되는 기술'로 정의되지 않는다. 오늘날 IoT는 데이터 흐름을 가시화하고, 예측 가능성을 높이며, 실시간 통찰을 제공하는 디지털 전략의 핵심 엔진으로 진화하고 있다. 물리적 장치들이 센서를 통해 데이터를 수집하고 이를 클라우드 및 AI 시스템과 연동함으로써, 기업은 그동안 가시화되지 않았던 운영 정보를 손에 넣고, 전략적 의사결정을 뒷받침하는 데이터 중심의 조직으로 전환하고 있다. 이러한 흐름은 특히 스마트 제조와 글로벌 물류 영역에서 가장 뚜렷하게 나타난다. 예를 들어, 스마트 공장에서 IoT 센서는 기계의 온도, 진동, 압력 등의 데이터를 실시간으로 수집하고, 이를 분석하여 이상 징후를 조기에 감지한다. 과거에는 장비가 실제로 멈추기 전까지 고장을 알 수 없었다면, 이제는 '고장 징후' 단계에서 경고를 발송해 선제적 유지보수를 가능하게 한다. 이로 인해 불필요한 가동 중단(downtime)을 줄이고, 생산성과 품질 안정성은 오히려 향상되는 결과를 가져온다. 실제로 GE의 보고에 따르면, 산업용 IoT(IIoT)를 도입한 제조업체는 설비 가동 중단 시간을 최대 30%까지 줄이고, 유지보수 비용을 연간 수십억 원 이상 절감한 사례도 보고된 바 있다.

그림 10-1 연결의 세상 산업의 재구성

물류 산업에서도 IoT는 전환점이 되고 있다. 과거에는 물류 프로세스가 시간 중심의 고정 루트를 따랐다면, 오늘날에는 IoT 센서와 GPS 기술이 결합되어 실시간 위치 추적, 온습도 모니터링, 운송 경로 최적화가 가능하다. 예를 들어, 글로벌 신선식품 유통 기업은 IoT 기반 스마트 태그를 통해 배송 중 화물의 온도와 습도를 실시간으로 추적함으로써 상품 품질 저하를 방지하고, 고객 불만 건수를 30% 이상 줄였다. 또한, IoT 데이터를 기반으로 한 AI 예측 알고리즘은 날씨, 도로 상황, 운전자 행동까지 분석해 물류 흐름을 자동 조정함으로써 전체 공급망의 효율성을 극대화하고 있다.

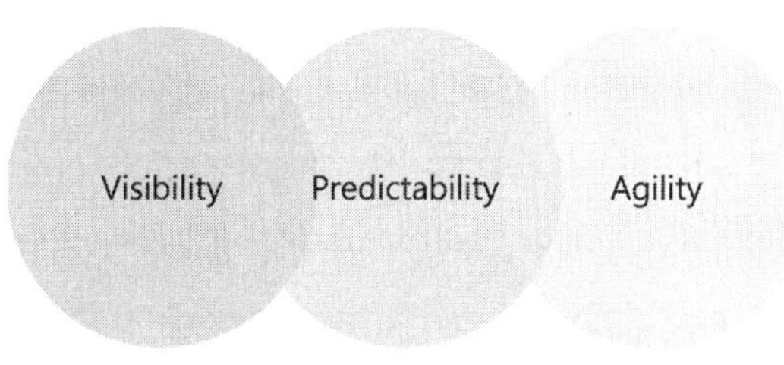

그림 10-2 IoT 3가지 핵심 키워드

결국 IoT는 단순한 연결이 아니라, 가시성(visibility)과 예측성(predictability), 민첩성(agility)이라는 세 가지 핵심 역량을 기업에 제공한다. 데이터를 수집하는 데서 그치지 않고, 그 데이터를 어떻게 실시간으로 해석하고 대응하느냐가 경쟁력의 결정적 변수로 작용하는 것이다.

2) 사물의 연결, 비즈니스의 진화 : IoT 혁신 전략

IoT는 이제 단순히 사물과 기계를 인터넷에 연결하는 기술의 차원을 넘어서고 있다. 그것은 데이터를 '실시간으로' 수집하고 분석하여, 기업의 운영 방식 자체를 다시 설계하게 만드는 디지털 트랜스포머이다. 과거에는 사람이 보고 판단하고 실행하던 업무들이, 이제는 IoT 장치와 시스템이 먼저 감지하고 스스로 결정하며 움직인다. 이처럼 IoT는 오늘날 스마트 공장과 글로벌 물류 네트워크에서 이미 혁신의 실질적 중심축이 되고 있으며, 실시간 데이터 활용, 운영 효율성의 극대화, 비용 절감이라는 세 가지 명확한 성과를 입증하고 있다.

예를 들어, 스마트 공장에서 IoT는 생산라인을 24시간 감시하며 잠재적인 문제를 조기에 경고하고, 고장이 나기도 전에 예방적 조치를 유도한다. 이는 단순한 효율 향상이 아니라, 공장의 시간과 비용을 지배하는 비즈니스 모델 자체의 변화를 의미한다. 물류 산업에서도 IoT는 배송 경로와 재고 수준을 실시간으로 추적하며, 예측 기반 공급망을 가능하게 만들고 있다. 그런데, IoT의 진짜 흥미로운 점은 '이제 시작일 뿐'이라는 것이다. 앞으로 IoT는 5G 통신망, 엣지 컴퓨팅, 인공지능(AI), 블록체인과 유기적으로 융합되며, 단순한 스마트 기기 제어를 넘어 스마트 시티, 자율 운송, 지능형 에너지망 등 초대형 플랫폼으로 확장될 것이다. 이 과정에서 기업뿐 아니라 도시, 정부, 시민의 삶 전반을 연결하고 혁신하는 새로운 디지털 생태계가 형성된다.

결국 IoT는 단순한 기술이 아니라, 디지털 시대의 생존과 성장의 필수 인프라다. 선택의 문제가 아닌, 생존의 문제인 것이다. 미래의 성공적인 기업과 도시는, 얼마나 빠르게 IoT 기반 생태계를 구축하고, 그 데이터를 얼마나 정교하게 활용하느냐에 따라 경쟁 우위를 결정지을 것이다.

3) 블록체인 : 투명성과 신뢰를 통한 디지털 경제의 핵심 기술

그림 10-3 블록체인 명성과 신뢰

정보의 신뢰성이 곧 자산이 되는 시대, 블록체인은 '신뢰'를 디지털로 구현하는 가장 강력한 기술로 주목받고 있다. 단순한 암호화폐의 기반 기술로 출발했지만, 이제는 금융, 유통, 제조, 헬스케어, 공공 부문까지 광범위하게 확장되며 디지털 경제의 필수 인프라로 자리 잡았다. 블록체인은 중앙 서버에 의존하지 않고 데이터를 분산 저장하며, 암호화 기술을 통해 변경 불가능한 거래 기록을 생성한다. 이로 인해 중개자 없이도 신뢰와 투명성이 보장되는 구조를 가능케 하며, 기존 시스템의 비효율과 불투명을 근본적으로 해결한다.

(1) 기술적 핵심 : 탈중앙성과 변경 불가능성

모든 거래 내역은 작은 데이터 단위인 '블록(block)'에 저장된다. 각 블록은 거래 정보뿐 아니라 이전 블록의 고유한 암호화 해시(hash) 값을 포함하고 있으며, 이 해시값들은 마치 디지털 사슬처럼 서로를 견고하게 이어 준다. 이러한 구조를 '블록체인(Blockchain)'이라 부른다.

블록체인의 가장 큰 혁신은 '변조 불가능성'이다. 하나의 블록이 변경되면, 그 이후의 모든 블록의 해시값이 달라지기 때문에 전체 네트워크가 이를 즉시 감지한다. 다시 말해, 중간의 데이터를 조작하는 것은 사실상 불가능하다. 이는 단순한 기술적 안전장치를 넘어, '신뢰(trust)'를 코드로 구현한 구조적 혁신이라 할 수 있다.

그림 10-4 블록체인 탈중앙화(Decentralization)

또한 거래 기록은 단일 서버가 아닌 전 세계 수많은 노드(node)에 분산되어 저장된다. 이 네트워크형 저장 방식은 기존의 중앙 집중형 데이터베이스(DB)와는 근본적으로 다르다. 어느 한 곳의 서버가 해킹되거나 물리적으로 손상되더라도, 다른 노드들이 동일한 데이터를 보존하고 있기 때문에 시스템 전체는 영향을 받지 않는다. 마치 수천 개의 거울에 동일한 이미지를 비추듯, 블록체인은 정보의 '탈중앙화(decentralization)'를 통해 무결성과 신뢰성을 동시에 확보한다. 이러한 구조적 특성 덕분에 블록체인은 단순한 기술을 넘어 '신뢰의 인프라(infrastructure of trust)'로 평가받는다. 기존에는 신뢰를 은행, 공공기관, 기업과 같은 '중개자(intermediary)'에 의존했다면, 블록체인은 알고리즘 그 자체가 신뢰의 기준이 된다. 이로써 개인 간 거래(P2P), 공급망 관리, 디지털 자산, 투표 시스템 등 다양한 분야에서 기존 질서를 뒤흔드는 혁신이 시작되고 있다.

(2) 거래의 재정의 : 비용 절감과 자동화의 경제학

기술은 단순히 산업의 효율을 높이는 도구가 아니다. 기술은 '경제의 형태'를 바꾼다. 그리고 그 변화의 중심에는 블록체인(Blockchain)이 있다. 블록체인의 진정한 가치는 암호화된 데이터 구조나 탈중앙화된 시스템에 머무르지 않는다. 그 본질은 '신뢰(trust)'를 자동화함으로써 거래 비용(transaction cost)을 혁신적으로 절감하는 것에 있다.

과거의 경제학은 신뢰를 사람과 제도, 혹은 계약서에 의존했다. 그러나 블록체인은 신뢰를 코드(code)로 구현했다. 즉, 데이터 자체가 조작 불가능한 형태로 검증되기 때문에, 거래 상대방을 의심하거나 중개 기관을 거칠 필요가 없다. 이로써 경제 활동은 더욱 빠르고, 저렴하며, 투명하게 진화한다.

그 대표적 사례가 바로 HSBC의 스마트 계약(Smart Contract) 기반 무역 금융 혁신이다. HSBC는 2022년부터 블록체인 기반 국제 무역 거래 시스템을 도입하여, 기존 3.5일이 걸리던 통관 및 결제 과정을 단 24분으로 단축시켰다. 동시에 각종 중개 수수료와 서류 비용을 줄여 약 20~30%의 비용 절감을 실현했다. 이처럼 스마트 계약은 조건이 충족되면 자동으로 실행되는 '디지털 계약'으로, 사람의 개입을 최소화함으로써 거래의 신속성과 정확성을 극대화한다.

컨설팅 기업 Accenture의 분석에 따르면, 이러한 변화는 단일 기업의 성공 사례를 넘어 산업 전체의 구조적 변화를 예고한다. 그들은 글로벌 금융 산업이 블록체인 기술을 본격적으로 도입할 경우, 연간 약 120억 달러(약 16조 원)에 달하는 운영비를 절감할 수 있을 것으로 전망한다. 즉, 블록체인은 단순히 데이터를 저장하는 기술이 아니라, 신뢰 비용(trust cost)을 제거하는 '경제적 혁신의 인프라'로 자리 잡아가고 있는 것이다.

이러한 흐름은 공급망 관리(SCM) 분야에서도 뚜렷하게 나타난다. IBM과 세계 최대 해운사 Maersk가 공동 개발한 플랫폼 'TradeLens'는 블록체인을 통해 선적, 통관, 운송 등의 모든 단계를 실시간으로 공유하고 검증할 수 있게 했다. 그 결과, 화물 처리 시간이 40% 단축되었고, 종이 서류 관련 비용은 최대 80% 절감되었다. 더 이상 복잡한 문서 교환이나 중개 기관의 승인 절차를 기다릴 필요가 없는 것이다. 한편, Walmart는 식품 유통의 투명성을 확보하기 위해 블록체인 기술을 적극 활용하고 있다. 기존에는 오염된 식품의 원산지를 추적하는 데 최대 7일이 걸렸지만, 블록체인 시스템을 도입한 이후에는 단 2.2초 만에 해당 정보를 확인할 수 있게 되었다. 이 놀라운 속도는 단순한 기술적 성과를 넘어, 소비자의 신뢰와 브랜드의 신용을 강화하는 핵심 경쟁력으로 작용한다.

향후 블록체인은 '비용 절감'과 '자동화'라는 두 가지 축을 중심으로 경제의 근본 논리를 재정의하고 있다. 과거에는 거래를 신뢰하기 위해 비용을 지불해야 했다면, 이제는 신뢰가 시스템에 내장되어 비용이 사라진다. 블록체인은 인간이 구축한 신뢰의 제도를 기술이 대신 구현한 최초의 경제적 혁신이다. 그리고 그 혁신은 이미 금융, 물류, 유통을 넘어 에너지, 공공 서비스, 예술, 교육 등 다양한 영역으로 확장되고 있다.

그동안 기술적 전개 과정을 살펴볼 때 블록체인은 단일 기술로 존재하지 않는다. 인공지능(AI)과 융합을 통해 신뢰 기반 자동화 시스템으로 진화할 것이다. 예컨대, 인공지능(AI)이 신용평가를 수행하고, 블록체인이 그 평가 기록을 안전하게 저장한다면, 위·변조 없는 지능형 금융 생태계가 가능해진다. 또한, 5G와 IoT가 확산되면 수조 개의 장비에서 생성되는 실시간 데이터를 블록체인에 기록하고 분석함으로써 스마트시티, 자율주행, 디지털 헬스케어 등에서 신뢰 가능한 실시간 의사결정을 가능케 할 것이다.

2024년 기준, 블록체인 산업의 글로벌 시장 규모는 약 179억 달러로 추산되며, 연평균 66.2%의 성장률(CAGR)을 기록해 2030년까지 약 1조 4천억 달러를 돌파할 것으로 예상되고 있으며, 글로벌 블록체인 기술 시장은 2025년 약 미국 411억 달러(약 4십억 달러) 규모로 추정되고, 2025년부터 2034년까지 연평균 성장률(CAGR)이 약 52.9%에 달할 것으로 전망하고 있다. 이는 단지 산업의 확장이 아닌, 신뢰를 자산화하는 사회 구조로의 전환이 가속화되고 있음을 보여주는 지표라 할 수 있다.

2 경영정보시스템의 주요 도전 과제와 미래를 위한 전략

1) 경영정보시스템(MIS)에서의 클라우드 컴퓨팅

클라우드 컴퓨팅은 오늘날 경영정보시스템(MIS)의 패러다임을 근본적으로 변화시키고 있다. 기업들은 더 이상 고정된 인프라에 얽매이지 않고, 필요한 순간에 필요한 만큼 자원을 유연하게 활용할 수 있게 되었다. 이러한 유연성과 확장성은 기술적 진보라기보다는 경영 전략의 전환점에 가깝다. 예컨대 급변하는 시장 수요나 글로벌 팀 간의 협업이 필요할 때, 클라우드 기반 MIS는 실시간 데이터 접근과 자동 확장 기능을 통해 민첩하고 유연한 의사결정을 가능하게 한다.

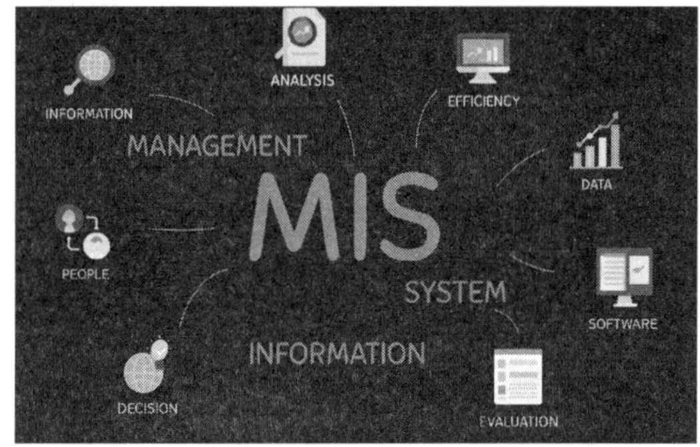

그림 10-5 경영정보시스템(MIS)의 패러다임

이러한 기술적 전환은 경제적 효과로도 직결된다. 기존의 온프레미스 방식은 고비용의 초기 인프라 투자와 지속적인 유지보수가 필수였던 반면, 클라우드는 '사용한 만큼 지불하는' 온디맨드 모델을 기반으로 하여 기업의 재무 구조를 보다 가볍고 민첩하게 만든다. 실제로 GE는 클라우드 전환을 통해 연간 데이터센터 운영 비용을 절반 이상 줄였으며, Netflix는 AWS 기반 시스템 도입 이후 글로벌 서비스 안정성과 비용 효율성을 동시에 달성했다. Gartner는 2025년까지 기업 IT 지출의 85% 이상이 클라우드 기반으로 전환될 것이라 전망하고 있으며, 이는 클라우드가 단지 IT 혁신의 도구를 넘어 조직의 경제적 체질을 바꾸는 핵심 수단으로 인식되고 있음을 보여준다.

더 이상 클라우드는 '비용 절감의 수단'이나 '업무 효율화의 도구'로 머물지 않는다. 그것은 조직의 전략과 혁신을 함께 설계하는 디지털 동반자(Digital Partner)로 진화하고 있다. 기업이 클라우드를 전략적 파트너로 받아들이는 순간, 기술은 단순한 인프라를 넘어 새로운 비즈니스 가치를 창출하는 지능형 플랫폼으로 변모한다. 따라서 클라우드를 활용한 MIS의 도입은 단순한 시스템 전환이 아니라, 조직의 사고방식과 운영 철학의 전환을 의미한다. 기술과 비용의 균형을 넘어, 클라우드는 이제 기업의 비전과 경쟁력을 함께 구축하는 핵심 축이 되고 있다.

2) 시스템 구축 방식의 전환점 : On-Premise와 On-Demand의 비교

(1) On-Premise 모델

한때 기업 IT 인프라의 대명사였던 온프레미스(On-Premise) 모델은, 오늘날에도 여전히 일정한 강점을 유지하고 있다. 이 방식은 기업이 직접 데이터센터를 구축하거나 외부 공간을 임대해 독립적인 시스템 환경을 운영하는 형태로, 하드웨어 구매에서 설치, 유지보수까지 모든 요소를 스스로 통제한다. 특히 민감한 정보를 다루는 금융, 의료, 국방 분야에서는 데이터가 외부 클라우드 환경으로 유출될 위험이 없는 온프레미스의 '물리적 통제력'이 중요한 보안 자산으로 여겨진다.

예를 들어, 세계 최대 투자은행 중 하나인 Goldman Sachs는 클라우드 전환을 추진하면서도 핵심 금융 거래 시스템은 여전히 자체 구축된 온프레미스 환경에서 관리하고 있다. 이는 보안 사고 발생 시 대응 속도와 복구 능력이 기업 내부의 시스템 통제력에 얼마나 좌우되는지를 상징적으로 보여준다.

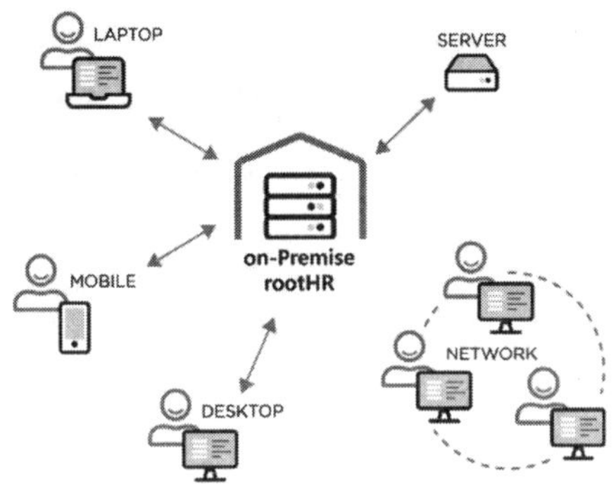

그림 10-6 온프레미스(On-Premise) 주요 동작

그러나 이러한 보안성과 통제력의 대가는 결코 가볍지 않다. IDC에 따르면 온프레미스 방식의 인프라를 구축할 경우, 초기 설비 투자 비용이 클라우드 대비 평균 2.5배 높으며, 정기적인 유지·보수 비용 역시 매년 15~20% 수준으로 지속 발생한다. 여기에 예측 불가능한 IT 수요 변화에 유연하게 대응하기 어렵다는 점은, 급변하는 시장 환경 속에서 점점 더 큰 부담으로 작용하고 있다. 결국 온프레미스 모델은 높은 초기 비용과 장기적 유지 비용을 감수하더라도, 보안성과 물리적 통제력이 절대적인 가치를 지니는 경우에 적합한 선택이 된다.

하지만 이처럼 폐쇄적이고 고정된 구조가 과연 디지털 전환 시대의 흐름과 얼마나 조응할 수 있을까? 이제 기업들은 더욱 빠르고 유연한 대응이 필요한 하이브리드 전략으로 온프레미스와 클라우드를 결합한 방식을 고민하게 될 것이다.

그림 10-7 디지털 전환 시대의 흐름

(2) On-Demand 모델

복잡한 데이터센터 구축과 유지의 부담에서 벗어나고 싶은가? 그렇다면 기업들이 눈을 돌리는 곳은 바로 On-Demand 클라우드 컴퓨팅이다. 이 모델은 필요한 순간에만 컴퓨팅 자원을 인터넷을 통해 즉시 제공함으로써, 기존의 온프레미스 환경이 가진 비효율을 혁신적으로 해결한다. Amazon Web Services(AWS), Microsoft Azure, Google Cloud와 같은 주요 클라우드 서비스 제공자는 오늘날 전 세계 수백만 개 기업의 디지털 인프라를 사실상 실시간으로 구동하고 있다.

그림 10-8 On-Demand 컴퓨팅

클라우드의 가장 큰 장점은 확장성과 민첩성이다. 수요가 급증하는 쇼핑 시즌, 바이럴 마케팅 직후의 트래픽 폭주 상황에서도 서버 자원을 실시간으로 늘릴 수 있으며, 반대로 유휴 상태가 지속되면 자원을 줄여 불필요한 비용을 절감할 수 있다. 2023년 Gartner의 조사에 따르면 클라우드 기반 인프라를 도입한 기업은 평균적으로 IT 자원 운영 비용을 약 30~40% 줄였으며, 제품 출시까지 걸리는 시간을 50% 이상 단축한 것으로 나타났다. 실제로 넷플릭스(Netflix)는 클라우드를 통해 글로벌 사용자 2억 명 이상에게 지연 없는 콘텐츠 스트리밍을 제공하며, 사용자 경험을 극대화하고 있다.

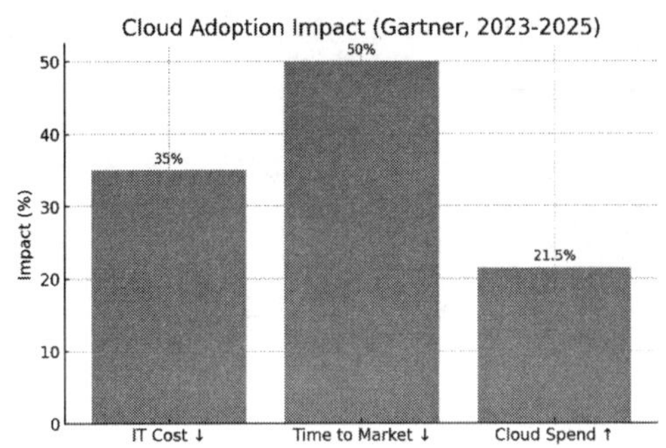

그림 10-9 클라우드 도입 효과(Cloud Adoption Impact)

한편 2025년이 거듭되면서, 기업들이 클라우드 기반 인프라를 단순히 도입하는 단계를 넘어 비즈니스 성과를 도출하는 전략적 자산으로 재인식하고 있다. Gartner가 최근 발표한 자료에 따르면, 공공 클라우드 서비스에 대한 전세계 사용자 지출은 2025년에 약 7,234억 달러에 이르며 이는 전년 대비 약 21.5% 증가한 수치이다. 이러한 흐름은 클라우드가 더 이상 '혁신의 옵션'이 아니라 '경쟁의 필수'라는 사실을 입증하고 있다.

클라우드 도입이 단순히 비용을 절감하는 차원을 넘어선 이유는 분명하다. 기업이 유연한 인프라를 확보함으로써 IT 운영의 복잡성과 시간 소모를 대폭 줄이고, 제품·서비스의 시장 출시 속도를 획기적으로 단축할 수 있기 때문이다. 예컨대, 세계적인 스트리밍 기업인 Netflix는 클라우드 플랫폼을 통해 전 세계 2억 명이 넘는 사용자에게 지연 없는 콘텐츠 경험을 제공하며, 사용자의 기대를 능동적으로 충족시키고 있다. 이 사례는 단순히 기술의 전환이 아니라 경험 그 자체의 혁신임을 보여준다.

좀 더 구체적으로 들여다보면, 많은 기업이 클라우드를 통해 운영 비용을 30~40% 수준으로 절감하고, 제품 출시까지의 리드타임을 절반 이상 줄여낸다는 조사 결과가 2023년부터 전해지기 시작했다. 이 같은 성과는 이제 2025년 버전 전략으로 전환 중이며, 기업들은 "클라우드 마이그레이션"이란 말보다는 "클라우드 최적화와 비즈니스 변모"라는 개념을 중심에 놓고 있다. 그리하여 클라우드는 더 이상 단순한 기술 인프라가 아니다. 그것은 비즈니스 성장의 동력원이자, 비용과 속도, 혁신과 신뢰를 동시에 구현하는 디지털 엔진이다. 기업이 클라우드를 전략적 파트너로 받아들이는 순간, 기술은 단순히 '구축하고 운영하는 것'이 아니라 '코어 비즈니스 가치와 융합하는 것'으로 무게를 바꾼다.

따라서 2025년을 기점으로 기업들에게 요구되는 것은 선택의 문제가 아니라 전환의 문제이다. 클라우드를 통해 얻은 비용 절감과 시간 단축은 단지 부수적인 이익이 아니라, 새로운 시장에서 살아남고 앞서 나가기 위한 조건이 됐다. 따라서 기업은 클라우드를 단순히 플랫폼으로 보지 않고, 비즈니스 전략의 중심에 놓아야 한다. 그렇게 할 때 기술이, 비용이, 그리고 결국 경쟁력이 만들어진다. 이렇게 매력적인 On-Demand 클라우드는 과연 모든 기업에게 '완벽한 솔루션'일까? 데이터 보안, 규제 준수, 내부 통제 등에서 과연 어떤 과제가 존재할까?

3) 클라우드 컴퓨팅의 도입 가속과 전략적 딜레마

이제 클라우드 컴퓨팅은 단순한 IT 인프라 선택지가 아니라, 기업 생존과 혁신의 기반이 되고 있다는 분명한 사실을 증명한다. 스타트업은 초기 자본 부담 없이 빠르게 사업을 론칭할 수 있고, 대기업은 글로벌 확장성과 민첩한 데이터 관리 역량을 확보할 수 있다. 실제로 2024년 기준, 전 세계 기업의 94%가 클라우드 서비스를 도입했으며, 이 중 절반 이상은 핵심 운영 시스템까지 클라우드로 전환했다는 IDC의 보고서는 클라우드가 얼마나 보편화되었는지를 단적으로 보여준다.

대표적인 클라우드 제공업체인 Amazon Web Services(AWS), Microsoft Azure, Google Cloud는 금융, 제조, 유통, 교육, 헬스케어 등 산업별로 특화된 서비스를 앞다투어 내놓으며, 단순한 인프라 제공자를 넘어 디지털 혁신의 파트너로 자리매김하고 있다. 특히 AWS의 경우 2023년 기준 전 세계 클라우드 인프라 시장의 31%를 점유하며 업계 1위를 기록했고, Azure와 Google Cloud 역시 AI, 보안, 빅데이터 연계 기능을 강화하며 빠르게 성장하고 있다.

그렇다면 기업들은 왜 단일 클라우드만으로는 충분하지 않다고 느끼는 것일까? 바로 '하이브리드 클라우드'와 '멀티 클라우드' 전략의 부상이 그 해답을 제시한다. 하이브리드 클라우드는 기존 온프레미스 인프라와 퍼블릭 클라우드를 병행함으로써 보안성과 유연성을 동시에 확보하려는 접근 방식이다. 예를 들어 금융기관은 민감한 고객 데이터를 자체 서버에 보관하되, 분석 및 백업은 클라우드를 활용함으로써 안정성과 확장성을 함께 추구한다. 한편 멀티 클라우드는 여러 클라우드 제공업체의 서비스를 병행하여 사용하는 전략으로, 특정 벤더에 대한 종속(lock-in) 위험을 줄이고, 각 플랫폼의 강점을 조합할 수 있다는 장점이 있다. 예를 들어 제조업체는 생산 데이터 분석에 AWS를 활용하고, 글로벌 협업 툴은 Microsoft Azure 기반으로 운용하며, 고객 데이터는 Google Cloud의 AI 엔진을 활용하는 식이다. 2024년 기준 Fortune 500 기업 중 약 73%가 멀티 클라우드 환경을 운영하고 있다는 점은, 클라우드 전략이 단일화에서 분산화로 진화하고 있음을 시사한다. 그러나 클라우드 컴퓨팅이 아무리 유연하고 비용 효율적이라 하더라도, 그 이면에는 해결해야 할 숙제가 분명히 존재한다. 복잡해지는 클라우드 아키텍처, 데이터 보안 위협, 규제 대응의 어려움, 기술 인력 부족 문제 등은 클라우드 도입의 다음 단계에서 반드시 직면하게 되는 도전 과제로 부각되고 있다.

4) 한국형 클라우드 전환 가속화 : 산업 지형을 바꾸는 힘

(1) 대한민국의 디지털 경제

클라우드 컴퓨팅은 특히 국내 대기업들에게는 글로벌 경쟁에서의 민첩성 확보와 지속 가능한 성장을 위한 핵심 도구가 되고 있다. 삼성전자, 현대자동차, LG 등 한국을 대표하는 글로벌 기업들은 클라우드를 단순한 저장공간이 아닌 디지털 전환의 가속 엔진으로 인식하고 있다. 대표적으로 삼성전자는 하이브리드 클라우드 모델을 채택해 민감한 데이터는 자체 인프라에서 보호하고, 제품 개발과 고객 응대 시스템은 퍼블릭 클라우드를 통해 전 세계와 실시간으로 연계하고 있다. 이는 보안성과 확장성이라는 두 상충하는 요소를 절묘하게 결합한 전략이다. 현대자동차 역시 클라우드 기반 AI 분석 시스템을 도입해 공급망 전반을 실시간으로 최적화하고 있으며, 자율주행 및 스마트팩토리 기술 개발에도 클라우드 자원을 적극 활용하고 있다. 이러한 기술적 전환은 곧 경제적 이점으로 직결된다. 한국경제연구원이 발표한 2024년 보고서에 따르면, 클라우드를 도입한 대기업은 평균적으로 IT 인프라 유지 비용의

25% 이상을 절감하고 있으며, 신제품 출시 속도는 최대 30% 이상 빨라졌다. 이는 단지 비용을 아끼는 수준을 넘어, '혁신의 속도' 자체를 변화시킨 것이라 말할 수 있다. 또한 클라우드는 다국적 기업 간의 글로벌 협업 환경을 획기적으로 개선한다. 예컨대, LG는 Google Cloud 기반의 협업 플랫폼을 통해 미주·유럽·아시아 지사 간의 실시간 R&D 협업을 가능하게 함으로써, 개발 주기를 단축하고, 고객의 니즈에 신속하게 대응하는 제품 개발이 가능해졌다. 이처럼 경계를 초월한 실시간 협업 능력은 클라우드가 아니고서는 구현하기 어려운 기업 역량이다. 그러나 클라우드 도입이 무조건 성공으로 이어지는 것은 아니다. 특히 기업이 직면하는 보안 위협, 데이터 주권 문제, 복잡한 규제 환경, 벤더 종속 리스크 등은 반드시 고려해야 할 현실적 과제들이다. 그렇다면 이러한 도전 과제들을 기업들은 어떻게 극복하고 있으며, 어떤 전략을 통해 클라우드의 잠재력을 최대한으로 실현하고 있을까?

(2) 공공의 디지털 전환 : 클라우드가 바꾸는 정부의 미래

정부는 느리고 복잡한 행정 절클라우드 컴퓨팅이 공공 부문에 본격 도입되면서 정부는 더 이상 변화의 관망자가 아니다. 오히려 디지털 혁신을 선도하는 '플랫폼 행정'의 주체로 빠르게 진화하고 있다.

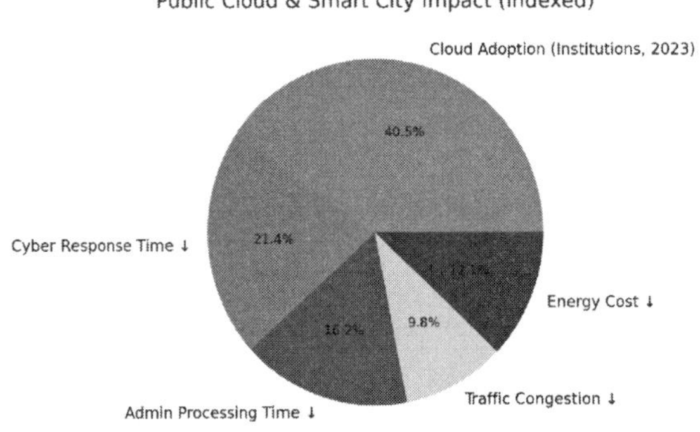

그림 10-10 공공 클라우드 & 스마트시티 영향(지표화)

2023년 기준, 행정안전부 발표에 따르면 중앙부처와 지자체 440여 개 기관 중 70% 이상이 공공 클라우드 기반의 전자문서 시스템, 민원 처리 플랫폼, 재난 대응 체계를 도입했으며, 그 결과 연간 약 3,200억 원의 운영 비용이 절감되었다. 또한 2025년 중점 추진 과제로 "공공기관 클라우드 전환율을 5년 내 70%까지 끌어올리겠다"는 목표를 제시하고 있다. 이것은 단순한 IT 인프라의 이전이 아닌, 정책 운영의 패러다임이 클라우드 중심으로 재편되고 있는 것으로 볼 수 있다. 특히 보안에 민감한 행정 분야에서도 성과가 나타나고 있다. 클라우드 보안 인증체계(CSAP)와 데이터 주권 보호 정책을 기반으로, 정부는 민감 정보의 분산 저장 및 암호화 관리 시스템을 통해 보안성과 민첩성을 동시에 확보하고 있다. 이는 전통적인 온프레미스 방식보다 사이버 공격 대응 시간이 평균 37% 단축되었음을 보여주는 통계(2024, 한국인터넷진흥원)에서도 확인된다. 이러한 클라우드 전환은 도시 단위의 혁신으로도 확장되고 있다. 스마트 시티 프로젝트는 대표적인 사례이다. 세종시와 부산 에코델타시티에서는 IoT와 클라우드를 결합한 실시간 도시 관리 시스템을 통해 교통 흐름, 에너지 소비, 폐기물 수거 등 도시 인프라를 자동 조정하고 있으며, 초기 운영 1년 만에 행정 처리 시간 28% 감소, 교통 혼잡률 17% 개선, 에너지 비용 21% 절감이라는 성과를 기록했다.

경제적 파급력 또한 주목할 만하다. 정부 주도의 클라우드 프로젝트는 단순한 공공 서비스 혁신에 그치지 않고, 클라우드 기술 기업, 보안 스타트업, 인공지능 솔루션 기업과의 협업을 촉진하고 있다. 이는 곧 디지털 산업 생태계의 성장과 일자리 창출, 나아가 국가 기술 경쟁력 강화로 연결된다. 이러한 노력의 결과는 정부가 시민에게 더 빠르고 정확한 서비스를 제공하기 위한 디지털 시민권의 인프라가 되고 있다. 하지만 이러한 전환이 모든 공공기관에 동일한 속도로 진행되는 것은 아니다. 여전히 일부 기관은 예산 부족, 규제 문제, 내부 기술 역량 부족으로 인해 도입에 어려움을 겪고 있다. 그렇다면 이러한 격차를 해소하기 위한 전략은 무엇일까? 다음 장에서는 정부의 클라우드 확산을 위한 거버넌스 모델, 민관 협력 사례, 그리고 AI·블록체인 등 다른 기술과의 융합을 통한 공공 서비스의 진화 방향을 심층적으로 분석해 본다. 클라우드는 단지 효율적인 행정의 수단이 아니라, 이제 사회 전체를 연결하는 디지털 기반 인프라로 자리 잡고 있기 때문이다.

(3) 민관 협력으로 진화하는 클라우드 생태계 : 융합 전략의 핵심

공공 부문과 민간 클라우드 간의 경계를 허무는 클라우드 융합 전략은 행정의 민첩성을 높이고, 국가 디지털 경쟁력의 기반이 되고 있다.

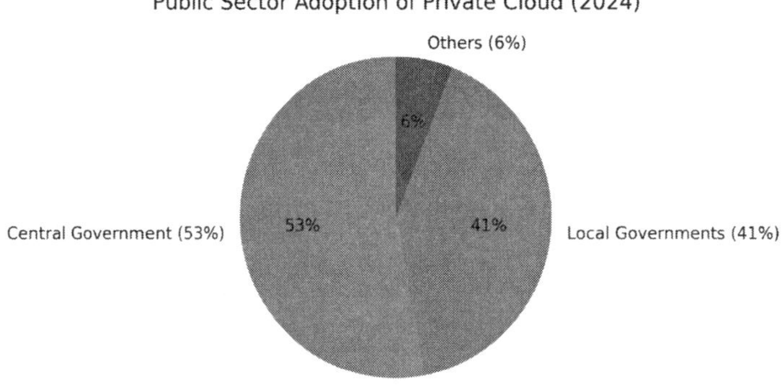

그림 10-11 공공 부문의 민간 클라우드 활용 비율

과거에는 보안상의 이유로 대부분의 공공기관이 전용 클라우드 또는 온프레미스 방식에 의존했지만, 최근에는 공공과 민간 클라우드를 혼합한 하이브리드 클라우드 모델이 확산되며 유연성과 확장성을 동시에 확보하는 방향으로 나아가고 있다. 2024년 기준, 한국정보화진흥원의 보고에 따르면 중앙행정기관의 53%, 지방자치단체의 41%가 민간 클라우드 자원 일부를 공공 시스템 운영에 활용하고 있으며, 향후 3년 내 민간 자원 활용 비율이 70%까지 확대될 것으로 예측된다. 이는 단순한 비용 절감을 넘어, 최신 AI·빅데이터 분석 도구의 민간 활용을 통해 행정 의사결정의 속도와 정확성을 높이기 위한 전략적 전환으로의 발전이라 볼 수 있다.

5) AI 행정 자동화 : 예측과 판단이 가능한 정부

(1) 스타트업 : 성장과 혁신의 촉매제

스타트업에 있어 클라우드 컴퓨팅은 단순한 인프라를 넘어, 혁신을 실현하고 경쟁력을 확보하는 필수 전략 도구로 자리를 잡고있다. 초기 자본이 부족한 스타트업에게 클라우드는 IT 자원을 유연하게 확보할 수 있는 길을 열어주고 있으며, 나아가 글로벌 시장에서도 대기업과 대등하게 경쟁할 수 있는 기반이 되고 있다.

클라우드의 가장 큰 기술적 강점은 확장성이다. 사업 초기에는 소규모 인스턴스로 시작하더라도, 사용자 증가나 서비스 확장에 따라 클릭 한 번으로 서버를 수십 배 확장할 수 있다. 이는 전통적인 온프레미스 방식에서는 상상하기 어려운 민첩성과 자원 최적화의 결과이다. 또한, 클라우드는 스타트업이 최신 기술에 접근할 수 있는 문턱을 크게 낮추고 있다. Google Cloud, AWS, Microsoft Azure는 AI 모델 훈련, 머신러닝 기반 분석, 자연어 처리, 이미지 인식 등 고도화된 기능을 API 형태로 제공하고 있으며, 이처럼 개발자는 복잡한 인프라를 직접 구축하지 않고도 첨단 서비스를 구현할 수 있는 환경을 마련하고 있다. 예를 들어, 핀란드의 스타트업 'Valohai'는 머신러닝 모델 훈련 플랫폼을 AWS 기반으로 구축함으로써, 수천 개의 병렬 실험을 동시에 실행해 모델 개발 시간을 기존 대비 80% 단축하는 성과를 냈다. 이처럼 클라우드는 아이디어를 신속하게 현실화하고, 시장 진입 속도를 앞당기며 MVP(Minimum Viable Product) 전략의 실행력을 극대화한다.

경제적 관점에서도 클라우드는 스타트업의 '생존'을 돕는다. 사용한 만큼만 지불하는 요금 모델(Pay-as-you-go)은 자본금 대부분을 R&D나 마케팅에 투입해야 하는 초기 기업에게 최적의 구조다. IDC 보고서(2024)에 따르면, 클라우드를 사용하는 스타트업은 초기 인프라 구축 비용을 평균 73% 절감했으며, 서비스 출시 속도는 40% 이상 향상되었다. 무엇보다도 클라우드는 글로벌 확장의 지렛대 역할을 한다. 단일 지역에서 시작한 서비스도, 몇 분 만에 다른 대륙의 서버에 복제하고 배포할 수 있어 현지 사용자에게도 빠른 응답 속도를 보장한다. 이는 작은 기업이 기술의 힘으로 국경을 넘어설 수 있게 해주는 핵심 요소다. 실제로 싱가포르의 배송 스타트업 'Ninja Van'은 AWS를 통해 동남아 전역에 물류 서비스를 확장하며, 단 2년 만에 유니콘 기업으로 성장할 수 있었다. 이처럼 클라우드는 자금, 인력, 인프라가 제한된 스타트업에게 기술 기반 성장의 사다리를 제공하며, 궁극적으로 혁신 생태계의 확장과 국가 경제의 역동성에도 크기 기여하고 있음을 여러 통계를 통해 확인할 수 있다.

(2) 애자일 조직과 클라우드 기반 디지털 전환

클라우드 컴퓨팅이 기술적 인프라를 재편하는 데 중점을 둔다면, 애자일(Agile)은 조직의 사고방식과 운영 철학을 근본적으로 변화시키는 접근법이다. 빠르게 변화하는 시장, 불확실한 고객 수요, 짧아진 기술 수명 주기 속에서 기업들은 더 이상 전통적인 계층적 구조나 고정된 계획만으로는 살아남을 수 없다.

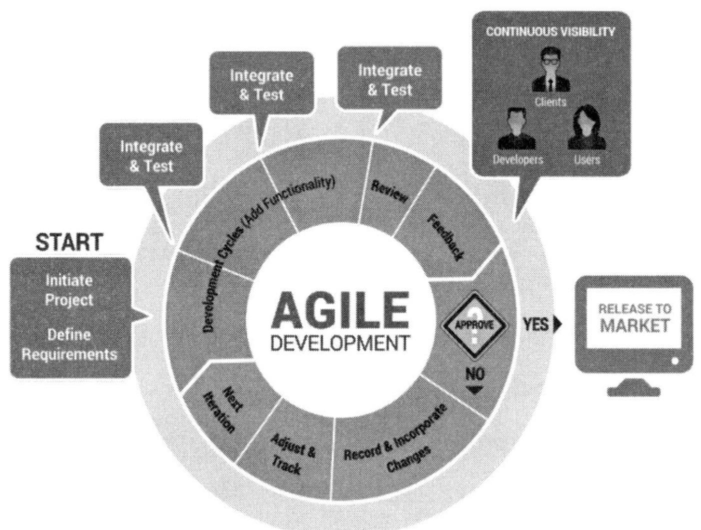

그림 10-12 애자일 방법론

바로 이 지점에서 애자일과 클라우드가 만나 디지털 전환의 시너지를 폭발시킨다. 이러한 클라우드는 물리적 제약 없이 자원을 배포하고, 시스템을 신속히 변경할 수 있는 환경을 제공함으로써, 애자일 조직이 빠르게 실험하고 즉시 피드백을 반영할 수 있는 실험 공간(lab)을 제공한다. 예를 들어, 개발팀은 새로운 기능을 릴리즈하기 전, 클라우드 상의 테스트 환경에서 수십 가지 시나리오를 병렬로 실험하고 성능을 검증한 뒤, 실시간으로 적용할 수 있다. 이는 전통적인 IT 인프라에서는 수주 이상 소요되던 일이다.

DevOps(개발-운영 통합)나 CI/CD(지속적 통합·지속적 배포)와 같은 민첩한 개발 방식도 클라우드 기반 인프라 위에서 비로소 현실화될 수 있다. 실제로 2024년

Deloitte 조사에 따르면, 클라우드 기반 애자일 조직은 비클라우드 대비 평균 32% 더 빠르게 제품을 시장에 출시하며, 고객 피드백 반영 속도는 45% 빠르게 시장에 침투할 수 있음을 보여주고 있다.

3 변화하는 노동시장 : 비즈니스 경쟁력의 중심

정보시스템은 비즈니스 세계에서 단순한 지원 도구를 넘어 경력 개발과 전문성 향상을 위한 핵심 요소로 자리 잡았다. 기술적 발전과 함께 노동시장은 점점 더 복잡하고 광범위한 능력을 요구하고 있으며, 정보시스템은 이러한 요구를 충족시키는 데 중요한 역할을 하고 있다. 특히 회계, 재무, 마케팅, 운영관리, 그리고 관리직 등 다양한 직무에서 정보시스템의 사용은 비즈니스 성공을 좌우하는 중요한 요인으로 작용한다. 이 글에서는 기술적 요소, 현재와 미래의 트렌드, 경제적 측면을 통해 정보시스템이 비즈니스 경력에 어떻게 영향을 미치는지 심층적으로 분석해본다.

1) 정보시스템과 경력의 진화

(1) 디지털 업무환경에서 꼭 필요한 핵심 역량

오늘날의 정보시스템은 더 이상 단순한 운영 도구가 아니라, 비즈니스 경력을 설계하고 발전시키는 데 핵심적인 전략 자산으로 자리매김하고 있다. 디지털 전환이 가속화된 현재의 노동시장은 다기능적이고 분석적 사고를 지닌 인재를 요구하고 있으며, 정보시스템은 이러한 역량을 가능케 하는 기반으로 작용하고 있다. 회계, 재무, 마케팅, 운영관리 등 거의 모든 주요 직무에서 정보시스템의 활용은 기업 경쟁력뿐 아니라 개인의 경력 성장에도 지대한 영향을 미치고 있다.

특히 회계 분야에서는 클라우드 기반 회계 소프트웨어, 실시간 재무 대시보드, 전자결제 시스템 등이 보편화되면서, 단순 기록 관리에서 벗어나 전략적 재무분석과 예측 분석 능력이 더욱 중요해졌다. 기업은 이제 단순히 숫자를 정확히 기록하는 사람보다, 데이터를 기반으로 통찰을 제공하고 경영 의사결정에 기여할 수 있는 회계 전문가를 선호한다. 실제로 IFAC(국제회계사연맹)에 따르면, 정보시스템을 능숙히 활용할 수 있는 회계사의 연봉은 평균 대비 23% 더 높은 것으로 나타났다.

재무 분야 또한 변화의 중심에 있다. 고도화된 재무정보시스템(FIS)은 투자 포트폴리오의 실시간 수익률을 분석하고, AI 기반 리스크 모델링을 통해 예측 정확도를 높이며, 자본 구조의 최적화를 지원한다. 이는 단순한 자금 운용을 넘어 재무 전문가가 전략 수립자이자 의사결정 파트너로 진화하고 있음을 보여준다.

마케팅 부문에서는 CRM 시스템, 데이터 시각화 도구, 마케팅 자동화 플랫폼이 필수 역량으로 부상하고 있다. 예를 들어 Salesforce와 HubSpot 같은 플랫폼은 소비자 행동을 정밀하게 분석하고, 세분화된 타겟에 맞춤형 메시지를 실시간으로 전달함으로써 캠페인의 ROI를 획기적으로 높이고 있다. 마케팅 자동화 도입 기업은 그렇지 않은 기업에 비해 평균 14.5% 더 높은 판매전환율을 기록한 것으로 조사되었다(Statista, 2023).

운영관리 영역에서는 공급망 관리(SCM)와 물류 최적화 시스템을 통해 재고 부족이나 과잉을 사전에 예측하고, 전체 생산 프로세스를 데이터 기반으로 정밀하게 조정한다. 특히 제조업에서의 MES(Manufacturing Execution System)와 ERP 시스템의 통합은 생산성과 자원 효율성에 결정적인 영향을 미치며, 스마트팩토리 실현의 초석이 되고 있다.

이처럼 정보시스템은 단순한 직무 도구를 넘어, 직업의 정의 자체를 바꾸고 있으며, 경력의 방향성과 경쟁력을 결정짓는 중요한 축으로 작용하고 있다. 그렇다면 이러한 기술을 기반으로 한 새로운 직무와 산업의 변화는 우리에게 어떤 미래를 제시하고 있을까?

(2) IT 기반 시대, 열어갈 새로운 경력 기회

인공지능(AI)과 머신러닝의 눈부신 발전은 회계사, 재무 관리자, 마케터, 운영 전문가 등 기존 직무의 역할과 요구 역량을 근본적으로 변화시키고 있으며, 단순한 반복 업무는 자동화되고 대신 예측 분석, 리스크 모델링, 전략적 의사결정 지원이라는 고차원적 업무가 중심으로 이동하고 있다. 예를 들어, PwC의 보고서에 따르면 2030년까지 데이터 기반 전략 수립 역량을 갖춘 회계사의 수요는 전체 회계직의 38% 이상을 차지할 것으로 전망되며, 이는 데이터 리터러시가 핵심 직무역량으로 자리잡고 있음을 보여준다.

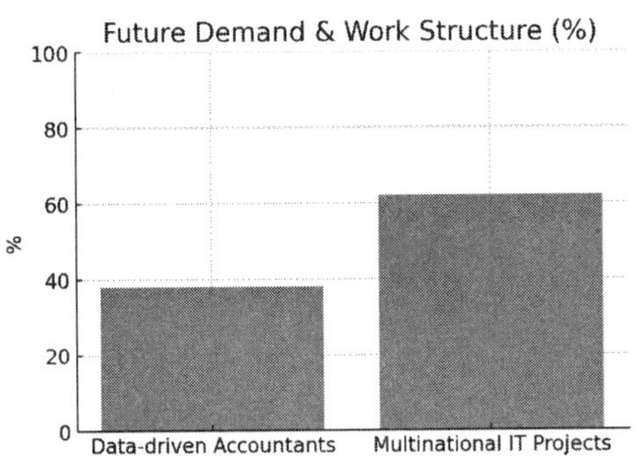

그림 10-13 데이터 기반 업무 능력과 글로벌 협업

이와 함께 클라우드 컴퓨팅과 빅데이터 통합 기술의 발전은 운영관리, 국제 비즈니스, 공급망 최적화에 이르기까지 글로벌 무대를 배경으로 한 실시간 의사결정 체계를 가능케 하고 있다. 특히 물류 시스템에서는 AI 기반 수요예측과 블록체인 기반 추적 시스템이 결합되어, 지리적 한계를 초월한 초정밀 공급망 관리가 실현되고 있으며, 이는 한국과 일본, 독일 등 제조 강국이 차세대 수출 전략의 핵심으로 주목하고 있는 분야이기도 하다.

또한, 디지털 환경의 확산과 함께 나타나는 '글로벌 분산 노동시장'의 확대는 아웃소싱과 협업 방식에 새로운 패러다임을 제시하고 있으며, 실제로 Deloitte는 2024년 기준으로 전체 IT 프로젝트의 62%가 다국적 협업 구조에서 실행된다고 발표한 바 있다. 이러한 변화 속에서 요구되는 것은 단순한 기술 사용 능력이 아니라, 프로젝트 관리(PM), 원격 협업 툴(MS Teams, Slack, Trello 등) 활용 능력, 그리고 문화 간 커뮤니케이션 역량을 겸비한 '디지털 하이브리드 전문가'이다. 이처럼 정보시스템은 단지 기술을 배우는 것을 넘어, 미래의 직무를 설계하고 글로벌 커리어를 구축하는 가장 강력한 기반이 되고 있으며, 그렇다면 이러한 변화 속에서 개인은 어떤 전략으로 자신만의 경력 포트폴리오를 만들어야 할까?

(3) AI 시대의 디지털 인재 역량 : 변화를 주도하는 5가지 핵심 능력

AI 기반 자동화와 정보시스템의 융합이 비즈니스의 모든 영역을 재정의하는 오늘날, 단순한 기술 숙련도를 넘어 복합적이고 융합적인 역량을 갖춘 인재가 요구되고 있다. 2025년 World Economic Forum은 'AI 시대의 유망 인재'가 갖추어야 할 핵심 능력으로 데이터 리터러시, 디지털 커뮤니케이션, 창의적 문제 해결력, 윤리적 기술 이해, 그리고 협업 중심의 리더십을 제시하고 있다. 이처럼 디지털 전환의 시대에 기업이 경쟁우위를 확보하기 위해 요구되는 핵심 역량은 단순한 기술 습득을 넘어선다. 우선, 데이터 리터러시는 데이터를 읽고 해석하는 수준을 넘어, 정보시스템을 통해 데이터를 수집·가공하고 이를 기반으로 전략적 인사이트를 도출하는 능력을 의미한다. 이는 마케팅의 고객 세분화, 재무 분석의 리스크 관리, 운영 관리의 수요 예측 등 비즈니스 전반에 실질적으로 활용되고 있다.

한편, 디지털 커뮤니케이션 역량은 하이브리드 근무와 원격 협업이 일상화된 오늘날, MS Teams, Zoom, Notion, Slack 등 다양한 디지털 플랫폼을 활용해 효과적으로 의사소통하고 협력할 수 있는 능력이다. 이는 단순한 도구의 숙련도를 넘어, 디지털 피드백 문화와 성과 중심의 커뮤니케이션 체계를 구축하는 역량을 포함한다. 더 나아가, 창의적 문제 해결력은 AI와 자동화가 반복적 업무를 대체한 이후 인간이 집중해야 할 핵심 역량으로 부상했다. 복잡한 문제를 다양한 관점에서 분석하고, 정보시스템을 통해 실행 가능한 해법을 설계하는 능력이 기업의 지속적 혁신을 좌우한다.

이와 함께, 윤리적 기술 이해(Ethical Tech Literacy) 역시 빠질 수 없다. 데이터 프라이버시, 알고리즘 편향, AI 의사결정의 투명성 등 기술이 사회적 책임과 맞닿는 영역에서, 기술적 이해와 윤리적 통찰을 동시에 갖춘 통합적 사고가 필수적이다. 이는 특히 공공 행정, 의료, 교육 등 민감 산업에서 신뢰 기반의 기술 운영을 가능하게 한다.

마지막으로, 협업 중심의 리더십(Collaborative Leadership)은 수평적이고 자율적인 디지털 조직 구조에서 팀워크를 이끌고, 비전과 목표를 공유하며 실질적 성과를 창출하는 능력이다. 애자일(Agile) 조직과 크로스펑셔널 팀 중심의 업무 환경에서 이러한 리더십은 구성원의 자율성과 조직의 목표를 연결하는 가교 역할을 수행한다. 결국, 데이터 리터러시에서 시작해 윤리적 기술 이해와 협업 리더십으로 이어지는 이러한 역량들은, 디지털 시대의 인재상이 단순한 '기술 사용자'가 아닌 '기술과 가치를 연결하는 전략적 사고자'임을 보여준다.

2) AI + e-Biz/e-Commerce 융합 : 새로운 수익 모델의 탄생

"AI + e-Biz/e-Commerce 융합"은 디지털 기술을 활용하여 비즈니스와 상거래를 수행하는 기존의 e-Biz 및 e-Commerce 모델을 뛰어넘어, 최신 인공지능 기술을 접목함으로써 단순한 디지털화가 아닌 지능형·예측형·맞춤형 비즈니스로의 진화를 가능케 하는 개념이다. 이 융합은 AI가 방대한 고객 데이터를 스스로 수집·분석·학습하여, 고객의 선호와 구매 이력, 행동 패턴을 실시간으로 파악함으로써 초개인화된 쇼핑 경험을 제공하고, 추천 엔진을 정교화하여 매출 증대와 충성도 향상을 이끈다. 뿐만 아니라, AI는 트렌드 변화와 외부 요인까지 통합 분석하여 수요 예측과 재고관리 최적화를 지원하며, 이를 통해 기업은 공급망 효율을 극대화하고 리스크를 최소화할 수 있다.

또한, 챗봇이나 AI 기반 고객지원 시스템은 단순한 자동응답을 넘어, 자연어 처리(NLP)를 기반으로 고객의 질문 의도를 정확히 이해하고, 문제 해결부터 교차 판매(Cross-Selling)·상향 판매(Up-Selling)까지 고객 접점의 모든 과정을 지능화하며, 기업의 서비스 품질을 한 단계 끌어올린다. 이처럼 "AI + e-Biz/e-Commerce 융합"은 구매자와 공급자 간의 상호작용을 자동화·지능화하고, 운영 프로세스를 혁신적으로 재설계함으로써 기업이 글로벌 경쟁에서 차별화된 디지털 경쟁력을 확보하도록 지원하며, 앞으로의 비즈니스 생태계에서 지속 가능한 성장의 원동력으로 자리 잡을 것으로 기대된다.

3) 산업의 게임 체인저, 왜 지금?

(1) "왜 AI 융합이 필요한가?"

전통적 e-Commerce 모델이 고객을 연령·성별·지역과 같은 고정적이고 단순한 데이터로만 분류해왔던 한계를 가지고 있는 반면, 최신 AI 기술은 고객 개개인의 행동·취향·구매 이력 등을 실시간으로 수집·분석·학습함으로써 각기 다른 고객의 맥락과 니즈를 정밀하게 파악할 수 있기 때문이다. 이로 인해 기업은 개별 고객에게 최적화된 맞춤형 추천과 상품·서비스를 제공하는 '초개인화' 경험을 실현할 수 있으며, 특히 시장 경쟁이 점점 치열해지고 있는 디지털 상거래 환경에서 이러한 개인화된 고객 경험은 곧 기업의 차별화된 경쟁력으로 직결된다.

다시 말해, 인공지능(AI)은 e-Commerce의 초점을 단순히 '판매' 중심에서 벗어나, 고객의 기대와 선호를 실시간으로 예측·반영하여 고객경험을 극대화하는 '고객경험 최적화' 중심으로 완전히 전환시킴으로써, 디지털 경제에서의 생존과 지속 가능한 성장을 위한 핵심 기술로 자리매김하고 있음을 명확히 보여주고 있다.

(2) 어떤 기술이 실제 적용되고 있는가?

디지털 전환이 본격화되면서 기업은 방대한 양의 데이터를 수집하고 있으나, 이 데이터를 '통찰'로 전환하는 능력이 없다면 오히려 혼란을 초래하게 된다. 바로 이 지점에서 인공지능(AI)의 융합은 선택이 아닌 필수가 된다. AI는 데이터를 단순히 저장하는 것을 넘어, 의사결정, 예측, 자동화, 개인화라는 가치 있는 행동으로 전환시킨다. 그 결과, 정보시스템은 더 이상 단순한 관리 툴이 아닌 비즈니스 전략의 중심축으로 진화하게 된다.

AI의 융합은 더 이상 미래의 가능성에 머물지 않고, 이미 오늘날 기업의 거의 모든 접점에서 실질적인 경쟁력으로 작동하고 있다. 특히 이커머스 플랫폼에서는 고객의 과거 구매 기록, 검색 이력, 클릭 패턴 등 다양한 행동 데이터를 정밀하게 분석해 협업 필터링(Collaborative Filtering) 기반의 추천 알고리즘을 적용함으로써, 실시간으로 개인 맞춤형 상품을 제안하고 있다. 아마존은 이 추천 시스템만으로 전체 매출의 약 35%를 창출하고 있을 만큼, AI는 사용자 경험 향상뿐 아니라 수익 증대에도 결정적인 역할을 하고 있다.

이러한 데이터 기반 자동화는 고객 서비스 영역에서도 동일하게 구현되고 있으며, 특히 AI 챗봇과 자연어 처리(NLP) 기술은 단순한 문의 응답을 넘어 복잡한 환불, 계좌 변경과 같은 절차까지 실시간으로 처리함으로써 고객 만족도와 업무 효율성을 동시에 향상시키고 있다. 실제로 카카오뱅크는 AI 챗봇을 통해 연간 약 2,400만 건의 고객 문의를 처리하고 있으며, 이는 전체 응대의 85% 이상을 차지할 만큼 서비스의 중심축으로 자리잡고 있다.

한편, 마케팅 영역에서는 AI가 더욱 정교한 전략 실행을 가능케 하고 있다. AI 기반 타겟팅 광고와 고객 세그먼테이션 기술은 소비자의 취향, 행동, 구매 여정을 분석하여 정밀하게 개인화된 마케팅 메시지를 전달하며, 이는 곧 브랜드 충성도 강화로 이어진다. 예를 들어, 넷플릭스는 수백 가지 버전의 예고편을 자동 생성하고 이를 고객 성향에 따라 맞춤형으로 제공함으로써, 시청률을 평균 20% 이상 향상시키는 데 성공하고 있다. 이는 단순한 콘텐츠 큐레이션을 넘어, 사용자와의 정서적 연결을 형성하는 정교한 마케팅 전략으로 진화하고 있다. 이어서 고객 중심의 전략은 공급망 관리(SCM)에서도 큰 파급력을 발휘하고 있다. AI의 예측 분석(Predictive Analytics)은 수요 변동을 실시간으로 감지하고, 이에 기반해 재고를 자동으로 보충하거나 유통 경로를 최적화함으로써 운영 효율성을 극대화한다. 대표적으로 월마트는 AI 기반 수요 예측 시스템을 도입해 재고 과잉 및 부족 문제를 최소화했으며, 이로 인해 물류 비용을 약 15% 절감하는 성과를 거두었다.

더불어 결제 및 금융 분야에서도 AI는 눈에 띄지 않지만, 핵심적인 보안 기술로 기능하고 있다. 이상 거래 탐지(Fraud Detection) 시스템은 수십만 건의 거래 데이터를 실시간으로 분석해 비정상적인 패턴을 탐지하고 즉시 대응함으로써, 사용자의 자산을 보호하고 기업의 신뢰도를 제고한다. PayPal은 이러한 AI 기반 보안 시스템을 통해 연간 약 1억 달러에 달하는 사기 피해를 사전에 차단하고 있으며, 이는 단순한 비용 절감을 넘어 고객 신뢰 확보라는 측면에서 중요한 의미를 가진다.

4) AI가 열어가는 산업의 새 물결 : 기회, 혁신, 그리고 경쟁력

(1) 인공지능이 산업 변화에 가져올 기회(Opportunities)

현재 인공지능(AI)은 산업 전반에 걸친 변혁의 핵심 동력이 되고 있다. 최신 조사에 따르면, RPA와 결합된 AI 자동화는 은행 대출 심사와 같은 반복·문서 중심 업무에서 90%의 시간 절감을 가능케 하며, 제조업체는 스마트 팩토리와 AI 기반 품질 관리의 도입으로 불량률을 평균 30% 감소시키고 있다. 또한 공급망 및 물류 부문에서는 AI 기반 수요 예측 및 재고 최적화를 통해 재고량을 20-30% 절감하고, 물류비용을 5-20% 줄이며, 고객 서비스 수준을 65% 향상한 기업들이 속속 나타나고 있다. 이와 더불어, AI는 마케팅과 세일즈에서도 강력한 활약을 하고 있는데, 기업의 63%가 AI 채택 이후 매출이 최소 10% 이상 증가한 것으로 보고했으며, GitHub Copilot 같은 개발자 도구는 코드 작성 속도를 55.8% 향상해 소프트웨어 개발자가 반복 업무에서 벗어나 혁신적 과제에 집중할 수 있도록 지원하고 있다. 이처럼 AI는 단순 자동화를 넘어서-모든 산업에서 생산성, 비용 효율성, 품질, 속도라는 핵심 영역을 동시에 향상하며-디지털 전환 시대에 기업들이 경쟁 우위를 확보하고 지속 성장을 가능하게 하는 강력한 비즈니스 엔진으로 자리매김하고 있다.

AI 기술의 고도화는 단순히 기업의 기존 업무를 자동화하는 수준을 넘어서, 전통적 비즈니스의 틀을 재편하고 완전히 새로운 비즈니스 모델을 창출하는 기회를 제공합니다. 특히, 데이터 기반 비즈니스(Data-as-a-Service, AI-as-a-Service)는 방대한 데이터를 AI가 분석·활용 가능한 형태로 가공해 기업 외부에 서비스 형태로 판매하거나, AI 솔루션을 API로 제공해 기업이 이를 자체 서비스와 제품에 쉽게 통합할 수 있도록 하는 새로운 시장을 열어가고 있다. 예컨대, OpenAI의 ChatGPT API는 단순한 기술 공급을 넘어 다른 기업이 앱, 웹사이트, 고객센터 챗봇 등에 자연어 처리·지능형 대화 기능을 맞춤형으로 결합할 수 있도록 지원함으로써, AI를 "거래 가능한 유틸리티"로 전환시키고, 전 세계 수천만 명의 사용자가 새로운 경험을 할 수 있는 기반을 만들어가고 있다.

이와 함께, AI 헬스케어와 자율주행 모빌리티 AI 에듀테크 등 그동안 존재하지 않았던 시장이 빠르게 성장하고 있다. 예를 들어 의료 분야에서는 인공지능(AI)을 기반으로 환자의 데이터를 분석해 맞춤형 진단과 치료 계획을 수립하거나, 교육 분야에서는 학생 개개인의 학습 속도·이해도를 AI가 분석해 맞춤형 콘텐츠를 제공하는 등 산업별로 새로운 수요와 가치사슬을 만들어내고 있다. 이처럼 인공지능(AI)은 단순히 반복 업무를 대체하는 것을 넘어, 기업의 비즈니스 모델 자체를 재정의하는 전환점이 되고 있다. 뿐만 아니라, AI는 글로벌 시장 진입 장벽을 획기적으로 낮추고 있다. 과거에는 대규모 마케팅 예산과 인프라, 현지화 전략이 필수였던 글로벌 진출이, AI의 자연어 번역·로컬 문화 데이터 학습·소셜미디어 분석·타겟팅 광고 자동화 등을 통해 소규모 기업조차 전 세계 고객을 정밀하게 타겟팅할 수 있는 시대가 되었다. 예를 들어, 소규모 전자상거래 기업도 AI의 다국어 번역과 현지 검색 트렌드 분석을 활용해 글로벌 고객에게 개인화된 추천과 가격 전략을 전개할 수 있으며, 이를 통해 대기업 못지않은 글로벌 경쟁력을 확보할 수 있게 되었다.

현재 우리가 경험하고 있는 이러한 변화는, 데이터와 인공지능(AI)을 중심으로 한 비즈니스 설계가 더 이상 "선택"이 아닌 디지털 경쟁 시대의 생존 전략으로 자리 잡고 있음을 보여준다. AI와 데이터 중심 혁신은 기업이 고객의 개별 행동을 실시간으로 분석하고, 공급망을 정밀하게 최적화하며, 새로운 시장 기회를 선제적으로 포착할 수 있도록 하는 지능형 비즈니스의 핵심 기반으로 자리 잡고 있다. 이러한 변화는 스타트업부터 글로벌 대기업에 이르기까지 규모를 불문하고 디지털 전환 전략의 중심축이 되고 있으며, AI를 적극 활용한 기업들은 복잡한 시장 변동 속에서도 지속 가능한 경쟁 우위와 장기적 성장 동력을 확보하는 데 성공하고 있다.

(2) 인공지능이 산업 변화에 가져올 위험

인공지능(AI)은 효율성과 혁신의 상징처럼 보이지만, 그 그림자도 분명 존재한다. 기술이 빛을 발할수록 그늘도 깊어지는 법. 특히 산업 현장에서 인공지능의 도입은 단순히 '편리함'이나 '자동화'의 문제가 아니라, 고용 구조 전체를 재편성하는 거대한 지각변동을 의미한다.

고객센터 상담원, 단순 사무직, 기초 통계 분석가와 같은 정형화된 직무는 인공지능(AI)에 의해 빠르게 대체되고 있으며, 이는 일자리가 점차 '기계 친화적'으로 재편되고 있음을 보여준다. 실제로 맥킨지 글로벌 연구소(McKinsey Global Institute)는 2030년까지 전 세계적으로 약 3억 개의 일자리가 자동화 기술로 인해 사라질 수 있다고 경고하고 있다. 단지 공장의 조립라인만이 아니다. 은행의 서류 검토, 보험사의 클레임 처리, 심지어 기자의 뉴스 요약 업무까지도 AI가 대체할 준비를 마쳤다.

이러한 변화는 기존의 일자리를 단순히 '없애는' 것이 아니다. '재정의된 노동시장'이라는 새로운 게임의 규칙을 만들어내고 있다. 창의성과 문제 해결 능력, 전략적 사고가 요구되는 고부가가치 직무가 부상하는 반면, 반복성과 규칙성이 높은 직무는 축소될 수밖에 없으며, 이는 노동자들에게 단순한 변화가 아닌 생존의 문제로 다가온다. 인공지능(AI) 적응력이 없는 인력은 디지털 전환의 물결 속에서 가장 먼저 밀려날 수밖에 없는 현실에 직면하게 되는 것이다.

더 큰 문제는 이러한 변화가 개별 기업이나 산업에 국한되지 않는다는 점이다. 기업은 비용 절감과 업무 효율을 명분으로 빠르게 인공지능(AI)을 도입하고 있지만, 이는 곧 전 산업 분야에 걸친 '단순직 감소 → 재교육 압박 → 재배치 실패 시 구조조정'이라는 도미노 효과를 일으키고 있다. 특히 고령 노동자, 저소득층, 기술 접근성이 낮은 계층은 이 변화의 가장 큰 피해자가 될 가능성이 높다. 우리가 과거의 산업혁명에서 경험했던 기술 혁신은 더 많은 부가가치를 창출하는 산업으로의 확장과 성장을 이끌어왔다. 그러나 오늘날 인공지능(AI)의 발전 속도는 인간의 학습 속도를 훨씬 뛰어넘고 있으며, 이러한 비약적인 기술의 진화가 오히려 우리에게 위협으로 다가오고 있다.

4 AI 시대, 누구를 위한 기술인가?

1) 데이터 독점과 플랫폼 경제 심화

인공지능이 비즈니스 경쟁의 룰을 바꾸고 있는 지금, 진정한 경쟁력은 기술 자체보다 '데이터'에 있다는 사실이 점점 더 명확해지고 있다. 데이터를 소유한 자가 시장을 지배하고, 데이터를 실시간으로 해석하는 기술을 가진 자가 미래를 설계하는 시대다. 그리고 이 구조의 정점에는 글로벌 빅테크 기업들이 있다.

Amazon, Google, Alibaba와 같은 글로벌 플랫폼 기업들은 매일 수억 명의 사용자가 남긴 클릭, 검색, 장바구니, 결제, 리뷰 등 다양한 형태의 행동 데이터를 실시간으로 수집한다. 이 데이터는 단순한 고객 정보가 아니다. 이들의 AI 알고리즘은 구매 가능성이 높은 타이밍을 예측하고, 소비자별 맞춤 상품을 추천하며, 가격 탄력성을 분석해 시시각각 최적화된 마케팅 전략을 자동 실행한다.

예컨대 Amazon은 고객의 구매 이력, 검색 경로, 후기를 분석하여 자사 브랜드 'Amazon Basics'의 수요 예측과 재고 배분을 AI로 자동화함으로써 경쟁사보다 더 빠르게, 더 저렴하게, 더 정확한 제품 공급을 실현하고 있다. 그 결과, 아마존은 자체 브랜드를 통해 수익률은 높이고, 고객 이탈률은 낮추는 이중 효과를 얻고 있으며, 소비자의 검색 결과에서 자사 제품이 가장 먼저, 가장 많이 노출되는 '디지털 선점 효과'까지 확보하고 있다.

문제는 이 같은 데이터 기반 플랫폼 구조가 점차 폐쇄적으로 고착화되고 있다는 데 있다. 수백만 개의 중소기업과 브랜드 업체가 아마존이나 알리바바 같은 플랫폼에 입점하고 있지만, 이들은 구매 데이터에 직접 접근할 수 없고, 플랫폼이 제공하는 제한적 분석 도구에만 의존해야 한다. 그 사이 플랫폼은 입점 업체의 성공 전략을 학습하고, 이를 자사 상품에 반영함으로써 이용자와 경쟁자의 경계를 흐리는 구조적 불균형을 만들어낸다.

특히 AI 분석 역량과 데이터 접근성의 격차는 중소기업에 불공정한 게임을 강요하고 있다. 소비자 맞춤형 제품을 설계하거나, 수요를 예측해 재고를 조정하거나, 효과적인 타겟 마케팅을 수행하려면 정교한 인공지능(AI) 인프라와 방대한 행동 데이터가 필요하지만, 이 모든 자원은 이미 플랫폼 기업들의 손에 집중되어 있다. 데이터가 없으면 학습도, 분석도, 실행도 불가능하기 때문에, 기술의 민주화라는 이상과 달리 현실은 '디지털 양극화'가 심화되고 있는 구조이다. 그렇다면, 데이터가 곧 자본이 된 이 시대에, 중소기업과 소비자는 어떻게 대응해야 할까?

2) 인공지능으로 인해 경제구조 변화

(1) 인공지능이 재편하는 경제의 지형도 : 시장의 힘은 누구에게 집중되는가?

인공지능(AI)은 단순히 업무를 자동화하거나 분석을 정교화하는 기술을 넘어, 이제는 경제 구조 자체를 재편성하는 거대한 축으로 작용하고 있다. 특히 글로벌 빅테크 기업들이 AI 기술을 통해 데이터를 독점적으로 활용하면서, 시장 지배력은 더욱 공고해지고 있으며, 기업 간 격차는 점점 벌어지고 있다.

예컨대 Amazon은 고객의 클릭, 검색, 구매 이력을 수십억 건 이상 축적한 후, 이를 AI로 분석하여 상품 추천 알고리즘을 최적화하고 있다. 이 알고리즘은 소비자가 명확한 구매 의사결정을 내리기 전에 이미 '무의식적인 니즈'를 자극하는 방식으로 작동하며, 이는 Amazon Basics와 같은 자사 브랜드 상품의 노출도를 경쟁사보다 최대 3배 이상 높이는 효과를 낳고 있다. 결과적으로, 고객은 자신도 모르게 Amazon의 자체 브랜드를 구매하고, Amazon은 마진율이 높은 자사 제품으로 수익성을 높이는 폐쇄적이고 자기강화적인 구조를 만들어낸다.

Google과 Alibaba 역시 마찬가지다. Google은 검색 알고리즘과 광고 타겟팅에 AI를 활용해 사용자의 관심을 정밀하게 추적하고, 전환율을 극대화하는 광고 환경을 조성하며, Alibaba는 플랫폼 내의 판매자와 소비자 데이터를 AI로 통합 분석해, 수요 예측, 가격 최적화, 개인화된 쇼핑 경험을 제공함으로써 중국 내뿐만 아니라 글로벌 e-Commerce 시장에서도 경쟁자들을 따돌리고 있다. 문제는 이러한 AI 기반 시장 지배력이 단순한 기술력의 문제가 아니라, 데이터 접근성과 처리 능력의 문제라는 점이다. 신생 기업이나 중소기업은 충분한 고객 데이터를 확보하기 어렵고, 확보하더라도 이를 실시간 분석해 적용할 수 있는 AI 인프라를 갖추기엔 비용과 기술 장벽이 너무 높다. 결국 이들은 개인화 마케팅, 수요 예측, 제품 추천 같은 핵심 경쟁 요소에서 근본적인 약자가 될 수밖에 없다.

2025년 지표를 보면, 인공지능(AI) 혁신이 소수 기업과 인프라의 집중으로 이루어지고 있다는 현실이 더욱 뚜렷해진다. Stanford HAI의 『Artificial Intelligence Index Report 2025』에 따르면, 미국의 민간 AI 투자액은 2024년 약 1,091억 달러로 중국의 93억 달러보다 약 12배에 달했다. 또한 AI 관련 특허 동향 보고서에 따르면, 미국이 여전히 주요 특허 출원국으로 확고한 우위를 유지하고 있는 반면, 중국의 기업과 연구기관들도 특허 출원 속도를 가파르게 높이며 그 격차를 빠르게 좁혀가고 있는 것으로 분석된다.

특히 흥미로운 점은 데이터 처리와 AI 연산 인프라의 집중화다. 복수의 분석에 따르면, 고성능 AI를 구동하는 연산 자원의 상당 부분이 상위 클라우드와 데이터센터 기업에 의해 지배되고 있으며, 일부 보고서는 이들이 전 세계 AI 연산 자원의 70% 이상을 장악하고 있을 가능성을 시사한다. 예컨대, 미국 기업 Google LLC가 생성형 AI 특허 출원 상위를 차지했다는 보도가 나왔고, 글로벌 상위 10대 AI 특허 출원 기업 중 다수가 미국과 중국의 대형 플랫폼 기업이라는 사실이 확인된다. 이처럼 인공지능(AI) 기술 경쟁이 '누가 더 많은 특허를 확보했는가'에 그치지 않고, '누가 더 강력한 연산기반과 데이터 인프라를 확보했는가'로 옮겨가고 있다. 다시 말해, 지금의 AI 생태계는 기술력뿐만 아니라 연산력과 데이터 리소스의 집중이 기업 간 경쟁의 결정적 변수로 작용하고 있다.

이러한 흐름은 기술 혁신의 본질을 다시금 묻는다. 단지 '누가 더 많은 알고리즘을 개발했는가'가 중요한 게 아니라, '누가 그 알고리즘을 실행·확장할 수 있는 인프라를 갖췄는가'가 더욱 중요해지고 있다. 따라서 기업과 국가 모두 단순히 알고리즘 경쟁에 머무르지 않고, 연산 인프라의 확보, 특허 및 지식재산의 보호, 데이터 축적의 우위라는 삼각축을 전략적으로 구축해야 하는 시대가 도래했다.

이처럼 인공지능(AI)의 기술 발전은 혁신의 기회임과 동시에, 경제적 양극화를 심화시키는 변수로도 작용하고 있으며, 우리는 지금 '데이터 자본주의'라는 새로운 경제 질서의 초입에 서 있는지도 모른다. 그렇다면, 이 거대한 기술 기반 시장 지형도에서 중소기업과 스타트업은 어떤 전략으로 생존과 성장을 도모할 수 있을까?

(2) 쏠림의 경제학 : 강자 독식 구조와 양극화의 고착화

데이터를 독점적으로 보유한 글로벌 빅테크 기업들은 AI를 통해 고객 행동 데이터를 실시간으로 수집·분석·활용함으로써 추천 알고리즘, 맞춤형 마케팅, 자동화 서비스 등을 한층 정교화하고 있다. 반면, 데이터 접근성이나 인공지능 기술력에서 제약을 받는 중소기업은 개인화 서비스 구축이나 운영 효율화를 위한 자동화 기술을 충분히 구현하기 어렵고, 그 결과 시장 경쟁에서 구조적으로 불리한 위치를 벗어나기 어려운 현실에 놓여 있다. 실제로 Amazon은 AI로 고객의 구매 패턴과 검색 기록을 분석해 Amazon Basics 등 자사 브랜드의 매출을 극대화하며, Google은 AI 광고 알고리즘을 통해 광고 단가를 높이고 검색 트래픽의 80% 이상을 자사로 흡수하는 방식으로 수익을 계속 확대하고 있는데, 이러한 데이터AI 기술력 격차가 고스란히 수익 격차로 이어지면서 빅테크는 글로벌 시장을 지속적으로 지배하고 중소기업은 성장 기회를 잃는 '부익부 빈익빈' 현상이 데이터·AI·수익 격차라는 새로운 형태로 고착화되고 있다는 우려가 커지고 있다.

그림 10-14 양극화의 고착화

이러한 디지털 기술의 진보는 결국 사회적 감시 노출 위험 증가로 이어진다. 이제 우리의 삶을 효율적으로 돕는 기술이 아니라, 우리를 끊임없이 관찰하고 해석하며 예측하는 감시의 렌즈로 변모하고 있다. 단순한 클릭 한 번, 화면을 스치는 손가락의 방향, 머무는 시간, 쓰는 단어까지 우리는 매 순간 '데이터'라는 흔적을 남기며 살아가고 있고, 이 모든 것은 AI 시스템에 의해 실시간으로 수집되고, 정제되며 분석된다. 우리가 스마트폰을 들여다보는 동안, 우리를 들여다보는 쪽은 플랫폼이다.

이러한 흐름은 '감시 자본주의(Surveillance Capitalism)'라는 새로운 패러다임을 낳았다. 이는 샤워지바프(Shoshana Zuboff) 교수가 처음 명명한 개념으로, 기업이 개인의 삶 그 자체를 수익화하는 구조를 의미한다. 소비자의 의사결정은 더 이상 자율적이지 않다. 알고리즘은 취향을 예측하고, 행동을 유도하며, 필요하지 않았던 욕망조차 생성한다. 실제로 대형 플랫폼들은 사용자의 검색 이력과 언어 습관, 위치 기반 정보, 심지어는 감정의 변화까지도 분석하여, 어느 순간 어떤 상품을 제안할지까지 결정하고 있는 것이다.

Amazon은 우리의 구매 패턴을 기반으로 미리 제품을 물류창고에서 포장해 둘 만큼 정교한 수요 예측 시스템을 가동하고 있으며, Google은 사용자가 검색하지 않은 정보까지 예측해 개인화된 결과를 제공하고, Meta는 SNS 상의 반응 데이터를 활용해 정서적 취약 시점에 광고를 노출시킨다. 이 모든 과정은 보이지 않지만, 이미 일상 속 깊숙이 침투해 있다.

문제는 이 기술의 진보가 정보 비대칭을 더욱 심화시키며, 표현의 자유와 민주적 공론장의 기반마저 흔들고 있다는 데 있다. 알고리즘은 우리에게 '우리가 좋아할 만한 정보'만을 보여주고, 점차 '우리가 봐야 할 정보'를 차단한다. 이렇게 생성된 여론 필터링(Bubble Filtering)은 사회 구성원 사이의 인식 격차를 확대시키고, 민주주의 사회의 건강한 토론과 비판을 약화시킨다. 개인은 더 많이 노출될수록, 더 적게 선택하게 된다.

이러한 감시적 기술이 불러오는 궁극적인 우려는, 사적 영역의 실종과 자유 의지의 침식이다. 인간의 선택이 '스스로 한 것처럼 보이지만 사실은 유도된 것'이라면, 우리는 언제부터 스스로를 소비자이자 데이터로만 정의하게 된 것일까? 인공지능(AI)은 우리

삶의 편의를 위한 도구로 시작되었지만, 이제는 누가 데이터를 통제하느냐에 따라 우리의 삶, 사고, 감정, 그리고 민주주의의 구조까지 좌우할 수 있는 권력의 기술로 확장되고 있다.

11장

AI 이코노미의 출현 : 조직·상거래·모바일 생태계의 재구성

1 인공지능과 인트라넷의 통합

1) 조직 내부 경제의 지능화

과거의 인트라넷은 단순히 정보 저장소이자 내부 커뮤니케이션 도구에 불과했다. 하지만 이제 인공지능(AI)의 통합은 인트라넷의 성격을 완전히 바꾸고 있다. 인공지능(AI)은 이를 정적인 정보 보관소에서 지능형 운영 체계로 탈바꿈시키며, 조직 전체가 보다 민첩하고 정밀하게 작동하는 내부 예측형 경제(Predictive Internal Economy)를 실현하도록 만든다.

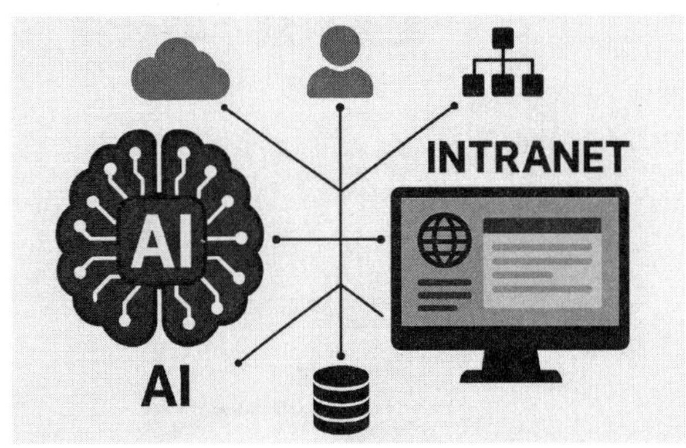

그림 11-1 AI와 인트라넷 통합

이 변화의 핵심에는 AI 챗봇의 도입이 있다. GPT 기반의 사내 비서는 단순한 FAQ를 넘어, 연차 신청 방법부터 복무 규정, 보고서 작성법에 이르기까지 다양한 내부 프로세스를 실시간으로 안내하고 처리한다. 이로써 관리자의 반복 업무 부담은 줄고, 구성원은 행정적 병목 없이 본연의 업무에 집중할 수 있게 된다. 단순 자동화를 넘어, AI 챗봇은 이제 업무 흐름을 최적화하는 디지털 파트너로 기능하고 있다. 더 이상 누군가가 방대한 내부 문서를 일일이 분류하고 요약하는 일은 필요 없다. AI는 수천 건의 보고서, 회의록, 계약서를 자동으로 정리하고 핵심 정보를 추출해, 정보 접근에 드는 시간과 비용을 획기적으로 절감시킨다. 특히 이는 M&A, 법무, 전략기획 등 고정밀 문서 처리가 중요한 부서에서 리스크를 낮추고 판단 속도를 높이는 강력한 무기가 된다.

검색 기술 또한 비약적으로 진화했다. 기존의 키워드 검색을 넘어, 이제는 사용자의 질문 의도와 문맥을 이해하는 의도 기반 문맥 탐색(Semantic Search)이 가능하다. "연차 신청은 언제까지 가능해?"처럼 모호한 질문에도 인공지능(AI)은 관련 규정을 정확하게 찾아낸다. 이처럼 정보 탐색의 속도와 정확도가 동시에 향상되면서, 기업의 '지식 접근 비용'은 급격히 줄어들고 있다.

무엇보다도 인공지능(AI) 기반의 지식 관리 시스템은 조직 내 흩어진 경험과 노하우를 데이터화하고 자산화한다. 기존에는 퇴사와 함께 사라지던 숙련자의 암묵지가 이제는 AI를 통해 업무 매뉴얼, 내부 위키, FAQ 등의 형태로 전사에 전파된다. 이는 인적 자본을 데이터 자본으로 전환하는 대표적 사례로, 기업이 지속 가능한 경쟁 우위를 확보하는 핵심 인프라로 기능하게 된다.

2025년 현재, 국내 주요 공공기관들은 ChatGPT-4와 Meta 기반의 인공지능 인트라넷 시스템을 단계적으로 구축하고 있다. 이러한 움직임은 단순한 기술 도입을 넘어, 기존 SAP 중심의 업무 관리 체계를 확장하는 광의적 혁신으로 볼 수 있다. 인공지능(AI)이 내재된 인트라넷은 조직 내 지식의 흐름을 재편하고, 의사결정의 속도와 품질을 동시에 향상시키며, 나아가 조직의 작동 방식을 근본적으로 변화시키는 지렛대로 작용하고 있다. 정보의 흐름이 더욱 빨라지고, 축적된 지식이 유실되지 않으며, 구성원 누구나 손쉽게 전문적 판단을 내릴 수 있는 환경이 조성된 지금, 인트라넷은 더 이상 단순한 내부 업무 플랫폼이 아니다. 그것은 조직 내부에서 혁신을 가속화하는 가장 강력한 엔진이자, 인간과 인공지능이 공존하는 새로운 협업 생태계의 중심축으로 진화하고 있다.

2 AI로 진화하는 인트라넷 : 조직 구조와 경제성

1) 경제적 관점 : ROI를 중심으로 본 AI 인트라넷의 경제학

기업 입장에서 기술 투자는 항상 "얼마나 벌 수 있는가(ROI: 투자수익률)"라는 질문으로 수렴된다. 과연 인공지능 기반의 인트라넷 도입은 어떤 경제적 효과를 가져오는가?

"문서 탐색 시간 단축"만을 기준으로 산출된 수치이다. 그러나 AI 인트라넷은 이외에도 챗봇 자동응답, 반복 업무 자동화, 업무 가이드 제공, 교육 효율화, 내부 의사결정 지원 등 다양한 생산성 향상 요인을 포함한다. 따라서 전체 효과를 고려한다면 실제 ROI는 최소 2배 이상, 최대 수십억 원 규모의 연간 절감 효과로 이어질 수 있다. 이는 단지 비용 절감에 머무르지 않는다. AI 인트라넷은 업무 흐름의 속도, 정확성, 학습 지속성까지 향상시켜 조직의 전략적 민첩성을 높이는 디지털 자산으로 작동하게 된다. 결과적으로, 기업은 노동 중심 구조에서 데이터 중심 경제 구조로 이행하며, 인공지능(AI)을 통해 경쟁 우위를 확보할 수 있다.

그림 11-2 ROI(투자수익률) 경제학

한 기업의 규모를 기준으로 보면, 직원 수는 약 500명이며 연간 240일을 근무하고 있다. 인공지능 기반 문서 관리 시스템을 도입하기 전에는 직원 1인당 하루 평균 약 20분을 문서를 탐색하는 데 사용했으나, 도입 이후 요약 및 검색 최적화 기능을 통해 이 시간이 약 5분으로 단축되었다. 직원들의 평균 시급이 25,000원임을 고려해 볼 수 있다.

이 경우, 하루에만 약 125,000분(= 2,083시간)의 노동 시간이 절감되며, 연간으로 환산하면 약 7억 5천만 원에 달하는 인건비 절감 효과가 발생한다. 이 수치는 단지 '문서 탐색'만을 기준으로 한 것이며, 여기에 AI 챗봇, 자동 응답 시스템, RPA(Robotic Process Automation) 등이 포함될 경우, ROI는 이보다 2~3배 더 커질 수 있다. 이러한 변화는 업무 효율성과 인건비 절감 효과 측면에서 상당한 경제적 가치를 창출하는 결과로 이어진다. 이는 단순한 비용 절감을 넘어, AI 인트라넷이 생산성과 경쟁력 향상을 동시에 견인하는 디지털 자산임을 입증하는 실증적 근거다. 특히 비정형 지식 업무가 많은 R&D, 전략, 마케팅 부서에서의 효율성 향상은 기존의 자동화 시스템과 차원이 다른 가치를 제공한다. AI 인트라넷은 단순한 툴이 아닌, 조직 전체를 재설계하는 지능형 인프라(Intelligent Infrastructure)이다. 이는 과거의 ERP나 CRM 시스템이 '기록 중심'이었다면, AI 인트라넷은 예측과 통찰 기반의 실시간 협업 중심으로 진화하고 있다는 점에서, 디지털 경제 시대의 핵심 투자 대상이 된다.

향후 인공지능 경제학의 주요 논의 중 하나는, 이러한 '지식 생산 자동화 시스템'이 조직 내 자본과 노동의 역할을 어떻게 재구성하는가일 것이다. 이제는 AI가 단지 업무 보조 수준을 넘어서, 조직의 두뇌(Brainware)로 작동하는 시대는 이미 도래했고, 그 최전선에는 AI 기반 인트라넷이 자리 잡을 것으로 예측되고 있다.

2) 왜 조직은 여전히 '인트라넷'을 사용하는가?

디지털 경제가 급속도로 발전하면서, 많은 기업이 클라우드와 외부 플랫폼 중심의 업무 환경으로 전환하고 있음에도 불구하고, 인트라넷(Intranet)은 여전히 조직 내부 운영의 핵심 인프라로 기능하고 있다. 특히, 인공지능(AI)이 결합된 최신 인트라넷 시스템은 단순한 내부 커뮤니케이션 도구를 넘어, 보안, 효율, 협업, 통제, 자동화라는 다섯 축을 중심으로 기업의 전략 자산으로 진화하고 있다.

외부 인터넷 환경은 기본적으로 개방성과 연결성을 중심으로 설계되어 있어 전 세계 사용자와의 정보 교류 및 시스템 통합에 유리하지만, 동시에 해킹, 악성코드 침투,

피싱, 데이터 유출 등 수많은 사이버 위협에 상시 노출되는 구조적 한계를 지닌다. 이에 반해 인트라넷은 조직 내부 전용 네트워크로 설계되어 외부 접속을 원천적으로 차단하거나 방화벽(Firewall), VPN(Virtual Private Network), 프록시 서버 등 보안 장치를 통해 접근을 엄격히 통제함으로써 민감한 인사 기록, 회계 자료, 전략 보고서, 고객 정보 등 고위험 데이터를 안전하게 보호하고 관리할 수 있는 폐쇄형 환경을 제공한다.

최근에는 이러한 인트라넷 보안 체계에 인공지능(AI) 기술이 접목되면서 보안 수준이 획기적으로 강화되고 있다. 예를 들어, AI 기반 보안 시스템은 인트라넷 내 모든 트래픽과 사용자 행위를 실시간으로 분석하여 정상 패턴과 다른 이상 징후를 탐지하고, 비인가 접근이나 내부자의 정보 탈취 시도 등 잠재적인 위협에 대해 자동으로 경고를 발령하거나 시스템 차단 조치를 실행할 수 있다. 이러한 AI-Driven Threat Detection 기술은 단순한 보안 자동화 수준을 넘어, 조직의 보안 대응 체계를 선제적이고 지능적으로 진화시키는 핵심 인프라로 부상하고 있으며, 사이버 보안의 패러다임을 '사후 대응'에서 '사전 예측과 실시간 대응'으로 전환시키는 중이다.

3 AI 기반 전자상거래 기술 트렌드

1) AI가 주도하는 전자상거래의 경제적 가치

인공지능(AI)이 전자상거래에 결합되면서 단순한 매출 증대를 넘어, 기업의 수익 구조와 운영 효율성 전반에 걸쳐 다차원적인 경제적 가치가 창출되고 있다. 무엇보다도 AI 기반 추천 시스템은 소비자의 구매 행동을 정밀하게 분석하여, 고객이 실제로 관심을 가질 만한 제품을 제안한다. 이는 구매 전환율(Conversion Rate)을 평균적으로 20~30% 이상 끌어올리는 효과를 낳으며, 기업 입장에서는 동일한 트래픽에서 더 높은 매출을 기대할 수 있는 구조로 작용한다. 또한 고객 획득 비용(CAC) 측면에서도 AI는 중요한 역할을 한다. 광고 타겟팅의 정교화, 캠페인 자동 최적화, 콘텐츠 개인화 등의 AI 마케팅 기법은 불필요한 마케팅 지출을 줄이고, 광고 효율(ROAS)을 극대화함으로써 기업의 마케팅 투자 대비 성과를 현저히 개선하고 있으며 이와 함께 고객 생애가치(LTV) 역시 인공지능(AI)을 통해 극대화하고 있다. 고객의 구매 이력과 행동 데이터를 학습한 AI는 이탈 가능성이 높은 고객을 사전에 감지하고, 이들에게 맞춤형 리마케팅이나 보상 전략을 제시함으로써 고객 충성도를 높이고 반복 구매를 유도한다. 결과적으로 단순히 '한 번의 거래'가 아닌 '지속 가능한 수익 모델'이 가능해진다.

한편 재고 비용과 물류비용 절감 측면에서 인공지능(AI)은 전자상거래의 효율성을 획기적으로 끌어올린다. AI 기반 수요 예측 시스템은 과잉 재고를 방지하고 품절 리스크를 최소화하며, 물류 AI는 배송 경로 및 시간대 최적화를 통해 운송비 절감과 배송 시간 단축이라는 두 마리 토끼를 잡을 수 있게 한다. 이처럼 인공지능(AI)은 전자상거래의 전 과정에서 정교한 자동화와 예측 기반 전략을 실현함으로써, 단순한 비용 절감 이상의 전략적 자산으로 작동하고 있다. 앞으로의 디지털 상거래는 'AI 중심'으로 재편되는 흐름 속에서 경쟁력의 핵심이 결정될 것이다.

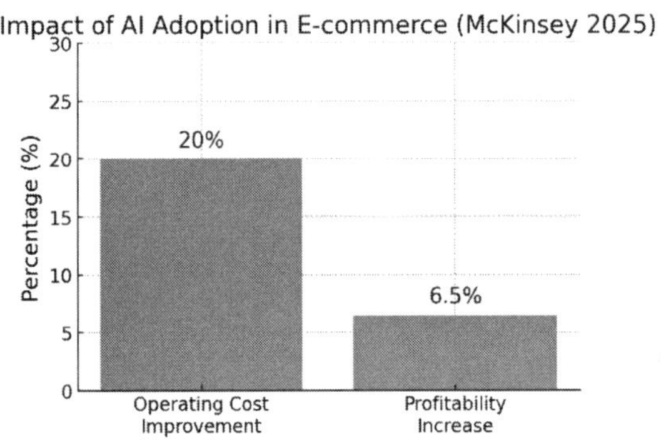

그림 11-3 AI 도입이 비즈니스 지표

2025년 McKinsey & Company 보고서에 따르면, 인공지능(AI)을 도입한 전자상거래 기업은 운영 비용을 평균 20% 향상 시키며, 연간 수익성을 5~8%가량 높이는 것으로 나타났다. 비록 과거에 제시된 '운영 비용 35% 절감, 고객만족도 20% 향상, 수익성 40% 이상 증가'라는 수치에 비해 다소 보수적인 결과이지만, 이는 인공지능(AI) 기술이 전자상거래 기업의 운영 효율성과 고객 경험, 그리고 비즈니스 모델 전반을 실질적으로 혁신하고 있음을 보여주는 명확한 증거라 할 수 있다.

2) 블록체인 기반 상거래와 AI의 결합(Blockchain-Based Commerce)

블록체인과 인공지능(AI)의 융합은 디지털 상거래의 신뢰성과 효율성을 동시에 강화하는 차세대 기술 조합으로 주목받고 있다. 특히 스마트 계약(Smart Contract)은 중개자 없이 자동으로 실행되는 계약 구조를 통해 결제, 반품, 정산 등의 거래 프로세스를 자율적으로 처리하며, 비용 절감과 신뢰 확보를 동시에 실현한다. 여기에 AI가 결합되면, 계약 이행 조건 분석, 리스크 평가, 상황별 자동 대응 기능까지 가능해져 스마트 계약의 적용 범위는 더욱 넓어진다.

또한, AI + NFT + 이커머스의 결합은 디지털 자산 중심의 새로운 상거래 모델을 창출하고 있다. NFT는 디지털 창작물의 소유권과 희소성을 블록체인에 기록함으로써 창작자 중심의 경제 생태계를 만들고, AI는 해당 자산의 수요 예측, 소비자 맞춤 추천, 감정 분석 등을 통해 유통 효율성을 높인다. 이는 특히 예술, 패션, 게임, 콘텐츠 산업에서 새로운 비즈니스 모델을 탄생시키며, 크리에이터 이코노미의 가치를 실질적으로 증폭시킨다.

보안 측면에서도 인공지능(AI)과 블록체인의 결합은 그 어떤 기술보다 강력한 시너지를 발휘하고 있다. 인공지능(AI)은 사용자 행동과 거래 패턴을 실시간으로 분석하여 사기 거래나 이상 행위(Fraud Detection)를 사전에 감지하고, 블록체인은 이 거래 데이터를 분산 구조로 저장함으로써 위조 및 변조의 가능성을 원천적으로 차단하고 있다. 이 두 기술이 결합되면, 시스템은 단순히 위험을 탐지하고 방어하는 수준을 넘어 스스로 학습하고 진화하는 '지능형 보안 생태계'로의 단계적 발전을 이루게 된다. 이러한 구조는 단순한 기술적 통합을 넘어, 신뢰와 투명성을 기반으로 한 새로운 상거래 표준을 제시하고 있으며, 나아가 탈중앙화된 경제 시스템의 구현을 현실로 이끄는 핵심 동력으로 부상하고 있다.

3) AI가 전자상거래에 가져온 다차원적 혁신

오늘날 전자상거래는 단순한 온라인 유통 채널을 넘어, AI가 중심이 되는 고도화된 디지털 생태계로 급속히 진화하고 있다. 이러한 흐름 속에서 인공지능은 단순한 효율 도구가 아닌, 경제적 가치 창출의 중심축으로 자리매김하고 있으며, 기업의 수익성과 고객 경험을 동시에 향상시키는 핵심 요소로 작용한다. 특히, 다음과 같은 전략적 기능들은 AI가 전자상거래 산업 전반에서 어떻게 혁신을 이끌고 있는지를 보여주는 대표 사례라 할 수 있다.

우선, 실시간 가격 조정(Dynamic Pricing) 기능은 인공지능(AI) 경쟁사의 가격 변동, 실시간 수요 변화, 재고 수준, 고객 행동 데이터를 통합적으로 분석하여 가격을 자동으로 조정하는 방식으로 작동한다. 고객 유입이 집중되는 시간대에는 가격을 인상하여 수익을 극대화하고, 반대로 비수기에는 프로모션 가격을 제안함으로써 재고 회전을 가속화한다. 특히 Amazon SageMaker나 OpenAI API 기반의 실시간 최적화 시스템은 이러한 기능을 산업 현장에 정착시키며, 수익 예측 기반 가격 전략의 현실화를 가능케 했다.

다음으로 이어지는 초개인화 추천(Hyper-Personalized Recommendation)은 전자

상거래의 고객 경험을 완전히 바꾸는 지점이다. AI는 고객의 생애주기, 구매 이력, 클릭 및 검색 패턴, 위치 기반 데이터, 그리고 감성 분석 결과(리뷰 문맥 등)를 결합해, 고객 한 명 한 명에게 최적화된 제품과 콘텐츠를 선제적으로 추천한다. 이 기술은 단순한 '관련 제품 제시'를 넘어, 고객의 미래 행동을 예측하고, 심지어 필요를 인지하기 전 제품을 추천하는 예측 상거래(Predictive Commerce)로 발전하고 있으며, 넷플릭스, 아마존, 쿠팡, 무신사 등 다양한 기업들이 실제로 이를 도입해 구매 전환율을 20~40% 수준까지 향상시킨 사례가 속속 보고되고 있다.

또한 주목할 요소는 인공지능(AI) 기반 마케팅 자동화(AI-Powered Marketing Automation)이다. 인공지능(AI)은 고객을 정교하게 세분화(Segmentation)하고, 각 세그먼트에 최적화된 이메일, 광고 문구, 이벤트 콘텐츠 등을 자동 생성 및 배포함으로써 마케팅 비용 대비 효율(ROAS)을 크게 향상시킨다. 생성형 AI(GPT, Claude 등)의 등장으로, 마케팅 텍스트도 고도화된 언어로 실시간 생성할 수 있게 되었고, 이는 A/B 테스트 및 실적 분석과 결합되며 마케팅 전략의 기획-실행-평가 전 주기를 자동화하는 결과를 낳고 있다. 실제로 다수의 글로벌 브랜드는 AI 마케팅 도구를 통해 마케팅 ROI를 30~50% 이상 개선하고 있다.

마지막으로, 고객 이탈 예측 및 유지 전략(Churn Prediction & Retention)은 고객 충성도와 생애가치(LTV)를 극대화하는 데 핵심적인 역할을 한다. AI는 고객의 구매 주기, 장바구니 이탈 이력, 반품 기록, 후기 감정 등을 종합 분석하여 이탈 위험이 높은 고객을 사전에 식별한다. 이후 해당 고객에게는 자동으로 맞춤형 보상, 프로모션, 할인 쿠폰 등을 제공해 이탈을 방지하고 재방문을 유도하는 전략을 펼친다. 특히 구독형 커머스(Subscription Commerce) 분야에서는 이러한 예측 기능이 고객 유지율과 전체 수익성을 좌우하는 핵심 경제 지표로 활용되고 있다. 인공지능(AI)은 전자상거래의 전 영역에서 수요 예측, 고객 맞춤화, 마케팅 효율화, 고객 유지 전략을 통합적으로 수행하면서, 단순한 기술 도입을 넘어 경제성과 경쟁력을 실질적으로 강화하는 도구로 자리 잡았다. 이는 전자상거래가 기술 중심에서 AI 중심의 전략 기반 산업으로 전환되고 있음을 의미하며, 향후 기업들이 디지털 시장에서 생존하고 성장하기 위해 반드시 이해하고 채택해야 할 핵심 축임이 분명하다.

4) 왜 AI는 전자상거래의 '숨은 사장'이 되었는가? 디지털 쇼핑의 보이지 않는 혁신가

전자상거래의 지형이 소비자 맞춤화, 실시간 반응성, 고도화된 보안이라는 3가지 축을 중심으로 급격히 진화하는 가운데, 인공지능(AI)은 단순한 기술 도구를 넘어 디지털 쇼핑 환경의 '숨은 사장'으로 자리 잡았으며, 이는 기술의 발전 자체가 아니라 전자상거래가 마주한 구조적 위기를 해결하는 데 있어 인공지능(AI)이 가장 효과적이고 유연한 전략이었기 때문이다.

예컨대, 10만 개 이상의 상품이 클릭 한 번으로 노출되는 오늘날의 온라인 쇼핑 환경에서 소비자는 '선택의 자유'가 아닌 '선택의 피로'를 경험하고 있으며, 이때 AI는 사용자의 구매 이력, 관심 카테고리, 장바구니 이탈 패턴 등 수백 가지 데이터를 실시간으로 분석해 개인 맞춤형 추천을 제공함으로써, 전환율을 평균 30~50%까지 끌어올리고, 고객 이탈률을 최대 20% 이상 낮추는 실질적 구매 유도 장치로 기능하고 있다. 또한, 글로벌 전자상거래 시장에서 가격 경쟁은 밀리초 단위로 벌어지고 있으며, 아마존, 월마트, 알리바바 같은 선도 기업들은 AI 기반 동적 가격 책정(Dynamic Pricing) 시스템을 도입해 수요 변동, 경쟁사 반응, 재고 상황, 사용자 유형 등을 종합 고려한 '실시간 최적가'를 자동 설정함으로써, 평균 마진율을 6~9%까지 개선했다. 더불어, 24시간 고객 응대가 기본이 된 디지털 쇼핑 환경에서는 AI 챗봇이 단순한 응답 기계를 넘어 '상담형 사용자 경험(CX)'의 일부로 자리 잡았고, 최근 도입된 자연어 처리 기반 GPT형 챗봇은 고객의 감정 톤까지 감지해 보다 정교하고 인간적인 응대를 구현하며, 전체 고객 문의의 70% 이상을 자동화하면서도 고객 만족도는 오히려 상승하는 이중 효과를 만들어낸다. 나아가 머신러닝 기반의 행동 예측 모델(Predictive Personalization)은 현재는 구매하지 않은 고객의 미래 행동까지 예측함으로써, 적절한 시점에 리마인드 메일이나 한정 혜택을 제공할 수 있게 해주며, 그 결과 평균 구매 주기를 약 17% 단축시키는 등 디지털 마케팅 효율을 크게 높이고 있다.

또한 글로벌 온라인 거래의 0.5~1.3%가 여전히 사기 의심 건으로 분류되는 상황에서, 기존 규칙 기반 보안 시스템은 한계에 직면한 반면, AI 기반 이상 징후 탐지(Anomaly Detection) 알고리즘은 정상 패턴과의 미세한 편차까지 학습하여 탐지 정확도를 98% 이상으로 끌어올리면서도 불필요한 거래 차단을 최소화하는 데 기여하고 있다.

그림 11-4 반복 업무 대체 알고리즘

결국 AI는 단지 반복 업무를 대체하는 기술을 넘어서, 상품 추천 → 가격 책정 → 고객 응대 → 구매 유도 → 보안 탐지에 이르는 전자상거래의 전 과정을 하나의 지능형 생태계로 통합하며, 보이지 않는 손이 아니라 '보이지 않지만 모든 것을 움직이는 손'으로 작동하고 있는 것이다. 디지털 쇼핑의 무대에서 인공지능(AI)는 무대 뒤의 기술자가 아니라, 전략가이자 설계자이며, 무엇보다도 고객의 구매 여정을 설계하는 궁극의 동반자로 자리잡고 있다.

5) AI 기반 전자상거래, 기술이 이끄는 새로운 소비경제의 패러다임

인공지능(AI) 기반 전자상거래는 더 이상 '편리한 구매 채널'에 머무르지 않고, 소비자의 행동을 예측하고 그들의 선택을 설계하며, 유통의 흐름을 재편하고, 가격의 순간적 탄력을 감지하고 조율하는 등, 인간이 인식하지 못한 사이에 디지털 소비경제의 작동 원리를 근본부터 다시 쓰고 있는, 말 그대로 '알고리즘이 움직이는 신(新)경제 질서'의 주도자가 되었다. 이러한 변화는 구체적으로 수많은 전자상거래 기업의 혁신 전략 속에서 입증되고 있는데, 예컨대 Amazon은 고객이 클릭하기도 전에 '구매할 가능성이 높은 상품'을 예측 배송하는 시스템을 구축해 재고 회전율을 최대 35%까지 향상시키고 있으며, 이는 인공지능(AI)이 '선형적 수요 예측'을 넘어 '사전 배송-

후 구매'라는 새로운 소비 흐름을 가능케 했음을 보여준다.

스타일쉐어는 이미지 인식 기반의 AI 추천 기술을 통해 20대 여성 고객의 취향을 시각적으로 해석하고, 유사 스타일 제품을 실시간 추천함으로써 클릭률을 기존 대비 2.3배, 구매 전환율은 1.6배까지 끌어올렸으며, 이는 '텍스트 기반 검색'에서 '이미지 기반 감성 소비'로의 전환을 이끄는 대표 사례가 되고 있다.

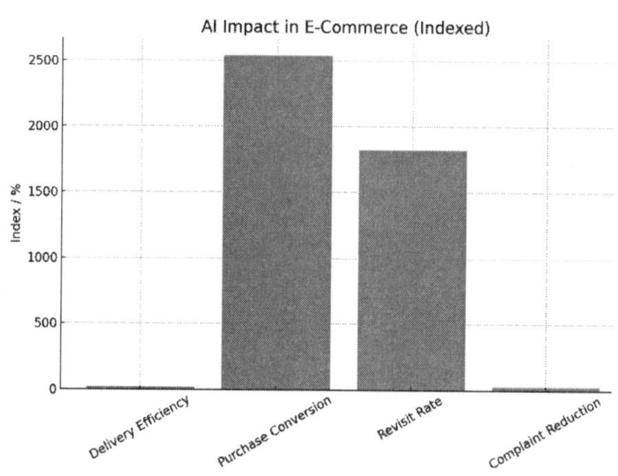

그림 11-5 쿠팡·넷플릭스·아마존 등의 AI 활용 효과

쿠팡은 로켓배송 알고리즘에 인공지능(AI) 기반의 물류 예측과 창고 간 재고 이동 최적화를 접목해, 평균 배송 시간을 12시간 이상 단축시켰고, 이를 통해 고객 만족도는 물론, 풀필먼트 운영 효율도 기존 대비 20% 가까이 향상되었다. 인공지능(AI)은 단순 물류를 넘어, 속도 그 자체를 브랜드의 정체성으로 승화시키며, 이를 통해 시장에서의 비즈니스 모델을 확고히 구축하고 있다. 무엇보다도 전자상거래의 핵심을 장악하고 있는 기술은 초개인화 추천 시스템이다. Netflix, Amazon, 쿠팡은 고객의 과거 행동, 장바구니 기록, 클릭 타이밍, 감정이 실린 리뷰까지 종합 분석하여 '지금 이 순간, 이 고객에게 가장 반응할 상품'을 제안하고 있으며, 이로 인해 구매 전환율은 평균 2540%, 고객 재방문율은 1822%까지 상승하는 놀라운 성과를 이끌고 있다.

이와 함께 AI 챗봇 시스템은 단순히 '문의 응답'의 기능을 넘어, 반품 접수, 주문 수정, 추천 상품 안내, 적립금 정보 제공 등 고객 응대의 전 과정을 자동화함으로써 인건비 절감은 물론, 24시간 고객 경험의 일관성과 속도를 동시에 확보하고 있으며, 실제로 챗봇 도입 후 고객 불만 건수가 30% 이상 감소했다는 보고도 있다. 더 나아가, 동적 가격 책정(Dynamic Pricing) 시스템은 수요 예측, 시간대, 클릭률, 경쟁사 반응, 남은 재고량 등 수십 개 요소를 AI가 실시간 분석해 최적의 가격을 설정하는 방식으로, 온라인 항공권, 호텔, 의류 쇼핑몰뿐 아니라 최근에는 배달앱과 온라인 학습 플랫폼, 심지어 편의점 앱에서도 도입이 확산되고 있다. 예컨대, '금요일 밤 10시'에 AI는 고객이 지갑을 열 가능성이 가장 높다는 데이터를 근거로, 가격을 평일보다 3~7% 높게 책정하면서도 구매율 하락 없이 매출을 상승시키는 정교한 가격 전략을 펼치고 있다.

궁극적으로 인공지능(AI)은 단순히 '전자상거래에 도입된 기술'이 아니라, 데이터 기반의 소비 예측, 공급망 자동화, 사용자 경험 디자인, 가격 전략 설정, 고객 응대까지 모두 통합 설계하는 '지능형 상거래 아키텍처'의 중심으로 자리 잡았다. 이제 전자상거래는 기술의 진보가 아닌, AI가 설계한 소비의 미래이며, 그 중심에서 AI는 보이지 않지만 모든 흐름을 지휘하는 실질적인 '플랫폼 경영자'로서 전자상거래의 새로운 패러다임을 주도하고 있는 것이다.

동적 가격 책정과 고객 프로파일링의 기술적 메커니즘 : 쿠키, IP, 위치

정전자상거래의 지형을 재편하는 핵심 기술 중 하나는 바로 AI 기반의 쿠키, IP 주소, 위치 데이터를 활용한 행동 기반 가격 책정 전략이며, 이는 단순히 개인화 마케팅을 넘어서, 소비자의 심리와 상황을 실시간으로 해석하고 이를 가격에 즉시 반영하는 '초지능형 상거래 전략'으로 진화하고 있다.

먼저, 사용자가 웹사이트에 접속하면 브라우저에는 쿠키(Cookie)라는 작은 텍스트 파일이 저장되는데, 이 파일에는 검색 이력, 클릭한 상품, 장바구니 담기 여부, 결제 직전 이탈 여부 등 소비자의 디지털 발자국이 고스란히 남는다. AI는 이 쿠키 데이터를 정밀 분석하여 사용자가 가격 민감형 소비자인지, 고관여 프리미엄 소비자인지, 혹은 '장바구니에 담고 망설이다가 할인에 반응하는 패턴'인지 등을 식별하고, 그에 따라 맞춤형 가격 전략을 실행한다. 예를 들어, 구매 직전 반복적으로 망설였던 소비자에게는 '당일 한정 할인 쿠폰'이 자동 발송되고, 반대로 고가 상품을 주저 없이 결제한 이력의 사용자는 가격 할인 없이 프리미엄 라인업 중심으로 추천을 받게 된다. 이는 구매 전환율을 27~45%까지 높이는 데 기여한 것으로 알려져 있다.

다음으로, IP 주소 기반 지역 타겟팅 기술은 소비자의 인터넷 접속 위치를 분석해 구매력지수(Purchasing Power Index), 지역별 경쟁도, 평균 소득 수준 등의 거시 데이터를 실시간 연동한다. 예컨대 A도시처럼 평균 소득이 높은 지역에서는 동일한 상품이라도 정가에 가까운 가격이 유지되는 반면, B도시처럼 경쟁이 치열하고 소득 수준이 낮은 지역에서는 프로모션 가격이 자동 적용된다. 이러한 지역별 가격 차등화 전략은 항공권, 호텔 예약, 고급 소비재 분야에서 특히 널리 사용되고 있으며, 실제로 글로벌 항공사들은 동일한 좌석이라도 접속 지역에 따라 가격 차이를 10~30%까지 조정하고 있다.

이어서, 모바일 센서와 GPS 기반의 위치 데이터는 온라인과 오프라인 소비의 연결 고리를 실시간으로 포착하는 인공지능(AI) 전략의 최전선이라 할 수 있다. 사용자가 백화점, 면세점, 경쟁 브랜드 매장 근처에 위치하거나, 특정 쇼핑몰 Wi-Fi에 접속했을 때, 인공지능(AI)은 이를 '구매 가능성이 높은 골든 타임'으로 간주하고, 자동으로 팝업 할인 쿠폰을 띄우거나, 해당 위치에 최적화된 제품군을 추천한다. 예컨대, 사용자가 공항 면세점 근처에서 화장품 쇼핑몰에 접속하면 향수나 스킨케어 상품에 즉시 할인이 적용된 배너가 뜨고, IKEA 매장 방문 후 웹사이트를 접속하면 사용자 동선과 연계된 세트 상품이 자동 구성되어 제시된다. 이러한 실시간 오프라인-온라인 연동 전략은 특히 리테일, 여행, 패션 업계에서 활용도가 급증하고 있으며, 일부 브랜드는 이를 통해 지역별 오프라인 방문자의 온라인 구매율을 38%까지 끌어올리는 데 성공했다.

결국 이 모든 기술의 중심에는 'AI가 소비자의 무의식적 선택까지 예측하고, 상황·시간·장소에 맞춰 실시간으로 최적의 가격과 혜택을 설계한다'는 핵심 전략이 자리하고 있으며, 이러한 고도화된 디지털 프라이싱 시스템은 단순한 마케팅 기술이 아니라, 인공지능(AI)이 주도하는 데이터 기반 소비경제의 근간으로서, 오늘날 전자상거래 기업의 생존과 성장에 필수적인 디지털 역량으로 부상하고 있다.

5

e-Business의 미래 : 디지털 경제와 AI 시대의 전략적 전환

e-Business는 이제 단순한 온라인 판매 채널을 넘어, 인공지능(AI)과 클라우드, 그리고 초개인화 기술이 실시간으로 융합되는 예측형 디지털 생태계로 진화하고 있다. 이 거대한 변화는 단순한 기술 업그레이드가 아니라, 기업의 운영 방식과 고객 관계, 나아가 비즈니스 모델의 근본적 재구성을 요구하는 전환점이 되고 있다.

이러한 인공지능(AI)의 통합은 더 이상 선택이 아닌 기업 운영의 기본 인프라로 자리 잡았다. 챗봇이 고객 응대를 자동화하고, 예측 분석이 수요를 미리 포착하며, 개인화 추천 알고리즘이 사용자가 클릭하기도 전에 원하는 상품을 제시한다. 특히 2023년 이후 급속히 발전한 생성형 AI(Generative AI) 기술은 전자상거래 기업들이 하루 수천 건의 상품 설명과 마케팅 콘텐츠, 광고 카피를 자동 생성하도록 만들었다. 그 결과, 마케팅 비용은 평균 38% 절감되고, 콘텐츠 생산 속도는 기존 대비 4배 이상 가속화되었다.

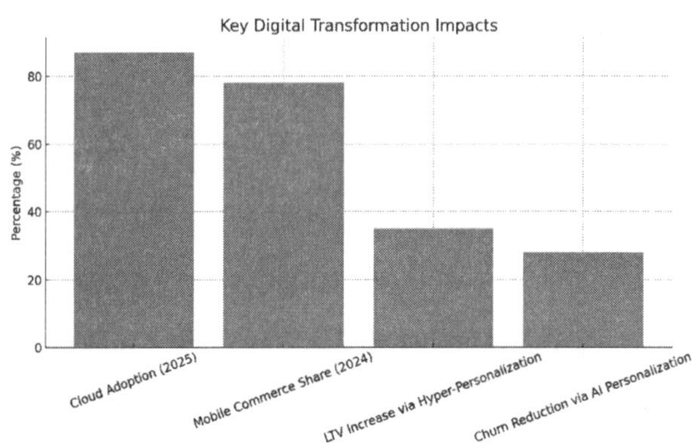

그림 11-6 e-Business와 AI 시대의 전략적

인공지능(AI)과 함께 클라우드 중심의 디지털 전환(Cloud-First Transformation)은 e-Business의 운영 DNA 자체를 바꾸고 있다. 2025년 기준 전 세계 기업의 약 87%가

핵심 비즈니스 프로세스를 퍼블릭 혹은 하이브리드 클라우드 환경에서 운영하고 있으며, 이는 물리적 제약을 없애고 글로벌 협업과 재해 복구의 효율성을 동시에 강화하고 있다. SaaS와 PaaS 솔루션의 확장성, 그리고 보안 강화는 더 이상 기술적 선택이 아니라 경쟁력의 핵심 분기점이 되었다.

한편, 모바일 중심의 소비경제(Mobile-Driven Economy)는 이제 전략이 아니라 전제 조건이 되었다. 2024년 기준, 전 세계 전자상거래 거래의 78%가 모바일 기기를 통해 이루어지고 있으며, Z세대와 알파세대의 구매 여정 중 72%는 '검색에서 탐색, 결제에 이르기까지' 모든 과정이 모바일 생태계 안에서 완결된다. 이에 따라 기업들은 모바일 전용 UX 설계, 고속 반응형 웹 디자인, 그리고 앱 기반의 맞춤형 푸시 마케팅을 필수 요소로 받아들이고 있다.

이러한 기술적 흐름 위에서 초개인화 마케팅(Hyper-Personalized Marketing)은 소비자 한 명 한 명을 하나의 독립된 채널로 인식하는 새로운 마케팅 패러다임을 만들어가고 있다. 인공지능(AI)은 단순히 사용자의 관심사나 구매 이력만 분석하는 것이 아니라, 실시간 심리 상태, 접속 위치, 구매 타이밍, 감정 반응(이모티콘·리뷰 어조 등)을 통합적으로 해석해 '그 순간, 그 사람만을 위한' 콘텐츠를 자동으로 생성한다. 이러한 정밀한 개인화는 고객 생애가치(LTV)를 평균 35% 이상 끌어올리고, 이탈률을 28% 이상 낮추는 결과로 이어지고 있다.

이와 함께 플랫폼 생태계 경쟁(Platform Ecosystem Race)은 이제 단순한 유통 경쟁을 넘어 데이터 통제권을 둘러싼 전략적 대결로 확산되고 있다. Amazon, 쿠팡, 네이버, 이마트24 등 주요 기업들은 더 이상 판매 플랫폼이 아니라, 물류·결제·광고·콘텐츠를 아우르는 통합 데이터 허브로 진화하고 있다. 이 플랫폼 내부에서 인공지능(AI)은 실시간으로 데이터를 분석하여 서비스 품질을 동적으로 최적화하고, 그 결과 고객 락인(lock-in) 효과를 극대화한다. 중소기업 또한 이 거대한 생태계 속에서 어떻게 연동하고 차별화할지를 고민해야 하는 시대가 되었다.

한편, 인터페이스의 경계도 빠르게 사라지고 있다. 제로 UI(Zero UI)와 음성 기반 상거래는 이미 새로운 소비 문화를 만들어내고 있다. 스마트 스피커에 "오늘 할인하는 냉장고 있어?"라고 말하는 순간, AI는 사용자의 구매력과 위치, 배송 가능 지역을 분석해 최적의 제품을 추천하고 결제까지 자동으로 처리한다. 미국의 밀레니얼 세대 가구의 24% 이상이 이미 이러한 음성 기반 구매 경험을 갖고 있으며, AR/VR 기반의 가상 쇼핑과 IoT 연동 결제 기술은 온라인과 오프라인의 경계를 완전히 허물고 있다.

결국 오늘날의 e-Business는 단지 기술이 진보하는 과정이 아니라, 디지털 전환(Digital Transformation)을 통해 기업의 경영 전략, 고객 관계, 유통 구조, 브랜드 가치의 개념 자체를 다시 쓰고 있는 거대한 변혁의 시점에 서 있다. AI, 클라우드, 블록체인, IoT, 그리고 Web3의 결합은 앞으로 e-Business를 예측형(Predictive), 맞춤형(Personalized), 자율형(Autonomous) 환경으로 이끌 것이며, 이 모든 변화를 실시간으로 구동하는 엔진이 바로 '데이터로 움직이고, AI로 작동하며, 클라우드로 확장하는' 미래형 디지털 경제의 심장, 즉 오늘날의 e-Business라고 말할 수 있다.

6 디지털 경제와 AI 시대의 전략적 전환 : 통계 기반 미래 전망

1) 시장지표로 본 전략 전환

인공지능(AI) e-Business의 미래는 단순한 기술 진보를 넘어, 디지털 경제 질서의 재편성과 맞물린 복합적 전환 현상으로 해석할 수 있다. 특히 인공지능(AI), 빅데이터, 모바일, 사물인터넷(IoT) 등의 기술이 상호 융합되며, 기존의 경영 방식과 소비자 경험 전반을 근본적으로 변화시키고 있다.

먼저 시장 규모 측면에서 글로벌 전자상거래(e-Commerce) 시장은 2024년 약 6.3조 달러 및 2025년 글로벌 e-커머스 시장 규모는 약 6.8조 달러에 달할 것으로 전망되며, 2027년에는 8.5조 달러 이상으로 성장할 것으로 전망된다. 이는 연평균 성장률(CAGR)이 약 10.1%에 달하는 수치이다. 이는 e-Business가 이제 전통적인 오프라인 중심의 유통 산업을 넘어, 글로벌 경제의 주축으로 부상하고 있다는 증거이기도 하다(Statista, 2024).

이러한 성장의 핵심 동력 중 하나는 인공지능(AI)의 빠른 확산이다. Gartner의 최근 보고서에 따르면, 2023년 기준으로 기업의 약 37%가 AI를 이미 도입했으며, 이 수치는 2026년까지 60% 이상으로 증가할 것으로 예상된다. 특히 이 수치는 단순한 R&D 투자 차원을 넘어, 실제 마케팅, 물류, 고객 응대, 가격 정책 등의 핵심 운영 프로세스 전반에 AI가 통합되고 있다는 사실을 보여준다.

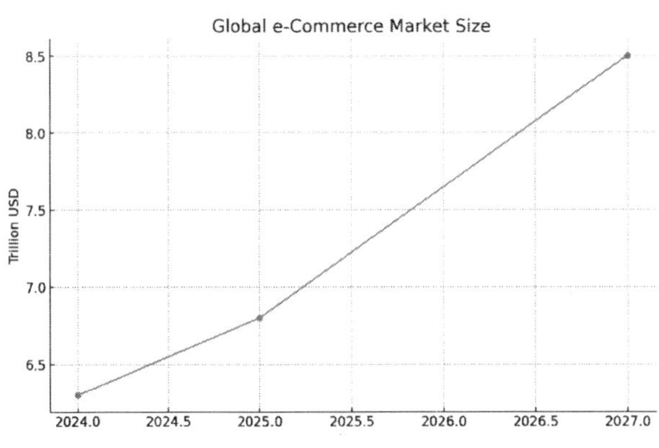

그림 11-7 글로벌 전자상거래 시장 규모

소비 방식의 변화도 눈에 띈다. 모바일 중심 소비 구조(m-Commerce)는 이제 선택이 아닌 표준이 되고 있다. Statista에 따르면 2024년 전체 전자상거래의 73% 이상이 모바일 기기를 통해 발생하고 있으며, 이는 '모바일이 곧 시장의 중심'이라는 명제를 뒷받침한다. 이에 따라 기업은 모바일 퍼스트 전략(Mobile-First Strategy)를 넘어, 이제는 앱 내 AI 추천, 챗봇 응대, 위치 기반 개인화 등 고도화된 사용자 경험 설계로 진화하고 있다.

한국은 이러한 흐름에서 특히 선도적인 국가로 평가받고 있다. OECD의 2022년 조사에 따르면, 10인 이상 기업을 대상으로 한 인공지능(AI) 도입률에서 한국은 28%로 37개국 중 1위를 기록했다. 이는 단순한 채택률이 아니라, 실제 산업에 인공지능(AI)이 얼마나 빠르게 실전 배치되고 있는지를 반영하는 지표이다. 또한, 2025년 현재 공식적으로 갱신된 수치에 따르면, OECD의 기업-기술 도입 통계상 국내 기업의 사물인터넷(IoT) 및 빅데이터 분석 도입률이 여전히 가장 높은 수준을 유지하고 있다. 구체적으로, 한국은 기업 10인 이상을 대상으로 한 조사에서 IoT 도입률이 약 53%, 빅데이터 분석 도입률이 약 40%로 나타났으며, 이는 37개 회원국 가운데 1위에 해당하는 수치로 볼 수 있다. 다만, 이 수치들은 최근 시점(2024년 또는 2022년 기준) 조사 결과가 기반이며, 2025년 시점의 기업별 조사는 아직 별도 공개되지 않은 상태임을 함께 참고할 필요가 있다.

이러한 통계는 단지 '수치' 이상의 함의를 갖는다. 경제학적으로 보았을 때, AI와 디지털 기술은 거래비용(Transaction Cost)을 대폭 줄이는 동시에, 정보의 비대칭성(Information Asymmetry)을 해소하여 시장 효율성(Market Efficiency)을 높이는 주요 수단으로 기능하고 있다. 예를 들어, 실시간 데이터 분석을 통한 수요 예측은 재고 비용을 줄이고, 자동화된 마케팅 알고리즘은 광고비 대비 수익률(ROAS)을 높이며, 고객 이탈 예측 모델은 고객 생애가치(LTV)를 극대화하는 효과를 낳는다.

그림 11-8 경제학적 정보의 비대칭성

또한 기술적으로는 생성형 AI(Generative AI)의 부상으로, 상품 설명, 리뷰 요약, 콘텐츠 제작까지 자동화되며, 앞으로의 e-Business는 점차 사람의 손을 거치지 않고도 자율적으로 학습하고 운영되는 '자기 최적화 비즈니스 모델'로 진화할 것이다.

종합적으로 볼 때, e-Business는 기술 변화의 단순 수용자가 아니라, AI 기반 경제 시스템의 창조자이자 실행자로 자리 잡고 있다. 미래의 디지털 경제는 이러한 기술-경제 융합을 통해 더 높은 생산성, 더 낮은 비용, 더 빠른 의사결정이라는 세 가지 축을 중심으로 재편될 것이며, 이 과정에서 데이터 중심의 인공지능(AI) 전략을 선점한 기업이 궁극적인 승자가 될 것이다.

2) AI, 클라우드, ESG, 고객 경험, 데이터 거버넌스까지… 미래형 디지털 경제의 경영 전략

디지털 전환이 가속화되면서 e-Business는 더 이상 단순한 온라인 판매 채널이 아니다. 기업 운영의 전 과정에 인공지능(AI)과 데이터가 깊숙이 개입하고 있으며, 미래의 경쟁력은 얼마나 빠르게 이 지능형 체계를 기업의 심장부에 이식하는가에 달려 있다. 다음은 향후 5~10년간 e-Business의 전략적 전환을 이끌 주요 핵심 방향은 다음과 같다.

AI, 클라우드, ESG, 고객 경험, 데이터 거버넌스가 얽히고 연결된 디지털 경제의 심장부에서, 미래의 e-Business는 더 이상 온라인 판매 플랫폼의 확장이 아니라, 기업의 전사적 운영 방식을 지능적으로 재구성하는 하나의 '생명체'로 진화하고 있으며, 그 중심에는 단연코 AI가 있다. 이미 Amazon은 자사 재고 예측의 95% 이상을 인공지능(AI)에 맡기고 있으며, 이를 통해 연간 수십억 달러의 운영비를 절감하고 있다. 이는 인공지능이 단순한 기술을 넘어 '경영 그 자체'로 자리 잡고 있음을 보여주는 대표적인 사례다. 이제 AI는 고객의 클릭 한 번, 구매 이력, 심지어 리뷰에 담긴 감정까지 실시간으로 분석해 개인별로 최적화된 마케팅 콘텐츠를 자동으로 만들어낸다. 또한 계절성과 트렌드, 프로모션 효과 등을 종합해 수요를 예측하고, 반복적인 업무는 RPA 기술로 대체함으로써 인간보다 더 빠르고 정교한 경영 판단을 수행한다.

동시에, 이러한 AI 역량을 담아내는 그릇은 점점 더 모듈화되고 확장 가능한 클라우드 기반으로 옮겨가고 있으며, Salesforce, SAP, Oracle과 같은 글로벌 플랫폼은 수천 개 API를 통해 전 세계 기업의 시스템을 실시간으로 연결하고 확장시켜, 작은 스타트업조차 대기업 못지않은 디지털 파워를 갖게 만들고 있다. 이처럼 'API 경제'는 연결 그 자체가 곧 경쟁력이 되는 시대를 열었고, 기업은 더 이상 모든 기능을 내부에서 만들 필요 없이 외부의 스마트 생태계와 유기적으로 연결되어야 살아남을 수 있다.

한편, ESG는 단순히 투자 지표가 아닌 디지털 비즈니스의 지속가능성을 좌우하는 핵심 원칙으로 자리잡고 있으며, 기업은 AI 기반 ESG 시스템을 통해 공급망의 윤리성, 탄소 배출량, 노동 환경 등의 데이터를 실시간으로 시각화하고, 이를 블록체인에 기록함으로써 위변조를 방지하며 사회적 신뢰를 구축하고 있다. 예컨대 IKEA나 Patagonia는 제품 하나하나에 탄소지수를 표시하고, AI가 친환경 상품을 선별 추천하는 기능을 탑재해, 소비자 행동까지 '지속가능하게 설계된' 구매 여정을 제공하며 ESG 기반 매출을 확대하고 있다.

더불어, 고객 경험은 이제 스크린 위에서가 아니라, 목소리와 공간 위에서 이뤄진다. 스마트 스피커와 IoT 가전이 연결된 음성 기반 커머스는 '보이지 않는 사용자 인터페이스(Zero UI)' 시대를 열었고, 나이키는 AR 기반 가상 피팅룸을 통해 고객이 신발을 신어보지 않고도 사이즈와 핏을 확인하게 하며, 이는 반품률을 획기적으로 낮추고 고객 만족도를 높이는 데 기여하고 있다. 이러한 기술은 소비자의 손을 거치지 않고도 구매가 일어나도록 설계된 '자동 소비 사회'의 예고편이며, 향후 AR, VR, AI가 결합된 경험 중심 쇼핑은 모든 오프라인 경험을 재정의하게 될 것이다.

그리고 이 모든 기술 흐름 위에서 가장 조용히 그러나 가장 강력하게 작동하는 것이 바로 데이터 거버넌스다. 데이터는 이제 전사적 전략 자산이자 규제 대상이며, 인공지능(AI)이 판단하고 행동하는 모든 기반이 되는 만큼, 이를 누구의 기준으로 어떻게 수집하고, 공유하고, 보호할 것인지에 대한 글로벌 표준 확보가 필수적이다. EU의 AI법과 미국의 AI 책임법처럼 각국은 인공지능(AI) 판단의 윤리성과 투명성을 법제화하고 있고, 기업은 이제 알고리즘의 결과뿐 아니라 '그 과정의 설명 가능성(XAI)'까지 책임져야 하는 시대를 맞이했다. 따라서 미래의 e-Business는 기술 중심이 아닌 신뢰 중심 비즈니스로 전환될 수밖에 없으며, 이 신뢰를 설계하고 유지하는 것이야말로 궁극의 경쟁력이 될 것이다.

7 설명 가능한 AI : '왜'를 설명할 수 없는 AI는 위협이다

인공지능(AI)이 '왜 그 결정을 내렸는지'를 설명할 수 없는 시대는 이미 끝났으며, 오늘날의 인공지능은 기술적 정교함 못지않게 '설명 가능성(Explainability)'이라는 사회적 요구에 응답할 수 있어야만 한다는 점에서, 설명 가능한 AI(XAI)는 단순한 윤리의 문제가 아니라 기업의 경쟁력과 생존을 결정짓는 핵심 역량으로 부상하고 있다.

그림 11-9 설명 가능한 AI(XAI)

2024년을 기점으로, 미국의 'AI 책임법(AI Accountability Act)'과 EU의 'AI법(AI Act)'이 명문화되고 있는 가운데, 인공지능(AI) 시스템은 단순히 정답을 내놓는 블랙박스가 아니라, 그 판단의 근거와 과정까지 '설명 가능한 형태'로 제시해야 할 법적·윤리적 책임을 지게 되었으며, 특히 e-Business 영역에서는 동적 가격 책정(Dynamic Pricing) 알고리즘이 고객의 소비 이력, 위치, 디바이스 유형, 과거 반응 등을 종합해 자동으로 가격을 조정할 때, '왜 어떤 고객에겐 더 높은 가격이 책정되었는가'라는 질문에 답하지 못할 경우, 소비자 차별 논란과 함께 실시간 규제 리스크에 직면하게 된다.

더욱이 콘텐츠 추천 시스템에서도 특정 집단(예: 특정 연령대, 성별, 지역 사용자)에게만 특정 제품이나 콘텐츠를 집중적으로 추천할 경우, 알고리즘의 구조적 편향

(Bias)이 사회적 불평등을 강화한다는 비판이 거세지고 있으며, 이에 따라 기업은 알고리즘의 결정 논리를 외부 전문가에게 설명하고 검증받는 설계 투명성 및 윤리 감시 체계를 갖추는 것이 선택이 아닌 필수가 되었다.

실제로 Google은 'What-If Tool'이라는 인터랙티브 시각화 플랫폼을 통해 개발자나 윤리 감사인이 자사의 AI 모델이 어떤 조건에서 민감하게 반응하며 어떤 특징이 결과에 영향을 주었는지를 직접 확인할 수 있도록 함으로써, AI 예측의 사후 해석(ex post explanation) 가능성과 민감도 분석을 제도화하고 있으며, 이는 AI 신뢰성 확보의 모범 사례로 전 세계 기업과 규제기관의 벤치마크가 되고 있다.

이처럼 설명 가능한 인공지능(AI)은 단지 '친절한 설명'을 제공하는 기술이 아니라, 고객 신뢰, 알고리즘 공정성, 법적 안정성, 그리고 나아가 ESG 경영의 투명성까지 아우르는 전략적 기술로 진화하고 있으며, 기업이 이를 외면할 경우 AI가 만든 편향과 오판, 그리고 그에 따른 경제적 타격은 결국 인간이 감당해야 할 사회적 비용으로 되돌아온다는 점에서, XAI는 이제 미래 디지털 경제의 윤리적 백본이자, 기술 패권 시대의 진정한 승부처가 될 것으로 예견해 볼 수 있다.

8 글로벌 전자상거래 매출 순위로 본 디지털 경제의 구조 변화

1) AI와 플랫폼 중심 경제의 부상

2024년 전 세계 전자상거래 매출 상위 5대 기업의 예상 수익 구조는 기존의 산업 구도에서 디지털 플랫폼 중심 경제로의 전환을 명확히 보여준다. 미국의 아마존(Amazon)이 약 5,748억 달러, 중국의 타오바오(Taobao)와 티몰(Tmall)은 각각 7,620억 달러와 7,141억 달러로 압도적인 규모를 자랑하며 세계 시장을 주도하고 있다. JD닷컴(JD.com)은 2,499억 달러, 동남아 기반의 쇼피(Shopee) 또한 772억 달러의 성장을 기록하며, 전자상거래 플랫폼이 단지 유통을 넘어 데이터 중심 디지털 생태계로 진화하고 있음을 시사한다. 이러한 기업들의 공통점은 '데이터 네트워크 효과'를 기반으로, 사용자 수가 증가할수록 수집되는 소비자 행동 데이터가 고도화되고, 이로 인해 더욱 정교한 마케팅, 추천 시스템, 물류 최적화가 가능해진다는 점이다. 특히 중국의 타오바오와 티몰은 광대한 사용자 기반과 함께 AI 기반 상품 추천, 이미지 검색, 실시간 라이브커머스 등을 통합하면서, 소비자 체류 시간과 전환율을 급격히 끌어올리고 있다.

아마존은 인공지능(AI) 기술을 활용한 예측배송(Anticipatory Shipping), 개인화 추천, 자동 가격 조정 등에서 세계적인 선도자로 평가된다. 여기에 AWS(Amazon Web Services)를 통해 자사뿐 아니라 전 세계 전자상거래 기업에 클라우드 AI 인프라를 제공하면서, AI 경제의 '인프라 공급자'로서의 지위도 동시에 강화하고 있다.

한편 Shopee는 모바일 퍼스트(Mobile-first) 전략과 함께, 인공지능 기반의 음성 검색, 시각 기반 상품 탐색, 실시간 번역 추천 등 동남아의 다언어 및 다문화 시장에 최적화된 AI 커머스 기술을 적극 도입하며 성장을 가속화하고 있으며, 이는 지역 특성을 반영한 'AI 지역화 전략(Local AI Strategy)'의 모범 사례라 할 수 있다.

경제학적으로 보면, 이러한 플랫폼들은 단순한 전자상거래 기업을 넘어 인공지능(AI) 기반 다면적 경제주체(Multi-sided Platform)로 진화하고 있다. 소비자, 판매자,

광고주, 물류 파트너 등 다양한 이해관계자가 참여하는 디지털 생태계 안에서, AI는 거래 효율성을 극대화하고, 정보비대칭을 줄이며, 네트워크 외부성(Network Externality)을 강화하는 핵심 촉매로 작용하고 있다. 특히 가격 책정, 재고관리, 고객서비스, 신제품 론칭 등 기업 운영 전반에 AI가 깊숙이 관여하면서, 전통적 경제학에서 말하던 한계비용 감소(Marginal Cost Reduction)가 기술 기반으로 현실화되고 있다. 이는 곧, AI가 기업의 경쟁우위를 구축하는 결정적 수단이 되고 있음을 의미한다.

향후 인공지능(AI)이 생성형 기술(Generative AI)로 발전함에 따라, 가상 쇼호스트, AI 카피라이팅, 디지털 인플루언서, 메타버스 쇼핑 경험 등이 e-Business 내 주요 구성요소로 통합될 것으로 전망된다. 또한, Web3 기반의 블록체인 기술과 결합될 경우, 탈중앙 커머스(Decentralized Commerce)가 주목받으며, 기업-소비자 간의 신뢰 기반 거래가 더욱 강화될 것이다. 현재 우리가 확인하고 있는 글로벌 전자상거래 기업의 매출 순위는 단순한 판매 성과가 아니라, 인공지능(AI)을 통한 가치 창출 능력, 디지털 플랫폼의 경제적 확장성, 그리고 기술기반 혁신의 지속 가능성을 보여주는 거울이라 할 수 있겠다.

2) 지식기반경제로의 이행 : 전자상거래와 인공지능이 주도하는 구조적 전환

(1) 비용구조의 변화 : 글로벌 시장 접근의 장벽을 낮추다

21세기 디지털 경제의 본질은 산업기반경제에서 지식기반경제(Knowledge-Based Economy)로의 거대한 이행에 있다. 전자상거래는 이러한 변화의 촉매로 작용하며, 단순한 기술 인프라의 진화를 넘어 경제적 자원의 구조를 근본적으로 재편하고 있다. 온라인 플랫폼과 AI 기반 마케팅 도구의 확산은 물리적 유통망과 고정비 구조의 한계를 제거하고, 소규모 기업조차 글로벌 시장에 직접 진입할 수 있는 길을 열었다. Shopify나 Amazon FBA와 같은 플랫폼은 AI 기반 재고 예측과 물류 대행을 통해 비용 함수 자체를 바꾸고, 규모의 경제 없이도 경쟁력을 확보할 수 있는 환경을 만들었다. 이로써 부가가치의 중심축은 물적 자본에서 지식 자본으로 이동했다. 기업의 가치가 생산설비나 재고가 아니라 고객 행동 데이터, 추천 알고리즘, 브랜딩 전략, UX 디자인 등 무형자산(Intangible Asset)에 의해 결정되는 시대가 열린 것이다. 지식자본(Intellectual Capital)은 단순한 데이터 축적이 아니라, 이를 전략적으로 해석하고 활용하는 능력으로 정의되며, 국가와 기업 경쟁력의 핵심으로 자리 잡고 있다. OECD는 2023년 보고서에서 "무형자산 비중이 높은 국가일수록 디지털 플랫폼 기반의 경제 재편에 성공했다"고 분석한다.

여기에 인공지능(AI)이 결합하면서 지식 활용의 자동화와 확장이 본격화되고 있다. 생성형 AI, 추천 엔진, 행동 예측 알고리즘은 데이터를 지식으로 전환하는 '지능형 프로세스'를 실현하고, 고급 인력이 수행하던 기획·분석 업무를 인공지능(AI)이 보완하고 대체하고 있다. Shopify의 Sidekick, Amazon의 Rufus, 네이버 스마트렌즈 등은 사용자 질의에 따라 상품 정보를 자동 생성하고 응답하며, 지식 생산의 한계비용을 급격히 낮추는 동시에 대규모 맞춤형 서비스를 가능하게 한다. 그 결과, 지식 생산에서도 '규모의 경제(Economies of Scale)'가 현실이 되고 있다. 그러나 이러한 진화는 기회와 동시에 새로운 불균형을 초래한다. AI와 디지털 역량이 부족한 기업과 국가는 '지식 활용 격차(Knowledge Utilization Gap)'로 경쟁에서 뒤처질 위험에 놓여 있다. UNCTAD(2024)는 "AI 도입률이 높은 국가일수록 수출 부가가치와 해외시장 진출 확률이 크다"고 분석하며, 디지털 역량이 국가 무역 구조와 기술 주도권을 결정짓는 새로운 요인임을 지적한다.

따라서 전자상거래와 인공지능의 결합은 지식이 부가가치를 창출하는 중심 동력으로 작용하며, AI는 노동을 대체하는 기술자본이자, 정보 처리 효율을 극대화하는 생산요소이며, 국가 경쟁력을 결정하는 핵심 요소로 자리한다. 이제 경제의 성과를 결정하는 것은 얼마나 많은 물리적 자산을 보유하느냐가 아니라, 얼마나 빠르고 정확하게 정보를 수집하고 가공 및 활용하느냐에 달려 있다. 즉, 21세기의 지식기반경제는 AI를 '생산요소'이자 '결정요소'로 삼아, 데이터를 자본으로 전환하고 지식을 부가가치로 바꾸는 새로운 디지털 경제 질서를 만들어가고 있는 것이다.

3) AI 기반 m-비즈니스 : 모바일 경제와 인공지능의 융합이 만드는 새로운 부가가치 구조

모바일 중심 사회로의 전환은 단순한 디지털 디바이스의 보급을 넘어, 경제 활동의 전반적인 구조를 재정의하고 있다. 글로벌 모바일 기기 보급률은 2024년 기준 세계 인구의 약 78%를 초과했으며, 특히 아시아 지역에서는 모바일을 통한 디지털 소비 활동이 전체 온라인 거래의 70% 이상을 차지하고 있다. 이러한 흐름 속에서 m-비즈니스(Mobile Business)는 단순한 m커머스(m-commerce)의 영역을 넘어, 스마트폰, 태블릿, 웨어러블, IoT 기기 등 다양한 이동형 디지털 플랫폼을 통해 기업의 전방위적 비즈니스 활동을 재편하고 있다.

여기서 인공지능(AI)은 단순한 자동화를 넘어, m-비즈니스의 의사결정, 고객 맞춤화, 실시간 분석 등 핵심 기능을 지능적으로 강화하는 역할을 한다. 예를 들어, AI 기반 추천 알고리즘은 모바일 쇼핑 이용자의 클릭 데이터를 분석해 평균 35% 이상의 매출 상승을 유도하며, AI 챗봇은 고객 문의의 80% 이상을 실시간으로 처리해 고객 유지율을 25% 이상 향상시키는 것으로 나타났다.

기술적으로, AI는 자연어 처리(NLP), 이미지 인식, 예측 분석, 엣지 컴퓨팅(edge AI)과 결합되면서 m-비즈니스의 실시간성과 개인화를 극대화한다. 특히 엣지 AI 기술은 IoT 기기나 웨어러블 장치 내에서 직접 데이터를 분석해 반응 시간을 60% 이상 단축시키며, 사용자 경험(UX)을 획기적으로 개선한다.

경제적으로는 m-비즈니스와 AI의 융합이 새로운 부가가치 창출 구조를 형성하고 있다. 맥킨지 보고서에 따르면, AI 도입을 기반으로 한 모바일 기반 고객 서비스는 연간 약 1.4조 달러 규모의 비용 절감 효과를 전 세계적으로 창출할 것으로 예측된다. 동시에, 맞춤형 AI 마케팅은 사용자당 고객 생애가치를 평균 40% 이상 증가시키는 등 기업의 수익 모델을 다각화시키고 있다. 또한, 디지털 결제 기술과 AI 보안 기술이 결합되며 m-비즈니스의 신뢰성과 접근성이 대폭 향상되고 있다. 예를 들어, AI 기반 이상 거래 탐지 시스템은 모바일 결제 사기의 90% 이상을 사전에 탐지할 수 있어 금융 리스크를 획기적으로 낮추고 있다.

이러한 AI와 모바일의 융합은 단순한 기술 통합이 아니라, 기업의 전략, 고객 경험, 시장 구조 전반을 재편하는 디지털 전환의 심장부로 부상하고 있다. 앞으로의 m-비즈니스는 단순한 '이동성'이 아니라, 실시간 지능성과 초개인화를 무기로 하는 새로운 경제적 생태계를 주도할 것이다.

또한 여기서 우리가 주목해야 할 것으로 m-커머스와 m-비즈니스에 대한 정의의 확장이다. 스마트폰 한 대로 은행 업무를 보고, 택시를 부르고, 원하는 상품을 클릭 한 번에 구매하는 시대. 이것이 바로 m-커머스가 만들어낸 모바일 소비 혁명의 얼굴이다. 하지만 여기서 멈춘다면 모바일 경제의 진짜 본질을 놓치게 된다. m-커머스(Mobile Commerce)는 모바일 환경에서 상품을 검색하고, 비교하고, 결제하는 전자상거래의 하위 개념이다. 주로 소비자와 기업 간 거래(B2C)에 초점이 맞춰져 있으며, 그 핵심은 모바일을 통한 소비 편의성에 있다. 예를 들어, 11번가나 쿠팡 앱에서 물건을 구매하는 행위는 전형적인 m-커머스에 해당된다. 그러나 모바일 경제의 확장된 진화는 단순한 소비 행위에 그치지 않는다. 바로 여기서 m-비즈니스(Mobile Business)가 등장한다. m-비즈니스는 단순한 구매 플랫폼이 아니다. 이것은 기업이 모바일 플랫폼을 통해 전사적 자원관리(ERP), 고객관계관리(CRM), 공급망관리(SCM), 마케팅, 고객 대응, 생산 현장 관리 등 핵심 업무 전반을 디지털화하는 포괄적 경영 전략이다. 다시 말해, m-커머스가 소비자 경험의 혁신이라면, m-비즈니스는 조직 구조와 경영 방식 자체를 모바일 중심으로 재설계하는 총체적 전환인 셈이다.

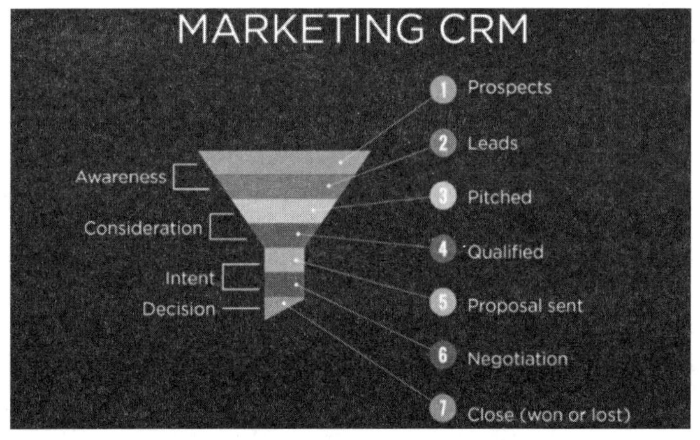

그림 11-10 CRM 고객관리 퍼널

예를 들어, 한 제조기업이 모바일 기기를 활용해 실시간 재고 관리를 하고, 인공지능(AI)을 활용한 모바일 CRM 시스템으로 고객 데이터를 분석하며, 현장 작업자들이 태블릿을 통해 생산 공정을 제어하는 방식은 단순한 거래를 넘어 업무 전반의 디지털화와 자동화를 의미한다. 이 모든 과정은 운영 비용을 절감함과 동시에, 빠른 의사결정과 맞춤형 서비스로 신규 부가가치를 창출하는 동력이 된다. 실제로 2024년 기준, 전 세계 기업의 65% 이상이 모바일 플랫폼을 기반으로 내부 업무 시스템을 구축하고 있으며, m-비즈니스로 전환한 기업은 그렇지 않은 기업에 비해 연평균 20~30% 높은 업무 효율성을 보고하고 있다. 결국, m-커머스는 모바일 경제의 '입구'에 불과하고, m-비즈니스는 그 전체 생태계를 움직이는 '엔진'이라 할 수 있다. 기업의 경쟁력이 소비자 접점에서 시작해 조직 내부의 민첩한 대응력으로 이어질 때, 비로소 모바일 시대의 진정한 가치 창출이 가능해지는 것이다.

4) 경제학적 관점 : m-비즈니스가 만들어내는 비용 구조와 생산성의 변화

모바일 플랫폼과 클라우드, AI 기반 의사결정 시스템이 융합된 m-비즈니스는 기존 경제학의 고정비 개념을 송두리째 재정의하고 있다. 예컨대, 한 중소 제조업체가 ERP 서버를 자체 구축하던 과거와 달리, 이제는 월 단위 구독 방식의 모바일 SaaS(Software as a Service) 솔루션을 통해 복잡한 내부 업무를 손쉽게 관리할 수 있게 되었고, 이는 고정비 부담을 변동비로 전환시켜 진입 장벽을 대폭 낮추는 동시에 확장성과 유연성을 극대화하는 구조로 진화시켰다.

실제로, 글로벌 스타트업 10곳 중 7곳은 클라우드 기반 m-비즈니스 플랫폼을 활용해 초기 고정비용을 40% 이상 절감하고 있으며, AI를 통한 수요 예측과 재고 자동화 시스템은 재고 유지비용을 평균 25%까지 줄이고 있다. 동시에, AI 챗봇과 음성 인터페이스, 간편결제 API(Application Programming Interface : 응용 프로그램 프로그래밍 인터페이스) 등은 소비자와 기업 간의 실시간 상호작용을 가능케 하여 거래비용(transaction cost)을 최소화하고 있는데, 이는 경제학자 로널드 코스가 언급한 '정보 탐색과 협상 비용'의 구조적 해체를 의미하며, 한 보고서에 따르면 AI 기반 고객 응대 시스템은 연간 고객지원 비용을 평균 30~50%까지 절감시킨다.

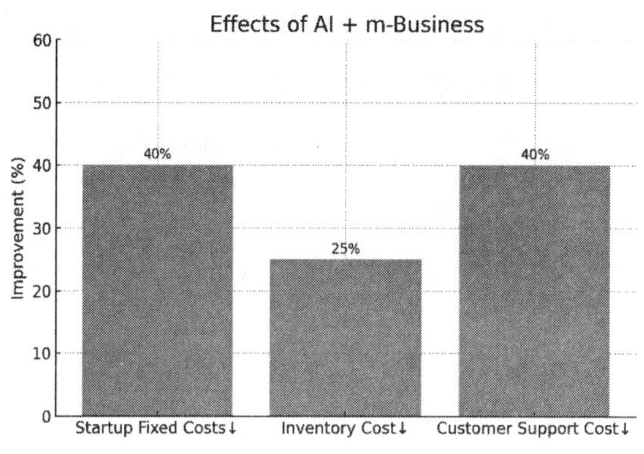

그림 11-11 AI + m-Business 도입 효과

이와 더불어, AI 추천 알고리즘과 다이나믹 프라이싱(dynamic pricing)은 소비자가 원하는 상품과 가격을 실시간으로 연결시켜, 선택 비용을 줄이는 동시에 평균 소비자 잉여(consumer surplus)를 약 20~35% 가량 증가시키는 것으로 나타났다. 특히, 넷플릭스와 아마존이 보여주는 것처럼 알고리즘 기반 개인화는 소비자의 만족도뿐만 아니라 후생(welfare) 수준 자체를 끌어올리는 핵심 기제로 작용하고 있으며, 이는 전통적 가격 이론에서 설명하는 수요곡선상의 효용 극대화를 현실 세계에서 구현하는 방식이라 할 수 있다.

한편, 이러한 기술 기반의 모바일 업무 환경은 노동 시장의 구조 또한 근본적으로 재편하고 있는데, m-비즈니스는 시간과 장소에 구애받지 않는 리모트워크(remote work)와 앱 기반 기회노동(gig work)의 확산을 통해 탈중앙화되고 네트워크화된 새로운 노동 생태계를 형성하고 있으며, 실제로 2025년까지 전 세계 프리랜서 인구의 53%가 모바일 플랫폼을 주된 수단으로 활용할 것이라는 전망이 이를 뒷받침한다. 결국 m-비즈니스는 단순한 기술의 진화가 아니라, 생산비용 구조, 시장 효율성, 소비자 후생, 노동 유연성이라는 경제의 핵심 축을 동시에 변형시키며, 디지털 경제학의 새로운 장을 써내려가는 전방위적 패러다임 전환의 중심축이 되고 있다.

한편 우리의 또 다른 과제로 AI+m-비즈니스의 융합은 어디까지 진화할 것인가에 대한 질문이다. 생성형 AI가 텍스트 한 줄로 개인의 취향과 상황을 해석해 최적의 상품 리스트를 제안하고, 이어지는 대화형 인터페이스를 통해 주문부터 결제까지 자동으로 처리하는 '챗 커머스(chat-commerce)'가 현실화되며, 모바일 쇼핑은 더 이상 클릭이 아닌 대화로 이루어지는 경험 중심의 소비로 진화하고 있으며, 실제로 글로벌 리테일 기업의 58%가 이미 챗GPT 기반 구매 시스템을 실험하거나 도입 중이라는 보고서는 이러한 변화의 속도를 보여준다. 동시에 스마트워치, 피트니스 밴드, IoT 센서 등으로 수집된 실시간 건강 데이터는 AI 알고리즘에 의해 분석되어 보험 상품의 개인화, 맞춤형 식단 추천, 조기 질병 예측으로 연결되며 AI+모바일+헬스케어의 융합 산업을 만들어가고 있고, 이는 2024년 기준 약 4,500억 달러 규모의 디지털 헬스케어 시장에서 연평균 11.7%의 성장률을 기록하며 의료와 보험 산업 전반의 리스크 관리와 수익 구조를 동시에 재편하고 있다. 더 나아가, 인도와 인도네시아, 필리핀과 같은 신흥국 시장에서는 전체 금융 거래의 72% 이상이 모바일을 통해 이루어지고 있으며, 교육, 진료, 정부 행정마저 모바일 디바이스가 유일한 접점이 되면서 '모바일-온리(mobile-only) 경제권'이 현실화되고 있다. 이는 글로벌 디지털 경제의 새로운 소비층이 인터넷보다 먼저 스마트폰을 손에 쥔 세대임을 보여주는 강력한 증거이다.

이처럼 AI 기반 m-비즈니스는 단순한 기술 진보를 넘어, 기업의 고정비를 변동비로 전환시키고, 고객 응대와 마케팅, 물류, 인사까지 자동화하며, 소비자 경험을 초개인화하는 동시에 노동 시장에선 디지털 프리랜서, 리모트 워커, 앱 기반 노동자 등 새로운 형태의 일자리를 창출함으로써 하나의 기술이 비용 구조 최적화, 생산성 향상, 소비자 가치 제고, 일자리 재편이라는 네 가지 경제 축을 동시다발적으로 변형시키는 드문 현상을 연출하고 있다. 이는 단순한 비즈니스 도구를 넘어 AI와 m-비즈니스의 융합이 산업혁명 이후 가장 급진적이고 구조적인 사업 모델 재편의 본질적 기폭제로 작용하고 있음을 시사하고 있다. 이러한 구조적 진화는 국가 단위 디지털 경쟁력의 핵심 인프라가 될 뿐 아니라, 교육, 보건, 금융에서의 디지털 포용성을 강화하는 전략적 플랫폼으로 작동하며, AI 기반 m-비즈니스는 앞으로 '지속 가능한 디지털 경제'를 설계하는 데 있어 민간과 정부 모두에게 피할 수 없는 핵심 축이자, 미래 성장 동력의 실질적 주역으로 평가받게 될 것이다.

(1) 모바일 중심 소비사회로의 진입 : 구조적 변화

팬데믹 이후 비대면이라는 사회적 조건이 소비자의 일상 행동 양식을 급격히 재구성하면서 '접촉'의 개념은 물리적 공간에서 디지털 공간으로 전이되었고, 이 전이의 핵심에는 단연 스마트폰이 존재했으며, 실제로 2024년 기준 한국의 모바일 결제 시장 규모는 400억 달러(약 53조 원)를 초과하며, 이는 전체 오프라인 결제 비중의 절반 이상이 모바일 기반으로 대체되었음을 의미하고, 결국 '현금 없는 사회(Cashless Society)'라는 개념이 더 이상 미래의 비전이 아닌 지금 이 순간 구조적으로 진행 중인 현실의 경제 시스템임을 보여준다.

이와 동시에 모바일은 더 이상 단순한 통신 디바이스가 아닌 금융, 교육, 쇼핑, 콘텐츠, 의료, 행정 서비스까지 흡수한 복합적 플랫폼으로 진화하면서, 하나의 앱 안에서 결제하고, 수업을 듣고, 건강을 관리하며, 사회적 연결을 유지하는 올인원 모바일 생태계가 형성되었다. 특히 앱 기반 게임, 스트리밍 콘텐츠, SNS 등은 Z세대와 알파세대를 중심으로 하루 평균 스마트폰 사용 시간이 4.3시간을 넘어서며, 이들이 디지털 소비의 실질적 주도권을 쥐고 있는 '세대 기반 플랫폼 주도 구조'로 전환되고 있음을 방증하며, 2023년 한국 모바일 게임 시장만 해도 약 9조 3천억 원 규모를 기록하며 전통 콘솔 및 PC 게임 시장을 압도하는 성장을 보이고 있다.

이러한 현상은 단지 특정 산업의 트렌드가 아니라, 소비, 생산, 금융, 교육이 모두 모바일이라는 단일 인터페이스 위에서 통합되고 설계되는 경제 구조의 전면적 재편을 의미한다. 이제 모바일은 장소가 아닌 경제적 인프라로 기능하며, 소비자는 물리적 거리나 시간의 제약 없이 수요를 실현하는 비접촉 경제의 주체로 변모하고 있다. 이는 곧 정부와 기업, 개인 모두가 더 이상 모바일을 '기기'로 취급할 수 없는 이유이며, 모바일이 곧 플랫폼이고, 플랫폼이 곧 경제라는 등식이 새로운 디지털 시대의 현실로 굳어지고 있음을 의미한다.

(2) AI + Mobile : 스마트 기기의 '지능화'로의 진화

2024년 이후 글로벌 스마트폰 시장은 단순한 성능 경쟁을 넘어, 생성형 AI를 핵심에 두는 '지능화 혁명'의 단계로 진입했다. 삼성은 갤럭시 AI에 ChatGPT를 통합했고,

애플은 iOS에 오픈AI와 협력한 생성형 도우미 기능을 기본 탑재했다. 샤오미 역시 Claude 기반 기능을 갖춘 AI폰을 출시하며 경쟁에 뛰어들었다. 그 결과 스마트폰은 단순한 음성 명령을 처리하는 기기를 넘어, 문서 작성·콘텐츠 요약·쇼핑 추천·일정 조율·자동 번역·창작 지원까지 수행하는 '지능형 비서(Assistant Intelligence)'로 진화하고 있다. 실제로 AI 탑재 스마트폰 사용자 중 58%가 하루 세 번 이상 생성형 기능을 사용하고, 그중 74%가 업무 생산성 또는 일상 편의의 향상을 체감했다고 답한 조사 결과는, 이러한 기술의 수용이 단순한 호기심 단계를 넘어 일상 속에 깊이 스며들었음을 보여준다. 동시에 앱 생태계도 빠르게 검색 기반에서 예측 기반(Predictive) 구조로 전환되고 있다. 이제 사용자가 무언가를 찾기도 전에 AI가 데이터를 바탕으로 다음 행동을 제안하거나 필요한 기능을 먼저 띄우는 능동형 인터페이스가 확산되는 중이다. 예컨대 위치, 시간대, 구매 이력, 대화 기록 등을 학습한 앱이 교통편·음식 추천·업무 알림 등을 선제적으로 제안하는 '스마트 흐름'은 앱 실행의 주도권을 인간에서 인공지능(AI)으로 옮겨놓고 있다. 이러한 변화는 사용자 만족도 27% 상승, 앱 체류 시간 1.5배 증가라는 통계로도 입증된다.

특히 모바일 쇼핑 영역에서는 인공지능(AI)이 클릭, 스크롤 속도, 시선 이동, 터치 위치 등 미세 행동 데이터를 실시간 분석하여 초개인화된 광고, 실시간 쿠폰, 가격 알림을 제공하고 있으며, 이는 디스플레이 광고(Display Ads)와 결합해 사용자의 주목도를 높이는 방식으로 소비자 구매 전환율(Conversion Rate)을 최대 36%까지 끌어올리고 있고, 이처럼 인공지능(AI)이 인간의 의사결정을 대신 제안하고 선제적으로 반응하는 구조는 소비자의 탐색 비용을 급감시키는 동시에, 기업 입장에선 마케팅 비용 대비 수익률(ROAS)을 획기적으로 향상시키는 AI 기반 수요 창출 시스템의 자동화를 실현하고 있다.

궁극적으로, 인공지능(AI)이 내장된 모바일 기기는 더 이상 '스마트'를 넘어 '선제적이고 예측 가능한 초지능형 개인 플랫폼'으로 자리매김하고 있다. 이는 기술적 진보를 넘어 소비자 행위, 플랫폼 전략, 마케팅 기법, 비즈니스 수익구조까지 전면적으로 재구성하는 새로운 디지털 생태계의 출현을 의미한다. 향후 AI+Mobile의 결합은 디지털 경제에서 가장 강력한 확산력과 변동성을 갖는 핵심 성장축이자 인간의 '행동 그 자체'를 설계 가능한 데이터로 환원시키는 혁신의 실현 방식으로 작용할 것이다.

(3) 비용 구조와 소비자 잉여의 재편

인공지능(AI)이 내장된 모바일 앱의 확산은 기존의 고정비 중심 기업 운영 모델을 사용량 기반의 유연한 비용 구조로 전환시키며, 특히 인건비나 시스템 구축에 투입되던 고정비를 대체하는 형태로 SaaS(Software as a Service) 기반 요금 체계가 보편화되고 있다. 실제로 중소기업 중 64%가 자체 개발 시스템 대신 클라우드 기반 AI 앱을 도입함으로써 초기 투자비용을 평균 42% 절감했으며, 이러한 구조는 규모의 경제보다 속도의 경제가 중시되는 모바일 시장에서 비용 효율성과 사업 민첩성을 동시에 확보하는 전략으로 부상하고 있다.

동시에 네이버페이, 카카오페이, 쿠팡이츠, 배달의민족 등 모바일 플랫폼 기업들은 AI 알고리즘을 기반으로 금융, 물류, 쇼핑, 결제 서비스를 통합하고 있으며, 단일 앱 내에서 상품 추천, 결제 유도, 배송 추적, 재구매 알림까지 이루어지는 폐쇄형 소비 생태계를 구축하면서 전체 이용자의 80% 이상이 특정 플랫폼 하나에 집중되는 '승자독식(Winner-Takes-All)' 현상을 심화시켰다. 이는 플랫폼 기업 간 경쟁을 혁신보다 데이터 독점과 알고리즘 효율성으로 전이시키며 소비자의 선택권을 제한하는 반면, 사업자의 이윤 구조는 강화시키는 이중적인 효과를 낳고 있다.

그러나 이러한 플랫폼 지배구조 속에서도 소비자 후생은 또 다른 방식으로 확대되고 있다. AI가 사용자의 구매 이력, 클릭 패턴, 위치 정보 등을 활용해 제공하는 초개인화 혜택과 실시간 추천 시스템은 기존 소비 활동의 가장 큰 부담이던 탐색 비용(Search Cost)을 실질적으로 제거해준다. 실제로 AI 기반 추천 상품의 클릭률은 일반 상품 대비 평균 3.8배 높게 나타나며, 개인 맞춤형 할인 쿠폰이 적용된 상품의 구매 전환율은 31%까지 상승하는 것으로 조사된다. 이는 소비자가 동일한 지출로 더 큰 만족을 얻는, 즉 '소비자 잉여(Consumer Surplus)'가 실질적으로 확대되고 있음을 의미한다.

종합하면, AI 기반 모바일 플랫폼은 기술적·경제학적 요인이 결합되며 다층적 변화를 촉발하고 있다. 비용 측면에서는 기업의 고정비를 변동비로 재편하고, 수익 측면에서는 개인화 서비스를 통해 소비자의 체감 가치를 극대화한다. 더 나아가 산업 구조 측면에서는 초거대 플랫폼의 수직 통합과 이용자 락인 효과(lock-in effect)를 강화함으로써, 전통 경제학이 정의해온 생산비용, 시장경쟁, 소비자 후생의 의미 자체를 기술 중심으로 재구성하는 구조적 전환의 중심축으로 자리 잡고 있다.

(4) 모바일 AI 경제의 3대 진화 방향

모바일과 인공지능(AI)의 융합이 주도하는 미래 경제의 진화는 단순한 기술 혁신을 넘어 인간의 행동과 소비, 의사결정, 그리고 국가 경제의 작동 방식 자체를 근본적으로 재구성하고 있으며, 그 중심에는 세 가지 구조적 전환이 자리 잡고 있다.

첫째, 멀티모달 인터페이스의 통합은 기존 텍스트 중심의 상호작용을 넘어 음성·이미지·위치·생체 데이터까지 결합된 복합 감각 기반의 대화형 AI 비서 환경을 현실화하고 있다. 최근 자료에 따르면 글로벌 스마트폰 사용자 중 약 34%가 음성 기반 검색과 명령을 일상적으로 활용하고 있다. 구글과 애플은 AI 기반 UX를 '터치 이전에 반응하는 감지형 시스템'으로 재설계하며 사용자 경험(CX)의 정의 자체를 "예측형 대화 자동화"로 재구축하고 있다.

둘째, 모바일 디지털 지갑 생태계의 확장은 결제를 넘어서 신분증·여권·의료보험·학자금 대출·주거 이력 등 인간의 정체성과 생활 증빙 전반을 통합하는 범용 플랫폼으로 진화하고 있다. 특히 한국에서는 정부 주도의 "모바일 주민등록증", "모바일 운전면허증", "모바일 공공 마이데이터" 프로젝트를 통해 2025년까지 국민의 80% 이상이 모바일 지갑을 주요 공공 서비스 접점으로 활용할 것이라는 전망이 나오고 있으며, 이러한 플랫폼은 AI와의 연동을 통해 개인 맞춤형 재정과 복지 설계를 지원하는 "AI 기반 금융과 정책 파트너"로 발전할 가능성이 매우 높다.

셋째, 인도네시아·베트남·필리핀 등 신흥국 중심의 모바일 경제권 확장은 스마트폰이 곧 인터넷이자 은행이며 병원이자 교육 플랫폼이 되는 '모바일 온리(Mobile-only)' 사회를 형성하고 있다. 이에 따라 해당 지역에서는 인터넷 사용자 중 91% 이상이 모바일을 통해 디지털 서비스에 접근하고 있다. 이는 한국의 초고도화된 AI 모바일 기술이 신흥 디지털 시장의 레퍼런스 모델이자 기술 수출의 전략적 자산으로 작용할 수 있음을 시사한다.

이러한 흐름 속에서 한국은 세계 최고 수준의 5G 커버리지, 96%에 달하는 스마트폰 보급률, 모바일 기반 금융·결제 인프라를 모두 갖추며, AI와 모바일이 결합된 초지능형 m-비즈니스 경제 구조를 가장 앞서 실험하고 구현하는 선도 국가로 자리매김하고 있다. 이 생태계는 앞으로 단순한 소비 편의성을 넘어 국가 생산성 향상, 소비자 후생 확대, 산업 구조 재편, 고용 형태의 유연화까지 동시에 견인하는 디지털 전환의 핵심 촉매로 기능할 것이다.

궁극적으로 AI 기반 m-비즈니스는 전통 경제학이 규정했던 비용·효용·노동·자본의 의미를 새롭게 해석하며, '플랫폼 기반 예측경제(Predictive Platform Economy)'라는 새로운 경제체제의 출발점이자 설계자로서 역사적 의미를 갖는다. 이처럼 모바일과 AI가 결합된 환경은 더 이상 미래의 가능성이 아닌 현실적인 운영 체계가 되었으며, 이에 대해 기업과 국가가 어떤 전략으로 대응하느냐에 따라 향후 확보하게 될 '속도'와 '차별화'의 폭이 결정될 것이다.

12장

기술이 만든 새로운 균형 : 디지털 전환이 바꾼 생산성과 경쟁의 공식

1 경제학적 시선에서 본 디지털 전환 : 비용 구조, 생산함수, 경쟁 구도의 진화

인공지능(AI), 클라우드, 빅데이터로 대표되는 디지털 기술의 확산은 단순한 기술 혁신을 넘어, 기업의 비용 구조, 생산 메커니즘, 시장 경쟁 구조 전반을 근본적으로 변화시키고 있다. 이 변화는 기업의 효율성과 수익성을 비약적으로 향상시킬 뿐만 아니라, 경제학 이론의 적용 방식에도 구조적인 전환을 유도하고 있다.

1) 비용 함수의 구조 변화 : 노동 중심에서 고정비 중심으로

전통 산업 시대에서 기업의 총비용(Total Cost)은 대체로 고정비(Fixed Cost)+가변비(Variable Cost)라는 이분법적 틀 안에서 이해되었으며, 그중에서도 가장 큰 비중을 차지하던 것은 바로 노동비용(Labor Cost)이었다. 노동은 생산의 중심축이자 유연성의 원천이었고, 사람의 수와 투입 시간에 따라 비용은 선형적으로 증가했다. 하지만 오늘날, 이 고전적 비용 구조는 AI와 클라우드 기반 자동화 기술의 도입으로 인해 극적인 재편을 겪고 있다.

RPA(Robotic Process Automation), 머신러닝 알고리즘, 클라우드 플랫폼 기반 API 시스템 등은 고객 응대, 주문 처리, 데이터 정리, 재고 관리와 같은 반복 업무를 인간 없이도 실시간으로 수행할 수 있게 만들었고, 그 결과 기존의 가변비용이 점차 고정비화되는 추세가 확산되고 있다. 다시 말해, 과거에는 10명의 고객을 응대하려면 10명의 상담원이 필요했지만, 이제는 단 한 번 구축된 AI 챗봇이 수천, 수만 명의 고객을 실시간으로 응대할 수 있으며, 이러한 기술 구조는 사용자 수가 늘어날수록 단위 비용이 급격히 하락하는 '비용의 탈중력화(Cost Dematerialization)'를 가능하게 만든다. 이러한 변화는 단순한 비용 절감의 문제가 아니라, 기업의 경쟁우위를 결정짓는 핵심 변수로 작용하고 있다. 대표적 사례로 Amazon은 AI 기반 수요 예측, 물류 자동화, 로봇 집품 시스템을 통해 매일 수천만 건의 주문을 사람의 개입 없이 처리하고 있으며, 이는 전통적 인력 기반 소매 기업들과는 비교조차 어려운 초월적 효율성(Hyper Efficiency)을 실현하고 있다. 더욱이 이러한 자동화 시스템은 구축 이후 추가 비용이 거의 들지 않기 때문에, 고객 수가 기하급수적으로 증가하더라도 규모의 경제(Economies of Scale)를 극대화할 수 있으며, 이는 곧 '더 많이 생산할수록 더 싸지는 경제구조'로 기업을 이끈다. 결과적으로, 오늘날의 비용 함수는 단순한 '비용의 합산'이 아닌, 기술이 주도하는 비용 구조 혁신을 의미하며, 경쟁력의 원천은 '얼마나 많은 사람을 고용했느냐'가 아니라, '얼마나 적은 인력으로 얼마나 많은 자동화를 설계했는가'에 달려 있는 시대가 도래하고 있다. 노동이 중심이던 비용의 세계는, 이제 자본과 기술이 주도하는 새로운 수학으로 대체되고 있다.

2) 경쟁 구조와 플랫폼 집중도 : 네트워크 외부성과 시장 독점

인공지능(AI)과 클라우드 기술은 표면적으로는 중소기업의 진입장벽을 낮추는 탈중앙화의 도구처럼 보이지만, 그 이면에서는 데이터 축적과 알고리즘 최적화를 기반으로 한 플랫폼 중심의 독점 구조를 강화하며, 디지털 경제의 경쟁 질서 자체를 재구성하고 있다. 기술 도입 초기에는 고가의 인프라 투자와 기술 인력 확보 등 일정 수준의 장벽이 존재하지만, 일단 시스템이 구축되고 안정화되면, 사용자 수 증가에 비례하여 효용이 기하급수적으로 상승하는 네트워크 외부성(Network Externalities)이 작동하며, 후발주자의 추격을 어렵게 만드는 시장 비대칭이 발생한다. 이는 단순한 규모의 경제가 아니라, '지능의 경제(Intelligence Economics)'로의 진입이기도 하다.

그림 12-1 디지털 경제의 네트워크 외부성

이를 가장 잘 보여주는 사례가 Amazon이며, 이 기업은 AWS(Amazon Web Services)를 기반으로 전 세계 최대 규모의 클라우드 인프라를 보유하면서, AI 추천 엔진을 통해 수십억 건의 고객 데이터를 실시간으로 분석하고 있다. 이 데이터는 다시 알고리즘의 예측 정확도를 높여 고객 만족도를 향상시키고, 플랫폼 이탈률을 줄이며, 신규 유입을 가속화하는 데이터-알고리즘 강화의 선순환 구조를 완성하고 있다. 이처럼 데이터가 축적될수록 알고리즘이 똑똑해지고, 알고리즘이 똑똑해질수록 더 많은 데이터가 쌓이는 구조는 경제학에서 말하는 '잠금 효과(Lock-in Effect)', '후광 효과(Bandwagon Effect)', 그리고 높은 '시장 집중도(Herfindahl-Hirschman Index, HHI)'로 이어지며, 특정 플랫폼에 대한 소비자의 의존도는 강화되고, 후발 또는 중소기업은 차별화된 기술 자산이나 네트워크 없이 생존 자체가 어려워지는 플랫폼 경제의 자연 독점(Natural Monopoly) 환경이 조성되고 있다.

결과적으로 디지털 전환은 단순한 기술 도입을 넘어, 경제학의 기본 공식을 다시 쓰는 과정에 가깝다. 생산 함수는 전통적으로 자본과 노동의 결합(K, L)으로 설명되었지만, 이제는 데이터(D)와 알고리즘(A)의 질적 결합으로 확장되고 있으며, 비용 구조 역시 노동 중심의 가변비 체계에서 자동화를 기반으로 한 고정비 중심 구조로 빠르게 이행하고 있다. 경쟁의 형태도 개별 기업 간 생산성 경쟁을 넘어, 누가 더 빠르게 네트워크 효과를 확보하고 알고리즘을 통해 데이터를 선순환 구조로 전환할 수 있는가를 겨루는 '시스템 경쟁'으로 재편되고 있다.

따라서 기업의 경쟁력은 더 이상 얼마나 많은 노동력을 고용했는가가 아니라, 얼마나 풍부한 데이터를 확보하고 이를 어떻게 구조화·자동화할 수 있는가에 의해 정의된다. 이는 곧 자본주의의 핵심 질문이 인간과 물리적 자산의 배분에서 벗어나, 데이터와 알고리즘이라는 디지털 자산의 효율적 배분으로 이동하고 있음을 의미한다. 이러한 변화는 '인공지능 경제학(AI Economics)'이라는 새로운 패러다임의 부상으로 이어지며, 21세기의 경제학은 더 이상 공장에서 출발하지 않고 서버와 플랫폼 위에서 작동하는 알고리즘의 질서 속에서 다시 정의되고 있다.

2

AI 이코노미와 산업별 디지털 대전환 : 모든 산업은 이제 '소프트웨어 산업'이다

현재 산업 지형도는 급격히 재편되고 있다. 과거에는 공장을 세우고, 기계를 구동하고, 사람의 손으로 물건을 만들고 서비스하던 시대였다면, 지금은 AI, 클라우드, 빅데이터라는 무형 자산이 새로운 생산의 중심에 서 있다. 이로 인해 AI 중심 산업경제(AI-driven Economy)는 과거의 산업 구분을 무너뜨리며, 전 산업을 소프트웨어 중심으로 전환하고 있다. 21세기 산업의 본질은 더 이상 철강, 기계, 사람의 손으로 정의되지 않는다. 제조·자동차·금융·헬스케어·유통 등 전통적으로 구분되던 산업의 경계는 AI와 클라우드, 빅데이터라는 무형 자산의 결합에 의해 완전히 재구성되고 있고, 그 결과 모든 산업은 이제 '소프트웨어 산업'으로 수렴되고 있으며, 이는 곧 AI 중심 산업경제(AI-driven Economy)의 도래를 뜻한다.

제조업은 공장의 규모와 설비의 정밀함이 경쟁력이던 시절을 지나, IoT 센서와 AI 분석을 통한 예지 보전(Predictive Maintenance)과 품질 최적화가 생산성의 핵심이 되었으며, 현대자동차는 AI 공정 제어를 통해 불량률을 30% 이상 줄였고, 삼성전자는 제조 AI를 도입해 생산성 지수를 25% 끌어올리며, 스마트 팩토리가 기존 노동 집약적 산업구조를 지능 중심의 자동화 체계로 전환하고 있음을 입증하고 있다. 자동차 산업 역시 엔진과 차체 기술 중심의 기계 산업에서, 자율주행 알고리즘, OTA 소프트웨어 업데이트, 차량 내 운영체제(OS)가 핵심이 된 데이터 플랫폼 산업으로 변모하고 있다.

테슬라는 기능 단위 소프트웨어 구독 모델을 통해 차량을 단순 소비재가 아닌 지속적인 서비스 수익을 창출하는 디지털 상품으로 전환하며 기존 제조업 수익 공식을 뒤흔들고 있다. 금융 산업 또한 더 이상 지점 수나 창구 인력의 수가 경쟁력을 말해주지 않으며, 고객 상담은 AI 챗봇이, 대출 심사는 머신러닝 모델이, 자산 관리는 로보어드바이저가 실시간 포트폴리오를 조정하는 방식으로 재편되고 있고, 토스는 전통 은행보다 고객당 수익률이 40% 이상 높은 비대면 금융 플랫폼으로 부상하며,

금융의 중심이 사람에서 알고리즘으로 이동했음을 증명하고 있다. 헬스케어 분야에서도 의사 한 명이 진단부터 처방까지 수행하던 방식은 점차 사라지고 있으며, Babylon Health와 같은 AI 진단 플랫폼은 증상 입력만으로 1차 판단을 수행하고, 의료진은 이를 토대로 치료 전략을 수립하며, 원격 모니터링을 통해 환자의 실시간 건강 상태를 추적함으로써 의료 접근성이 낮은 국가에서 진료비를 60% 이상 절감하며 의료 평등의 기술적 확장을 가능케 하고 있다.

유통 및 커머스 분야는 특히 빠르게 소프트웨어화되고 있으며, 오프라인 점포 중심의 '기다리는 소비'에서 벗어나 AI 기반 수요 예측과 자동 가격 조정, 물류 최적화 알고리즘을 통해 '미리 준비된 소비'가 현실화되고 있고, 쿠팡은 고객 행동을 분석해 주문 전에 상품을 물류센터에 배치하고, 아마존은 전체 주문의 90% 이상을 AI 예측 시스템과 로봇 분류 시스템으로 처리함으로써, 유통 산업을 데이터가 사고, 알고리즘이 움직이는 생태계로 완전히 바꾸어놓고 있으며, 이처럼 모든 산업의 중심이 자본과 노동에서 데이터와 알고리즘으로, 기계와 인력에서 소프트웨어와 예측 시스템으로 이동하고 있는 지금, 산업을 나누던 기존의 구획은 무의미해졌고, 경쟁력의 기준은 더 이상 '무엇을 만들 것인가'가 아니라, '어떻게 더 지능적으로 만들고 연결하고 운영할 것인가'에 대한 질문으로 옮겨가고 있으며, 결국 우리는 지금, 산업 그 자체가 '소프트웨어화(software-ization)'되는 거대한 역사적 전환점의 한가운데 서 있는 것이다.

1) 경제학적 구조의 대전환

산업 경제의 본질이 재정의되고 있는 지금, 기업의 생산 활동에서 비용 구조는 더 이상 사람의 수와 임금 총액에 따라 선형적으로 증가하는 전통적 변동비 중심 모델에 머물지 않으며, 인공지능(AI)과 RPA의 결합은 반복적이고 규칙 기반의 업무들을 24시간 중단 없이 처리할 수 있도록 자동화함으로써 인력 의존성을 극적으로 낮추고, 그 결과 기업은 생산량이나 고객 수가 증가해도 추가 비용 부담 없이 대규모 운영이 가능해지는 '비용 곡선의 평탄화'라는 현상을 경험하게 되었고, 이는 고정비 기반 인프라의 구축이라는 초기 투자가 이후 단위당 생산비용을 지속적으로 낮추는 규모의 경제(economies of scale)로 이어지면서 생산성 향상과 비용 절감의 이중 효과를 창출하고 있으며, 실제로 AI 자동화 시스템을 도입한 글로벌 상위 500대 기업의 평균 노동 비용 비중은 최근 5년간 27%에서 14%로 감소했고, 고객 응대·회계·물류 분야의 자동화 도입률은 같은 기간 230% 이상 증가한 것으로 나타나고 있다.

이러한 변화는 단순한 운영 효율의 향상을 넘어, 기업 전략의 근본적 재설계를 요구하고 있다. 경쟁 구조 역시 클라우드와 인공지능(AI)의 대규모 연산 능력 및 예측력을 기반으로 재편되고 있으며, 이는 시장 초기에 일정 수준의 기술 장벽을 형성한다. 그러나 일단 이용자가 늘기 시작하면 데이터의 양과 질이 기하급수적으로 증가하고 알고리즘의 정교화가 가속되면서 강력한 네트워크 외부성(Network Externality)이 작동한다.

그 결과 플랫폼 기업은 이용자가 많을수록 더 나은 서비스를 제공하고, 이를 통해 다시 더 많은 이용자를 끌어들이는 피드백 루프를 구축하며, 사실상 선순환적 독점 구조를 형성하게 된다. 이러한 구조는 시장 집중도를 나타내는 Herfindahl-Hirschman Index(HHI)를 급격히 상승시키며, 실제로 2023년 기준 주요 글로벌 빅테크 플랫폼의 HHI는 산업 평균의 3배 이상 높은 것으로 나타난다.

그러나 이러한 독점적 지배구조는 동시에 오픈 API, SDK, B2B 마켓플레이스 전략을 통해 생태계 기반 협력 구조로 확장될 가능성도 함께 내포하고 있다. 이는 디지털 경제에서 독점과 협력이 상충하지 않고, 오히려 동시에 공존할 수 있음을 보여주는 대표적 사례다.

결국 오늘날의 경제 질서는 생산 함수의 입력값을 재정의하고, 비용 구조를 평탄화하며, 경쟁 우위의 원천을 '규모'에서 '지능'으로 이동시키는 AI 기반 디지털 경제 체제로의 대전환기에 진입하고 있다고 할 수 있다.

2) 왜 기술 기업이 더 많은 가치를 창출하는가?

과거 산업의 성장 논리는 공장·기계·설비와 같은 유형 자산의 축적에 기반하였다. 더 많은 상품을 생산하기 위해서는 더 많은 노동력과 장비를 투입해야 했고, 이는 생산량이 증가할수록 비용도 함께 상승하는 구조를 전제로 했다. 규모의 경제(economies of scale)가 일정 수준에서는 작동했지만, 인건비·물리적 공간·유지 비용·자원 한계 등으로 인해 결국 성장의 제약을 피하기 어려웠다.

그러나 오늘날 구글, 메타, 아마존, 텐센트 등 디지털 기술기업은 물리적 생산요소의 제약 없이도 기업가치를 수천억 달러 규모로 확장하며 기존 경제학의 생산 함수와 비용 구조를 근본적으로 재해석하고 있다.

이들의 핵심 경쟁력은 기계나 설비가 아니라 데이터 기반 디지털 자산에 있다. 사용자 행동, 위치 정보, 검색 이력, 구매 패턴 등으로부터 수집되는 비정형 데이터가 AI 알고리즘에 의해 실시간 분석되며, 이는 제품 개선, 개인화 마케팅, 예측 판매, 자동 가격 조정 등으로 즉각 전환된다.

그 결과 서비스는 사용자가 많아질수록 정확성과 매력도가 높아지는 네트워크 외부성(Network Externality)을 형성한다. 이러한 구조는 신규 사용자 유입을 다시 가속화하며, 투입의 증가가 거의 없는 상태에서도 수익이 비선형적으로 확대되는 새로운 성장 방정식을 만들어내고 있다.

예컨대 메타는 전 세계 사용자 39억 명 중 97%에게 서비스를 무료로 제공하면서도, 광고 알고리즘에 최적화된 데이터 플랫폼을 기반으로 2023년에만 1161억 달러의 광고 수익을 올렸다. 마이크로소프트 역시 애저(Azure) 기반의 AI 서비스와 SaaS 모델을 통해 인력 증가 없이도 3년간 매출을 두 배로 확대하며 디지털 자산 중심 성장의 전형을 보여주고 있다.

이들 기술기업의 공통점은 한 번 구축된 알고리즘·플랫폼·서버 인프라를 전 세계로 무제한 확장할 수 있는 고정비 기반 구조를 갖고 있다는 점이다. 이는 생산량이 증가할수록 한계비용이 상승하는 전통 제조업과 정반대의 모델이며, 디지털 산업에서는 “얼마나 많은 자원을 동원하느냐”가 아니라 “얼마나 적은 자원으로 얼마나 많은 데이터를 수집·구조화해 알고리즘화할 수 있느냐”가 경쟁력의 핵심으로 자리 잡고 있다.

그 결과 기술기업의 성장은 유형 자산이 아니라 디지털 자산, 물리적 설비가 아니라 플랫폼, 노동력이 아니라 학습하는 알고리즘에 의해 결정된다. 이러한 변화는 기업 가치의 기준을 자산 규모에서 지능화된 확장성(Intelligent Scalability)으로 이동시키고 있으며, 우리가 목도하는 새로운 자본주의의 본질이 단순한 디지털화가 아니라 "연산 가능한 경제(Computable, Intelligent Economy)"로의 진입임을 상징적으로 보여준다.

(1) 자산 구조 : 공장에서 알고리즘으로

산업 자산의 개념은 지금 근본적인 재편 과정에 놓여 있다. 전통 제조업이 공장, 설비, 창고, 기계와 같은 고정자산에 대규모 선투자를 하고, 생산 규모가 증가할수록 비용도 비례적으로 증가하는 구조였다면, 디지털 기업의 자산 구조는 알고리즘, 클라우드 인프라, 소프트웨어, 그리고 지속적으로 학습하는 AI 시스템으로 이루어진 무형(intangible) 자산 중심 구조로 전환되었다.

이 무형 자산은 한 번 개발·구축되면 수백만~수억 명의 사용자에게 즉시 복제·확산될 수 있는 극단적 확장성을 지니고 있다. 예컨대 단일 AI 추천 엔진은 전 세계 모든 사용자에게 실시간 개인화 콘텐츠를 제공할 수 있으며, 사용자가 증가할수록 성능이 더욱 정교해지는 데이터 기반 네트워크 외부성을 동반한다. 그 결과 이 자산은 시간이 흐를수록 가치가 감소하는 대신, 데이터 축적과 알고리즘 개선을 통해 가속적 수익(accelerating return)을 창출하는 비가역적 확장 구조로 진화한다.

이러한 변화는 기업 가치의 판단 기준도 혁명적으로 바꾸고 있다. 과거에는 "얼마나 큰 공장을 보유했는가"가 기업의 경쟁력을 설명했다면, 오늘날에는 얼마나 정교한 알고리즘을 갖고 있는가, 얼마나 빠른 속도로 반복 적용·개선할 수 있는가, 얼마나 많은 데이터를 실시간으로 연산·축적할 수 있는가가 기업 가치를 결정한다. 다시 말해, 자산이 물리적 공간 위에서 작동하던 시대는 끝났고, 이제 자산은 시간과 공간을 초월해 실시간 확장되는 '계산 가능한 지능(Calculable Intelligence)'으로 대체되고 있다.

(2) 비용 구조 : 무한확장성 vs. 노동확장성

전통 제조업의 비용 구조는 생산량이 증가할수록 비례적으로 인력, 설비, 자재를 추가 투입해야 하는 노동확장성(Labor Scalability)에 기반하며, 이는 매출이 늘어날수록 비용도 함께 상승하는 구조적 한계를 내포하고 있는 반면, 디지털 기업은 한 번 구축된 플랫폼과 알고리즘, 콘텐츠 인프라를 기반으로 수백만 명의 이용자가 유입되더라도 추가 비용이 거의 발생하지 않는 무한확장성(Infinite Scalability)을 구현함으로써, 고정비 기반의 구조 위에 거의 제로에 가까운 한계비용(Marginal Cost)으로 글로벌 시장을 단기간에 장악할 수 있는 경제적 레버리지를 확보하고 있다.

실제로 Spotify나 Netflix와 같은 플랫폼은 수천만 명의 신규 가입자가 몰려도 스트리밍 전송 비용이 전체 운영비에서 차지하는 비중이 2%를 넘지 않는 수준에 불과할 만큼 효율적이다. 이는 디지털 자산이 사람의 손이 아니라 서버와 알고리즘에 의해 동시다발적으로 복제되고 제공될 수 있는 기술적 특성 덕분이다. 이처럼 비용이 선형적으로 증가하지 않는 확장성의 존재는 단순한 효율성의 문제가 아니라, 디지털 경제가 기존 산업 구조와 완전히 다른 수학 위에서 작동하고 있다는 증거이며, 결국 기업의 성장 전략 역시 '얼마나 많은 사람을 고용할 수 있는가'가 아니라, '얼마나 많은 사용자를 비용 증가 없이 수용하고 유지할 수 있는가'라는 관점으로 전환되고 있다. 더 이상 비용이 생산의 제약조건이 아닌, 성장의 가속 요인으로 재정의되는 디지털 자본주의의 새로운 작동 원리를 보여주는 가장 극적인 구조 변화라 할 수 있는 것이다.

(3) 한계 비용(Marginal Cost)의 혁명

디지털 기술은 경제학이 오랫동안 전제해 온 '생산에는 반드시 비용이 따른다'는 공리를 무력화시키며, 소프트웨어와 데이터 기반 자산이 추가 단위 생산에 드는 한계비용(Marginal Cost)을 사실상 0에 가깝게 만드는 구조적 혁신을 현실로 구현했다.

이는 물리적 자재와 인력, 운송비, 감가상각이 필연적으로 따라붙는 전통 산업 구조에서는 절대 도달할 수 없는 차원의 효율성으로, 예컨대 한 권의 종이책을 인쇄해 전 세계로 유통하려면 수백만 달러의 비용이 들지만, 전자책은 한 번만 제작되면 수천만 명에게 동시에 전송해도 추가 비용은 사실상 0에 수렴하며, YouTube, Spotify, ChatGPT와 같은 플랫폼 역시 수억 명의 사용자가 접속하더라도 개별 데이터 처리나 응답 비용은 서버 용량 한계 내에서 거의 변화 없이 유지되는 구조를 바탕으로, 수요가 늘수록 효율이 향상되는 비선형 성장 패턴을 만들어내고 있다.

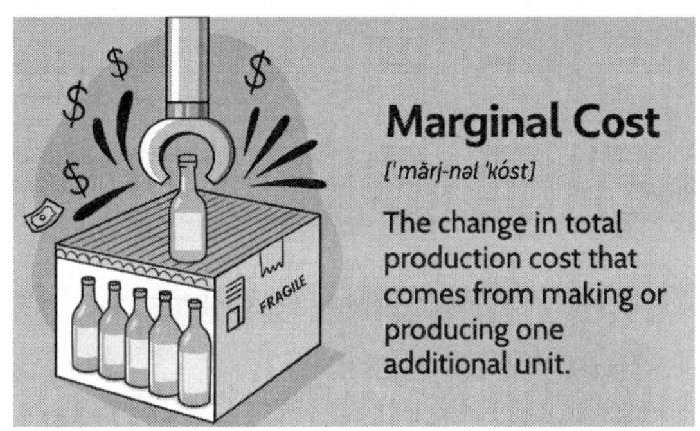

그림 12-2 한계비용의 생산 단위

실제로 넷플릭스는 2024년 기준 글로벌 사용자 수가 2억 7천만 명을 넘었지만, 전체 콘텐츠 전송 비용은 매출의 3.1%에 불과하다. GPT 기반 AI 서비스 역시 1,000명의 사용자에게 응답하던 시스템이 수백만 명의 요청을 처리하더라도 모델 구조를 다시 만들 필요 없이 학습된 파라미터만 호출하면 되기 때문에, 비용 증가는 사실상 정체 상태에 머문다. 이는 전통 제조업에서는 존재하지 않았던 규모의 경제와 한계비용의 제로화가 동시에 나타나는 현상으로, 어떤 기형적 예외가 아니라 디지털 경제가 따르는 새로운 수학적 질서라 할 수 있다.

즉, 기업의 성장이 더 이상 생산설비 확장이나 물리적 자원 투입을 의미하지 않고, 한 번 구축된 기술 자산의 복제성과 무제한 활용성이 곧 자산 가치의 핵심 지표가 되는 시대가 도래한 것이다. 이른바 "한계비용 0의 경제(Marginal Cost Zero Economy)"가 현실화되면서 자본주의의 구조 자체는 '비용 곡선의 수평화'라는 새로운 원리 아래에서 작동하고 있다.

결국 이 새로운 경제 질서에서 가치를 창출하는 것은 생산이 아니라 복제 가능한 지능(Intelligent Replicability)이며, 경쟁의 본질 또한 "무엇을 얼마나 만들 것인가"에서 "무엇을 한 번 만들어 얼마나 넓게, 얼마나 싸게, 얼마나 빠르게 확산시킬 수 있는가"로 이동하고 있다.

(4) 네트워크 효과 : 사용자 많을수록 가치 증가

디지털 플랫폼의 진정한 힘은 사용자 수의 증가가 단순한 확장이 아니라 가치 그 자체를 기하급수적으로 증폭시키는 구조, 즉 네트워크 외부성(Network Externality)에 기반하고 있다. 이는 가입자 1명이 늘어날 때마다 기존 사용자 전원의 사용 효용이 증가하는 비선형적 가치함수로 작동하고 있다.

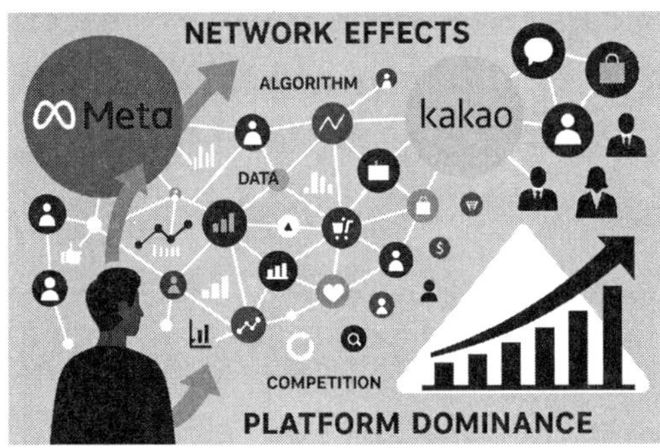

그림 12-3 디지털 플랫폼의 외부성

Meta(페이스북)는 가입자 수가 5억 명에서 20억 명을 넘어서는 과정에서 알고리즘 추천 정확도, 광고 클릭률, 데이터 정제 효율이 각각 3~6배 향상되었다. 카카오톡 역시 국민 메신저로 자리 잡으며 메시지 전송량이 증가할수록 비즈니스 API, 페이, 쇼핑, 뉴스까지 통합하는 슈퍼앱(Super App) 구조를 구축했고, 이는 단순한 통신 도구가 디지털 인프라로 진화하게 된 결정적 계기가 되었다.

사용자 기반이 커질수록 데이터는 기하급수적으로 축적되고, 그 데이터는 알고리즘의 정밀도를 높이며, 정밀해진 알고리즘은 사용자 경험을 강화한다. 이 과정은 다시 더 많은 사용자를 끌어들이는 강력한 피드백 루프를 만든다. 이 때문에 경쟁자는 사용자 수가 적다는 이유만으로 데이터 축적량, 예측 정확도, 상품 도달률, 광고 단가 등 거의 모든 지표에서 구조적 열세에 빠질 수밖에 없다.

결국 시장은 네트워크 효과가 강한 소수의 플랫폼에 집중된다. 실제로 산업 집중도를 나타내는 헤핀달-허쉬만 지수(Herfindahl-Hirschman Index, HHI)는 플랫폼 산업군에서 대부분 0.4~0.7 수준으로, 일반 산업군 평균의 2~3배에 해당한다. 이는 사실상 독과점에 가까운 집중도를 보여준다.

이와 같이 디지털 시대의 기업 가치는 더 이상 단순한 수익이 아니라 사용자 총량이 좌우하며, 사용자 수는 기술 우위를 강화하고, 기술 우위는 다시 사용자 확보를 가속하는 순환적 성장 구조를 만든다. 따라서 오늘날의 경쟁력은 제품의 품질이나 가격이 아니라, 얼마나 많은 사용자가 플랫폼에 머무르고 그들이 만들어내는 데이터의 규모와 연결성이 얼마나 강한가로 재정의되고 있다.

3 AI는 기술 기업을 어떻게 재정의하는가?

현재 기술 기업은 더 이상 단순히 소프트웨어를 개발하거나 전자 제품을 제조하는 곳이 아니다. 인공지능(AI)의 급속한 발전은 기업의 운영 방식, 가치 창출 방식, 그리고 산업 내 위치까지 근본적으로 재정의하고 있다. 특히 생성형 AI(Generative AI)의 등장은 콘텐츠 산업부터 고객 서비스, 금융, 교육, 의료 등 지식 기반 산업 전반에 걸쳐 새로운 패러다임을 만들어내고 있다.

과거에는 콘텐츠를 만들기 위해 사람이 직접 글을 쓰고, 영상을 편집하고, 상담을 진행했다면, 이제는 AI가 이 모든 작업을 실시간으로 대체하거나 보조한다. 예컨대 GPT 기반 생성형 AI는 수십 초 안에 마케팅 문구, 교육 자료, 법률 초안까지 작성해 낸다. 이는 기업에게 '더 많은 사람을 고용해 일하는 조직'이 아니라, '더 똑똑한 알고리즘을 운용해 결과를 창출하는 시스템'으로의 전환을 강하게 요구하고 있다. 또한 AI는 기업 운영의 지능화를 가속화하고 있다. 단순한 업무 자동화를 넘어, 인공지능(AI)은 데이터를 기반으로 실시간 의사결정을 수행하며, 예측 유지보수, 수요 예측, 물류 최적화 등 기업 활동의 거의 모든 분야에 영향을 미치고 있다. GE와 같은 글로벌 제조기업은 공장 설비에 센서를 부착하고, 이를 통해 수집된 데이터를 AI가 분석함으로써 장비 고장 가능성을 사전에 감지하고 필요한 조치를 취한다. 이로써 유지보수 비용이 절감되고, 생산 효율은 비약적으로 향상된다. 무엇보다 AI는 초개인화 소비경제를 현실로 만들고 있다. 과거에는 하나의 제품을 불특정 다수에게 제공하던 구조였다면, 이제는 고객의 성향, 위치, 검색 기록, 구매 이력 등을 종합적으로 분석해 각 고객에게 가장 적합한 상품, 서비스, 가격을 제공하는 시대가 열렸다. 예컨대 넷플릭스는 사용자의 시청 이력에 따라 추천 콘텐츠뿐 아니라 썸네일 이미지까지 다르게 노출한다. 쿠팡은 AI 기반의 배송 예측 시스템을 통해 로켓배송 서비스를 고도화하고 있으며, 이는 고객 만족도와 충성도 향상으로 직결된다.

이러한 변화를 가능케 하는 기술적 기반은 AI와 클라우드, 빅데이터의 융합이다. AI는 데이터를 학습하고 분석하는 지능, 클라우드는 이를 유연하게 운용할 수 있는 인프라, 빅데이터는 AI가 학습할 수 있는 '연료'를 제공한다. 이 세 가지 요소는 서로를 강화하며, 기업의 경쟁력과 가치 창출의 핵심 축으로 작용한다.

결과적으로, 기업의 가치 평가 기준은 "얼마나 많은 것을 생산했는가"에서 "얼마나 지능적으로 작동하는가"로 이동하고 있다. 이른바 '지능의 경제학(Intelligence-driven Economy)'이 도래한 것이다. AI는 기술 기업을 단순히 소프트웨어를 만드는 조직이 아닌, 지능을 설계하고 운영하는 조직으로 재정의하고 있다. 그리고 이러한 기업들이 바로 미래의 경제 구조를 선도할 것이다.

4

AI와 디지털 산업의 글로벌 축 이동 : 기술 중심 패권의 지리적 재편

21세기 후반, 글로벌 디지털 산업의 패권 지도는 단순한 기술의 진보를 넘어 인공지능(AI), 반도체, 클라우드 인프라를 중심으로 급속히 재편되고 있다. 특히 중국은 2025년 기준, 중국은 'AI 알고리즘 강국'으로의 도약을 위해 가속 페달을 밟고 있다. 최근 통계에 따르면 중국 기업 및 연구기관이 글로벌 AI 특허 출원에서 약 70% 이상을 차지하고 있으며, 이는 2024년 대비 더욱 확대된 수치로 해석된다. 또한, 생성형 AI 사용자 기반이 2025년 초에 2억 5,000만 명에 도달하는 등 AI 스타트업과 생태계의 폭발적 확대도 확인된다. 이러한 맥락에서 중국은 과거 '디지털 제조 강국'에서 'AI 알고리즘 강국'으로의 구조적 전환을 국가 전략으로 추진하고 있으며, 대규모 데이터 인프라 구축과 생성형 AI, 산업 AI 모델을 통해 지식 기반 경제에서 주도권을 확보하려 하고 있다.

한편 주목할 만한 부분으로는 국유에서 민간 빅테크 중심으로의 전환이라는 점이다. 지난 10년간 중국 디지털 산업의 질적 도약은 단순한 창업 붐을 넘어, 총 74개의 전략기업이 시장에 진입하며 과거 국유 중심의 산업 질서를 민간 빅테크(Tencent, Alibaba, Huawei, ByteDance 등) 중심으로 재편시켰고, 이들은 AI, 전기차, 스마트 제조, 핀테크 전반에 걸쳐 '중국식 산업표준'을 새롭게 정의하고 있다. 특히 AI+IoT+디지털 트윈을 결합한 '스마트 생산 클러스터'를 통해 미국과 유럽의 기술 틈새를 빠르게 파고들고 있으며, 이러한 성장의 배경에는 정부 주도 보조금(2024년 기준 AI 산업 보조금 5조 위안 이상), 초대규모 내수시장을 통한 데이터 축적, 그리고 기술 생태계 내에서의 수직 통합과 규모의 경제 실현이라는 삼각축이 작동하고 있으며, 이는 곧 중국형 플랫폼 자본주의의 독자적 모델을 형성함과 동시에 글로벌 디지털 패권 경쟁에서 중국이 '기술 추격자'가 아닌 '표준 설정자(standard-setter)'로 전환되고 있음을 보여주는 결정적 지표라 할 수 있다.

반면 미국은 빅테크(Big Tech)를 중심으로 한 수익 독점 구조를 통해 디지털 경제

시스템을 강화하고 있다. 미국의 디지털 산업은 양적 확장이 아니라 질적 집중으로 진화하고 있으며, Apple, Microsoft, Amazon, Alphabet으로 대표되는 빅테크 기업들은 전통 제조 기반을 완전히 벗어나 플랫폼 기반 OS, 구독형 SaaS, 클라우드, AI 추천 엔진, 데이터 기반 광고로 이어지는 수익의 수직 계열화를 구축했다.

그 결과 이들의 자산 대비 수익률(ROA)은 20%를 넘어서고, 총마진율(Gross Profit Margin)은 55~70% 수준으로 제조업 평균의 3배 이상을 기록한다. 이는 단순한 정보 비대칭 해소가 아니라, 데이터 기반 정보 독점(informational monopoly), 사용자 규모가 커질수록 가치가 증가하는 네트워크 외부성(network externality), 시장 진입 이후 경쟁사를 제거하고 고객 생애가치를 극대화하는 폐쇄적 수익 순환 구조, 이 세 가지가 결합된 결과다. 결국 미국은 소수의 기업이 전 세계 부가가치를 흡수하는 초집중형 수익 독점 체제(Fewer but Bigger)를 구축하고 있으며, 이는 미국형 디지털 자본주의가 '기술 기반 자산 수익률 최적화 모델'이라는 새로운 경제학적 패러다임으로 진화했음을 보여준다.

또한 구글, 아마존, 마이크로소프트 등 빅테크 기업이 AI 모델과 클라우드 시장을 장악하면서 글로벌 기술 인프라의 표준화를 주도하고 있으며, 오픈AI와 NVIDIA는 AI 반도체 및 LLM 생태계의 핵심 허브로 자리 잡았다. 이러한 AI 기반 디지털 산업의 축 이동은 단순한 산업 경쟁을 넘어 경제성장률, 고용, 교육, 안보, 정치 영향력까지 좌우하는 '기술 중심 지리경제학(Geo-economics of Tech)' 시대를 가속화하고 있다.

AI 이코노미 : 디지털 경제의 진화와 산업 재편의 미래

오늘날 디지털 경제는 단순한 기술 진보의 차원을 넘어서, 경제의 작동 원리와 생산의 논리를 근본적으로 재정의하고 있다. HTML과 HTTP로 대표되던 초기의 정보 소비 중심 구조는 이제 생성형 AI, 자율 에이전트, 디지털 휴먼으로 대표되는 "AI 중심 경제(AI Economy)"로 급속히 전환 중이다. 이 흐름은 단순히 새로운 도구의 등장이 아니라, 기업의 수익모델, 고용구조, 생산함수, 경쟁의 방식까지 모두를 새롭게 설계하는 패러다임 시프트이다.

1) Web & Cloud Economy (1995~2002)

1995년부터 2002년까지의 Web & Cloud Economy 시대는 HTML, HTTP, URL의 등장으로 전 세계 정보를 디지털로 연결하는 기술적 혁명이 시작된 시기였다. 이때 정보는 처음으로 실시간 전송되기 시작했고, 웹사이트의 트래픽이 기업 가치를 평가하는 주요 지표로 자리 잡으면서 '접속의 시대'가 열렸다.

그러나 수익 모델은 검색광고나 배너 광고에 거의 국한되어 있었고, 이는 여전히 아날로그적 방식의 연장선에 머물러 있었다. 그럼에도 불구하고 시장에는 막대한 투자금이 쏟아져 들어왔고, 수많은 스타트업은 "기술 = 미래 수익"이라는 기대감만으로 과대평가되었다.

하지만 실질적인 비즈니스 모델 없이 성장성만으로 버티던 이러한 구조는 오래 지속될 수 없었고, 결국 거품이 한꺼번에 붕괴되면서 2000년대 초 닷컴버블의 폭락으로 이어지게 되었다.

그림 12-4 초기 인터넷의 기본 구조

이 시기의 가장 큰 교훈은 디지털 기술이 세상을 바꾸기 위해서는 단순한 '연결'이나 '기술'만으로는 부족하며, 그것이 사용자 경험, 경제 구조, 수익 창출 방식까지 혁신하는 실질적 변화로 이어질 때만이 지속 가능한 가치를 만들어낼 수 있다는 통찰을 남겼고, 이는 향후 앱 경제, 플랫폼 경제, AI 경제로 이어지는 디지털 진화의 가장 중요한 전제 조건이 되었다.

2) Shared Economy (2002~2007) : 자산에서 접속으로

그림 12-5 접속 기반 공유 경제

2000년대 초반부터 인간의 경제활동은 점차 '소유의 논리'에서 벗어나기 시작했다. 공유경제(Shared Economy)는 자동차 한 대, 방 하나가 더 이상 개인의 사치품이 아니라 전 세계 누구에게나 연결될 수 있는 소득 창출 자산이 될 수 있다는 인식 전환에서 출발했다.

에어비앤비와 우버는 이러한 유휴 자산을 실시간으로 유동화해 자원의 활용률을 비약적으로 끌어올렸고, 그 결과 '접속 기반 경제(Access Economy)'라는 새로운 소비 문화가 확산되었다.

이 새로운 경제 구조는 자본의 효율적 배분과 거래비용 감소라는 경제학적 가치를 실증했으며, 기존 GDP 통계 외부에서 형성되던 비공식 소득 경제를 제도권 경제로 편입시키는 계기를 마련했다.

3) App Economy (2007~2015) : 모바일 퍼스트, 데이터 중심 개인화

2007년 아이폰의 출시는 단순한 기기 하나의 등장을 넘어, 디지털 소비의 지형을 완전히 뒤바꿨다.

그림 12-6 모바일 데이터 중심 개인화

앱스토어, 모바일 네트워크, 위치 기반 서비스, 인앱 결제 시스템 등은 사용자의 행동 데이터를 수집하고, 이를 바탕으로 초개인화된 서비스를 제공하는 경제 구조로 전환시켰다. 이러한 변화는 시간과 공간의 제약을 허물며, 사용자가 언제 어디서나 소비하고 반응할 수 있는 실시간 경제 구조를 가능하게 했다.

4) Platform Economy (2015~2025) : 알고리즘이 연결하는 양면 시장

2015년 이후 본격화된 플랫폼 경제(Platform Economy)는 이 흐름을 더욱 고도화했다. 단순한 매개자로서의 플랫폼이 아니라, 사용자와 공급자 간의 수요를 예측하고 자동화된 매칭을 설계하는 알고리즘 중심 시장으로 진화한 것이다.

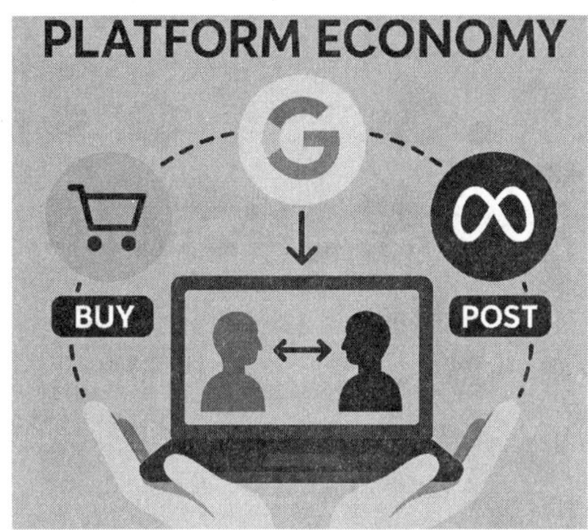

그림 12-7 플랫폼 연결 경제

아마존은 클릭 하나로 상품이 집 앞까지 도착하는 '물류 알고리즘', 구글은 검색 하나로 행동을 예측하는 '연결 알고리즘', 메타는 좋아요 하나로 사회적 정체성을 구성하는 '관계 알고리즘'을 통해, 전례 없는 네트워크 외부성을 구축하고 있다.

이는 시장의 양면성(Two-sided market)을 기반으로 데이터가 몰릴수록 알고리즘 성능이 향상되고, 성능이 향상될수록 사용자 경험이 개선되는 승자독식 구조를 강화했다. 하지만 그 이면에서는 사용자 감시, 노동의 유연화와 불안정성, 플랫폼 기업의 조세 회피와 같은 사회적 비용이 커지며, 데이터의 공공성과 알고리즘 투명성, 그리고 디지털 거버넌스에 대한 제도적 논의가 필연적으로 따라붙는, 기술 진보와 사회적 책임 간의 균형을 재설계해야 하는 시대가 도래한 것이다.

5) AI Economy (2025~2030+) : 기계와 인간의 협업, 그리고 자율경제의 도래

2025년 이후 본격화될 AI Economy(인공지능 경제)는 단순한 기술 진보를 넘어 인간과 기계가 함께 일하고, 기계가 스스로 판단하고 행동하는 새로운 경제 질서를 만들어가고 있다. 생성형 AI는 이제 문서, 이미지, 음성, 코드 등 다양한 콘텐츠를 스스로 만들어내며, 자율 에이전트는 사람처럼 판단하고 실행하며 반복적인 결정을 학습한다.

그림 12-8 인공지능 경제학

그 결과, 기업의 조직 구조는 평면화되고, 업무 방식은 자동화되며, 서비스는 개인 맞춤형으로 재설계되고 있다. 경제학적으로 보면, 과거에는 생산량(Y)이 자본(K)과 노동(L)에 의해 결정되었지만, 이제는 Y = f(K, L, D, A)라는 새로운 수식이 등장한다. 여기서 D는 데이터, A는 알고리즘으로, AI는 이 두 가지를 바탕으로 학습하고 판단하며 인간의 역할을 보완하고 확장한다.

특히 비용 구조도 변화하고 있다. 과거에는 인력이 많아질수록 비용이 증가했지만, AI와 RPA는 한 번 구축되면 24시간 자동으로 작동하며, 사용자 수가 늘어나도 추가 비용은 거의 발생하지 않는다. 이로 인해 단위당 비용이 점점 낮아지는 규모의 경제가 강하게 작동하고, 기업 경쟁력은 인력의 수가 아니라 얼마나 똑똑한 알고리즘과 풍부한 데이터를 보유했는가에 따라 결정된다.

고용 구조 역시 변화하고 있다. 반복적이고 정형화된 업무는 AI가 담당하고, 사람은 창의성, 전략 수립, 윤리적 판단 등 더 고차원적인 역할에 집중하게 된다. 따라서 AI는 단순히 일자리를 대체하는 존재가 아니라, 노동의 본질을 재정의하는 도구가 되며, 인간과 AI가 협력하는 하이브리드 경제(hybrid economy)의 시대가 도래하고 있다.

6) AI Economy : 2030년 이후, 거시경제의 재정의

2030년 이후의 글로벌 경제는 단순한 디지털 전환을 넘어, 인공지능(AI)과 로보틱스가 중심이 되는 자율경제(Self-operating Economy)로 진입할 것으로 전망된다. 이는 단순히 기술이 인간의 노동을 '보조'하는 단계를 넘어, 점점 더 많은 의사결정과 실행 과정을 독립적으로 수행하는 인공지능(AI) 중심의 시스템 경제로 진화한다는 뜻이다.

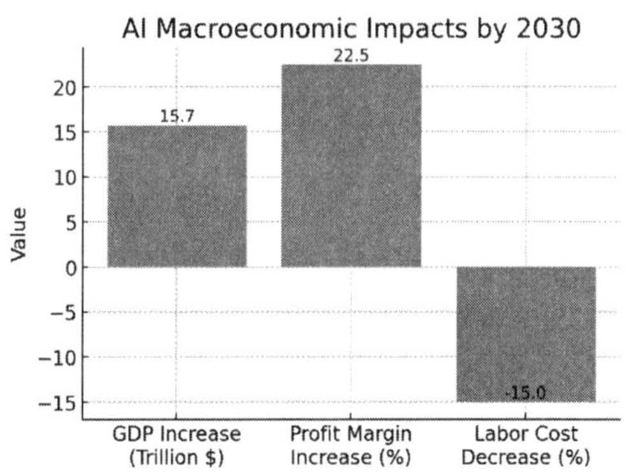

그림 12-9 거시경제적 영향을 핵심 지표

한편 거시경제적 관점에서, AI 기반 경제는 2030년까지 전 세계 GDP를 약 15.7조 달러(PwC, 2018)까지 증가시킬 잠재력을 지닌 '지능 기반 성장 엔진'으로 평가된다. 이는 특히 헬스케어, 제조, 금융, 교육, 물류 등 주요 산업에서 알고리즘과 데이터 분석이 인간의 의사결정을 보조 또는 대체하며 나타나는 생산성 향상과 비용 구조 혁신에 기인한다. 예를 들어, 맥킨지 보고서에 따르면 AI를 도입한 기업의 영업이익률은 평균 20~25% 향상된 반면, 인건비 비중은 15% 이상 감소하는 경향을 보인다.

그러나 이러한 효율성 이면에는 명확한 위험도 존재한다. OECD는 향후 10~15년 내 선진국 노동자의 약 14%가 AI 및 자동화로 완전히 대체되고, 약 32%는 직무 구조가 크게 변화할 것으로 전망한다. 이는 노동시장 양극화와 중간층 일자리 붕괴를 현실화시키며, 단기적 실업률 변동성을 높이는 동시에 국가 재정에 막대한 사회보장 비용을 유발할 수 있어, 실업급여, 재훈련, 의료보장 등 복지 시스템이 구조적 재정 위기에 직면할 가능성을 시사한다.

더불어 챗GPT, 자율주행차, AI 금융 트레이딩 시스템 등 자율 의사결정 시스템이 실제로 시장과 사회에서 작동하고 있음에도, AI 판단 오류로 인한 사고·차별·위법 행위에 대한 책임 주체가 인간인지, 알고리즘 개발자인지, 또는 플랫폼 기업인지에 대한 법적 기준이 부재하다. 이는 AI 시대의 책임 윤리 체계 확립, 디지털 헌법, 알고리즘 투명성 기준 등 글로벌 공통 규범의 필요성을 강하게 시사하며, 기술이 '성장'과 '불안정'이라는 양날개를 동시에 지니고 있음을 경제학자와 정책입안자에게 명확히 보여준다.

13장

데이터 기반 사회 : 데이터가 이끄는 새로운 문명

1 데이터 기반 사회 : 일자리, 기술, 경제 구조의 재편

4차 산업혁명이 본격화되며, 전 세계는 인공지능(AI) 중심 경제로 빠르게 이동하고 있다. 이 과정에서 단순 노동이 아닌, 데이터를 읽고, 가공하고, 활용하는 능력이 새로운 자본이 되고 있다. 특히 이번 장에서는 2027년까지 예상되는 데이터 직무별 인력 부족 현황을 기반으로 각 직무가 갖는 기술적, 경제적, 사회적 의미를 흥미롭게 분석하고자 한다.

데이터 직무별 변화와 경제적 의미

1) 데이터 과학자 (Data Scientist) | 부족률 : 31.5%(가장 높음)

인공지능(AI) 경제가 고도화되면서, 단순한 프로그래밍 기술이 아니라 대규모 데이터에서 의미 있는 패턴을 추출하고 이를 기반으로 미래를 '예측'·'최적화'하는 능력이 기업 성패를 결정짓는 핵심 역량이 되고 있다. 이러한 시대에 데이터 과학자는 단순 지원 부서의 역할을 넘어, AI 시스템의 두뇌이자 CEO의 두 번째 판단 도구로 자리매김하고 있다.

그림 13-1 데이터 과학자 직무 분석

한국고용정보원의 분석에 따르면, 향후 5년간 데이터 과학자는 전체 디지털 직무 중 가장 높은 부족률(31.5%)을 기록할 것으로 전망된다. 이는 단순한 인력 부족이 아니라, 해당 직무가 요구하는 복합적 역량-예측 알고리즘 설계, 딥러닝 기반 모델링, 통계 해석 능력, 도메인 비즈니스 이해력-을 모두 갖춘 인재가 극히 희소하기 때문이다. 기술적으로 데이터 과학자는 AI의 인지 능력을 설계하는 사람이다. 단순히 데이터를 다루는 것이 아니라, 어떤 데이터가 유의미한지 판단하고, 그것을 통해 어떤 현상이 예측 가능한지를 수학적으로 모델링하며, 그 결과를 의사결정에 실시간으로 연결 시키는 전 과정을 총괄한다. 즉, AI의 뇌를 훈련시키고, 세계를 이해하게 만드는 설계자이다.

경제적으로는 더욱 분명하다. 맥킨지 리포트에 따르면, 데이터 기반 의사결정을 강화한 기업은 그렇지 않은 기업보다 ROI(투자수익률)가 평균 5.3배 더 높았으며, 제품 불량률은 24%, 마케팅 비용은 18% 감소한 반면, 고객 유지율은 평균 28% 향상되었다. 이러한 혁신의 중심에 있는 직군이 바로 데이터 과학자이며, 실리콘밸리의 주요 테크기업에서는 연봉 20만 달러(한화 약 2억 7천만 원)를 넘는 사례도 더 이상 드물지 않다.

사회적으로도 데이터 과학자는 노동의 계층 이동을 상징하는 직군이다. 10년 전까지만 해도 데이터를 단순히 '입력'하던 수많은 직무는 이제 인공지능(AI)에 의해 자동화되었으며, 그 위에서 데이터를 '해석'하고 '활용'하는 데이터 과학자의 역할이 새로운 고용 중심축으로 떠오르고 있다. 이로 인해 디지털 역량을 갖춘 인재와 그렇지 못한 인재 사이의 고용 양극화가 심화되고 있으며, '학벌'보다 '스킬셋'이 중요한 시대에도 여전히 교육 격차는 노동 시장의 새로운 디지털 불평등으로 작용하고 있다. 데이터 과학자는 21세기의 '광부'가 아니라 '지도 제작자'다. 데이터라는 거대한 광산에서 무작정 파헤치는 것이 아니라, 어디에 숨겨진 금맥이 있는지를 파악하고, 조직 전체가 그 방향으로 움직이도록 이끄는 나침반 같은 존재다. 그리고 AI 경제는 지금, 그 나침반을 가장 절실히 필요로 하고 있다.

2) 데이터 개발자(Data Developer) | 부족률 : 14.0%

우리가 흔히 말하는 인공지능(AI)의 '지능'은 알고리즘만으로 작동하지 않는다. AI가 정확히 예측하고 판단하려면 그 기반에 오류 없고 정제된 '깨끗한 데이터'가 흐르고 있어야 한다. 이 데이터를 설계하고 흐르게 만드는 이들이 바로 데이터 개발자다. 이들은 API 연동, 로그 수집, ETL(추출-변환-적재) 프로세스 설계, 클라우드 환경에서의 데이터베이스 구조 최적화 등 AI 경제의 수맥(數脈)을 구축하는 전방위적 역할을 수행한다.

한편, 2025년 3월 발표된 보고서(고용노동부 「고용영향평가사업」)에 따르면 데이터 개발자의 부족률은 약 35.7%(9,032명)로 가장 높다고 전망되며, 향후 5년간 중고급 데이터 인력의 부족률은 14.0%에 이를 것으로 예상된다. 이는 단순한 직무 부족이 아니라 데이터 파이프라인 전반을 설계·운영할 수 있는 핵심 인재의 공급 부족을 의미한다.

실제로 AI 모델의 예측 정확도를 85%에서 95%로 끌어올리는 과정에서 알고리즘 개선이 기여하는 비율은 약 10% 내외인 반면, 데이터 품질 개선이 미치는 영향은 70% 이상에 달한다는 연구도 있다. 이는 데이터 개발자가 AI의 정확도, 효율성, 비용 절감과 직결되는 가장 과소평가된 핵심 직군임을 분명히 보여준다.

그림 13-2 데이터 개발자의 부족률

기술적으로, 데이터 개발자는 단순히 데이터를 수집하는 데 그치지 않는다. 시스템 간 연결과 흐름을 최적화하고, 다양한 소스에서 생성되는 비정형 데이터(텍스트, 이미지, 로그 등)를 정형화해 클라우드 기반 데이터웨어하우스나 데이터 레이크로 구조화함으로써, AI가 학습 가능한 형태로 가공한다. 이 과정이 없다면, 아무리 고도화된 AI 알고리즘도 결국 "먹을 밥이 없는 뇌"에 불과하다.

경제적으로, 데이터 개발자의 역량은 인공지능(AI) 기업의 정확성·속도·확장성을 좌우한다. 데이터 정제와 병합 속도가 늦어지면 실시간 의사결정이 지연되고, 이는 곧 시장 대응력 저하로 이어진다. 이러한 이유로 글로벌 AI 플랫폼 기업들은 수십억 원을 투자해 전용 데이터 플랫폼을 자체 구축하고 있으며, AWS·Azure·GCP 등 클라우드 환경에서도 데이터 아키텍처 설계 능력은 고연봉으로 직결되는 핵심 전략 자산으로 평가된다.

사회적으로, 데이터 개발자는 AI 산업 내 가장 뜨거운 수요처임에도 불구하고 대학교육에서는 여전히 공백이 큰 영역이다. 전통적인 컴퓨터공학 커리큘럼이 알고리즘 중심으로 구성되면서 데이터 설계·파이프라인 교육이 부족했고, 이로 인해 많은 기업이 실전형 인재 확보를 위해 부트캠프, 산학 프로그램, 산업 맞춤형 인턴십에 의존하고 있다. 특히 공공·민간 데이터를 동시에 활용해야 하는 환경에서는 데이터 윤리, 보안, 개인정보 처리 역량까지 요구되기 때문에 커리큘럼 재구성과 실습 중심 교육 개편은 더 이상 미룰 수 없는 과제가 되었다.

따라서 데이터 개발자는 인공지능 혁신이 시작되는 최초의 출발점이다. 데이터라는 생명수를 모으고 정제하며 흐르게 만드는 이들의 손끝에서 AI는 비로소 생명력을 얻는다. 그리고 이 역할을 수행할 수 있는 인재는 아직도 시장에서 절대적으로 부족하다.

3) 데이터 분석가(Data Analyst) | 부족률 : 13.7%

모든 기업은 데이터를 '가지고 있다'고 말하지만, 그것이 곧 그 데이터에서 얻을 수 있는 통찰을 '이해하고 있다'는 의미는 아니다. 바로 이 지점에서 데이터 분석가의 존재 이유가 분명해진다.

데이터 분석가는 SQL로 데이터를 호출하고, Python으로 정제하며, Tableau와 같은 시각화 도구를 통해 방대한 수치를 '읽을 수 있는 이야기'로 바꾼다. 단순한 숫자의 나열을 의사결정자들이 단숨에 파악할 수 있는 인사이트 맵으로 재구성하고, 경영자의 손에 리포트와 대시보드를 쥐여주어 실시간 전략 판단을 가능하게 만드는 사람, 그가 바로 데이터 분석가다.

그림 13-3 데이터 분석가의 평균 연봉

기술적 측면에서 살펴볼 때, 데이터 분석가는 엔지니어처럼 시스템을 구축하진 않지만, 수집된 데이터를 맥락 속에서 해석하고 전달하는 '데이터의 언어 번역가'로서 핵심적 역할을 수행한다. 2024년 LinkedIn 리포트에 따르면, 전 세계 기업의 64%가 '의사결정에서 데이터 기반 사고가 부족하다'고 느끼고 있으며, 이 격차를 메우는 인재군이 바로 데이터 분석가다. 실제로 미국에서는 데이터 분석가의 평균 연봉이 $95,000을 넘어서며, 특히 '비즈니스와 데이터의 연결 능력'을 갖춘 분석가는 6자리 연봉으로 진입하고 있다.

한편 경제적 관점으로 관찰하면, 데이터 분석가는 단순한 보고서 작성자가 아니다. 고객 이탈률이 3.2% 증가했을 때, 그것이 '고객 불만' 때문인지 '가격 정책' 때문인지, 아니면 '경쟁사의 마케팅' 때문인지 구체적으로 짚어내고, 가장 빠르게 ROI(Return on Investment)를 바꿀 수 있는 지점을 제안할 수 있는 전략가다. 전통적 리서치와 달리, 데이터 분석은 실시간 흐름을 반영하고, 이를 기반으로 마케팅 효율을 개선하거나, 재고 예측 오류를 줄이며, 광고 캠페인의 타겟을 조정해 수익을 증대시킨다.

이어서 사회적으로 데이터 분석가는 '문과생도 진입 가능한 데이터 직무'로 주목받고 있다. 수학적 사고보다 논리적 독해력과 비즈니스 직관이 중요한 직무이기 때문에, 상경계, 인문계 출신 중 통계와 기본적인 코딩 능력을 갖춘 인재들이 빠르게 진입할 수 있는 영역으로 떠오르고 있다. 실제로 2023년 한국고용정보원 보고서에 따르면 데이터 분석가의 부족률은 13.7%에 달하며, 이는 신입보다 전환형 인재(커리어 체인저)에 대한 수요가 폭발적으로 증가하고 있음을 의미한다.

또한 데이터 분석가는 공공정책, 교육, 의료, 소매유통 등 거의 모든 분야에 걸쳐 필요하다. 예컨대 스마트시티 설계에서는 시민 행동 패턴과 교통 흐름을 분석하고, 교육 현장에서는 학생별 맞춤형 학습 콘텐츠를 제안하며, 보건의료에서는 환자의 데이터 기반 예후 예측과 조기 대응 체계를 구축하는 등, 데이터 분석가의 역할은 전 산업에 걸쳐 '결정의 질'을 높이는 핵심 기둥이 되어가고 있다. 이처럼 데이터 분석가는 인공지능(AI) 기술이 제공하는 '숫자'를, 인간이 이해할 수 있는 '이야기'로 번역하고, 그 이야기를 근거로 변화를 제안하는 현대 비즈니스의 '내비게이션'이라 할 수 있다. 그리고 그들의 수는, 지금 이 순간에도 기업 수요에 비해 턱없이 부족하다.

4) 데이터 엔지니어 (Data Engineer) | 부족률 : 9.4%

인공지능(AI)이 아무리 정교한 알고리즘을 가졌다 할지라도, 그 알고리즘이 학습할 '양질의 데이터'가 제때 도달하지 않는다면 그것은 무용지물이다. 바로 여기에서 데이터 엔지니어의 역할이 시작된다. 이들은 단순한 데이터 전달자가 아니라, 수백 테라바이트 규모의 데이터를 Spark나 Hadoop 기반 분산 처리 시스템으로 안정적으로 흐르게 만들고, GCP, AWS, Azure 등의 클라우드 환경에서 실시간 데이터 파이프라인을 설계하여 AI 모델이 즉시 학습할 수 있도록 '데이터의 혈류 시스템'을 구축하는 의료기사이자 설계자이다.

그림 13-4 관련 직군의 평균 연봉

이 직무는 가장 높은 수준의 복합 역량을 요구한다. 단순 SQL 수준이 아니라, Kafka 같은 스트리밍 기술, Redshift나 BigQuery와 같은 데이터 웨어하우스 최적화, 그리고 Lambda 기반 이벤트 처리 설계 등 데이터를 밀리초 단위로 움직이고 정제하는 고난도 실시간 처리 기술이 요구된다. 2024년 기준, Google Cloud 공인 데이터 엔지니어 자격증은 취득 난이도 최상위권이며, 관련 직군의 평균 연봉은 미국 기준 $130,000(약 1억 7천만 원)를 상회한다.

또한 다른 관점에서 데이터 엔지니어는 이미 제조업, 금융, 유통, 헬스 케어 등 거의 모든 산업의 공통 수요 직군 1순위로 떠올랐다. 예를 들어 자율주행 시스템에서 수천 개의 센서가 생성하는 실시간 데이터를 분석하려면, '데이터 분석'보다 먼저 '데이터 전송과 적재'가 선행되어야 한다. 의료 영역에서는 환자의 생체 데이터가 실시간으로 병원 시스템과 연동되어야 AI가 응급 대응을 예측할 수 있고, 금융에서는 거래 시점의 데이터가 지연 없이 흐를 때만이 초단위 리스크 분석이 가능해진다. 즉, 데이터 엔지니어는 기업이 경쟁력을 유지하려면 반드시 확보해야 할 '기술 인프라의 수문장'이라 볼 수 있겠다. 과거에는 데이터베이스 관리자(DBA)나 시스템 관리자가 서버 상태를 점검하고 트래픽을 모니터링 했다면, 이제는 이들이 Python과 Scala를 기반으로 데이터 전처리 자동화, 클라우드 컴퓨팅 환경의 최적화, ETL 스트림 최적 구조 설계 등 보다 진화된 데이터 기반 아키텍처 설계자로 전환되고 있다. 한국에서도 이 변화는 뚜렷하게 감지되며, 2024년 국내 데이터산업 관련 데이터직무 인력은 전년 대비 약 8.5% 증가했으며, 전산업을 포함한 전체 데이터직무 인력은 전년 대비 약 10.3% 증가한 것으로 나타나고 있다(출처. 정보통신기획평가원).

무엇보다 데이터 엔지니어는 눈에 잘 보이지 않는 위치에서, 인공지능(AI)이 작동하기 위한 '전제조건'을 만드는 사람들이다. 데이터는 단순히 '많다'고 가치가 생기지 않는다. 적시에, 정확한 형태로, 정확한 장소로 전달되어야 비로소 가치가 발생한다. 이 조용한 거대한 흐름을 설계하고, 막힘없이 흘러가도록 유지하는 데이터 엔지니어야말로, 인공지능(AI) 시대의 진짜 '인프라 영웅'이라 할 수 있다.

5) 데이터 기획자 (Data Planner) | 부족률 : 10.5%

분석 시스템이 아무리 실시간으로 정교하게 돌아가더라도, '무엇을 왜 수집해야 하는가'에 대한 전략이 없다면 그 모든 데이터는 결국 '의미 없는 정적(靜的) 정보'로 남는다. 바로 이 지점에서 데이터 기획자는 기술과 비즈니스의 간극을 메우는 전략 설계자로 등장한다.

기술적으로 데이터 기획자는 단순히 데이터를 요구하는 사람이 아니라, 기업의 목표와 KPI를 이해하고 그것을 달성하기 위해 어떤 데이터를 어떤 방식으로, 어느 시점에, 어떤 툴로 수집하고 가공할지를 총괄 설계한다. CRM, ERP, 웹로그, IoT 센서 등 데이터 소스는 넘쳐나지만, 이들을 제대로 통합하고 '의사결정에 의미 있는 구조로 바꾸는 설계 능력'은 매우 희귀한 기술이다. 특히 대기업에서는 이 역할을 위해 CDP(Customer Data Platform) 도입과 함께 데이터 모델 기획 직무를 별도로

운용하기 시작했다.

그림 13-5 AI·데이터 투자 전략가

한편 데이터 기획자는 기업의 AI·데이터 투자 대비 수익률(ROI)을 결정짓는 직군이다. 맹목적인 기술 도입은 오히려 비용만 높이고 효과는 불투명하게 만든다. 2023년 한국데이터산업진흥원이 조사한 바에 따르면, AI 도입 기업의 46.2%가 '성과 부족'을 이유로 투자 회수에 실패하고 있으며, 이 중 상당수가 '기획 단계의 실패'로 나타났다. 데이터 기획자는 이를 방지하고 '데이터 수집 → 분석 → 인사이트 → 실행 → 수익화'까지 이어지는 흐름을 기획하여, 단순 기술 투자를 실제 비즈니스 성과로 전환하는 핵심 매개자다.

또한 '관리자의 데이터 리터러시(Data Literacy)'가 요구되는 대표 직무이다. 예전에는 전략기획팀이나 중간관리자들이 보고서를 잘 쓰고 시장을 읽는 감각이 중요했다면, 이제는 데이터 기반으로 전략을 설계하고, 인공지능(AI)을 이해하며, 기술팀과 협업할 수 있는 다언어적 소통능력이 요구된다. 데이터 기획자라는 직군은 이른바 '하이브리드 역량'을 가진 관리직의 전형이며, 이는 특히 중견기업의 디지털 전환에서 핵심 인재로 평가받고 있다.

현재 한국에서 데이터 기획자의 수급 부족률은 10.5%로, 데이터 분석가나 개발자보다 수치상 낮지만, 이는 단순 채용 공고 수의 문제이지 '시장적 중요도'의 문제는 아니다. 실제로 산업은행 보고서에 따르면 2026년까지 데이터 전략 기획 인력 수요는 현재보다 3.8배 증가할 것으로 예측되며, 특히 유통, 금융, 헬스케어, 교육 서비스업에서 집중적으로 요구되고 있다. 데이터는 쌓는 것이 아니라 '써야' 의미가 있다. 그리고 제대로 쓰기 위해서는 방향성과 구조가 필요하다. 데이터 기획자는 그 흐름의 처음을 설계하고, 끝의 수익까지 책임지는 AI 시대의 전략가이며, 데이터 시대에 조직의 두뇌와 심장을 연결하는 브레인 플래너라 할 수 있다.

6) 데이터 컨설턴트 | 부족률 : 11.1%

데이터 컨설턴트는 데이터 거버넌스(Data Governance), 보안 정책, 클라우드 인프라 설계, 규제 대응 프레임워크, 그리고 AI 적용 가능성 평가 등 조직 전반의 디지털 전환 전략을 수립한다. 이들은 '모델을 돌리는 기술자'가 아니라, 비즈니스 목표와 기술 사이의 브릿지를 구축하는 전략가이며, 다양한 산업의 이해 없이 단 한 줄의 코드도 의미 없게 만드는 현장의 복잡성을 가장 잘 이해하는 전문가이다.

이러한 데이터 컨설턴트는 기업의 AI 도입 실패율을 낮추고, 디지털 전환의 ROI를 극대화하는 열쇠다. 한국정보화진흥원(NIA)의 보고에 따르면, 국내 AI 도입 기업의 52.8%가 '실행 전략 부족'을 주요 실패 요인으로 지목하고 있으며, 이는 단순히 기술이 부족해서가 아니라 '무엇을 어떻게 바꿔야 할지 모르는' 전략적 공백 때문이다. 바로 이 지점에서 데이터 컨설턴트는 "기술 이전에 질문을 설계할 줄 아는 사람"으로 기능하며, AI 도입의 방향성을 명확히 한다.

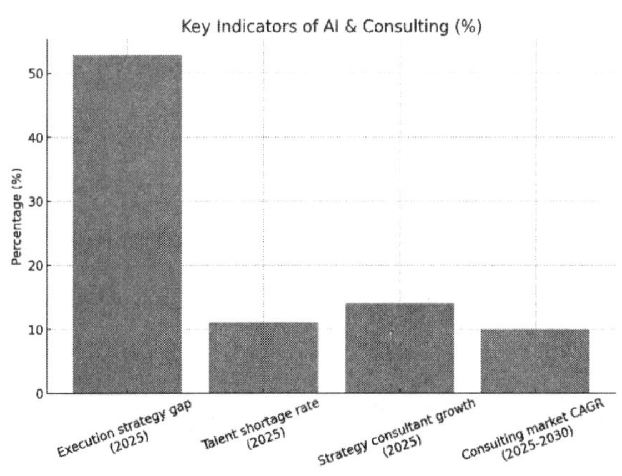

그림 13-6 AI & 컨설팅 핵심 지표(%)

그림 13-7 한국 경영컨설팅 시장 전망

한편 이 직무가 '데이터 기반의 회계사', 'AI 시대의 경영 컨설턴트'로 전문직화되고 있다. 특히 글로벌 컨설팅 펌들(예: 딜로이트, 맥킨지, PwC)은 기존 산업 컨설팅 영역에 AI 트랜스포메이션, 데이터 리터러시 교육, ESG 데이터 분석 대응 전략 등을 추가하며 이 분야를 확장하고 있고, 실제로 2025년 '국내 Strategy Consultant(전략 컨설턴트)' 평균 연봉이 약 9천만 원 상회하며, 연 14%의 고속 성장세를 보이고 있다. 국내 관리컨설팅 서비스 시장은 2025년 기준 약 44억 달러(USD 4.39 billion) 규모이며, 향후 2030년까지 연평균 약 9.97%의 성장률(CAGR)이 전망되고 있다.

현재 부족률은 11.1%로 추정되었지만, 이는 단순 인력 부족이 아니라 '복합역량 보유자'의 희소성에서 비롯된 수치다. 이 직무에는 기술 언어를 이해하면서도, 재무제표를 읽고, ESG와 개인정보보호법을 고려하며, 동시에 조직의 문화적 특성까지 설계할 수 있는 통섭형 전문가가 요구되기 때문이다. 실제로 삼성SDS, LG CNS, KT Cloud 등 국내 주요 ICT 기업들이 'AI+컨설팅 복합 직무'를 공채의 핵심 영역으로 전환 중이며, 정부도 K-디지털 플랫폼 인재 양성 사업을 통해 이 영역의 인력 양산에 집중하고 있다. 이제 데이터 컨설턴트는 단순한 '외주 전문가'가 아니라, 조직 내부의 디지털 전략 책임자(Chief Data Strategist)로 부상하고 있다. 변화는 기술에서 시작되지만, 혁신은 사람을 통해 완성된다는 사실을 증명하는 존재, 바로 데이터 컨설턴트이다.

3 테크놀로지가 앞서가는 시대 : AI는 왜 '푸시형 혁신'인가?

우리가 익숙했던 혁신의 공식은 언제나 시장에서 출발했다. 즉, 소비자가 느끼는 불편함이나 욕망이 먼저 존재했고, 그 요구를 충족시키기 위해 기술이 개발되었다. 이러한 흐름은 '마켓 풀(Market Pull)'이라 불리며, 대부분의 20세기 산업혁신은 이 공식에 따라 움직였다. 냉장고는 식품을 오래 보관하고 싶은 욕망에서 나왔고, 자동차는 더 빠르고 편하게 이동하고 싶다는 바람에서 비롯되었으며, 스마트폰 역시 "언제 어디서나 인터넷을 이용하고 싶다"는 사용자의 니즈에서 출발한 결과였다. 심지어 전기차조차도 '기후변화 대응'이라는 사회적 요청에서 비롯된 전형적인 수요 기반 혁신이었다.

그림 13-8 기술혁신 중심의 경제 변화

그러나 AI의 혁신은 그 출발점이 정반대에 있다. AI는 사용자가 요구하지 않아도, 기술이 먼저 등장하고, 그 가능성이 시장을 새롭게 창출하는 '테크놀로지 푸시(Technology Push)'형 구조로 리드하고 있다. 불과 몇 년 전까지만 해도 누구도 'AI가 에세이를 대신 써주거나 이메일을 요약해줄 수 있다'는 가능성을 요구하지 않았다. 마찬가지로 Midjourney와 DALL-E 같은 이미지 생성 AI 역시 '그림을 그려주는 기계'에 대한 시장의 뚜렷한 수요가 있었던 것이 아니라, 기술이 먼저 가능성을 증명했고, 그 뒤에 사용자들이 '정말 이런 것까지 가능한가?'라는 놀라움 속에서 새로운 사용 행태를 스스로 만들어낸 것이다. 오늘날 이러한 흐름은 영상·음성·코드 생성으로까지 확장되며, 기술이 시장을 선도하고 사용자는 그 가능성에 반응하며 전혀 새로운 소비 문화를 창출하고 있다.

실제로 이와 같은 흐름은 데이터 수치로도 확인된다. 2025년 기준, 스탠퍼드 AI 인덱스와 글로벌 컨설팅 보고서에 따르면 전 세계 기업의 78% 이상이 이미 AI를 도입했으며, 이는 초기 수요가 없는 상태에서 기술이 먼저 시장을 열고 산업 질서를 재편하는 전형적인 '테크놀로지 푸시(Technology Push)'의 흐름을 보여주고 있다. 이러한 기술 푸시형 혁신은 단순히 제품의 '출발 방식'이 다르다는 것을 넘어 경제 구조 자체를 재정의하고 있다. 과거에는 시장이 존재해야 생산이 일어났지만, 이제는 기술이 먼저 시장을 설계한다. AI는 수요를 충족시키는 것이 아니라, 수요 자체를 '창조'하는 능력을 갖고 있다. 이것은 기업의 전략과 국가의 정책, 교육의 방향마저 근본적으로 전환시킨다. 이제 중요한 것은 "무엇이 필요한가?"가 아니라, "무엇이 가능한가?"라는 질문이다.

이처럼 AI는 더 이상 도구가 아니다. AI는 미래를 미리 그리는 지도이며, 그 기술이 뻗어가는 방향으로 산업과 소비, 문화가 재구성된다. 누군가는 이를 두고 '기술이 상상력을 추월하는 시대'라 표현한다. 그리고 바로 이 지점에서, 진정한 의미의 혁신은 시작된다.

1) 마켓 풀은 사라지는가? 인간 중심 가치의 재발견

기술이 인간의 상상력을 앞지르는 시대, 우리는 자연스럽게 한 가지 질문에 도달한다. "AI 시대에 마켓 풀(Market Pull)은 더 이상 유효하지 않은가?" 기술이 모든 것을 주도하고, 수요는 그 뒤를 쫓는 시대라면, 사용자 중심의 니즈 기반 혁신은 자리를 잃은 것일까?

그러나 그 질문에 대한 답은 오히려 역설적이다. 인공지능(AI)이 아무리 정교하고 강력해도, 그것은 결국 인간을 향해 있어야 한다. 기술이 자율적으로 진화한다고 해도, 그것이 사용자의 문제를 해결하지 못한다면, 단지 흥미로운 실험에 그칠 뿐이다. 실제로, 2010년대 중반 등장한 AI 스피커들이 '혁신의 아이콘'으로 조명되었음에도 불구하고 대부분이 단기적인 붐에 그친 것은, 기술이 있었음에도 불구하고 일상의 불편함을 자연스럽게 덜어주는 사용자 경험(UX)을 설계하지 못했기 때문이다. 음성 인식 기술은 있었지만, 사용자들은 굳이 그 스피커를 통해 날씨를 묻거나 음악을 틀 필요성을 느끼지 못했다. 즉, 기술은 있었지만 '사용 이유'는 없었던 것이다.

바로 이 지점에서 AI 시대의 혁신은 새로운 궤도에 진입한다. 인공지능(AI)은 본질적으로 '테크놀로지 푸시'에서 출발하지만, 성공하는 기술은 결국 '마켓 풀'에 수렴한다. 다시 말해, 기술의 진보가 먼저 일어나고, 그 다음 단계에서는 그것이 어떻게 인간의 문제를 푸는 방식으로 설계되느냐가 관건이다. 이 역전된 혁신의 순서-기술이 먼저 열리고, 인간이 나중에 그것을 받아들일 준비를 한다는 방식-은 기존의 산업 혁신과는 구조적으로 다르다. 이제 기업의 고민은 달라졌다.

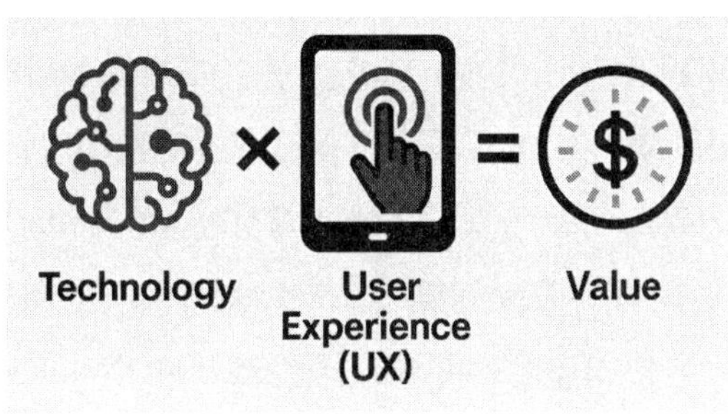

그림 13-9 AI 본질 테크놀로지 푸시

문제는 '무엇을 만들 것인가'가 아니라 '어떻게 더 쓸모 있고 자연스럽게 만들 것인가'이다. GPT-5, Claude, Gemini, Copilot 등 최첨단 AI 모델들이 경쟁하는 무대는 단순한 성능 지표가 아니라, 얼마나 인간의 언어를 정교하게 이해하고 맥락을 읽으며 기대를 넘어서는 가치를 제공하느냐에 있다. 기술의 '두뇌'는 이미 고도화되었지만, 그 기술이 실제로 사람과 대화할 수 있는가, 그리고 사용자의 습관 속에 얼마나 매끄럽게 녹아들 수 있는가는 여전히 마켓 풀의 언어로 판가름 난다. 예컨대 Microsoft Copilot은 GPT-5 기반으로 한층 강화된 인공지능 엔진을 탑재하고 있지만, 시장에서 호평받은 진짜 이유는 오피스 사용자들이 별도의 학습 과정 없이도 문서 작성과 분석을 자연스럽게 지원받을 수 있는 직관성에 있다. 기술의 복잡성은 철저히 감추고, 경험의 단순성을 극대화한 것이다. 따라서 AI 시대의 성공 방정식은 '기술×사용자 경험(UX)=가치'라는 새로운 공식으로 수렴해 가고 있다. 결국 AI는 기술이 사람을 이끄는 시대의 산물이지만, 사람이 그 기술을 자신의 삶 속으로 끌어들이는 방식이야말로 그 진정한 경제적, 사회적, 그리고 문화적 가치를 완성한다. 인공지능(AI)이 만드는 세상은 결코 기술자들만의 영역이 아니다. 그것은 여전히 사람을 중심으로 회전하는 세계이며, 가장 진보된 기술도 결국 인간이라는 중심축 위에서 균형을 잡고 있다.

2) 경제적 관점에서 본 테크놀로지 푸시의 효과

기술이 먼저 앞서가는 이른바 '테크놀로지 푸시' 시대에, 기업은 더 이상 기존 수요에만 의존하지 않는다. 대신 새로운 기술이 수요를 창조하고, 그것이 다시 시장 구조를 바꾸는 도미노가 시작된다. 이러한 변화는 단순히 제품 하나의 성공으로 그치지 않는다. 그것은 기업의 경제적 DNA 자체를 다시 구성하는 거대한 전환이다.

구글은 기존의 키워드 기반 광고 구조에서 생성형 AI(Gemini)를 통해 문맥을 이해하고, 사용자 취향을 예측하는 정밀 광고 시스템으로 전환하고 있다. 이로 인해 클릭률이 최대 35% 이상 상승했으며, 이는 기존의 광고 수익 모델을 완전히 재설계하는 결과로 이어졌다. 이처럼 AI 기술은 단순한 자동화가 아니라, 시장 질서를 교란하고 재정의하는 '플랫폼 재편자' 역할을 수행한다. 더불어, AI 기반 콘텐츠 생성 기술은 광고뿐 아니라 콘텐츠 산업 전체를 흔들고 있다. 텍스트, 이미지, 음성, 영상까지 자동으로 생성할 수 있는 시대에는 크리에이터의 노동력에 의존하던 시장이 점차 AI 편집 툴 중심의 효율화된 제작 구조로 대체되고 있다. 이는 콘텐츠 생산 비용을 획기적으로 줄이는 동시에, 사용자 맞춤형 콘텐츠의 대량 생산을 가능하게 해준다. 즉, 더 적은 비용으로 더 많은 사용자를 만족시키는 구조가 탄생하며, 브랜드 충성도는 AI가 설계한 경험을 통해 심화된다.

이 모든 혁신은 단지 생산성을 올리는 데 그치지 않는다. 기술을 보유한 기업이 시장을 주도하면서, 자연스럽게 네트워크 효과(Network Effect)와 플랫폼 독점력이 강화된다. 사용자가 많아질수록 데이터가 축적되고, 데이터가 많아질수록 AI의 예측력이 높아지며, 이는 다시 더 나은 사용자 경험으로 이어지는 선순환 고리가 형성된다. 결국 '기술 → 사용자 → 수익 → 기술 강화'의 루프가 구축되며, 이 고리를 선점한 기업이 산업 전체의 질서를 결정하게 된다. 흥미로운 점은, 이러한 구조 변화는 단기 실적보다도 장기 수익성에 훨씬 더 결정적이라는 것이다. 실제로 미국의 기술 기업 중 R&D 투자 비중이 높은 상위 20개 기업은 지난 10년간 평균적으로 10%p 이상의 ROIC(Return on Invested Capital)를 기록하고 있으며, 이는 S&P500 평균 수익률을 크게 상회한다. 기술은 더 이상 비용이 아니라, 수익을 견인하는 핵심 자산으로 자리 잡은 것이다.

따라서 현재의 기술 푸시는 단순한 신제품 출시에 그치지 않으며, 그것은 기업의 비용 구조, 수익 모델, 시장 지배력, 심지어 소비자의 행동 방식까지 바꿔놓는 총체적인 경제 전략이다. 그리고 이 전략은, 기술을 먼저 내놓는 자만이 아니라 그 기술을 시장에 적시적소에 연결할 수 있는 자에게 더 큰 보상을 안겨줄 것이다.

14장

21세기 지식기반경제 변화와 인공지능 경제의 융합

1 지식기반경제에서 개인 데이터 소비가 이끄는 디지털 수요 구조의 전환

1) 데이터 중심 경제의 부상과 소비자 역할의 변화

현재의 지식기반경제는 물리적인 자산보다 정보와 데이터의 가치를 중심으로 돌아가는 사회이다. 이러한 전환의 중심에는 개인 데이터 소비가 있다. 디지털 생태계의 확대와 함께 소비자 한 사람 한 사람이 생성하고 소비하는 데이터가 곧 산업 성장의 연료가 되고 있다. 오늘날 우리는 디지털 소비가 단순한 '선택'이 아니라 '환경'이 되어버린 시대에 살고 있다.

그림 14-1 지식기반경제 변화

전 세계 데이터 트래픽의 80% 이상이 디지털 영상 콘텐츠로 채워지고 있다는 사실은, 유튜브나 넷플릭스, 틱톡이 더 이상 여가용 플랫폼이 아니라 일상과 경제, 교육, 정치 담론까지 흡수하는 일상형 미디어 생태계로 진화하고 있음을 보여준다. 특히 모바일 기기의 고도화와 5G 기반의 초고속 네트워크 확산은 이러한 콘텐츠 소비를 시공간의 제약 없이 확장시키며, 자연스럽게 콘텐츠 전송 네트워크(CDN), AI 기반 추천 시스템, 초개인화 알고리즘 등 관련 기술의 고도화를 부추기고 있다. 2025년 기준, 한국의 영상 및 디지털 여가 소비 산업은 '모바일 및 AI 중심의 구조적 진화'를 통해 더욱 가속화되고 있다.

2) 영상·게임·VR을 중심으로 한 디지털 여가 생태계의 진화

우선, 국내 대표적인 영상 플랫폼인 네이버 TV와 카카오 TV 역시 이러한 흐름을 따라 영상 중심의 소비 구조 확장을 주도하고 있다. 최근 보고서에 따르면 한국의 온라인 동영상 플랫폼 시장은 2024년 기준 약 미 달러 6,210만(≈62.1백만 달러) 규모였으며, 향후 2025~2034년간 연평균 약 12.9%의 성장이 예상된다. 이러한 산업적 기반 위에서 정부 또한 'K-콘텐츠'의 수출 확대를 전략적으로 지원하고 있다. 실제로 2025년 상반기 한 문화 산업 보도에 따르면 K-콘텐츠 수출은 역대 최대인 약 57억 달러(한화 약 7조 원)를 기록했다.

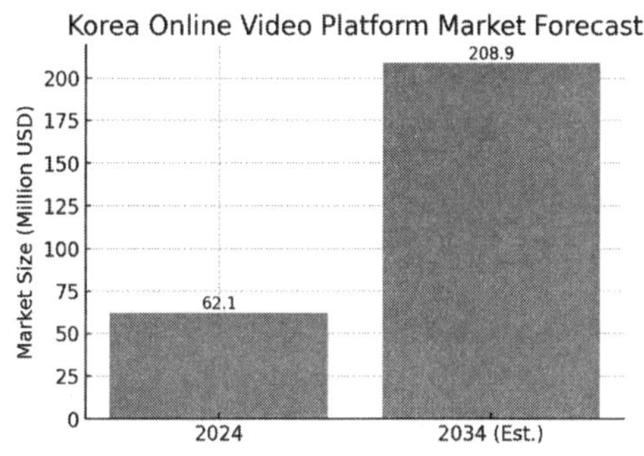

그림 14-2 국내 온라인 영상 플랫폼 전망

한편, 게임과 가상현실(VR) 영역도 디지털 여가 소비의 또 다른 축으로 급부상하고 있다. 고사양 하드웨어에 대한 부담 없이 클라우드 스트리밍 방식으로 고품질 게임을 제공하는 Xbox Cloud Gaming, NVIDIA GeForce Now 등의 플랫폼은 하드웨어 설치형 게임에서 벗어나 인터넷 대역폭을 기반으로 하는 새로운 소비 경험을 창출한다. 이처럼 영상·게임·콘텐츠 플랫폼이 모바일과 클라우드, AI 인프라 위에서 유기적으로 연결됨으로써, 한국은 콘텐츠 수출과 여가 소비 구조 모두에서 글로벌 경쟁력을 확보하고 있다.

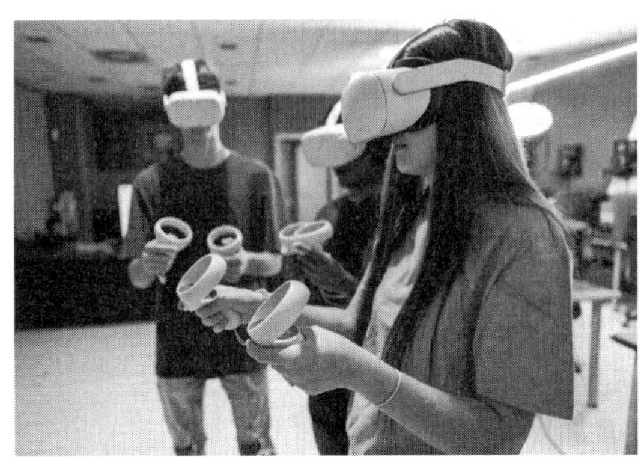

그림 14-3 VR존의 갤러가 피버 VR

요컨대, 2025년의 한국은 AI 및 모바일 중심의 디지털 여가 생태계를 통해 영상·게임·콘텐츠 융합 시장에서 의미 있는 진전을 이루고 있으며, 이는 단순한 국내 산업 변화가 아니라 글로벌 콘텐츠 플랫폼 경제로의 이행을 가속화하는 중요한 흐름이라 할 수 있다. 특히 VR 산업은 연평균 43%라는 놀라운 성장률을 기록하며 단순한 오락을 넘어 교육, 제조, 헬스케어 등 산업 전반으로 침투하고 있으며, 메타의 Horizon Workrooms는 가상 회의·교육 공간이라는 새로운 형태의 협업 생태계를 열고 있고, 한국 LG유플러스는 VR 콘텐츠를 구독 기반으로 제공하며 실시간 몰입형 소비 모델을 실현하고 있다. 더욱 주목할 변화는 아시아, 특히 인도에서 일어나고 있는 모바일 소비의 폭발이다. 인도는 2025년까지 전 세계 모바일 데이터 트래픽의 18%를 담당할 것으로 예측되며, 이는 아시아 전체 소비의 약 30%에 해당하는 엄청난 수치이다. 이 급성장 이면에는 초저가 스마트폰의 대중화, 그리고 광범위한 5G 인프라 확산이 있으며, 5G가 전체 모바일 트래픽의 약 80%를 차지할 것으로 예상되고 있다. 이러한 아시아형 모바일 확산 모델은 결국 전 세계 디지털 경제 흐름에 중대한 영향을 미치고 있으며, 한국 역시 '5G+ 전략산업 육성 정책'을 통해 자율주행, 스마트시티, 디지털 헬스케어 같은 실시간 데이터 기반 산업의 경쟁력을 높이며 글로벌 시장 주도권 확보에 박차를 가하고 있다.

반면, 게임 산업의 확장은 '네트워크 외부성'을 키우는 중요한 동력으로 작용된다. 게임은 이제 단순한 오락이 아니다. 글로벌 게임 산업의 연평균 성장률(CAGR)은

2022년부터 2027년까지 약 21%로, 산업 전반에서 가장 가파른 성장세를 보이고 있다. 그 배경에는 네트워크 외부성(Network Externalities)이라는 경제학적 개념이 자리하고 있다. 간단히 말해, 더 많은 사람이 게임에 참여할수록 게임 플랫폼의 가치가 증가하고, 이는 더 많은 콘텐츠 유통과 수익 창출로 이어지는 선순환을 만든다.

예를 들어, 에픽게임즈의 '포트나이트'는 단순한 배틀로얄 게임이 아니라, 글로벌 사용자 기반을 바탕으로 콘서트·브랜드 런칭·교육 콘텐츠까지 확장된 거대한 '디지털 이벤트 플랫폼'으로 진화했다. 이처럼 게임 생태계는 소셜 미디어와 콘텐츠 산업, 심지어 패션과 광고 산업까지도 흡수하며 AI 기반 소비자의 경험 최적화와도 밀접하게 연결되고 있다. 이러한 성장 흐름은 게임 자체에 그치지 않는다. 고사양 그래픽 처리와 실시간 플레이를 위해 5G, 엣지 컴퓨팅, 클라우드 인프라에 대한 수요가 급증하며, 이는 다시 통신·반도체 산업에 연쇄적인 파급 효과(Spillover Effect)를 유발하고 있다. 이 모든 흐름을 비추어볼 때, 디지털 콘텐츠는 더 이상 단순한 소비 대상이 아니라 산업의 핵심 인프라이자 기술 진화를 견인하는 동력, 그리고 미래 경제의 주체로 자리 잡고 있다. 즉, 콘텐츠는 생산과 소비의 경계를 넘어 기술과 산업, 문화 전반을 연결하는 디지털 경제의 실질적 엔진으로 진화하고 있는 것이다.

2 플랫폼 중심 경제 : '데이터 왕국'의 탄생

우리가 사는 시대는 더 이상 제품을 사고파는 시장이 아니다. 이제는 데이터가 흘러가는 방향이 곧 자본의 흐름을 결정하는 시대, 그리고 그 흐름의 중심에는 '플랫폼'이라는 거대한 구조물이 자리하고 있다. 게임, 소셜미디어, OTT 콘텐츠, VR, 핀테크 등 우리가 일상에서 접하는 거의 모든 디지털 서비스는 플랫폼 위에서 작동하고 있으며, 이들은 단순한 중개자가 아니라 데이터 수집과 분석, 맞춤형 서비스 제공까지 일괄 통제하는 경제 생태계의 지배자로 진화하고 있다.

이 플랫폼 경제의 본질은 네트워크 외부성(Network Externality)에 기반한 구조적 확대성에 있다. 사용자가 많을수록 서비스는 더 정교해지고, 정교할수록 사용자는 더 끌어들여진다. 이 순환 고리는 결국 소수 플랫폼에게 막대한 사용자 기반과 그로부터 발생하는 초정밀 데이터 자산을 집중시킨다. 그렇게 만들어진 것은 단순한 '서비스 기업'이 아니라, 하나의 데이터 왕국(Data Kingdom)이다.

예를 들어, 미국의 Google은 검색엔진을 넘어 스마트폰 OS(Android), 브라우저(Chrome), 이메일(Gmail), 유튜브, 지도, 클라우드, 광고 네트워크를 유기적으로 연결해 사용자 일상 전반을 포괄하는 플랫폼 통합 제국을 구축했다. Meta는 SNS에서 메신저, VR까지 확장하며 '소셜 행동' 자체를 구조화했고, 중국의 Tencent는 게임, 위챗, 클라우드, 핀테크를 융합해 디지털 생태계를 닫힌 경제권으로 바꾸고 있다.

이런 구조에서 주목해야 할 지표가 바로 HHI(Herfindahl-Hirschman Index)다. 이는 시장의 집중도를 나타내는 경제지표로, 특정 산업 내 주요 기업들의 점유율을 제곱해 더한 수치로 산출된다. HHI가 2,500을 초과하면 고도 집중 산업으로 간주되며, 오늘날 디지털 플랫폼 분야의 HHI는 이 기준을 가뿐히 넘어선다. 이는 단순히 '경쟁의 감소'를 넘어, 혁신 다양성의 약화와 데이터 독점에 따른 사회적 불균형 심화로 이어질 수 있다는 신호이다.

무엇보다 중요한 점은, 데이터의 소비가 곧 경제 권력의 이동을 의미한다는 것이다. 예전에는 공장을 소유한 자가 생산의 주도권을 가졌지만, 이제는 데이터를 누가 얼마나 보유하고 분석하며, 그것으로 어떤 행동을 유도할 수 있는가가 진정한 경쟁력의 핵심이다. 사용자가 플랫폼에서 남긴 클릭, 검색, 위치, 시청 시간, 구매 패턴은 개인을 넘어 사회 전체를 예측하는 실시간 경제 데이터로 전환되며, 이는 정책 설계, 신상품 개발, 금융 상품 설계에까지 영향을 미친다. 하지만 여기서 질문이 발생한다. 우리는 단지 데이터의 소비자인가, 아니면 창출자이며 주권자인가? 기술은 우리를 실시간으로 연결하지만, 동시에 '디지털 경계선'도 생겨버린다. 누군가는 그 선 안에서 고도화된 서비스와 경제적 기회를 누리는 반면, 누군가는 접속 자체가 제한된 '디지털 소외 계층'으로 남는다. 따라서 다음 시대의 과제는 명확하다. 플랫폼 경제의 성장과 함께 '공정성'이라는 또 하나의 축을 세우는 것이다. 이는 단순한 규제의 문제가 아니라, 정책·교육·디지털 리터러시·데이터 주권이라는 거시적 전략과 맞물려야 한다. AI와 플랫폼이 만들어내는 새로운 경제 지도 속에서, 성장의 파이를 키우는 것과 그 파이를 어떻게 나누는가의 문제를 동시에 고민해야 하는 시대가 도래한 것이다.

3 데이터 소비의 진화와 AI 경제의 확장

1) 연결된 세상, 데이터의 폭주

우리는 지금, 과거 산업혁명 당시 석탄이 그랬던 것처럼, 데이터를 21세기형 연료로 소비하는 시대를 살아가고 있다. 2018년부터 2027년까지의 글로벌 데이터 소비량은 롤러코스터가 아닌 가속 페달을 밟은 고속열차처럼 직선적이고 폭발적인 증가세를 보이고 있으며, 특히 2023년 이후에는 Wi-Fi와 셀룰러 네트워크를 통한 데이터 트래픽이 기하급수적으로 치솟아 2027년에는 전 세계 데이터 사용량이 1,000만 페타바이트(PB)를 돌파할 것으로 예측되고 있다. 이는 단지 기술적 진화가 아닌, 데이터가 인간의 삶을 지배하는 생활의 기반으로 이행하고 있다는 방증이다.

이와 같은 변화는 결코 우연이 아니다. 기술적 측면에서는 5G의 상용화, 고정형 초고속 인터넷망의 전국 단위 보급, 에지 컴퓨팅(edge computing)의 도입이 결정적 역할을 했다. 예컨대, 5G는 단순한 속도의 향상을 넘어서 초저지연성과 초연결성이라는 새로운 연결의 조건을 열어주었고, 이는 자율주행, 원격의료, 스마트팩토리 등 실시간 데이터 소비를 전제로 한 신산업의 기반이 되었다. 여기에, 수요가 늘면 투자가 늘고, 투자가 기술을 고도화시키는 데이터-기술 간의 상호 강화적 선순환 구조가 형성되며, 데이터 경제는 이제 더 이상 일부 산업의 도구가 아니라 전 산업의 토양으로 자리 잡고 있다. 이토록 압도적인 데이터의 폭주는 단지 양적 증가가 아니라, 질적 전환을 의미한다. 데이터는 한 번 쓰고 사라지는 자원이 아니라, 분석되고 재구성되며 예측 알고리즘의 연료로 쓰이고, 다시 개인화된 서비스로 전환되어 삶 전반에 영향을 미친다. 결국 데이터는 기술의 부산물이 아니라, 경제 시스템의 중심축이자 개인의 일상까지 스며든 새로운 자산 형태로 변하는 중인 것이다.

데이터가 산업을 움직이는 에너지라면, 그것을 끌어올리는 펌프는 바로 개인용 스마트 디바이스이다. 최근 수년간의 글로벌 데이터 소비 흐름을 분석한 결과, 우리가 하루 종일 손에 쥐고 있는 모바일 기기와 휴대용 장치가 전체 데이터 소비량의 압도적 비중을 차지하고 있으며, 이는 2027년까지 전체 데이터 사용의 70% 이상이 스마트폰, 태블릿, 웨어러블 기기 등 개인형 디바이스에서 발생할 것이라는 예측으로 이어지고 있다. 이 현상은 단지 기술적 트렌드가 아니라, 기술 소비의 사회적 구조가 근본적으로 변화하고 있다는 신호탄이다.

과거에는 고성능 기술은 특정 전문가나 기업의 전유물이었다. 하지만 이제는 AI 스피커로 집안의 전등을 제어하고, 스마트워치로 심박수를 모니터링하며, 모바일에서 실시간 증강현실 필터를 활용하는 시대다. 즉, AI와 AR, VR 같은 고차원 기술이 하이엔드 서버실에서 일상 속 포켓으로 이동한 것이다. 기술의 경계는 사라지고 있으며, 스마트폰은 단순한 통신 기기를 넘어 개인의 지능형 어시스턴트이자 데이터 생성의 거점으로 작동하고 있다. 이처럼 장치의 소형화와 지능화는 기술의 민주화를 실현한다. 누구나 포켓 속 인공지능(AI)을 활용하고, 데이터 기반의 서비스를 이용하게 되며, 이는 디지털 격차를 완화하는 긍정적 효과를 낳는다. 그러나 동시에, 이 수많은 개인 디바이스에서 발생한 데이터는 클라우드와 플랫폼에 집결되고, 그 데이터는 다시 알고리즘의 연료로 환원되어 플랫폼 기업의 영향력을 기하급수적으로 키우는 동력으로 전환되고 있다.

사물인터넷이 바꾸는 연결의 경제 : 디바이스에서 데이터까지, 그리고 AI 하이프 사이클의 현실 가치

1) 한 사람당 3대의 디바이스를 가진 시대

IoT(사물인터넷) 디바이스의 확산은 단순한 기술적 진보를 넘어, 디지털 사회로의 전환 속도를 가속화하고 있다. 2018년 약 110억 개에 불과했던 IoT 기기 수는 2027년에는 251억 개에 이를 것으로 전망되며, 이는 전 세계 인구 1인당 평균 3대 이상의 기기를 보유하게 된다는 의미로, '모든 사물이 연결되는 초연결 사회'로의 진입을 상징한다.

특히 주목할 부분은 의료용 IoT 기기의 급속한 성장세이다. 2022년부터 2027년 사이 의료 디바이스는 약 2배 이상 증가할 것으로 예측되며, 이는 단순한 디지털 기기 보급을 넘어 스마트 헬스케어 산업이 AI 기반 정밀 의료, 원격진단, 웨어러블 헬스 모니터링 등으로 급격히 진화하고 있음을 반영한다. 고령화와 만성질환 증가, 비대면 의료 서비스 수요 확대가 이러한 성장을 견인하고 있으며, 글로벌 의료 시장에서도 의료 데이터의 실시간 수집과 분석을 가능하게 하는 IoT 기술은 핵심 요소로 자리 잡고 있다.

반면, 소비자용 IoT 기기의 보급 속도는 상대적으로 완만한 성장세를 보이고 있다. 이는 의료, 자동차, 산업용 전자 등 정밀성과 안정성이 요구되는 고부가가치 산업 영역이 IoT 수요를 주도하고 있다는 점을 시사한다. 다시 말해, 초기의 단순 소비자 중심의 IoT 시장이 점차 B2B 산업 중심으로 무게중심이 이동하고 있으며, 이는 관련 인프라, 클라우드 처리 역량, AI 통합 분석기술 등과 연계되어 산업 구조 자체의 디지털 전환을 촉진하는 동력으로 작용하고 있다. 이와 같은 변화는 IoT 기술이 더 이상 주변 기술이 아니라, 지능형 산업경제의 핵심 인프라로 자리매김하고 있음을 의미한다.

우리는 하루가 다르게 더 많은 기기와 연결되고 있다. 스마트폰을 시작으로 손목의 워치, 차량 내부의 센서, 농장에 설치된 습도계까지, '연결된 세계'의 범위는 이미 상상을 넘어선다. 숫자로 보면 그 규모는 더욱 극명해진다. 실제로 2027년까지 전 세계 IoT 디바이스는 250억 개를 넘어설 것으로 전망되며, 이는 매년 수십억 단위의 장치가 새롭게 네트워크에 편입되고 있음을 의미한다.

그러나 아이러니하게도, 이 엄청난 연결성이 창출하는 경제적 수익은 아직 기기 증가 속도에 비해 선형적으로 증가하는 수준에 머물러 있다.

2) 연결의 경제학적 딜레마

이 간극은 단순한 시장의 성숙도 문제를 넘어, 우리가 당면한 기술 인프라의 불균형과 경제 시스템의 구조적 제약을 반영한다. 예를 들어 농업용 IoT 센서를 전국적으로 확산시키기 위해서는, 수천만 개의 센서가 상시적으로 네트워크에 연결되어야 한다. 그러나 현실은 도시 중심의 통신 커버리지가 밀집되어 있고, 시골과 산간 지역은 여전히 데이터의 '음영지대'로 남아 있다. 이는 단순한 기술 확산의 문제를 넘어, 디지털 격차가 물리적 공간 안에서 그대로 경제적 차별로 이어지는 구조를 말해준다.

더불어 IoT 기기의 특성상 초저전력 소비, 항시 연결성, 실시간 데이터 전송 안정성이 필수적인데, 현재 상용화된 칩셋과 통신 인프라는 이 요구를 온전히 충족시키지 못하고 있다. 특히 장거리 통신에 특화된 LPWAN(Low-Power Wide-Area Network) 기술은 아직도 대역폭, 속도, 에너지 효율 간의 균형에서 근본적인 난제를 안고 있다. 즉, 기술은 열려 있지만 그 기술이 실질적 수익으로 전환되는 구조는 여전히 좁고, 제한되어 있다. 이러한 상황은 마치 잠재적 금광 위에 텐트를 치고 사는 형국이다. 분명 그 아래에는 막대한 가능성과 가치가 묻혀 있으나, 그 가치를 실현하기 위해서는 수익의 물꼬를 트게 할 또 다른 '플랫폼 혁신'과 '인프라 업그레이드'가 절실하다. 연결은 되어 있지만, 그것이 경제적 파급력으로 증폭되지 못하는 이유는 결국 '비용 대비 수익 구조'가 아직 선형적 합리성을 벗어나지 못하고 있기 때문이다.

결국, 이 딜레마는 하나의 질문을 낳는다. "기술은 우리를 어디까지 연결할 수 있으며, 그 연결은 누구에게 얼마의 가치를 가져다주는가?"

AI, IoT, 클라우드, 통신 인프라가 맞물리는 이 거대한 톱니바퀴 속에서, 진짜 문제는 연결의 속도가 아니라 수익의 구조를 어떻게 재설계할 것인가에 있다. 기하급수적인 기기가 시장에 쏟아지기 전에, 우리는 먼저 기하급수적인 수익 구조를 만들 수 있을 것인가. 이 질문에 대한 해답이 바로, 디지털 경제의 미래를 결정짓는 핵심이 될 것이다.

3) 하이프 사이클과 AI 기술의 경제학적 영향

2025년에는 가트너 하이프 사이클(Hype Cycle)에서 생성형 AI(GenAI) 분야가 화두에 오르며, 지식 그래프(Knowledge Graph)와 인과 AI(Causal AI) 같은 근본 기술에 대한 투자로 무게 중심이 이동하고 있다.

하이프 사이클(Hype Cycle)은 단순한 기술 발전의 흐름을 보여주는 곡선이 아니라, 기술이 경제 구조에 어떻게 파고들고, 언제부터 실질적 가치를 창출하기 시작하는지를 가늠하게 해주는 일종의 '기술 경제 지도'라 할 수 있다. 초기에는 과도한 기대감 속에서 기술이 급부상하지만, 이내 실현되지 않은 약속들로 인해 실망의 골짜기를 지나게 되고, 시간이 흐르며 점차 현실적인 적용 사례와 경제적 수익이 입증되면서 생산성의 평원, 즉 '가치 실현의 구간'에 도달하게 된다.

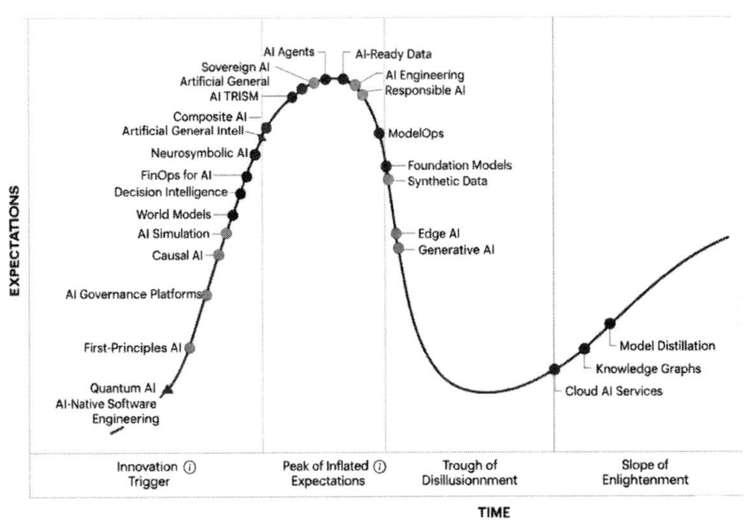

그림 14-4 하이프 사이클과 AI 기술

한편 2026년을 기준으로 보면, 생성형 AI는 하이프의 정점을 지난 뒤 '환멸의 계곡' 구간에 본격 진입한 반면, 지식 그래프는 이미 '깨달음의 경사'를 넘어 '생산성 안정기' 진입을 노리는 단계에 이르렀다. AI 엔지니어링과 데이터 인프라는 이제 허황된 기대에서 실제 운영의 병목과 조정기로 이동하고 있으며, AI 에이전트 기술은 초기 과장된 기대에서 실질적 제약에 직면해 조정이 불가피해지고 있다. 이처럼 2026년은 단순한 가능성의 시대를 넘어, 실제 가치 구현과 기반 기술의 구조 정립이 중심축이 되는 시점으로 볼 수 있다.

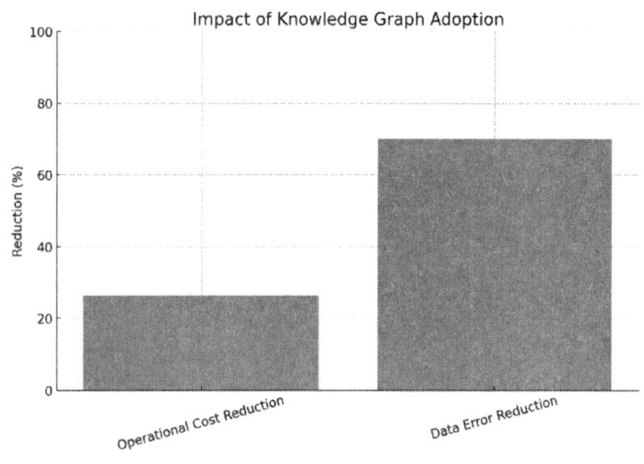

그림 14-5 지식 그래프 도입 효과

특히 경제적 측면에서, 지식 그래프의 도입은 운영 비용을 평균 23~30% 줄이고, 데이터 오류 발생률을 최대 70%까지 감소시킬 수 있다는 분석이 나오고 있다. 이는 단순한 기술적 완성도를 넘어, 설명 가능성(Explainability)과 신뢰 기반 AI로서 기업의 의사결정 구조에 직접적인 영향을 미친다는 점에서 그 의미가 깊다.

5 지식기반경제에서 다시 쓰이는 '한계비용의 법칙'

경제학은 산업혁명 이후 줄곧 하나의 불문율을 중심에 두어왔다. '한계비용은 체증한다'는 가정이다. 다시 말해, 생산량이 늘어날수록 추가 생산 단위당 비용은 점점 증가하고, 결국 일정 수준을 넘어서면 비효율이 발생한다는 전통적 이론이다. 이는 농업, 제조업처럼 물리적 자원과 노동력에 기반한 산업 구조에서 오랫동안 유효했다. 하지만 지식기반경제(Knowledge-based Economy)가 부상하고, 그 중심에 인공지능(AI)이 자리 잡으면서 이 고전적 법칙은 점점 설득력을 잃고 있다. 이제 우리는 '한계비용 체감의 법칙'이라는 새로운 경제 질서를 목격하고 있다.

한계비용 체증 역전이 의미하는 바는, 인공지능(AI)이 만들어내는 전례 없는 산업 구조의 출현이다. 수십 년 동안 경제학이 당연한 전제로 삼아온 것 중 하나는 바로 '한계수익 체감의 법칙(Diminishing Returns)'이었다. 생산 요소를 더 투입할수록, 어느 지점 이후에는 산출량 증가폭이 점점 줄어든다는 이 고전적 원리는 농업에서 제조업까지 물리적 자원이 제한된 거의 모든 산업에서 절대적 진리로 받아들여져 왔다. 그러나 인공지능(AI)의 부상은 이 공리를 조용히, 그러나 매우 근본적인 방식으로 흔들고 있다.

그림 14-6 한계수익 체증(Increasing Returns)

인공지능(AI)이 작동하는 디지털 환경에서는 오히려 '한계수익 체증(Increasing Returns)'이라는 반대의 현상이 나타난다. 대표적인 이유는 데이터 기반 학습 시스템이 보이는 자기강화적 구조, 즉 규모 학습 효과(economies of learning) 때문이다. AI 모델은 더 많은 데이터를 주입할수록 예측 정확도와 처리 능력이 향상되고, 이는 다시 사용자 경험을 개선해 더 많은 이용자를 불러온다. 그 결과 새로운 데이터가 지속적으로 유입되고, AI는 더 정교하게 진화한다. 이렇게 데이터의 양과 품질이 높아질수록 성능도 함께 증폭되는 구조는, 전통 경제학이 설명해 온 '수익률 감소'의 법칙을 무력화시킨다.

이런 현상은 소프트웨어 산업과 디지털 플랫폼 구조에서 특히 뚜렷하게 드러난다. 마이크로소프트의 오피스, 구글의 검색엔진, 넷플릭스의 추천 시스템은 모두 한 번 개발된 기술이 거의 제로에 가까운 추가 비용으로 수십억 명에게 서비스될 수 있는 무한복제성을 지닌다. 이는 물리적 제품의 제조와는 근본적으로 다른 구조다. 한계비용이 거의 존재하지 않기 때문에, 생산량이 아무리 늘어나도 총비용은 거의 변화하지 않는다. 오히려 사용자 수가 늘어날수록 알고리즘은 더욱 고도화되고, 서비스의 질이 좋아져 '규모가 품질을 만든다'는 새로운 경제 공식이 등장한다. 이 구조는 플랫폼 경제의 핵심 특징인 네트워크 효과(Network Effects)와 맞물려, AI 기반 기업들에게 독점적 우위를 선사한다. 구글은 검색 데이터를 통해 AI 모델을 지속적으로 강화하고, 넷플릭스는 수억 건의 시청 이력을 기반으로 추천 시스템을 정교화하며, 엔비디아는 AI 연산 수요에 맞춘 GPU 아키텍처 혁신으로 경쟁사를 압도하고 있다. 이들은 단순히 기술을 보유한 기업이 아니라, 시간이 지날수록 더 강해지는 경제적 요새(Economic Fortress)를 구축한 존재들이다.

최신 지표에 따르면(EY US AI Pulse Survey), 2025년 AI 기업의 투자 수익률과 시장 성장 속도는 전통 산업을 크게 앞지르며, AI+플랫폼 모델을 채택한 기업들의 연평균 성장률은 전체 시장 평균의 수 배에 달해 기술이 단순한 효율 도구를 넘어, 산업 구조 자체를 재편하는 축이 되었음을 명확히 보여준다. 결국 인공지능이 만들어낸 새로운 경제 구조는 '규모가 품질을 낳고, 품질이 다시 규모를 확대하는' 선순환의 고리를 중심으로 돌아간다. 이는 우리가 기존 산업에서 경험하지 못한 완전히 다른 경제 생태계이며, 동시에 한계비용 체증의 역전이라는 드문 경제학적 전환을 보여주는 살아 있는 사례이다.

그럼 지식의 한계비용은 '0', 그러나 가치창출은 '∞'의 주는 의미는 무엇일까? 물질은 나눌수록 줄어들지만, 지식은 나눌수록 커진다. 인공지능(AI)은 바로 이 원리를 기반으로 작동하는 존재이며, 기존의 경제학이 전제로 삼았던 '희소성' 개념을 근본적으로 뒤흔든다. 전통 경제에서 가치란 희소한 자원을 어떻게 분배하느냐에 달려 있었지만, 지식과 데이터는 복제해도 줄어들지 않고, 오히려 공유될수록 새로운 아이디어와 혁신의 출발점이 된다. 그리고 이 지식은 더 이상 인간의 머릿속에만 머물지 않는다. AI가 이를 학습하고, 축적하고, 응용하면서 전통적인 가치사슬(Value Chain)은 완전히 재구성되고 있다.

인공지능(AI)이 가진 최대의 경제학적 잠재력은 '한계비용 제로화'에 있다. 한 번 학습된 AI 모델은 추가 비용 없이 무한히 복제될 수 있고, 같은 알고리즘이 다양한 산업 현장에 적용되어 전혀 새로운 가치를 생산해낸다. 예컨대 한 번 훈련된 의료 AI는 전 세계 어디서든 동일한 수준의 진단 정확도를 제공할 수 있고, 고객 행동을 예측하는 AI 모델은 유통, 금융, 관광, 교육 등 어느 분야에서든 개인 맞춤형 서비스를 설계하는 핵심 도구가 된다. 이처럼 AI는 한계를 넘는 확장성을 지닌 디지털 노동력이며, 그 생산성과 활용성은 오히려 시간이 지날수록 증가하는 '지식 복리 구조(compounding effect of knowledge)'를 만든다.

그림 14-7 유형자산과 무형자산

특히 인공지능(AI)이 작동하는 기반은 '무형자산(Intangible Assets)'이다. 이는 공장도, 원자재도 아닌, 데이터, 알고리즘, 클라우드 인프라, 그리고 디지털 신뢰로 구성된다. 이 무형자산은 한 번 구축되면 추가 사용자에게 거의 비용 없이 서비스를 제공할 수 있기 때문에, AI 기반 비즈니스 모델은 전례 없는 수익성 구조를 확보할 수 있다. 이는 곧 '지식의 한계비용은 0에 수렴하지만, 그 가치창출은 무한대에 이른다'는 말로 요약된다.

OECD는 2025년 보고서에서 "AI는 데이터와 알고리즘을 중심으로 한 무형자산 경제를 폭발적으로 확장시키며, 소수의 디지털 플랫폼이 막대한 부가가치를 독점할 가능성이 있다"고 경고했다. 이는 단지 기술의 진보를 넘어, 새로운 경제 질서의 도래를 뜻한다. 다시 말해, AI는 효율성을 넘어서 창조성의 시대를 여는 열쇠이며, 노동의 물리적 한계를 지식의 무형 확장성으로 대체하는 경제 패러다임의 전환점이다.

6

AI와 한계비용 관점에서 본 주요 경제 효과 : 자동화와 디지털 규모의 경제

물리적 자본과 노동력이 생산성의 중심이었던 시대는 저물고, 이제 인공지능이 경제 원리를 다시 쓰고 있다. 특히 주목할 점은, AI가 경제학의 고전적 개념인 '한계비용(Marginal Cost)'을 사실상 무력화시키고 있다는 사실이다. 기업의 생산, 유통, 서비스 제공 방식은 물론 노동의 본질까지 송두리째 바꾸고 있는 이 변화는, 단순한 비용 절감의 차원을 훨씬 뛰어넘는다.

과거에는 고객이 늘어날수록 기업의 운영 비용도 비례적으로 증가했다. 수요가 2배가 되면 상담 인력, 콜센터 설비, 처리 시간도 2배가 필요했다. 하지만 인공지능(AI)이 도입된 지금, 하나의 고도화된 챗봇은 수천, 수만 명의 고객과 동시에 응대할 수 있고, 응답 속도는 오히려 인간보다 빠르며, 피로도도 없다. 무엇보다 중요한 것은, 이 시스템이 한 명의 고객을 더 응대한다고 해서 추가 비용이 발생하지 않는다는 점이다. 마치 전기처럼, 연결만 되면 작동하고, 쓰면 쓸수록 단위당 비용은 줄어든다. 이러한 AI 기반 자동화는 실제 경제지표로도 확인되고 있다. 딜로이트는 2024년 보고서에서 "AI 도입 기업은 평균적으로 운영 비용의 31%를 절감했고, 고객 응답 시간은 50% 이상 단축되었으며, 고객 만족도는 37% 향상되었다"고 분석했다. 이는 단지 기술의 진보가 아니라, 기업의 가치 창출 방식이 바뀌고 있음을 보여주는 지표이다.

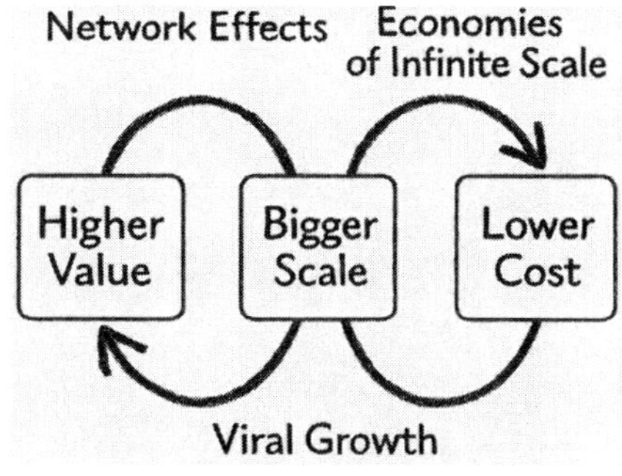

그림 14-8 디지털 규모의 경제

더 나아가 인공지능(AI)은 '디지털 규모의 경제(digital economies of scale)'를 극단적으로 구현한다. 전통 산업에서는 공장을 크게 지을수록 제품당 단가는 낮아졌지만, 인공지능(AI)은 애초에 공장이 필요 없다. 하나의 학습된 모델-예컨대 GPT, KoGPT, 또는 이미지 분류 알고리즘-은 복제와 적용에 거의 추가 비용이 들지 않는다. 구글은 자사의 이미지 인식 AI를 수십억 개의 유튜브 영상, 광고 타겟팅, 보안 시스템에 동시에 활용하며, 각각의 분야에서 비용 상승 없이 새로운 가치를 창출하고 있다. 즉, 생산량이 늘어날수록 수익은 기하급수적으로 증가하지만, 비용은 거의 정체되는 기현상이 벌어지는 것이다.

이러한 구조에서 자동화는 '효율성의 혁신'이고, 디지털 규모의 경제는 '확장성의 혁신'이다. 이 두 축이 결합하면, 기업은 고정비용만으로 무한에 가까운 수요를 대응할 수 있으며, 이는 곧 시장 내 경쟁 구도를 완전히 바꾸어 놓는다. 특히 초기 기술 확보에 성공한 선도 기업들은 네트워크 효과를 통해 시장을 빠르게 선점하고, 이후 후발주자들이 따라오기 힘든 '비용-품질-속도' 삼박자의 장벽을 형성하게 된다. 실제로 AI 시장을 주도하는 오픈AI, 구글, 엔비디아 등은 플랫폼 중심의 수직 통합 구조를 통해 독점적 수익 구조를 공고히 다지고 있으며, 이들은 한계비용이 거의 없는 상태에서 전 세계 수억 명의 사용자에게 동일한 알고리즘을 제공하며 막대한 이익을 창출하고 있다.

소비자에게도 변화는 분명하다. 가격 중심의 선택에서 벗어나, 이제는 '속도와 정확성', '맞춤형 서비스', '지속적 개선성'이 구매 기준이 되고 있다. 실제로 아마존, 넷플릭스, 토스, 카카오 같은 기업들은 AI 추천 시스템을 통해 사용자의 클릭 한 번, 시청 패턴 하나까지 실시간으로 분석하여 차별화된 서비스를 제공하고 있으며, 그 결과 고객 유지율은 높아지고 마케팅 비용은 줄어드는 '선순환의 경제 구조'를 만들어내고 있다.

요컨대, 인공지능은 이제 기술이 아니라, 경제 그 자체다. 그것은 비용 구조를 재편하고, 생산함수의 개념을 바꾸며, 수익의 지형을 뒤흔드는 결정적 인자다. AI는 더 이상 미래의 가능성이 아니라, 이미 작동 중인 새로운 경제의 실체이며, 우리는 지금 이 새로운 경제학의 서막 위에 서 있다. 이 시대를 이해하려면 단순한 기술 이해를 넘어, 그것이 시장과 비용, 경쟁과 소비자 경험에 어떤 함의를 갖는지를 통합적으로 바라보는 'AI 경제 리터러시'가 필수인 시대이다.

저자 소개

신우철

신우철 박사는 단국대학교에서 전자컴퓨터공학 통신공학 박사학위 취득 및 서강대학교에서 기술경영을 전공하였다. 또한 미국 노바 사우스이스턴 대학교(Nova Southeastern University)에서 교육학 수학, 일리노이주립대학교(University of Illinois at Urbana-Champaign)에서 기술경영 프로그램을 수료하며 학제 간 융합 연구의 기반을 다졌다.
연구는 서울대학교 및 단국대학교 무선통신연구실에서 수행한 3세대(3G) 이동통신의 오류제어방식에 관한 실증적 분석에 집중되었으며, 이후 기술경영, 디지털 전환, 인공지능 기반 응용 시스템 등 다양한 융합 주제로 연구 영역을 확장해왔다.
현재는 숭실대학교에서 인공지능과 경제통상, AI 디지털 소비자, AI 글로벌 마케팅, ESG 경영 등 디지털 경제 패러다임 전환 속 핵심 키워드에 대한 산업적·교육적 접근을 연결하는 연구자이자 교수로 활동 중이다.

AI 이코노미

인공지능이 다시 쓰는 기술 · 산업 · 세계질서

저 자 신우철
발 행 인 김지영
발 행 처 자유아카데미
주 소 경기도 파주시 회동길 37-42
파주출판도시
전 화 031-955-1321
팩 스 031-955-1322
홈페이지 www.freeaca.com
전자우편 main@freeaca.com (대표)
editor@freeaca.com (편집)
crm@freeaca.com (영업)
등 록 제406-2003-017호, 1980. 7. 12
제1판1쇄 2026년 2월 25일 발행

저자와의 협의하에 인지생략

ISBN 979-11-5808-827-9 93000